CONSTRUCTIVISMO LÓGICO-SEMÂNTICO

Volume 2

CIP-BRASIL. CATALOGAÇÃO NA PUBLICAÇÃO
SINDICATO NACIONAL DOS EDITORES DE LIVROS, RJ

C782

Constructivismo lógico-semântico / organização Aurora Tomazini de Carvalho; coordenação Paulo de Barros Carvalho. - 1. ed. - São Paulo : Noeses, 2018.

480 p. : il. ; 23 cm.
Inclui bibliografia
ISBN 978-85-8310-099-7

1. Direito - Linguagem. 2. Hermenêutica (Direito). 3. Semântica (Direito). 4. Norma (Filosofia). I. Carvalho, Aurora Tomazini de. II. Carvalho, Paulo de Barros.

18-48650

CDU: 340.12

PAULO DE BARROS CARVALHO
(Coordenação)

AURORA TOMAZINI DE CARVALHO
(Organização)

CONSTRUCTIVISMO LÓGICO-SEMÂNTICO

Volume 2

2018

Copyright © Editora Noeses 2018
Fundador e Editor-chefe: Paulo de Barros Carvalho
Gerente de Produção Editorial: Rosangela Santos
Arte e Diagramação: Renato Castro
Revisão: Georgia Evelyn Franco
Assistente de Revisão: Carolline Gomes de Souza
Designer de Capa: Aliá3 - Marcos Duarte

TODOS OS DIREITOS RESERVADOS. Proibida a reprodução total ou parcial, por qualquer meio ou processo, especialmente por sistemas gráficos, microfílmicos, fotográficos, reprográficos, fonográficos, videográficos. Vedada a memorização e/ou a recuperação total ou parcial, bem como a inclusão de qualquer parte desta obra em qualquer sistema de processamento de dados. Essas proibições aplicam-se também às características gráficas da obra e à sua editoração. A violação dos direitos autorais é punível como crime (art. 184 e parágrafos, do Código Penal), com pena de prisão e multa, conjuntamente com busca e apreensão e indenizações diversas (arts. 101 a 110 da Lei 9.610, de 19.02.1998, Lei dos Direitos Autorais).

2018

Editora Noeses Ltda.
Tel/fax: 55 11 3666 6055
www.editoranoeses.com.br

APRESENTAÇÃO

Eis aqui o segundo volume, anunciado e prometido sobre o Constructivismo Lógico-Semântico, reunindo, novamente, autores de tomo com suas reflexões e notas empíricas acerca do movimento. A concepção, fortalecida em muitos setores do conhecimento jurídico, vem assumindo caráter de instrumento poderoso para ampliar o campo de pesquisa do direito, abrindo espaços até então inexplorados.

Por outro lado, como já dissera em escritos anteriores, o fato social, na sua congênita e inesgotável pluralidade de aspectos, requer, enquanto objeto de investigação, uma sequência de incisões, de cortes, que lhe modelem o formato para tornar possível sua apreensão pelo espírito humano. Está presente nessa atividade, como já notara Miguel Reale, tanto a objetivação do sujeito como a subjetivação do objeto, em pleno relacionamento dialético. Isso impede concebermos o "fato puro", seja ele econômico, histórico, político, sociológico, jurídico ou qualquer outra qualidade que se lhe pretenda atribuir. Tais fatos, como bem salientou Lourival Vilanova, são elaborações conceptuais, subprodutos de técnicas de depuração de ideias seletivamente ordenadas. Não acredito ser possível, por isso mesmo, isolar-se, dentro do social, o fato jurídico, sem uma série de cortes e recortes que representem, numa ascese temporária, o despojamento daquele fato cultural maior, no que concerne a suas colorações políticas, econômicas, éticas, históricas etc., bem como dos resquícios de envolvimento do observador, no fluxo inquieto de sua estrutura emocional.

Aceita a premissa, o trabalho do jurista há de ser o de construção, mediante cortes e mais cortes, para obter a unidade "fato jurídico", lembrando-me, aqui, do subcapítulo de Pontes de Miranda, em seu livro *O Problema Fundamental do Conhecimento:* "O cindir é desde o início", vale dizer, as sequências de incisões são atitudes naturais do ser cognoscente, ao pé do objeto que examina. E o Direito não escaparia desse processo inarredável. Há de construir o fato jurídico, as relações que dele defluem, as normas e conjuntos de normas, os institutos e associações de institutos, subsistemas e sistemas. Daí porque outra dualidade de suma importância seja a distinção entre evento e fato, sempre unidirecional, porquanto do evento construímos o fato, mas a recíproca não é verdadeira, uma vez que o evento se dissolve na ambitude social, tornando-se irrecuperável. Mesmo deixando remanescer o fato, composto a partir dele, muitos eventos podem tê-lo ensejado, incluindo-se nesse conjunto os que efetivamente ocorreram e os que foram simplesmente imaginados e, por força de instâncias e circunstâncias encontraram documentos linguísticos que os certificaram como existentes.

O Direito é, todo ele, um objeto cultural e essa região de objetos pressupõe a ação inovadora do *homo constructo*, transformando a realidade que encontra para produzir valores.

O Constructivismo Lógico-Semântico ganha, com o presente livro, um impulso significativo para consolidar suas expectativas e a Editora Noeses oferece, aos estudos jurídicos, mais uma obra de peso.

São Paulo, 12 de março de 2018.

Paulo de Barros Carvalho

Professor Emérito e Titular de Direito Tributário da PUC/SP e da USP.
Membro titular da Academia Brasileira de Filosofia.

SUMÁRIO

APRESENTAÇÃO V

CONSTRUCTIVISMO LÓGICO-SEMÂNTICO – *Paulo de Barros Carvalho*... 01

REALIDADE, CONHECIMENTO E MÉTODO CIENTÍFICO – *Aurora Tomazini de Carvalho* 17

O OBJETO DO CONHECIMENTO CIENTÍFICO E O PARADOXO DA INTERDISCIPLINARIDADE – *Fabiana Del Padre Tomé* 83

OS PLANOS LINGUÍSTICOS QUE FORMAM O DIREITO SOB A ÓTICA COMPARATIVA DO CONSTRUCTIVISMO LÓGICO-SEMÂNTICO E DA RETÓRICA REALISTA – *Tatiana Aguiar* 111

NOTAS SOBRE A LINGUAGEM NORMATIVA – ENTRE O DIREITO POSITIVO E A CIÊNCIA DO DIREITO – *Priscila de Souza* 131

O JURISTA COMO CENTRO DE INTERSECÇÃO ENTRE A CIÊNCIA E A EXPERIÊNCIA – *Carlos César Sousa Cintra e Daniel Mota Gutierrez*............................... 163

SER, DEVER-SER E A VALIDADE DAS NORMAS JURÍDICAS – *Paulo Ayres Barreto* 195

A PRAGMÁTICA NO CONSTRUCTIVISMO LÓGICO-SEMÂNTICO E SUA IMPORTÂNCIA PARA O ESTUDO DO DIREITO – *Maria Ângela Lopes Paulino Padilha e Fernando Gomes Favacho* 215

TEORIAS SOBRE A INCIDÊNCIA: A INCIDÊNCIA COMO OPERAÇÃO LINGUÍSTICA – *Gabriel Ivo* 241

OS ATOS DE FALA E O DIREITO – *Tárek Moysés Moussallem e Yuri de Oliveira Dantas Silva* 285

A ENUNCIAÇÃO COMO INTERVALO ENTRE O SER E O EXISTIR: ESTUDOS À LUZ DO CONSTRUCTIVISMO LÓGICO-SEMÂNTICO – *João Alves de Melo Jr.* 303

ENSAIO SOBRE O CONSTRUCTIVISMO LÓGICO-SEMÂNTICO E A RETÓRICA NO DIREITO – *Cristiane Pires e Diógenes Teófilo* 341

CONSTRUÇÃO E JUSTIFICAÇÃO DA DECISÃO JUDICIAL – ROTEIRO E CONTRIBUIÇÕES DO CONSTRUCTIVISMO LÓGICO-SEMÂNTICO – *Bianor Arruda Bezerra Neto* 365

HIERARQUIA E SISTEMA JURÍDICO – *Charles William McNaughton* 403

VARIAÇÕES SOBRE A ESTRUTURA DA NORMA DE COMPETÊNCIA TRIBUTÁRIA – *Tácio Lacerda Gama* 421

CONSTRUCTIVISMO LÓGICO-SEMÂNTICO

Paulo de Barros Carvalho[1]

Sumário: 1. Observações sobre tipos de linguagem – 2. O saber científico e a presença indispensável do método – 3. As superações de ideias e de sistemas como entraves para a progressão do conhecimento – 4. Expediente metodológico com base filosófica – 5. Sobre a designação – 6. Constructivismo e teoria comunicacional do Direito – 7. Sobre a aplicação prática da proposta constructivista – 8. A escola do constructivismo lógico-semântico.

1. Observações sobre tipos de linguagem

Não procede aquilo que poderíamos chamar de linguagem *quimicamente pura*. A qualidade de um texto como filosófico, científico, técnico, artístico ou de linguagem ordinária, rege-se pela dominância, apurada pelos princípios inerentes à coesão e à consistência. Associa-se a primeira às ideias de aglutinação, de concentração, de conexão entre os termos e argumentos, ao passo que a segunda nos conduz ao grau de sustentação que o grupamento oferece ao tecido discursivo

---

1. Professor Emérito e Titular de Direito Tributário da PUC/SP e da USP. Membro titular da Academia Brasileira de Filosofia.

como um todo. Assim, só uma verificação atenta poderá dar elementos para considerarmos o texto de caráter técnico, como o direito positivo, ou de feição filosófica ou, ainda de nível científico, como pretende ser boa parte da dogmática, espaços em que predominam, respectivamente, os termos da linguagem técnica, filosófica ou científica, pontuadas por marcadores de conectividade com as mencionadas formas de comunicação, tecendo cadeias de referência e progressões temáticas que confirmem esses modos de qualificação textual. Além do mais, essas linguagens mantêm, entre si, estreito intercâmbio, pois, na medida em que o técnico se depara com problemas que digam respeito ao funcionamento das mensagens produzidas, socorre-se do paradigma científico para resolvê-los. Da mesma forma, o cientista vai buscar, na filosofia, a possível solução para as questões que se relacionem com a dinâmica de aplicação de suas teorias. Essas injunções provocam uma interpenetração intensa nos padrões de linguagem, de tal modo que se torna difícil, muitas vezes, o correspondente alojamento nas referidas categorias. Acrescente-se em cada uma dessas faixas, a circunstância de que tais metalinguagens observam, constantemente, as de nível inferior, testando os efeitos de suas teorias, seus procedimentos e tudo o mais por elas recomendado às linguagens que lhe serviram de objeto.

A propósito do tema atinente ao estilo das comunicações, inserem-se bem as palavras que utilizei no verbete sobre o Constructivismo Lógico-Semântico.[2]

2. O saber científico e a presença indispensável do método

A camada de linguagem que identifica o saber científico há de ter a presença indispensável do método para guiar-lhe os avanços. Não haverá ciência sem um conjunto organizado de procedimentos, de técnicas, de táticas, dispostas

---

2. Disponível em: <https://goo.gl/GGcd2h>. Acesso em: 12 mar. 2018.

esquematicamente, para garantir a progressão do conhecimento, tendo em vista o fim de percorrer, da maneira mais eficiente possível, o domínio sobre o objeto devidamente demarcado. Explicando por outro modo, método aparece como condição epistemológica para controlar as oscilações inerentes ao campo investigado. Por isso, a rigidez do caminhar científico não tolera repetições, desvios e qualquer outro modo de abandonar, ainda que provisoriamente, a marcha concebida para cobrir a região da pesquisa. A própria retórica, também imprescindível no discurso das ciências, vê-se tolhida em certos limites, para não comprometer a eficácia da mensagem. O "chegar às causas primeiras" e "atingir as consequências últimas" há de ser a constante pensada e reiteradamente perseguida pelo agente, com esmerado rigor e alentada determinação.

Por outro lado, a experiência com os atos de fala, nos diversos níveis da comunicação, deixa-nos logo a advertência de que não existe "linguagem pura", seja a vulgar, a técnica, a científica ou mesmo a filosófica. Aquilo que encontramos é a preponderância de termos, expressões, modos de progredir, estratégias de avanço e, sobretudo, no caso da linguagem das ciências, o "ânimo desinteressado" de quem compõe o discurso, voltado exclusivamente para realizar a tendência de neutralidade, a vocação de imparcialidade na produção da peça.

A relatividade do saber não admite definições terminativas, fortes o suficiente para conduzir o intérprete por espaços seguros e inequívocos. Os valores que ingressam na apreciação dos fenômenos, especialmente os sociais, impedem o saber definitivo e o conhecimento absoluto. As definições são expedientes enunciativos facilitadores do pensar sobre a multiplicidade de objetos que fazem os nossos contornos existenciais, internos e externos. Ao lado de outros instrumentos lógicos, como a nomeação, a divisão e a classificação, organizam a mente, preparando-a para o conhecimento. São demarcações de conceitos para fins de isolamento temático, sendo certo que a interpretação dependerá da subsequente inserção no contexto, imediatamente recuperado.

Questão clara e incisiva, que transita inevitavelmente pela cabeça de quem lida com essas categorias da curiosidade humana, é aquela da compatibilidade entre a crença religiosa num ser absoluto, criador supremo de tudo quanto existe, diante da indiscutível mutabilidade da condição humana, em todos os momentos da vida, sobretudo naqueles que dizem respeito ao conhecimento mais sério e rigoroso, vale dizer, o discurso científico. Creio que devamos separar o mundo das crenças religiosas (doxa), daquele em que se alojam as vicissitudes da vida prática. Quanto ao primeiro, para os que creem no Deus uno, adota-se a premissa da verdade absoluta, consubstanciada no ser divino que tudo criou. Acreditando nos dogmas, há de fortalecer os caminhos da fé. No plano do conhecimento do mundo, contudo, em que o ser humano é protagonista único, as coisas são bem diferentes. Tratando-se de um ser carente, cheio de imperfeições, prisioneiro da matéria de que é constituído, vigora o relativismo dos conceitos e a oscilação dos correspondentes valores. Sua história é a luta pelas conquistas, pelos avanços, pela realização de ideais, sempre mutantes, em razão das necessidades materiais, espirituais e sociais por que passa. Inexistem aqui as verdades absolutas, as conquistas definitivas e as soluções imutáveis. Aliás, as ciências evoluem precisamente porque não são perfeitas, irremediavelmente vinculadas às ingentes limitações do homem. Este, por sua vez, tem a missão de resistir às dificuldades da experiência, transformando-a em objetos culturais, segundo os valores que sua filosofia lhe propõe. Penso estar aqui, no trato do homem com a experiência, a transformação que as crenças religiosas insistentemente proclamam: "modificar o mundo", torná-lo melhor, em atinência aos preceitos de Deus.

Eis um ponto delicado: confundir expectativas, pela adoção de procedimentos dogmáticos, firmados em fé no absoluto e em revelações, aplicando-os ao plano da movimentação empírica, onde os acontecimentos se dão pelas regras advindas do saber técnico-material adequado. Em contrapartida, lidar com metodologias científicas, validadas para seu universo de discurso, em assuntos de crença espiritual: a chamada "lógica da conduta", imprópria para a compreensão desses assuntos.

Em súmula estreita, tratemos das ciências com os recursos que Deus nos deu, recursos limitados, limitadíssimos até, lutando para o desenvolvimento e o progresso desse "talento" a que alude o Novo Testamento, com a convicção de que, quanto mais fizermos prosperar o feixe de predicados que nos foram conferidos, estaremos em condições de aprimorar o conhecimento técnico-científico, produzindo bens culturais mais próximos dos valores absolutos da fé religiosa.

Reiterado e frequente erro histórico é o de atravessar esses dois mundos sem as cautelas da reflexão: tentar o emprego de categorias da razão raciocinante, por exemplo, para montar e concluir proposições de fé religiosa; ou avançar no conhecimento técnico ou científico, a partir de meras crenças que se sustentem apenas para fins espirituais. A advertência, porém, dista de ser o reconhecimento de incomunicabilidade entre as duas regiões, a admissão de que se trata de territórios estanques, isolados, insuscetíveis a um diálogo mais próximo para fins cognoscitivos. Muito ajuda à construção e ao progresso do saber técnico-científico, uma saudável e bem ordenada fé religiosa, que se manifesta na vontade firme e na ética rigorosa que o desafio do saber requer. Do mesmo modo, a mente organizada pelos padrões da lógica cognoscitiva, válida, em princípio, para o chamado "mundo da vida", favorece a consolidação da fé e o aprofundamento do sentido religioso do espírito humano.

3. As "superações" de ideias e de sistemas como entraves para a progressão do conhecimento

Entre os argumentos que dificultam a exposição clara de ideias, impedindo a marcha do processo de convencimento, está o recurso à qualificação de conceitos, teorias e sistemas como "superados". Que pensador não teve sua contribuição marcada pela coima de "ultrapassada", simplesmente porque outras advieram, criando novas alternativas de conhecimento? A cada instante nos deparamos com "superações" que deixam para trás pensamentos importantes, sob a alegação de que seu tempo histórico já teria passado e, portanto, considerar aquele conjunto de proposições ou o sistema que lhe organiza a existência, algo acabado, posto em desuso pelo aparecimento de novas concepções. Agora, é preciso pensar que a Filosofia, na sua visão grandiosa do mundo, é, ela mesma, uma grande superação. A reflexão filosófica, com seu extraordinário poder de volver e revolver os mais relevantes assuntos da humanidade, é dotada de recursos argumentativos potentes. Não é preciso muito esforço para perceber que uma proposição afirmativa qualquer pode ser reduzida à condição de mera sentença paradoxal, com o emprego de poucas operações enunciativas. Além disso, como explicar as contínuas referências às propostas filosóficas milenares, que teimam em frequentar os escritos dos grandes pensadores, mostrando uma notável resistência às tentativas de corrosão das críticas especializadas? Dir-se-á que as necessidades retóricas não só justificam, mas até recomendam a utilização de certas alusões, como providências de cunho estratégico para acentuar ou enfraquecer o teor persuasivo das mensagens. Aliás, quando o desempenho do raciocínio começa a ficar difícil, quando o autor encontra obstáculos discursivos de transposição duvidosa, um dos primeiros impulsos de nossa mente é lançar mão desse expediente argumentativo, pois se trata de instância inexorável, já que *a não retórica é retórica também*. Há, contudo, maneiras distintas de movimentar o pensamento, ajustando sua trajetória dentro de padrões mais serenos, tolerantes e produtivos, mesmo porque, *se tudo está superado, então nada está superado* e o espírito humano permanece pronto para locomover-se, livremente, nos horizontes da consciência.

4. Expediente metodológico com base filosófica

O Constructivismo lógico-semântico é, antes de tudo, um instrumento de trabalho, modelo para ajustar a precisão da forma à pureza e à nitidez do pensamento; meio e processo para a construção rigorosa do discurso, no que atende, em certa medida, a um dos requisitos do saber científico tradicional. Acolhe, com entusiasmo, a recomendação segundo a qual *não haverá ciência ali onde a linguagem for solta e descomprometida*. O modelo constructivista se propõe amarrar os termos da linguagem, consoante esquemas lógicos que deem firmeza à mensagem, pelo cuidado especial com o arranjo sintático da frase, sem deixar de preocupar-se com o plano do conteúdo, selecionando as significações mais adequadas à fidelidade da enunciação.

Apesar de suas origens e das concepções que estão bem caracterizadas na plataforma inferior de suas bases, não se pretende um projeto filosófico: de método é seu estatuto. Todavia, um traço na configuração dessa proposta metodológica chama logo a atenção. Se, para a perspectiva semiótica, ao lado da estrutura lógica e da dimensão semântica, haverá sempre a projeção pragmática, por que omitir-se a instância na denominação do movimento epistemológico? Três razões podem explicar a ausência: de primeiro, a circunstância de sua necessária presença (do plano pragmático) na implicitude do nome, visto ser dimensão imprescindível na alusão ao plano semiótico, de tal sorte que as referências sintáticas e semânticas implicariam, necessariamente, as pragmáticas; de segundo, na elaboração do texto, as cogitações de ordem pragmática seriam sobremodo difíceis, pois esse é o tempo da própria criação do enredo textual, da preparação da mensagem para ingressar no contexto comunicativo, seguindo em direção ao destinatário ou receptor. Por certo que caberia melhor na interpretação do escrito para efeito de revisão, quando tomado na sua integridade constitutiva. E terceiro, o nome ficaria muito extenso, suscitando logo a pergunta sobre os motivos pelos quais não se teria logo adotada a expressão *constructivismo semiótico*.

Pois bem, evitando o perigo dos meros sincretismos metodológicos e da mistura irrefletida de correntes filosóficas tomadas ao acaso, aquilo que a observação nos permite ver, nessa dinâmica de ideias e de construções é uma admirável injeção de culturalismo, incidindo no que há de mais apurado entre as conquistas do neoempirismo lógico do Círculo de Viena, conjunção, aliás, que consulta bem à formação do Professor Lourival Vilanova, muito influenciado pela Escola de Baden, a temperar suas conhecidas inclinações para privilegiar o plano sintático da análise textual.

5. Sobre a designação

O jusfilósofo pernambucano vinha frequentemente a São Paulo, nas últimas décadas do século passado, por três motivos importantes: visitar sua filha Ana Lúcia, genro e netos; atender aos insistentes convites para integrar bancas examinadoras na Faculdade de Direito do Largo de São Francisco; proferir palestras e conduzir grupos de estudos sobre Filosofia e Teoria Geral do Direito, na Pontifícia Universidade Católica de São Paulo. Fiz esse registro no prefácio do livro *Escritos Jurídicos e Filosóficos*, editado no ano de 2001, em dois tomos, pela Axis Mundi/Ibet:

> *"Certo dia, perguntando como conviria dar nome à sua atitude jurídico-filosófica e ao tipo de trabalho que vinha desenvolvendo, respondeu-me que poderíamos perfeitamente chamá-lo de "constructivismo". Não, segundo o modelo do "constructivismo ético", todavia, agregando ao nome o adjetivo composto "lógico-semântico", pois, afinal de contas, todo o empenho estaria voltado a cercar os termos do discurso, para outorgar-lhes a firmeza necessária (e possível, naturalmente), tendo em vista a coerência e o rigor da mensagem comunicativa. Isso não significa, porém, relegar o quadro das investigações pragmáticas a nível secundário. Expressa, tão somente, uma opção metodológica. Melhor seria até dizer que a proposta lógico-semântica aparece como contribuição para um estudo semiótico do discurso".*

A crença na existência de objetos extralinguísticos, que discretamente mobilizou o pensamento do mestre, não é molestada pelo constructivismo. Existindo ou não existindo tais entidades, elas somente entrarão para o âmbito do conhecimento quando vierem a fazer parte da intersubjetividade do social, inteiramente tecida pela linguagem.

6. Constructivismo e teoria comunicacional do Direito

O Constructivismo mantém relação muito íntima com a Teoria Comunicacional do Direito. Esta, desenvolvida e apurada pelo Prof. Gregorio Robles, tem abrangência maior, aproximando-se mais de uma concepção filosófica. Ambas, porém, tomam a linguagem como constitutiva da realidade, depositando no texto o objeto de todas as suas preocupações. Procuram levar às últimas consequências duas premissas fundamentais: *a palavra é a morada do ser (Heidegger)* e *tudo aquilo que puder ser interpretado é texto (Gadamer)*. Nesse quadro, a hermenêutica não só adquire uma função decisiva, como passa a ser o modo, por excelência de compreender-se o mundo. *E as coisas existem quando têm nomes...Sem nome, as coisas não existem (Raffaele De Giorgi)*. Falo da hermenêutica geral, formada pelo conjunto organizado das hermenêuticas regionais, na linha de Ricoeur, para quem a hermenêutica é a teoria das interpretações ou da compreensão em sua relação com a interpretação dos textos.

Gregorio Robles trata a teoria comunicacional do direito dentro do âmbito da *hermenêutica analítica*, posta sua missão de aprofundar o conhecimento do objeto com os delicados instrumentos da análise. É compondo e decompondo, articulando e desarticulando, reunindo e separando, organizando e desorganizando, que o agente dirige seus procedimentos para dominar o texto e compreender a comunicação. Ora, precisamente esse é o caminho percorrido pelo Constructivismo Lógico-Semântico: enquadra-se nos parâmetros da hermenêutica atual, lendo e interpretando para compreender, porém, em todos os passos de sua trajetória está presente o tom da analiticidade. É analisando que o trabalho cognoscente prospera em direção a seus objetivos.

CONSTRUCTIVISMO LÓGICO-SEMÂNTICO

Outro dado importante que marca o perfil do constructivismo é ocupar-se do texto dentro do chamado *factum comunicacional*, indagando sempre pelo autor da mensagem, pelo canal por onde ela transita, pelo destinatário, pelo código linguístico comum a ambos, pela conexão psicológica que se estabelece e pelo contexto em que a comunicação se dá. O direito estudado como fenômeno comunicacional proporciona elementos valiosos para a construção de sentido e a compreensão do texto, associado, aqui e ali com os poderosos recursos da *retórica realista*, segundo as categorias pesquisadas e desenvolvidas por João Maurício Adeodato e a Escola Retórica de Recife. Aliás, a filosofia retórica, assim como o constructivismo, parte de uma antropologia carente, operando com a linguagem como único meio perceptível, de tal modo que não haveria acesso ao chamado *mundo real*, simplesmente porque não existem elementos externos a ela. Todo objeto é composto pela linguagem e, por isso, há de ter nome (Di Giorgi), o que significa dizer que o conhecimento é formado por acordos linguísticos intersubjetivos de maior ou menor permanência no tempo, mas todos eles circunstanciais temporários, autorreferentes e assim passíveis de constantes rompimentos (Adeodato).

A conversação tecida entre o constructivismo, a teoria comunicacional e a filosofia retórica, mencionada acima, flui, como se vê, de maneira natural e produtiva. Seus resultados são auspiciosos e percebe-se enorme entusiasmo entre todos aqueles que superam os obstáculos convencionais e alimentam as expectativas de implantar o diálogo.

Ainda sobre as aproximações existentes entre o constructivismo e a teoria comunicacional do direito, cabe dizer que em ambas se pesquisa o *ethos* da trilogia aristotélica, investigando o editor da mensagem, nos expedientes de que se utiliza para cumprir sua invariável vocação de controlar o curso e os efeitos do ato comunicativo que exerceu; mas também do *pathos* como a procura dos modos pelos quais se desperta, no receptor, as emoções indispensáveis ao entendimento cabal do que foi transmitido pelo orador; e do *logos*, empregado aqui como ciência ou razão, algo que brilha pela sua presença na descrição minuciosa e precisa do fenômeno comunicacional.

Nesta concepção, mantêm-se de pé os ideais do *giro linguístico*, em que se toma a realidade como constituída pela linguagem, conjunto de signos empregados pela comunicação ou potencialidade humana para comunicar-se. A totalidade dos signos, organizados por meio de regras de formação e de transformação, no seu feitio estático, é a língua, observada pela perspectiva sistêmica ou institucional. Língua, no sentido amplo, que entra em exercício mediante os *atos de fala*, instauradores do fato da comunicação.

7. Sobre a aplicação prática da proposta constructivista

A primeira aplicação do modelo constructivista, em termos de consciência a respeito de sua extensão e limites, penso ter ocorrido com a tese "*Direito Tributário – Fundamentos Jurídicos da Incidência*", apresentada em concurso para a titularidade na Faculdade de Direito do Largo de São Francisco, logo depois lançada pela *Editora Saraiva, em 1989*, encontrando-se na 10ª edição. O tema da incidência jurídica foi analisado em suas proporções lógicas, com discussão de relevantes aspectos de ordem semântica, ficando assentado *que não se dará a incidência se não houver um ser humano fazendo a subsunção e promovendo a aplicação que o preceito determina. As normas não incidem por força própria. Numa visão antropocêntrica, requerem o homem, como elemento intercalar, movimentando as estruturas do direito...*

Hoje, há centenas de obras em que os autores aplicam o Constructivismo Lógico-Semântico e vale acrescentar que não é somente no Direito Tributário. As premissas do constructivismo foram penetrando outros setores, de tal sorte que os estudiosos o veem como instrumento poderoso para estabilizar o discurso, adjudicando-lhe rigidez e objetividade. Os textos básicos têm sido, além daquele acima referido, o *Curso de Direito Tributário* (São Paulo, Saraiva, 28ª edição, 2017);

CONSTRUCTIVISMO LÓGICO-SEMÂNTICO

Direito Tributário, Linguagem e Método (São Paulo, Noeses, 6ª edição, 2015); os livros de Fabiana Del Padre Tomé (*A prova no direito tributário* – São Paulo, Noeses, 4ª edição, 2016); de Aurora Tomazini de Carvalho (*Teoria Geral do Direito – O constructivismo lógico-semântico* – São Paulo, Noeses, 5ª edição, 2016) e de Lucas Galvão de Britto (*O lugar e o tributo* – São Paulo, Noeses, 2014); acrescentando-se ainda, como primeiro na linha do tempo, a obra *Teoria da Norma Tributária*, atualmente editado pela Quartier Latin. Anote-se também o livro *Vilém Flusser e Juristas – Comemoração dos 25 anos do Grupo de Estudos de Paulo de Barros Carvalho*, coordenado por Florence Harret e Jerson Carneiro, Noeses, 2009; o volume I do livro *Constructivismo Lógico-Semântico* (2014) e a obra *Lógica e Direito* (2016), ambos coordenados por mim e publicados pela Editora Noeses.

É preciso dizer que muitos autores importantes operam regularmente com esse método, entre eles, Paulo Ayres Barreto, Tárek Moussalem, Robson Maia Lins, Tácio Lacerda Gama, Gabriel Ivo, Charles McNaugthon, Maria Ângela Lopes Paulino, Priscila de Souza, entre outros. A mais disso, hão de ser mencionados todos aqueles que lidam com a regra-matriz de incidência, em qualquer de seus aspectos, pois, certamente, estarão percorrendo os eixos desse esquema metodológico. Acontece que a estrutura da regra-matriz já é uma construção lógica, com a hipótese ou antecedente e o mandamento ou consequente expressos nas variáveis representadas por signos formais unidos por constantes. O passo subsequente é ingressar no plano semântico, saturando as variáveis lógicas com os conteúdos de significação da linguagem do direito positivo, para chegar, desse modo, à norma geral e abstrata. Em seguida, as determinações estabelecidas pelo processo de positivação nos conduzem a empregar a linguagem da facticidade social para preencher, mais uma vez, aquelas variáveis, promovendo, agora, o expediente formal da subsunção ou inclusão de classes. Eis o território das normas individuais e concretas. É oportuno lembrar que tudo isso requer o cuidadoso exame do modo como os termos são empregados pelos utentes dessa linguagem, o que equivale a pesquisar o ângulo pragmático da comunicação jurídica.

Realmente, tratar com a regra-matriz revela momentos de convívio intenso com partes do processo constructivista, e creio existir centenas de estudiosos que se envolvem com o tema, na procura do conhecimento mais atilado da situação jurídica que lhes interessa discutir.

É verdade, também, que o uso do modelo pode favorecer mais o plano sintático ou lógico. Contudo, há muitas investigações que isolam a plataforma dos significados para atingir os objetivos da pesquisa. E outro tanto ocorre com a dimensão pragmática, de tal sorte que as aplicações variam quanto à predominância dos setores de abrangência e, da mesma maneira, com relação à intensidade e permanência nos intervalos do modelo. Reafirmando a força desta notação, há textos que implantam o método, enfatizando a teoria dos valores, numa ostensiva manifestação da influência do culturalismo jurídico neste modo de conhecer o objeto. Esse aspecto, longe de revelar mero sincretismo metodológico, consubstancia precioso elemento para potencializar a compreensão da mensagem, ampliando-lhe o campo de análise.

8. A escola do constructivismo lógico-semântico

Com a apresentação de trabalhos em congressos e seminários nacionais e internacionais, o "Constructivismo lógico--semântico" difundiu-se, a ponto de ser reconhecido como uma autêntica "escola de pensamento jurídico". Para tanto, foram relevantíssimas a atividade e a participação de núcleos de pesquisa espalhados por praticamente todo o território nacional, estudando Direito Tributário com o objetivo de estabelecer seus fundamentos na Teoria Geral e na Filosofia do Direito. É o que realizou e continua realizando o IBET – Instituto Brasileiro de Estudos Tributários, nas suas trinta e uma unidades, funcionando em vinte e um Estados da federação.

CONSTRUCTIVISMO LÓGICO-SEMÂNTICO

Sob o ponto de vista histórico, é possível considerar a proposta constructivista em três momentos distintos: o período de formação (1973 a 1985), o intervalo de consolidação (1985 a 1997) e a fase de expansão (1997 aos nossos dias). Nos primeiros tempos, a preocupação básica foi a teoria da norma, que veio a configurar-se em 1985, já com a inequívoca presença do pensamento de Lourival Vilanova. Em termos de enriquecimento, porém, os tempos de consolidação foram extraordinários. É bom lembrar que o programa não teve, de início, aceitação tranquila, provocando fortes contestações. Cada asserção, cada sequência evolutiva, cada sugestão apresentada era objeto de oposições enérgicas, que obrigavam os adeptos do constructivismo a pensar, a refletir, a sopesar argumentos, tendo em conta a convicção da procedência daquilo que defendiam. Dele, movimento, pode dizer-se que foi exaustivamente percorrido por juízos críticos, às vezes implacáveis. Todavia, quem sabe, o esforço intelectual – desenvolvido para fazer frente a tantos questionamentos – tenha nutrido essa doutrina de bons recursos argumentativos, tenha servido de combustível para procurar e colher, na realidade objetiva, na prática da experiência, no "munda da vida", como o chamou Husserl, exemplos preciosos para sustentar posições e reforçar ideias. Constituiu-se, dessa maneira, um reservatório considerável de fundamentações, assentadas em exemplos concretos da realidade empírica. E o discurso de apresentação tornou-se forte, coeso, consistente, outorgando confiança ao expositor. Veio o entusiasmo e começou a expansão. As traduções em língua estrangeira se sucederam e as ideias foram expostas em vários países, principalmente Argentina, Uruguai, Chile, Peru, Colômbia e México, na América Latina, e Itália, Espanha, França e Portugal, na Europa.

Há uma atividade, entretanto, com papel preponderante durante todos os três períodos: o Grupo de Estudos que há 34 (trinta e quatro) anos se reúne para refletir sobre aspectos epistemológico-jurídicos, em geral, e sobre semiótica e direito tributário, em particular. São advogados, promotores, juízes e professores, dos mais diferentes Estados do Brasil, dispostos a ler, pensar e discutir temas amplos, complexos, assuntos que em outros ambientes dificilmente poderiam ser tratados. As reuniões do Grupo de Estudos se prestaram a numerosos debates e a ele compareceram pensadores, nacionais e estrangeiros.

Estão envolvidos no âmbito desta Escola, estudos de Filosofia e Teoria Geral do Direito, dos vários setores da Linguística, da Semiótica, da Retórica e da Lógica Jurídica. Entre os que influenciaram, mais de perto, as pesquisas estão, além do Professor Lourival Vilanova, Tercio Sampaio Ferraz, Alaor Caffé Alves, Dardo Scavino, Lúcia Santaella, José Luiz Fiorin, Celso Fernandes Campilongo, João Maurício Adeodato, Torquato Castro, Gregorio Robles, Newton da Costa e Vilém Flusser, todos eles (com exceção deste último, falecido) já presentes em alguma sessão do Grupo.

REALIDADE, CONHECIMENTO E MÉTODO CIENTÍFICO

(Constructivismo Lógico-Semântico como método epistemológico)

Aurora Tomazini de Carvalho[1]

Sumário: Introdução – 1. A Filosofia – 2. O conhecimento: 2.1 Conhecimento em sentido amplo e em sentido estrito; 2.2 Giro linguístico; 2.3 Linguagem e realidade; 2.4 Língua e realidade; 2.5 Sistema de referência; 2.6 Considerações sobre a verdade; 2.7 Autorreferência da linguagem; 2.8 Realidade fora e realidade dentro do ser; 2.9 Como uma coisa pode ser uma coisa e outra ao mesmo tempo?; 2.10 Para que serve o conhecimento? – 3. Epistemologia – 4. Conhecimento científico: 4.1 Linguagem científica e Neopositivismo lógico: 4.2 Pressupostos de uma Teoria; 4.3 Método – 5. Constructivismo lógico-semântico – 6. Conclusões em relação ao método – 7. Referências bibliográficas.

Introdução

Todos os dias, quando acordamos, abrimos os olhos para uma realidade percebida por nossos sentidos e a tomamos como aquilo que é existente no mundo. Assistimos ao sol nascer e se pôr, seus raios sobre nossa pele provoca uma sensação

---

1. Mestra em Direito Tributário e Doutora em Filosofia do Direito pela Pontifícia Universidade Católica de São Paulo – PUC-SP. Ex-conselheira do CARF, Professora da Universidade Estadual de Londrina-PR, Pesquisadora do IBET e autora do livro *Curso de teoria geral do direito* (o Constructivismo Lógico-Semântico).

de calor e sua ausência uma sensação de frio. Sentimos o cheiro do café sendo preparado, o molhado do orvalho nas plantas, percebemos as diferentes cores do céu, das flores e seus perfumes, o gosto das frutas frescas, ouvimos os pássaros cantando e as conversas na sala e assim interagimos com aquilo que experimentamos do mundo e que chamamos de realidade.

Da mesma forma, nos percebemos enquanto indivíduos, nos voltamos para dentro de nós, para nossos sentimentos, nossas emoções, nosso agir enquanto pessoa, nossas relações com tudo que experimentamos e com os outros indivíduos e assim temos acesso à nossa realidade individual enquanto ser existente no mundo.

A vivência diária dessas realidades é muito complexa e demanda um enorme esforço do intelecto humano. Estamos sempre tão envolvidos com nossas experiências, emoções e nosso viver no mundo, que raramente nos questionamos sobre a realidade (ou as realidades) que vivenciamos e nem sobre a forma como a conhecemos, ou melhor, sobre a forma como conhecemos todas as coisas. Qualquer realidade, seja ela do mundo existencial, do mundo emocional, intelectual, espiritual, ou de outro mundo, só é conhecida por nós, por um ato de conhecimento.

Passamos a vida conhecendo as coisas e nos utilizando do conhecimento delas para implementar nossas vivências. Por isso, questões como: Que é a existência? Que é realidade? Como organizamos nossos pensamentos? Como conhecemos as coisas? E, o que conhecemos? Têm grande impacto na experiência humana e consequentemente no mundo que criamos para nós, como nossa realidade (conhecida). Embora poucos se atentem para isso.

Pensar nestes temas requer antes de qualquer coisa uma atenção para o fenômeno do conhecimento e a maioria das pessoas estão tão preocupadas em superar suas experiências, vencer metas diárias, ou simplesmente viver suas vidas, que não se dão conta de que tudo que existe do mundo, para elas e para todos ao seu redor, só existe em razão de um ato de conhecimento. Outras até entendem, mas não se interessam em compreender o processo nem o que é o conhecimento, pois temas como estes estão no âmbito da reflexão e não são muitos que se sentem atraídos por esta atividade intelectual.

Digo isso por mim, foram anos de estudos até começar a me interessar por estas questões. Tinha pavor dos temas filosóficos, até então, nunca tinha entendido por que as pessoas se questionavam sobre a realidade se ela sempre foi aquilo estava ali! Por que se preocupavam com o processo de conhecimento, se o que importa para resolver nossos problemas vivenciais é aquilo que conhecemos (o conteúdo conhecido). Grande parte da minha alienação, assim como penso a de muitas pessoas, no entanto, se ligava ao fato de não entender a utilidade prática da Filosofia, muito menos o que é Filosofia. Mas depois que comecei estudar tais assuntos, uma reviravolta se deu na minha vida. O mundo virou outro, acabaram-se todos os grandes problemas e os pequenos deixaram de ter importância. Foi como se a partir de um certo ponto, eu passasse a ter uma facilidade de compreensão de todo processo de existência, da vida, do mundo, da minha identificação enquanto pessoa, das minhas relações com o mundo e com os outros. E eu me sinto hoje na obrigação de compartilhar essa experiência.

A Filosofia é árdua. Os temas Filosóficos são complexos e aparentemente não muito práticos. Talvez, muitos não se interessam por assuntos filosóficos justamente porque a linguagem da Filosofia é complicada mesmo e os filósofos complicam mais um pouco. Num primeiro momento, parece até coisa de gente maluca ficar se questionando se esta mesa que está na minha frente existe ou não, se eu consigo manter uma relação de conhecimento com ela de modo a capturar sua essência, ou se tudo que tenho é uma construção linguística, se a mesa é uma realidade experimentável ou se ela só existe no meu intelecto. Mas com um certo esforço, tudo faz sentido. Por isso, vou tentar explicar tudo detalhadamente, numa linguagem mais simplificada.

CONSTRUCTIVISMO LÓGICO-SEMÂNTICO

1. A Filosofia

Em termos não complexos, Filosofia é a Ciência da Reflexão. E a reflexão é a atividade mais nobre do intelecto humano. Ela se constitui por meio do questionamento dos pressupostos de base das coisas, ou melhor, daquilo que conhecemos das coisas, do mundo e dos indivíduos. Ao refletir, voltamos nossa atenção com intuito questionador para os pressupostos que dão fundamento a uma realidade, isto é, para aquilo que está sendo construído como existente em nosso intelecto ao conhecermos algo.

Numa acepção mais abrangente, o termo reflexão pode ser empregado para significar o processo questionador dos pressupostos de qualquer tipo de conhecimento. Refletir, em sentido amplo é voltar a atenção com intuito inquisitório sobre o pensamento e os fundamentos de base de todas as coisas que existem enquanto seu conteúdo. É um regresso questionador de pressupostos. Por isso, um processo onde se considera algo de forma profunda. E assim, a atividade mais nobre do intelecto humano, pois com ela se questiona o próprio pensamento.

Falo, numa concepção mais abrangente, pois a reflexão pode-se dar em diferentes níveis, em razão da evolução da linguagem do conhecimento alcançado pelo sujeito que reflete. Assim, podemos falar numa reflexão em nível (i) ordinário, em nível (ii) científico e em nível (iii) filosófico. Esta última é a que nos interessa nesse trabalho, mas para elucidar melhor o tema:

(i) uma reflexão ordinária toma como objeto nossos pensamentos corriqueiros do dia a dia, com relação às coisas que experimentamos do mundo, nossa realidade circundante, nossas emoções, sentimentos e relações familiares, pessoais e profissionais. Um exemplo de reflexão ordinária é quando envoltos numa situação de desconforto, nos questionamos o porquê de nosso desconforto, ou quando diante do mar nos indagamos se o que enxergamos é verde ou azul, ou como ele existe enquanto mar;

(ii) uma reflexão em nível científico, tem por objeto dados da experiência com vista à demarcação e delimitação de conceitos em que se pautam um conhecimento mais organizado estruturalmente. Reflexões científicas se pautam nos pressupostos de base de uma proposição científica (aquela que explica a realidade experimentável mediante a estruturação de conceitos em razão de um método e um modelo). Assim, por exemplo, diante da proposição: "é verdadeiro que a água ferve a 100 graus celsius", uma reflexão científica identifica: "Que é a "água" – (H2O)? Que é "ferver" – (evaporar)? Que é 100 graus celsius (medida)? E como podemos aferir esta relação?

(iii) Já uma reflexão em nível filosófico, se pauta nos pressupostos de todos os pressupostos daquilo que conhecemos do mundo circundante, externo e interno, empírico, não empírico, emocional, racional, individual e relacional. É o regresso inquisitório das bases em que são fundados o conhecimento, a existência e os valores do mundo. Assim, a reflexão filosófica se constitui como aquela que toma como objeto o questionamento dos pressupostos, da razão última de nossos pensamentos e seus conteúdos, num nível mais elaborado de linguagem. No exemplo acima, da proposição científica "É verdadeiro que a água ferve a 100 graus celsius", uma reflexão filosófica questiona: Que faz desta uma proposição científica? Como posso aferir o valor de verdade desta proposição? Que ela reflete? Algo existente no mundo físico ou uma amarração lógica de conceitos que criam uma realidade intelectual independente da experimentada fisicamente?

As reflexões filosóficas voltam-se para três grandes eixos temáticos, que se constituem nos três grandes ramos da Filosofia: (iii.a) Ontologia; (iii.b) Gnosciolgia; e (iii.c) Axiologia.

(iii.a) Na Ontologia, a reflexão volta-se para a existência, identidade e realidade das coisas, é o questionamento sobre a essência ou natureza daquilo que se pode experimentar (empírico) ou não (metafísico) no mundo. Com esse tipo de reflexão, por exemplo, se dá o questionamento do que é Deus? Qual nossa função no universo? Que é existência? Como explicamos a realidade? Ou a realidade de algo do mundo?

(iii.b) Na Gnosiologia, o estudo que se volta às questões relativas ao conhecimento em nível ordinário ou científico. São perguntas atinentes à Gnosiologia: Como conhecemos as coisas? Como atribuímos credibilidade ao conhecimento? Que é o conhecimento? Como se processa em nosso intelecto? Como aceitamos que algo é verdadeiro? A Epistemologia (objeto de estudo deste artigo) é uma ramificação da Gnosiologia. É a parte da Filosofia que estuda os pressupostos de todo conhecimento científico.

(iii.c) Já na Axiologia, a reflexão se volta ao questionamento dos valores com os quais compreendemos e experimentamos o mundo, implementamos relações e externamos emoções. São perguntas atinentes à reflexão axiológica, por exemplo: Que é o belo? Como atribuímos beleza a algo? Que é justiça, liberdade, bondade? Como tais valores se modificam ao logo da existência humana? A Ética e a Estética são segmentações deste eixo da Filosofia.

Partindo desta ideia, a Filosofia está em todos os lugares, porque tudo o que conhecemos do mundo está amparado por pressupostos de existência, de conhecimento e condicionados por valores.

Por trás de todo conhecimento, existe uma potencialidade filosófica, um questionamento último sobre a existência do objeto conhecido, sobre o próprio conhecimento e sobre os valores inerentes àquele objeto. De modo que, todas as Ciências, até as tidas como naturais, têm uma base filosófica, estão condicionadas a um modelo Filosófico de existência, de conhecimento e a certas concepções valorativas, que determinam inclusive a forma da experiência.

Daí a importância de um estudo Filosófico e principalmente daquilo que queremos destacar neste trabalho: de um estudo sobre o conhecimento, que se dá no âmbito da Filosofia, mais especificamente no âmbito da Filosofia do Conhecimento.

Ao entendermos que o que existe da realidade para nós é aquilo que conhecemos dela, já que o real (como algo físico) é intangível a nós senão por meio de um ato de conhecimento, começamos a dar importância ao estudo do conhecimento, porque como conhecemos as coisas, em última instância, consiste em como trazemos tudo o que está lá fora para dentro de nós, isto é, a forma pela qual a realidade que existe fora do ser, passa a existir dentro do ser.

Assim, quando nos voltamos para o estudo do conhecimento, passamos a compreender como as coisas do mundo existem para nós (dentro do nosso intelecto). E, ao entendermos esse processo, podemos melhor controlá-lo e como consequência também, por muitas vezes, controlar aquilo que existe em nós e que define nossa realidade e nossas emoções, já que tudo que temos do mundo se dá por uma forma de conhecimento.

2. O conhecimento

Caracteriza-se, o conhecimento (na sua redução mais simples), como a forma da consciência humana por meio da qual o homem atribui significado ao mundo (isto é, o representa intelectualmente). Neste sentido, conhecer algo é ter consciência sobre este algo, de modo que, se perder a consciência, o ser humano nada mais conhece.[2]

A consciência, função pela qual o homem trava contato com suas vivências interiores e exteriores, é sempre de algo, o que caracteriza sua direcionalidade. A apreensão deste algo se faz mediante certa forma, que é produzida por determinado ato. Nestes termos, seguindo os ensinamentos de EDMUND HUSSERL[3] diferenciam-se: (i) o ato de consciência (ex: perceber, lembrar, imaginar, sonhar, pensar, refletir, almejar, etc.); (ii) o resultado deste ato, que é a forma (percepção, lembrança, imaginação, sonho, pensamento, reflexão etc.);

---

2. Trabalharemos, neste tópico, com alguns pressupostos da filosofia da consciência instaurada por KANT, apesar de tal vertente não se constituir como paradigma filosófico deste trabalho.

3. *Investigações lógicas.*

e (iii) seu conteúdo, que é o objeto captado pela consciência e articulável em nosso intelecto (o percebido, o lembrado, o imaginado, o sonhado, o pensado, o refletido etc.).

O desenho abaixo esclarece melhor tais conceitos:

Explicando: Mediante um ato específico e determinado no tempo (ex. perceber, imaginar, pensar), a consciência humana produz uma forma (ex. percepção, imaginação, pensamento), que aprisiona determinado objeto como seu conteúdo (ex. o percebido, o imaginado, o pensado).

Devemos separar, assim: (i) conhecer, enquanto ato específico e histórico da consciência; (ii) conhecimento, como resultado desse ato, enquanto forma de consciência; e (iii) aquilo que se conhece, conteúdo da consciência, ou seja, o objeto do conhecimento.[4] São três faces diferentes do conhecimento humano: uma coisa é o ato de conhecer; outra a forma, o conhecimento por ele gerado; e outra ainda o conteúdo conhecido (objeto).

O ato de conhecer fundamenta-se na tentativa do espírito humano de estabelecer uma ordem para o mundo (exterior ou interior) para que este, como conteúdo de uma consciência, se torne inteligível, ou seja, possa ser articulado intelectualmente (constituindo aquilo que a filosofia chama de racionalidade).

---

4. *In Investigações lógicas*, p. 54.

Todo conteúdo requer uma forma, que é o meio mediante o qual ele aparece, de modo que, não há objeto articulável intelectualmente sem uma forma de consciência que o apreenda. O conhecimento é uma forma da consciência, que se dá com a produção de outras formas de consciência como a percepção, o pensamento, a lembrança, a memória, a intuição, e que vai se consolidando na medida em que utilizamo-nos de mais de uma delas (ex: percepção visual + lembrança + imaginação). Por esta razão, podemos dizer que existem várias etapas de conhecimento e que este é gradativo, isto é, se sedimenta aos poucos. Conforme seu conteúdo (o objeto) vai aparecendo, sob diferentes formas de consciência, ele vai se firmando em nosso intelecto.

Neste sentido, a palavra "conhecimento" apresenta o vício da ambiguidade procedimento/ato, forma/conteúdo. Conhecer é um processo da consciência humana, que se sedimenta num ato, que tem uma forma e um conteúdo.

2.1 Conhecimento em sentido amplo e em sentido estrito

O termo "conhecimento" é muito abrangente. De acordo com a ideia delimitada acima, conhecimento seria qualquer forma de consciência que aprisiona um conteúdo inteligível. Estaria envolto no conceito de conhecimento qualquer forma de consciência humana, como a intuição, percepção, imaginação, lembrança, pensamento. Todas seriam, em última instância, uma espécie de conhecimento. No entanto, em termos mais precisos, a palavra "conhecimento" é empregada para denotar uma modalidade do pensamento, o pensamento proposicional, que pode ser submetido a critérios de confirmação ou infirmação.

Assim, com objetivo de simplificar nossos estudos, reduzimos as complexidades diferenciando "conhecimento" em *sentido amplo* e em *sentido estrito*. Em sentido amplo, toda forma de consciência que aprisiona um objeto intelectualmente como seu conteúdo é conhecimento. Assim podemos falar num conhecimento intuitivo, perceptivo, imaginário etc.

Alcança esta concepção estrita, no entanto, a partir do momento em que seu conteúdo aparece na forma de juízo (uma das modalidades do pensamento) quando, então, pode ser submetido a critérios de verdade e falsidade. Aí estamos diante do conhecimento racionalizado.

O pensamento (forma da consciência mediante a qual são processados os juízos) aperfeiçoa-se em três estágios, isto é, com a conjuntura de três outras formas: (i) primeiro, os objetos aparecem na forma de ideias (representadas linguisticamente pelos termos, palavras – ex: "homem"); (ii) com a associação das ideias, surgem os juízos (representados pelas proposições – ex: "homem é mamífero"); e (iii) da relação entre juízos são construídos os raciocínios (representados pelos argumentos – ex: "homem é mamífero, mamífero é animal, então homem é animal"). Nos dizeres de PAULO DE BARROS CARVALHO, "A apreensão nos leva à ideia, noção ou conceito, o julgamento produz o juízo e a conjunção de juízos, com vista à obtenção de um terceiro, manifesta-se como raciocínio".[5]

Mediante as ideias, temos um conhecimento rudimentar do mundo (conhecimento aqui empregado em acepção ampla), com o qual somos capazes de identificar certos objetos no meio do caos de sensações. Com os juízos atribuímos características a estes objetos e passamos a conhecer suas propriedades definitórias, alcançamos, então, o conhecimento em sentido estrito. Mediante os raciocínios justificamos os juízos estabelecidos e alcançamos um conhecimento mais refinado (racionalizado).

Todo conhecimento, considerando-se o termo em acepção estrita, nasce da intuição. Antes mesmo de sermos capazes de identificar certos objetos por meio das ideias, os intuímos, ou seja, temos uma sensação direcionada, mas incerta de sua existência e é esta sensação que dirige todos os outros atos da consciência humana voltados à formação e justificação das proposições. Primeiro intuímos, depois racionalizamos para que nossa consciência aceite o objeto conhecido como tal. Por

---
5. *Apostila do curso de teoria geral do direito*, p. 92.

meio da racionalização, o intelecto justifica e legitima as proposições construídas (e, em última instância, a intuição) tornando-as verdadeiras para o sujeito cognoscente. Neste sentido, os raciocínios são adaptáveis à intuição e, portanto, não são puros, ainda que indispensáveis ao conhecimento, uma vez que o legitimam.

Pouco se sabe sobre a intuição, marco inicial do conhecimento, que determina sua construção e condiciona sua fundamentação. Ao contrário, a racionalização, processo mediante o qual o conhecimento é legitimado (aceito como verdadeiro), é objeto de variada gama de estudos.

Em termos resumidos, podemos dizer que os raciocínios são constituídos por meio de inferências, processo mediante o qual se obtém uma proposição (conclusiva) a partir de outra(s) (premissas).

As inferências são classificadas como: (i) imediatas ou (ii) mediatas.

(i) Inferências imediatas são constituídas tomando-se por base apenas uma proposição (premissa). Podem se dar: (i.a) por oposição; ou (i.b) por conversão.

Na oposição, a proposição-conclusão é obtida com a alteração da quantidade ou qualidade da proposição-premissa, mantendo-se os mesmos termos como sujeito e como predicado (ex: todos os homens são racionais, logo, nenhum homem é não racional). Já na conversão, a proposição-conclusão é construída a partir da transposição da proposição-premissa (ex: todos advogados são juristas, logo, alguns juristas são advogados).

(ii) Inferências mediatas caracterizam-se pelo trânsito de um juízo (premissa 1) para outro (conclusão) mediante um terceiro (premissa 2). As cinco formas mais comuns são: (ii.a) analogia; (ii.b) indução; (ii.c) dedução; (ii.d) dialética; (ii.e) abdução.

Faz-se analogia por meio de comparações, a partir de semelhanças entre dois juízos diferentes, obtém-se uma identidade entre eles (ex: considerando as semelhanças dos sintomas apresentados entre João e Pedro, conclui-se que Pedro tem a mesma doença de João). Com a indução, desenvolve-se do particular para o geral, a partir da observação de certo número de casos (antecedentes) se infere uma explicação aplicável a todos os casos da mesma espécie (ex: considerando que o ferro dilata com o calor, a prata dilata com o calor, o cobre dilata com o calor e que o ferro, a prata e o cobre são metais, conclui-se: os metais dilatam com o calor). Com a dedução, constrói-se uma proposição que é conclusão lógica de duas ou mais premissas (ex: considerando que todo número divisível por dois é par e que 280 é divisível por dois, conclui-se que o número 280 é par). Com a dialética (também denominada de raciocínio crítico), constrói-se uma conclusão (síntese), resultante da contraposição de juízos conflitantes denominados tese e antítese (ex: água é uma necessidade do organismo, mas causa afogamento, logo deve ser ingerida com moderação). E, com a abdução a partir de uma proposição geral, supõem-se hipóteses explicativas que, passo a passo, são superadas na construção de uma conclusão (ex: contos policiais).

Existem várias outras formas de racionalização, um estudo mais aprofundado, entretanto, foge ao foco de nossa proposta. A título de exemplo, estas são suficientes para compreendermos como intelectualmente se processa a legitimação das proposições produzidas a título de conhecimento.

O que queremos chamar atenção, no entanto, é que: primeiro (i) todo conhecimento "juízo" para ser aceito por nós como verdadeiro, e utilizado pelo nosso intelecto para construção da nossa realidade, precisa ser legitimado/justificado (racionalizado), caso contrário, enquanto juízo, se perde, não nos sendo útil para explicar nossas experiências. E que, segundo (ii) diante de todas as considerações feitas acima, observa-se um ponto comum sobre o conhecimento: em momento algum, deixamos o campo das proposições. Isto nos autoriza dizer que todo conhecimento é proposicional. Dá-se com a construção e relação de juízos (dentro de nosso intelecto). Nestes termos, não há conhecimento sem linguagem.

Conhece aquele que é capaz de emitir proposições sobre. E mais, de relacionar tais proposições de modo coerente, na forma de raciocínios. Vejamos o exemplo da "mitocôndria": a pessoa que não sabe o que é mitocôndria, não consegue emitir qualquer proposição sobre ela; aquele que tem um conhecimento leigo é capaz de emitir algumas proposições, mas não muitas; já um biólogo pode passar horas construindo e relacionando proposições sobre a mitocôndria. Esta sua capacidade demonstra maior conhecimento sobre o objeto.

É neste sentido que LUDWIG WITTGENSTEIN doutrina: "os limites da minha linguagem significam o limite do meu mundo"[6] ou em outras palavras, o conhecimento está limitado à capacidade de formular proposições sobre – mais se conhece um objeto na medida em que mais se consegue falar sobre ele.

A questão, contudo, de ser a linguagem pressuposto do conhecimento, ou apenas instrumento para sua fixação e comunicação foi tema de muitas discussões que acabaram por resultar numa mudança de paradigma na Filosofia do Conhecimento.

2.2 Giro-linguístico

Desde o *Crátilo* de PLATÃO, escrito presumivelmente no ano de 388 a.C., a Filosofia baseava-se na ideia de que o ato de conhecer constituía-se da relação entre sujeito e objeto e que a linguagem servia como instrumento, cuja função era expressar a ordem objetiva das coisas.[7] Acreditava-se que por meio da linguagem, o sujeito se conectava ao objeto, porque esta expressava sua essência.

---

6. *Tractatus Lógico-Philosophicus*, p. 111.

7. MANFREDO ARAUJO DE OLIVEIRA, *Reviravolta linguístico-pragmática na filosofia contemporânea*, p. 17-114.

Existia, nesta concepção, uma correspondência entre as ideias e as coisas que eram descritas (representadas) pela linguagem, de modo que, o sujeito mantinha uma relação com o mundo anterior a qualquer formação linguística. O conhecimento era concebido como a reprodução intelectual do real, sendo, a verdade, resultado da correspondência entre tal reprodução e o objeto referido. Uma proposição era considerada verdadeira quando demonstrava a essência de algo, já que a linguagem não passava de um reflexo, uma cópia do mundo.

O gráfico abaixo representa tal concepção:

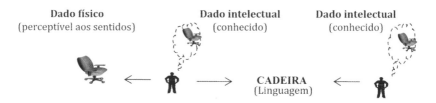

Explicando: O sujeito cognoscente tem uma relação de conhecimento com o objeto cadeira (dado físico), quando o aprisiona em seu intelecto, mediante uma forma de consciência, capaz de capturar sua essência (realidade). Depois, se utiliza de uma palavra "CADEIRA" (linguagem) para representar a coisa (aprisionada em seu intelecto), ou seja, aquilo que o objeto é, de modo que, outra pessoa, diante da linguagem, é capaz de capturar com identidade o objeto e, assim, também conhecê-lo.

O estudo do conhecimento, neste contexto, durante o decurso dos séculos, foi feito a partir do sujeito (gnosiologia), do objeto (ontologia), ou da relação entre ambos (fenomenologia) e a linguagem foi sempre considerada como instrumento secundário do conhecimento.

Segundo esta tradição filosófica, existia um mundo "em si" refletido pelas palavras (filosofia do ser) ou conhecido mediante atos de consciência e depois fixado e comunicado aos

CONSTRUCTIVISMO LÓGICO-SEMÂNTICO

outros por meio da linguagem (filosofia da consciência).[8] A linguagem, portanto, não era condição do conhecimento, mas um instrumento de representação da realidade tal qual ela se apresentava e era conhecida pelo sujeito cognoscente.

Em meados do século passado, houve uma mudança na concepção filosófica do conhecimento, denominada de giro-linguístico, cujo termo inicial é marcado pela obra de LUDWIG WITTGENSTEIN (*Tractatus lógico-philosophicus*). Foi quando a então chamada "filosofia da consciência" deu lugar à "filosofia da linguagem".

De acordo com esta nova concepção filosófica, a linguagem deixa de ser apenas instrumento de comunicação de um conhecimento já realizado e passa a ser condição de possibilidade para constituição do próprio conhecimento enquanto tal. Este não é mais visto como uma relação entre sujeito e objeto, mas sim entre linguagens. Nos dizeres de DARDO SCAVINO, "a linguagem deixa de ser um meio, algo que estaria entre o sujeito e a realidade, para se converter num léxico capaz de criar tanto o sujeito como a realidade".[9]

Não existe mais um mundo "em si", independente da linguagem, que seja copiado por ela, nem uma essência nas coisas para ser descoberta. Só temos o mundo e as coisas na linguagem; nunca "em si". Assim, não há uma correspondência entre a linguagem e o objeto, pois este é criado por ela. A linguagem, nesta concepção, passa a ser o pressuposto por excelência do conhecimento.

O ser humano só conhece o mundo quando o constitui linguisticamente em seu intelecto, por isso, HUMBERTO

---

8. KANT é o marco da filosofia da consciência que se fundamenta no estudo de como a consciência se comporta no mundo em que era posto. Sua obra para a filosofia do conhecimento é considerada como um X, pois todos os filósofos ou se encontram ou partem de KANT. Cronologicamente temos a filosofia do ser, depois de KANT instaura-se a filosofia da consciência e com WITTGENSTEIN a filosofia da linguagem.

9. *La filosofia actual:* pensar sin certezas, p. 12.

MATURANA e FRANCISCO VARELA afirmam que "todo ato de conhecimento produz um mundo".[10] Conhecer não significa mais a simples apreensão mental de uma dada realidade, mas a sua construção intelectual, o que só é possível mediante linguagem.

O gráfico abaixo representa tal concepção:

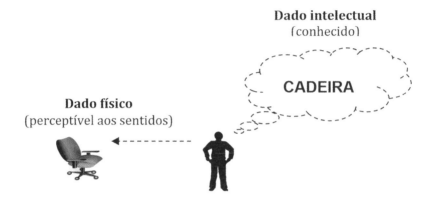

Explicando: o sujeito cognoscente entra em contato com o dado físico (cadeira), mas é incapaz de apreendê-lo ou reproduzi-lo em sua mente, para conhecê-lo, o constitui intelectualmente por meio de uma linguagem (a palavra cadeira).

Sob este novo paradigma, o conhecimento deixa de ser a reprodução mental do real e passa a ser a sua constituição para o sujeito cognoscente. Deste modo, a verdade, como resultado da correspondência entre formulação mental e essência do objeto significado linguisticamente, perde o fundamento, porque não existem mais essências a serem descobertas, já que os objetos são criados linguisticamente. A verdade das proposições conhecidas apresenta-se vinculada ao contexto em que o conhecimento se opera, dependendo do meio social, do tempo histórico e das vivências do sujeito cognoscente.

---

10. *A árvore do conhecimento*, p. 68.

Já não há mais verdades absolutas. Sabemos das coisas porque conhecemos a significação das palavras tal como elas existem numa língua, ou seja, porque fazemos parte de uma cultura. Na verdade, o que conhecemos são construções linguísticas (interpretações) que se reportam a outras construções linguísticas (interpretações), todas elas condicionadas ao contexto sociocultural constituído por uma língua. Neste sentido, o objeto do conhecimento não são as coisas em si, mas as proposições que as descrevem, porque delas decorre a própria existência dos objetos.

O homem utiliza-se de signos convencionados linguisticamente para dar sentido aos dados sensoriais que lhes são perceptíveis. A relação entre tais símbolos e o que eles representam é constituída artificialmente por uma comunidade linguística. As coisas do mundo não têm um sentido ontológico. É o homem quem dá significado às coisas quando constrói a relação entre uma palavra e aquilo que ela representa, associando-a a outras palavras que, juntas, formam sua "definição".

O conhecimento nos dá acesso às definições. Não conhecemos as coisas em si, mas o significado das palavras dentro do contexto de uma língua e o significado já não depende da relação com a coisa, mas do vínculo com outras palavras. Exemplo disso pode ser observado quando buscamos o sentido de um termo no dicionário, não encontramos a coisa em si (referente), mas outras palavras. Deste modo, podemos afirmar que a correspondência não se dá entre um termo e a coisa, mas entre um termo e outros, ou seja, entre linguagem. A essência ou a natureza das coisas, idealizada pela filosofia da consciência, é algo intangível.

O desenho abaixo esclarece melhor tal afirmação:

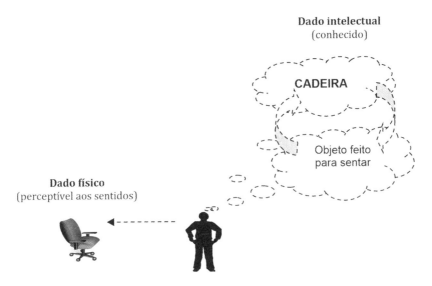

Explicando: incapaz de apreender ou reproduzir em sua mente a cadeira (objeto físico), o homem faz associações linguísticas entre a palavra "cadeira" e outras palavras "objeto feito para sentar", a fim de construir, em seu intelecto, o que é a cadeira, ou seja, seu significado, o que lhe permite conhecer a "cadeira" e utilizar aquela palavra para nominar tal dado físico, experimentado por seus sentidos.

Assim, de acordo com esta nova perspectiva filosófica, nunca conhecemos os objetos tal como eles se apresentam fisicamente, fora dos discursos que falam acerca deles e que os constituem.[11] Conhecemos sempre uma interpretação. Por isso, a afirmação segundo a qual o mundo exterior não existe para o sujeito cognoscente sem uma linguagem que o constitua. Isto que chamamos de mundo nada mais é do que uma construção (interpretação), condicionada culturalmente e, por isso, incapaz de refletir a coisa tal qual ela é livre de qualquer influência ideológica.

---

11. DARDO SCAVINO, *La filosifia actual:* pensar sin certezas, p. 38.

2.3 Linguagem e realidade

Desde o início da filosofia, no séc. VI a.C., os pensadores têm-se questionado se captamos a realidade pelos sentidos ou se, ao contrário, tudo não passa de uma ilusão? O ponto central deste questionamento está fundado no que se entende por "realidade" e a resposta a tal indagação é primordial para determinar o conceito de conhecimento.

Temos para nós que a realidade não passa de uma interpretação, ou seja, de um sentido atribuído aos dados brutos que nos são sensorialmente perceptíveis. Não captamos a realidade, tal qual ela é, por meio da experiência sensorial (visão, tato, audição, paladar e olfato), mas a construímos atribuindo significado aos elementos sensoriais que se nos apresentam. O real é, assim, uma construção de sentido e como toda e qualquer construção de sentido dá-se num universo linguístico. É neste contexto que trabalhamos com a afirmação segundo a qual a linguagem cria ou constrói a realidade.

Uma vez vislumbrado o caráter transcendental da linguagem, com o giro linguístico, cai por terra a teoria objetivista (instrumentalista, designativa), segundo a qual a linguagem seria um instrumento secundário de comunicação do conhecimento humano. Assume esta a condição de possibilidade para a sua constituição, pois não há consciência sem linguagem.

As coisas não precedem à linguagem, pois só se tornam reais para o homem depois de terem sido, por ele, interpretadas. Algo só tem significado, isto é, só se torna inteligível, a partir do momento em que lhe é atribuído um nome. A palavra torna o dado experimental articulável intelectualmente permitindo que ele apareça como realidade para o ser humano. Em termos mais precisos, LENIO LUIZ STRECK assevera: "estamos mergulhados num mundo que somente aparece (como mundo) na e pela linguagem. Algo só é algo se podemos dizer que é algo".[12]

---

12. *Hermenêutica jurídica e(m) crise:* uma exploração hermenêutica da construção

A experiência sensorial (captada pelos sentidos) nos fornece sensações, que se distinguem das palavras qualitativamente. As sensações são dados inarticulados por nossa consciência, são imediatos e para serem computados precisam ser interpretados, transformados em linguagem pelo nosso intelecto. Observando isso, VILÉM FLUSSER compara o intelecto a uma tecelagem, que usa palavras como fios, mas que tem uma antessala na qual funciona uma fiação que transforma algodão bruto (dados sensoriais) em fios (palavras).[13] Os dados inarticulados dispersam-se, apenas aqueles transformados em signos tornam-se por nós conhecidos.

É por isso que, como ensina MARTIN HEIDEGGER, nosso "ser-no-mundo" é sempre linguisticamente mediado. Nas palavras do autor, "a linguagem é a morada do ser, o lugar onde o sentido do ser se mostra. É por meio dela que ocorre a manifestação dos entes a nós, de modo que, só onde existe linguagem o ente pode revelar-se como ente".[14] Não utilizamos a linguagem para manipular o real, mas antes, ela nos determina e nela se dá a criação daquilo que chamamos de realidade.

Dizer, todavia, que a realidade é constituída pela linguagem, não significa afirmar a inexistência de dados físicos independentes da linguagem. Frisamos apenas que somente pela linguagem podemos conhecê-los, identificá-los e transformá-los numa realidade objetiva para nosso intelecto. Um exemplo ajuda-nos a esclarecer tal ideia: imaginemos um sujeito que esteja andando por um caminho e no seu decorrer tropece em algo, ele experimenta, por meio de seus sentidos, uma alteração física no ambiente que o rodeia, mas só é capaz de identificar e conhecer tal alteração a partir do momento em que lhe atribui um nome – "isto é uma pedra", neste instante, aquele algo se constitui como uma realidade para ele e se torna articulável em seu intelecto. Sob este paradigma,

---

do direito, p. 178.

13. *Língua e realidade*, p. 38.

14. *A caminho da linguagem*, p. 170.

linguagem e realidade estão de tal forma entrelaçadas que qualquer acesso a uma realidade não interpretada é negado aos homens, porque ininteligível.

2.4 Língua e realidade

FERDINAND DE SAUSSURE, ao tomar a linguagem como objeto de seus estudos, observou que duas partes a compõem: (i) uma social (essencial), que é a língua; (ii) outra individual (acessória), que é a fala. Língua é um sistema de signos artificialmente constituído por uma comunidade de discurso e a fala é um ato de seleção e atualização da língua, dependente da vontade do homem e diz respeito às combinações pelas quais ele realiza o código da língua com propósito de constituir seu pensamento.[15] No fundo, a língua influencia a fala, pois o modo como o indivíduo lida e estrutura os signos condiciona-se ao seu uso pela sociedade e a fala influi na língua na medida em que os usos reiterados determinam as convenções sociais.

Cada língua tem uma personalidade própria, proporcionando ao sujeito cognoscente que nela habita um clima específico de realidade. Nós, moradores dos trópicos, por exemplo, olhamos para algo branco que cai do céu e enxergamos uma realidade (a neve), os esquimós da Groelândia, por habitarem uma língua diferente da nossa, se deparam com o mesmo dado físico e enxergam mais de vinte realidades distintas. Por uma questão de sobrevivência, eles identificam vários tipos de neve (ex: a que serve para construir iglus, a que serve para beber, para cavar e pescar, a que afunda etc.), atribuindo nomes diferentes e as constituindo, assim, como realidades distintas daquela que nós conhecemos. Onde para nós existe uma realidade, para os esquimós há mais de vinte. Isto acontece porque a língua que habitamos determina nossa visão do mundo.

---

15. *Curso de linguística geral*, p. 15-32.

Outro exemplo, trazido por DARDO SCARVINO, é a separação que os yamanas fazem daquilo que nós chamamos de "morte"; para eles, as pessoas se "pierden" e os animais se "rompen". Condicionados pela língua que habitam a realidade "morte" para os yamanas não existe, ou ao menos não significa o mesmo que para nós.

Compartilhamos do entendimento de que a língua não é uma estrutura por meio da qual compreendemos o mundo, ela é uma atividade mental estruturante do mundo. Assim, cada língua cria uma realidade. Para ilustrar tal afirmação, VILÉM FLUSSER compara a vivência de várias línguas a uma coleção de óculos que dispõe o intelecto para observar os dados brutos a ele inatingíveis. Toda a vez que o intelecto troca de óculos (língua) a realidade se modifica.[16]

Isto acontece porque, como sublinha JÜRGEN HABERMAS, quando o homem habita uma língua ela "projeta um horizonte categorial de significação em que se articulam uma forma de vida cultural e a pré-compreensão do mundo".[17] Determinantes, léxico e sintaxe de uma língua formam um conjunto de categorias e modos de pensar que é só seu, no qual se articula uma "visão" do mundo e do qual só é possível sair quando se passa a habitar outra língua. É assim com os dialetos, a fala, a escrita, a matemática, a física, a biologia, a informática, o direito[18] etc. Cada língua cria um mundo e para vivenciarmos outros mundos faz-se necessário mudar de língua, ou seja, temos que trocar os óculos de nosso intelecto.

Ao passar de uma língua a outra, nossa consciência vive a dissolução de uma realidade e a construção de outra. Atravessa, como ensina VILÉM FLUSSER, o abismo do nada, que

---

16. *Língua e realidade*, p. 52.
17. *Verdade e justificação:* ensaios filosóficos, p. 33.
18. Tudo que acontece com uma língua se aplica às Ciências, que se constituem como línguas particulares.

cria para o intelecto uma sensação de irrealidade,[19] pois as coisas só têm sentido para o homem dentro de uma língua. Cada pessoa, entretanto, realiza tal passagem de sua maneira, o que justifica as diferentes formas de tradução.

Ao conjunto de categorias e modos de pensar incorporados pela vivência de uma ou várias línguas atribuímos o nome de cultura. E, neste sentido, dizemos que os horizontes culturais do intérprete condicionam seu conhecimento, ou seja, sua realidade.

Aquilo que chamamos de realidade é, assim, algo social antes de ser individual. UMBERTO ECO ilustra com clareza tal afirmação trazendo o exemplo do caçador que interpreta pegadas da caça. O caçador só conhece as pegadas porque vivencia a língua da caçada. Nos dizeres do autor, "os fenômenos naturais só "falam" ao homem na medida em que toda uma tradição linguística o ensinou a lê-los. O homem vive num mundo de signos não porque vive na natureza, mas porque, mesmo quando está sozinho, vive na sociedade: aquela sociedade linguística que não teria se constituído e não teria podido sobreviver se não tivesse elaborado os próprios códigos, os próprios sistemas de interpretação dos dados materiais (que por isso mesmo se tornam dados culturais)".[20]

Os objetos, embora construídos como conteúdo de atos de consciência do ser cognoscente (subjetivo, pessoal), encontram-se condicionados pelas vivências do sujeito, sendo estas determinadas pelas categorias de uma língua (coletivo, social). É isso que faz com que o mundo "pareça" uno para todos que vivem na mesma comunidade linguística e que torna possível sua compreensão. Quando, por exemplo, um médico lê no exame de um paciente "carcinoma basocelular esclerodermiforme" os termos "carcinoma", "basocelular" e "esclerodermiforme" representam, cada um deles, significados convencionados, inteligíveis para quem habita a língua da

---

19. *Língua e realidade*, p. 59.
20. *O signo*, p. 12.

medicina. Se assim não fosse, a proposição não teria sentido para o médico. Para o paciente, entretanto, que não vivencia tal língua, o exame nada significa objetivamente.

O homem, desde seu nascimento, encontra-se situado num mundo determinado como hermenêutico e a realidade das coisas desse mundo à qual ele tem acesso nada mais é do que uma interpretação, condicionada por uma tradição linguística. Compreendemos as coisas do mundo, como ensina MANFREDO ARAÚJO DE OLIVEIRA, "a partir das expectativas de sentido que nos dirigem e provêm de nossa tradição específica, onde quer que compreendamos algo, nós o fazemos a partir do horizonte de uma tradição de sentido, que nos marca e precisamente torna essa compreensão possível".[21] A realidade, entendida aqui como o conjunto de proposições mediante o qual transformamos o caos em algo inteligível, é, desde sempre, integrada a um horizonte de significação.

2.5 Sistema de referência

Não há conhecimento sem sistema de referência, pois o ato de conhecer se estabelece por meio de relações associativas, condicionadas pelo horizonte cultural do sujeito cognoscente e determinadas pelas coordenadas de tempo e espaço em que são processadas.

Conhecemos um objeto porque o identificamos em relação a outros elementos, estabelecendo vínculos capazes de delimitar seu significado. Assim, todo nosso conhecimento do mundo encontra-se determinado pelos referenciais destas associações que, por sua vez, são marcadas por nossas vivências.

Chamamos de sistema de referência às condições que informam o conhecimento sobre algo. Uma criança que nasce numa colônia de pescadores, por exemplo, olha para o mar e sabe distinguir os diversos tipos de marés, o que dificilmente

---

21. *Reviravolta linguístico-pragmática na filosofia contemporânea*, p. 228.

acontece com uma criança que nasce na cidade grande. Isso se dá porque o referencial de uma é diferente do da outra. Para primeira criança, o mar tem um sentido mais complexo, significa muita coisa, porque grande parte das vivências que formam seu contexto linguístico estão relacionadas a ele, o que já não se verifica com a segunda criança. Temos, assim, distintas interpretações, que se reportam ao mesmo dado experimental, constituindo duas realidades próprias, cada qual condizente com os referenciais dentro dos quais são processadas.

Além do referencial cultural, constituído pela vivência numa língua, toda compreensão do mundo pressupõe um modelo, um ponto de partida, que o fundamenta e atribui credibilidade o conteúdo conhecido. Este modelo consiste num conjunto de premissas que acaba por determinar aquilo que se conhece. Observamos, por exemplo, uma mesa de madeira a certa distância e afirmamos tratar-se de uma superfície lisa, olhando mais de perto, percebemos algumas fissuras e lhe atribuímos o qualificativo de rugosa, depois, observando-a com uma lupa, enxergamos várias rachaduras e concluímos tratar-se de uma superfície estriada. Mas, afinal, o que podemos afirmar sobre a superfície da mesa de madeira? Ela é lisa, rugosa ou estriada? A melhor resposta é: depende. Primeiro temos que saber qual o modelo adotado na construção da proposição. De longe, a mesa é lisa, de perto, ela é rugosa e com lente de aumento é estriada. Se não adotarmos um referencial, nada poderemos dizer sobre a superfície da mesa de madeira. É por isso que GOFFREDO TELLES JÚNIOR enuncia: "sem sistema de referência, o conhecimento é desconhecimento".[22]

Para ilustrar tal afirmação o autor serve-se do clássico exemplo, imaginado por EINSTEIN (citado por PAULO DE BARROS CARVALHO),[23] de um trem muito comprido (5.400.000 km) caminhando numa velocidade constante, em movimento retilíneo e uniforme (240.000 km/s), que tivesse

---

22. *O direito quântico*, p. 289.

23. *Direito tributário:* fundamentos jurídicos da incidência, p. 2-3.

uma lâmpada bem no centro e duas portas, uma dianteira e outra traseira e que se abririam, automaticamente, assim que os raios de luz emitidos pela lâmpada as atingissem. Com operações aritméticas simples, EINSTEIN demonstrou que um viajante deste trem, veria as portas se abrirem simultaneamente, nove segundos depois de ver a lâmpada acender-se e que um lavrador, parado fora do trem, ainda que observasse a lâmpada se acender no mesmo instante que o viajante, veria a porta traseira abrir-se cinco segundos após e a porta dianteira somente quarenta e cinco segundos depois.

O evento observado pelo viajante e pelo lavrador seria exatamente o mesmo, mas como o lavrador não estaria dentro do trem e, portanto, seu sistema de referência não seria o mesmo do viajante, para ele, o fato das portas se abrirem seria sucessivo, enquanto que para o viajante seria simultâneo. Mas, qual destes fatos é o verdadeiro? O que se poderia dizer sobre a abertura das portas do trem? É simultânea ou sucessiva? A resposta, novamente, é: depende. Primeiro temos que saber qual o sistema de referência adotado na formulação do fato, pois conforme o referencial a resposta é diferente. Neste sentido, "quando se afirma algo como verdadeiro, faz-se mister que indiquemos o modelo dentro do qual a proposição se aloja, visto que será diferente a resposta dada, em função das premissas que desencadeiam o raciocínio".[24]

Cada pessoa dispõe de uma forma particular de conhecimento em conformidade com um sistema de referências adotado e condicionado por seus horizontes culturais. Em razão disso, não há que se falar em verdades absolutas, próprias de um objeto, porque o mesmo dado experimental comporta inúmeras interpretações. A verdade é uma característica da linguagem, determinada de acordo com o modelo adotado, pelas condições de espaço-tempo e também, pela vivência sociocultural de uma língua. É, portanto, sempre relativa.

---

24. PAULO DE BARROS CARVALHO, *Idem*, p. 3.

CONSTRUCTIVISMO LÓGICO-SEMÂNTICO

Tudo pode ser alterado em razão da mudança de referencial (cultural ou propedêutico). Até aquilo que experimentamos empiricamente e nos parece inquestionável (que temos como verdade absoluta), pode ser transformado. O pôr do sol, por exemplo, há algo que nos parece mais verdadeiro, do que observar o sol baixar-se no horizonte e afirmar que ele se põe quando não mais o enxergamos? Considerando, no entanto, que a luz do sol demora oito minutos para chegar até nós (na terra), quando deixamos de enxergá-lo estamos atrasados, ele já transpôs a linha horizonte (oito minutos atrás). E então, em que momento o sol se põe? A melhor resposta novamente será depende do referencial adotado.[25]

Até a experiência sensorial, que nos parece tão certa e precisa, é uma interpretação. Vejamos o caso do som, por exemplo: tudo que escutamos, não passa, fisicamente, de ondas interpretadas por nosso sistema auditivo. O som (como algo construído mentalmente) não está no mundo, que é silencioso, ele está dentro de nós, é o sentido que atribuímos às modificações físicas, percebidas por nossos ouvidos, decorrentes da propagação de uma onda. O mesmo acontece com a visão, por meio da qual interpretamos a luz, com o paladar, o olfato e tato. E, nestes termos, tudo é relativo.

Dizer que a verdade é relativa, contudo, não significa negar a existência de afirmações verdadeiras (ceticismo), porque todo discurso descritivo é construído em nome da verdade. Também não significa considerar a verdade como subjetiva (relativismo), admitindo que algo seja verdadeiro para um sujeito e falso para outro dentro do mesmo modelo-referencial.[26] Significa apenas que, de acordo com os referenciais adotados, não trabalhamos com a existência de verdades absolutas,

---

[25]. JAKOBSON explica que os russos quiseram acabar com a ideia de "pôr do sol", porque afinal (no modelo heliocêntrico), não é o caso do sol se pôr, mas da terra girar em torno do sol. É interessante, então, que, mesmo em termos científicos, não há sentido dizer "o sol se põe", mas a expressão é tão forte que enxergamos assim a realidade (CHARLES WILLIAM MCNAUGHTON, *passim*).

[26]. Nota-se, aqui, a ambiguidade do termo "relativo".

inquestionáveis, ou universais – aliás, frisamos a expressão "de acordo com os referenciais adotados", pois sob esta perspectiva, a própria afirmação segundo a qual não existem verdades absolutas é relativa, depende do referencial adotado pelo sujeito cognoscente.

O problema é que nossa cultura tem a expectativa da verdade de último reduto, influenciada pela tradição filosófica anterior ao giro-linguístico, principalmente em relação ao discurso científico e tende a repudiar, ingenuamente, a ideia de que uma proposição tomada como verdadeira num modelo, possa ser falsa se construída noutro.

Novas teorias, inclusive no âmbito das Ciências Naturais, também refletem esta tendência de pensamento. Em seu último livro *O Grande Projeto*, o famoso e consagrado físico STEPHEN HAWKING, apresenta o que ele chama de "realismo dependente do modelo" para explicar situações nas quais teorias radicalmente distintas (como as leis de Newton e a moderna física quântica) podem descrever com precisão o mesmo fenômeno de forma diferente, sem se excluírem. As leis de Newton servem para explicar o comportamento de grandes matérias, mas não se aplicam ao comportamento das pequenas partículas, que são explicadas pela física quântica (teoria radicalmente distinta). No entanto, como as grandes estruturas do universo (submetidas às leis de Newton) são formadas por pequenas partículas (submetidas às leis da física quântica), ele não pode ser explicado somente com base nas teorias de Newton, nem somente com base na física quântica. E, a proposta de uma teoria única é utópica justamente porque os modelos (pontos de partida) são diferentes. O universo se explica pela conjunção de várias teorias. Cada uma descreve certas propriedades e nenhuma delas pode ser considerada melhor ou mais real do que a outra.

A exemplo, podemos citar o comportamento da luz, que ora se apresenta como onda, ora como partícula, dependendo do modelo adotado. Mas qual é a realidade? A luz é uma onda ou uma partícula? A ideia de que um objeto possa ser descrito como uma onda ou uma partícula causa certo desconforto intelectual, pois um dos princípios que informam nosso raciocínio descritivo é o da identidade (i.e. uma coisa é uma coisa e só ela mesma). Não entendemos como uma coisa pode ser duas ao mesmo tempo, dado que a contradição é um dos critérios lógicos utilizados pelo nosso intelecto para desqualificar a veracidade de uma proposição, no processo de racionalização. É, por isso, que estamos sempre na busca de uma teoria única, que descreva com precisão seu objeto (sua verdadeira essência). Mas, teorias radicalmente distintas que descrevem com precisão o mesmo objeto de forma diferente podem perfeitamente coexitirem como teorias verdadeiras, cada uma condizente com o seu modelo referencial.

Nas palavras de HAWKING, "de acordo com o realismo dependente o modelo, nossos cérebros interpretam as informações vindas de nossos órgãos sensoriais construindo um modelo do mundo exterior. Formamos conceitos mentais de nossa casa, das árvores, de outras pessoas, da eletricidade que sai das tomadas, dos átomos, das moléculas e de outros universos. Esses conceitos mentais constituem a única realidade que conhecemos. Não há realidade independente do modelo. Daí decorre que um modelo bem-construído cria sua própria realidade".[27] É possível a luz ser uma onda e uma partícula, dependendo das escolhas do observador.

Não há como remover o observador (intérprete) da realidade que é criada em seu intelecto. "Nossa percepção e, portanto, as observações nas quais se baseiam nossas teorias, não é direta, mas antes moldada por uma espécie de lente, a estrutura interpretativa do cérebro humano".[28]

2.6 Considerações sobre a verdade

A definição clássica de "conhecimento" originada em PLATÃO, diz que ele consiste num conjunto de crenças e verdades justificadas. As crenças são afirmações sobre as quais se

---

27. O grande projeto, p. 126.

28. O grande projeto, p. 34.

têm certo grau de certeza, são proposições (juízos) consideradas como verdadeiras. A certeza de uma crença (proposição/juízo) é fundamentada na justificação, que se aperfeiçoa mediante aquilo que denominamos de provas ou premissas (estruturadas na forma da consciência que chamamos de raciocínio). Tanto as provas como as premissas, no entanto, nada mais são do que outras crenças (proposições/juízos). Assim, uma proposição é verdadeira quando cremos na sua veracidade e cremos quando podemos comprová-la, justificando-a por meio de outras proposições. Neste sentido, a realidade (como ela é) é a verdade em que se crê, ou seja, é a totalidade das afirmações (proposições) sobre a qual se tem certo grau de certeza.

Adotamos a concepção segundo a qual a verdade é o valor atribuído a uma proposição quando ela se encontra em consonância a certo modelo. Seguindo a linha das considerações feitas acima, aquilo que chamamos de "modelo" não passa de um conjunto estruturado de formulações linguísticas. Por esta razão, podemos dizer que a verdade se dá pela relação entre linguagens. É pelo vínculo estabelecido entre uma proposição e as linguagens de determinado sistema que podemos aferir sua veracidade ou falsidade. Considera-se verdadeira a proposição condizente com o sentido comum, instituído dentro de um modelo. Destaca-se, assim, a importância da noção de sistema de referência para atribuição do valor verdade a qualquer afirmação.

Tradicionalmente, nos termos da filosofia da consciência, a verdade era tida como uma relação entre sentença e coisa. Este conceito, entretanto, não se encaixa na concepção filosófica por nós adotada, segundo a qual a linguagem cria os objetos e, sendo assim, não existe qualquer relação entre sentença e coisa, apenas entre sentença e outras sentenças. A verdade não se descobre, pois não há essências a serem descobertas, ela se inventa, se constrói linguisticamente dentro de um sistema referencial, juntamente com a coisa. Por isso, a verdade de ontem já não é a verdade de hoje. O mundo de antigamente, por exemplo, era plano, atualmente é redondo; o sol girava em torno da terra, agora a terra gira ao redor dele; até pouco

CONSTRUCTIVISMO LÓGICO-SEMÂNTICO

tempo, Plutão era um planeta, hoje não é mais. Tudo isso porque, o valor de veracidade atribuído a uma proposição pode ser alterado em razão do referencial adotado.

Enxergamos as coisas dentro de uma cultura particular, própria de nossa comunidade linguística, de modo que, a constituição individual do objeto deve justificar-se numa interpretação estabelecida, aceita dentro desta comunidade. Todo sistema de referência, no entanto, é mutável, podendo sofrer alterações a qualquer momento. O índio que sai de sua aldeia para estudar na cidade grande, por exemplo, deixa de ver o "boitatá", na forma azulada que sai de noite dos corpos de animais mortos, para enxergar ali o gás metano exalado no processo de putrefação. A verdade "boitatá" altera-se para a verdade "gás metano" devido à mudança de referencial. Neste sentido, toda proposição tomada como verdadeira é falível, podendo ser sempre revista em conformidade com novos referenciais adotados.

A pergunta "que é verdade?" aflige a humanidade desde seus primórdios filosóficos.[29] Várias correntes do pensamento voltam-se à solução de tal questão, dentre as quais podemos citar: (i) verdade por correspondência;[30] (ii) verdade por coerência;[31]

---

29. Consta, inclusive, dos relatos bíblicos que esta pergunta foi feita a Jesus Cristo, quando interrogado por Pôncio Pilatos, e que este, justamente, por estar convicto da inexistência de verdades absolutas, nem esperou resposta para lavar suas mãos e entregar Jesus para a crucificação. – "Pilatos perguntou: "Então, tu és rei?" Jesus respondeu: "Tu o dizes, eu sou rei! Para isto nasci. Para isto vim ao mundo: para dar testemunho da verdade. Todo aquele que é da verdade escuta minha voz". Pilatos, por fim lhe perguntou: "Mas que é a verdade?" Dito isto saiu de novo ao encontro dos judeus e comunicou-lhes: "Não acho nenhuma culpa nele". (João18,37-38).

30. Sustenta a teoria da *verdade por correspondência* que esta se define pela adequação entre determinado enunciado e a realidade referida. Um enunciado é verdadeiro quando condizente com a realidade por ele descrita e falso, quando não condizente. Tal posicionamento filosófico não é compatível com as premissas firmadas neste trabalho, segundo as quais as coisas só têm existência para o ser humano quando articuláveis em seu intelecto, ou seja, quando constituídas em linguagem. Assim, não há como verificar a compatibilidade de um enunciado com o objeto ao qual ele se refere, mas somente com outro enunciado. Ademais, nenhuma sentença é capaz de captar o a totalidade do objeto, pois nossa percepção do mundo é sempre parcial e neste sentido, não há possibilidade de correspondência entre qualquer enunciado e o objeto-em-si, ao qual ele se refere.

31. A teoria da *verdade por coerência* parte do pressuposto que a realidade é um

(iii) verdade por consenso;[32] e (iv) verdade pragmática.[33] Mas, a que melhor se enquadra no modelo adotado neste trabalho é a verdade como valor em nome do qual se fala, característica lógica necessária de qualquer discurso descritivo (verdade lógica).

Sempre que informamos algo o fazemos em nome de uma verdade. Sem esta aspiração, a descrição não tem sentido. Isto porque, quando emitimos uma mensagem descritiva, nossa pretensão é de que seu receptor a aceite, ou seja, a tome como verdadeira, pois só deste modo ela terá o condão de informá-lo. Falamos, assim, em nome de uma verdade, até quando mentimos. Atribuímos este valor às proposições descritivas por nós formuladas almejando que outras pessoas nelas creiam. E, tais pessoas lhes atribuem este mesmo valor ao aceitá-las. É neste sentido que dizemos ser a verdade característica lógica necessária dos discursos informativos.

Como valor, a verdade é um conceito metafísico. Os conceitos metafísicos são aqueles que transcendem a física, isto é, que ultrapassam o campo do empírico e, por isso, não são suscetíveis de apreciação pela experiência. Todos falam em nome da verdade, mas não há como saber mediante procedimentos experimentais, quem está realmente dizendo a verdade. Dizer, no entanto, que a verdade é um conceito insuscetível de experiência, não significa afirmar ser ele ininteligível. O fato de ser inexperimentável não se confunde com a incognoscibilidade: o metafísico é passível de conhecimento, ainda que não empírico.

---

todo coerente. Uma proposição é verdadeira quando deduzida de outras proposições e não contraditória com as demais de um mesmo sistema. Tais critérios definem a verdade interna de um certo sistema e preservam a ausência de contradição entre seus termos.

32. Segundo a teoria da *verdade por consenso*, a verdade decorre do acordo comum entre indivíduos de uma mesma comunidade linguística. Uma proposição é verdadeira quando aceita como tal por um grupo social. Este posicionamento é compatível com as premissas adotadas neste trabalho se considerarmos que os critérios de aceitação são determinados pelo próprio sistema linguístico em que a proposição é processada.

33. Para a teoria da *verdade pragmática*, um enunciado é verdadeiro quando tem efeitos práticos, ou seja, quando é útil. Verdade se confunde com utilidade.

Atribuímos o valor verdade a uma proposição quando identificamos a presença de certos critérios, estes sim, suscetíveis de apreciação pela experiência. A eleição de tais critérios, no entanto, também está condicionada pelo sistema (língua) habitado por cada intérprete. E, logo que fixados, já é possível identificar concretamente quais proposições são verdadeiras e quais são falsas.

Nos termos das premissas pontuadas neste trabalho, adotamos o critério da consonância da proposição com certo sistema de referência. Uma proposição é verdadeira quando está de acordo com uma interpretação aceita, instituída nos moldes dos referencias, dentro dos quais é processada. Nos dizeres de DARDO SCARVINO, "um enunciado é verdadeiro, em princípio, quando resulta conforme com uma interpretação estabelecida, aceita, instituída dentro de uma comunidade de pertinência".[34]

O autor ainda chama atenção para o fato de que os enunciados tidos como verdadeiros "não dizem o que uma coisa é, senão o que pressupomos que seja dentro de uma cultura particular, sendo este pressuposto, um conjunto de enunciados acerca de outro pressuposto". O próprio sistema referencial, dentro do qual são processadas e verificadas as informações tidas por verdadeiras, é um conjunto de crenças, ou seja, de outras proposições tomadas como verdadeiras. Acolhemos certas crenças e as utilizamos como ponto de partida para o desenvolvimento de novas proposições que, por consonância com aquelas são tomadas como verdadeiras. Uma crença, assim, se sustenta sempre em outra, caracterizando-se as proposições verdadeiras como interpretações que coincidem com outras interpretações prévias.

2.7 Autorreferência da linguagem

A linguagem se autorrefere e se autossustenta. Isto significa que ela não tem outro fundamento além de si própria,

---

34. *La filosofía actual:* pensar sin certezas, p. 48.

CONSTRUCTIVISMO LÓGICO-SEMÂNTICO

"não havendo elementos externos à linguagem (fatos, objetos, coisas, relações) que possam garantir sua consciência e legitimá-la".[35] Assim dispõe o princípio da autorreferência do discurso, alicerce das teorias retóricas.[36]

Na concepção do giro-linguístico, não há relação entre palavras e objetos, pois é a linguagem que os constitui. Toda linguagem fundamenta-se noutra linguagem e nada mais existe além dela. Sempre que procuramos o significado de uma palavra ou a justificativa para uma sentença não encontramos a coisa-em-si, nos deparamos com outras palavras ou outras sentenças. É neste sentido que dizemos ser o discurso autorreferente. Por mais que diga, uma linguagem não se reporta a outra coisa senão a outra linguagem.

O gráfico abaixo representa tal ideia:

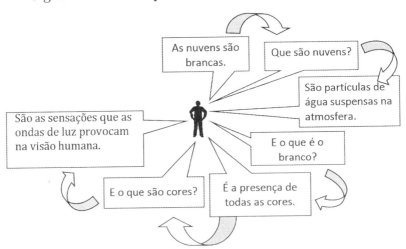

Explicando: uma pessoa, por exemplo, diante do enunciado: "as nuvens são brancas", pergunta: "que é nuvem?" e

---

35. PAULO DE BARROS CARVALHO, *Direito tributário, fundamentos jurídicos da incidência*, p. 5.

36. Nos termos das teorias retóricas, toda linguagem fundamenta-se em outra linguagem. Tal posicionamento contrapõe-se à linha das teorias ontológicas, segundo as quais a linguagem se constitui num meio de expressar a realidade objetiva e, portanto, o fundamento de toda linguagem encontra-se nesta realidade objetiva.

depara-se com a sentença: "nuvem é o conjunto visível de partículas de água ou gelo em suspensão na atmosfera". Em seguida, questiona-se: "e que é branco?", obtendo a resposta mediante outra sentença: "branco é a presença de todas as cores". Ao indagar, ainda, "por que as nuvens são brancas?", depara-se com outro enunciado: "as nuvens são brancas porque refletem todas as cores". E, intrigada por saber "que são cores?", também se vê diante de mais palavras: "cores são sensações que a onda de luz provoca no órgão de visão humana e que depende, primordialmente, do cumprimento das radiações".

Nota-se que, em momento algum a pessoa deixa o mundo dos vocábulos, é o que denominamos de "o cerco inapelável da linguagem". Isto acontece porque as proposições se autorreferem, sendo as coisas-em-si intangíveis ao intelecto humano.

Tanto a palavra quanto o significado que ela representa (objeto) estão no mesmo plano: o linguístico. Não precisamos observar dados físicos para entender o significado de um termo, para daí em diante empregá-lo corretamente. Conforme ensina LEÔNIDAS HEGENBERG, "a palavra torna-se inteligível graças a outras palavras".[37]

Além de autorreferente, o discurso se autossustenta. A linguagem cria e destrói objetos, coisas, fatos e relações, independentemente deles serem verificados empiricamente. Como bem ilustra FABIANA DEL PADRE TOMÉ, "é comum referirmo-nos a coisas que não percebemos diretamente e de que só temos notícias por meio de testemunhos alheios. Falamos de lugares que não visitamos, pessoas que não vimos e não veremos (como nossos antepassados e os vultos da História), de estrelas invisíveis a olho nu, de sons humanamente inaudíveis (como os que só os cães percebem), e muitas outras situações que não foram e talvez jamais serão observadas por nós. Referimo-nos, até mesmo, a coisas que não existem concretamente".[38] Isto porque a linguagem não precisa de

---

37. *Saber de e saber que*, p. 80.
38. *A prova no direito tributário*, p. 18.

referenciais empíricos, ela própria se mantém, construindo e desconstruindo suas realidades.

Devido à autossustentação pela linguagem, é possível que mesmo não existindo determinada coisa ou não tendo ocorrido certo acontecimento estes venham a ser reconhecidos pela linguagem. É o que se verifica, por exemplo, quando contamos uma mentira. O enunciado que a veicula prevalece até que outro o desconstitua.

Não há notícias de acontecimentos ou objetos (numa concepção pré-giro-linguístico) que se voltaram contra a linguagem que os descreve para desconstituí-la, demonstrando sua inadequação a eles, simplesmente porque os eventos e os objetos não falam. Somente um enunciado tem o poder de refutar outro. A terra, por exemplo, nunca se rebelou contra a teoria que a descrevia como plana. Foi com a produção de novos enunciados, sustentados por outras proposições, que ela deixou de ser plana e passou a ser redonda.

Da mesma forma, não há notícias de acontecimentos ou objeto que atestem a linguagem que os descreve, demonstrando sua adequação a eles. Cabe aqui, a lição de DARDO SCAVINO de que "um feito nada prova, simplesmente porque os feitos não falam, se obstinam a um silêncio absoluto do qual uma interpretação sempre deve resgatá-lo. Somos nós quem provamos, que nos valemos da interpretação de um feito para demonstrar uma teoria". Somente uma proposição tem o poder de atestar outra.

Em suma, queremos deixar claro que: uma linguagem se mantém e se desconstitui sempre mediante outras linguagens, nunca em razão dos acontecimentos ou dos objetos por ela descritos.

2.8 Realidade fora e realidade dentro do ser

Em razão da dualidade em que o conhecimento pode ser pensado (Filosofia da Consciência e Filosofia da Linguagem), os conceitos de "realidade" e "existência" são ambíguos, eles podem se referir aquilo que está fora do ser (dado físico e experimentável) e aquilo que está dentro do ser (dado inteligível – construído enquanto conteúdo de uma forma de consciência). São duas coisas bem distintas. Muitos de nós (humanos) passamos a vida e não nos atentamos para essa dualidade, mas o fato é que não há identidade entre as duas (realidade como existência fora do ser e realidade como existência dentro do ser), porque a linguagem, mediante a qual a segunda é construída, nunca toca a primeira que é empírica. Não tem a capacidade de reproduzi-la, mas sim de reconstruí-la sob outra forma (uma das formas de consciência do intelecto humano – imaginação, percepção, pensamento, lembrança), bem diferente da forma empírica (inacessível ao individuo) e que, por estar dentro do ser, está condicionada às próprias limitações do ser.

Nenhum objeto, enquanto conteúdo de nossa consciência reflete ou reproduz a realidade experimentável. Tudo a que temos acesso e conhecemos efetivamente do mundo que nos rodeia é aquilo que chamamos de "realidade inteligível", é o objeto criado em nosso intelecto por meio da amarração de conceitos linguísticos (uma construção linguística), existente em razão da atribuição de sentido a dados da experiência e existente em razão da necessidade humana de tornar sua experiência com o mundo inteligível, mas que em momento algum é capaz de reproduzir ou identificar a essência, a verdadeira natureza da realidade experimentada. Essa é inalcançável pelo homem, justamente porque está fora dele.

Qualquer coisa que conhecemos do mundo, e portanto a realidade que se apresenta dentro de nós (inteligível), está condicionada à nossa condição humana, nossas limitações experimentais e nossas interpretações (atribuição de sentido). E não existe outra realidade (por nós conhecida) senão aquela processada dentro do ser. A confusão é que nós a criamos (em nosso intelecto) e depois a projetamos para fora (como se fosse algo existente no mundo), mas temos a ilusão (impressão) de que o processo é ao contrário, de que ela existe lá fora (na mesma forma que a construímos) e que a projetamos para dentro de nós quando a conhecemos.

No entanto, se voltarmos nossa atenção à experiência, única forma mediante a qual temos acesso ao que está no mundo (fora do ser), e nos perguntarmos: O que é a experiência? Começamos a entender o processo. A experiência é nosso contato com o mundo de fora. E, o que é o contato com o mundo de fora? Sabemos que ele só se dá mediante um processo interpretativo, com a atribuição de sentido ao dado físico experimentado, isto é, pela construção de uma forma de consciência. Assim, tudo que efetivamente temos da experiência é processado dentro de nós.

A matéria (física) só existe, para nós, por uma forma de consciência, ela é criada pela linguagem do intelecto humano, mas precisamente pela atribuição de sentido (interpretação) e com a amarração lógica e semântica de conceitos na mente do homem. Como já ressalvamos, isto não é uma negação da realidade externa (dado físico bruto), pois a sentimos, por meio de nossos sentidos. Mas, uma afirmação de que ela só é, só existe, só podemos chamá-la de algo, em razão da atribuição de um sentido, que é interior ao homem.

Nestes termos, a "matéria" que existe para o ser, aquela que percebemos e conhecemos, por meio das experiências, é uma construção da nossa consciência. Ela é criada na mente humana e atribuída, como forma de significação (de dar sentido ao mundo) a algum dado experimentável. E, por isso, está totalmente vinculada e condicionada ao fator humano, de forma mais abrangente, a alguma forma de consciência.

Neste sentido, MAX PLANCK[39] já enfatizava: "Considero a consciência como fundamental. Eu considero a matéria como um produto derivado de consciência. Não podemos ficar atrás da consciência. Tudo que falamos, tudo o que nós é considerado como existente postula a consciência".

---

39. Físico que originou a teoria quântica – Prêmio Nobel de Física em 1918.

A percepção e o conhecimento do mundo de fora (como formas da consciência humana) estão condicionados à capacidade experimental e às formas da consciência humana e à linguagem que a constitui. A mente é primária em relação ao que existe para nós.

2.9 Como uma coisa pode ser uma coisa e outra ao mesmo tempo?

Trabalhando com estes referenciais é possível que uma coisa seja uma coisa e outra ao mesmo tempo. É possível também que teorias divergentes possam ser verdadeiras e coexistirem conjuntamente sem a necessidade de um elo que as conecte, pois a existência do objeto (realidade dentro do ser) depende da atribuição de sentido e da amarração estrutural destes sentidos. E, nunca poderemos aferir se ela corresponde com identidade à realidade experimentada (fora do ser), porque não temos acesso a ela senão por meio de um ato de conhecimento.

O desenho abaixo reflete melhor essa ideia.

Que objeto é este? Quais as suas características definitórias (que fazem com que ele seja ele)? Primeiro, para que ele exista como algo (no intelecto humano), temos que lhe atribuir um nome X, depois temos que eleger suas características definitórias (que também são nomes). Assim, tudo que temos (conhecemos) desse objeto é uma amarração linguística (de palavras e conceitos), que na nossa cabeça o representa.

Mas se fossemos atribuir características definitórias a este objeto, ou mesmo um nome, como o qualificaríamos? Podemos dizer que o X é um quadrado? Um círculo, ou um cilindro? Tudo vai depender da experiência. Neste caso, da iluminação que é dada ao objeto (e sem a qual não podemos enxergá-lo). Para o observador que se encontra à sua frente, X é um quadrado, para aquele que está na lateral X, é um círculo, para o da diagonal X, é um cilindro. Tudo dependendo das condições da experiência. Ao se deparar fisicamente com uma "realidade experimentável", o observador poderá conhecer (construir intelectualmente) objetos diferentes como sua "realidade inteligível" (círculo, quadrado, ou cilindro), em razão da sua experiência e da amarração lógica de conceitos. O suporte físico (dado experimentado) é o mesmo, mas a realidade cognitiva (objeto no seu intelecto) é distinta, dependente dos referenciais adotados na observação e na construção da "realidade inteligível".

Um exemplo disso, já citado acima, é a dualidade onda/partícula da luz. Os conceitos de onda e partícula são bem diferentes e denotam realidades distintas em nosso intelecto. "Partículas ocupam determinado lugar no espaço e ondas se propagam por todo espaço, partículas quando colidem, assumem trajetórias definidas, ondas criam novas frentes de ondas (difração) que podem reforçá-la (interferência construtiva) ou anulá-la (interferência destrutiva)". A partir de experiências às quais atribuímos sentidos diferentes, criamos dois comportamentos, construímos o conceito de "onda" diferente do de "partícula" em nosso intelecto e, assim, identificamos, por meio de nomes e características definitórias distintas, dois objetos diferentes como nossa realidade inteligível e atribuímos a existência destes dois objetos ao mundo experimentado (realidade fora do ser). Em nossa cabeça, uma partícula não é uma onda, porque não apresenta suas características definitórias e vice-versa. No entanto, sob os olhos da mecânica quântica, a luz pode-se comportar como onda ou partícula, depende do ponto de vista do observador. O mesmo objeto "luz" pode ser uma coisa "onda" e outra coisa "partícula" completamente diferente, em razão dos referenciais do observador.

Isto fere fortemente um dos principais princípios da lógica clássica (das linguagens informativas), que é o da identidade. Isto é uma coisa é uma coisa e só uma coisa. Como que a luz pode ser onda e partícula ao mesmo tempo?

Dizer que se trata de dois objetos diferentes (em razão das teorias diferentes que o constituem como objeto para nossa realidade inteligível) gera uma série de confrontos, dúvidas e discussões (principalmente dentro do modelo da Filosofia da Consciência, que trabalha com a verdade por correspondência). Mas a "luz" pode ser uma coisa e um milhão de outras coisas ao mesmo tempo, depende do ponto de vista que a enxergamos e dos pré-conceitos que utilizamos para defini-la. Trata-se do mesmo dado experimentável, visto, no entanto, sobre formas diferentes pelas teorias que assim o descrevem e o constitui como tal.

Fazendo um paralelo com a ilustração acima, no modelo por nós adotado, a luz – objeto experimentado – pode apresentar-se ora como onda, ora como partícula tranquilamente, porque, para nós, o que conhecemos do mundo é uma amarração linguística. Luz é um nome com o qual fazemos referência a um dado experimentado no mundo, assim como onda e partícula. A atribuição da característica definitória de onda ou partícula ao termo luz é feita por um ato do de consciência do intelecto humano, na tentativa de atribuir uma forma organizada ao mundo, que depende muito mais do homem do que daquilo que ele experimenta como realidade.

Mas para aqueles que trabalham com referencial da Filosofia da Consciência, ainda há uma verdade a ser revelada, há uma essência, uma natureza efetiva da coisa a ser revelada. E aí várias questões ficam sem resposta. Mas o que é efetivamente a luz?! Uma onda ou uma partícula? Qual a verdadeira natureza da luz? Infelizmente não conseguimos alcançar, porque tudo que temos da realidade em torno de nós é uma interpretação, uma amarração de conceitos, condicionada pela experiência, pelos referenciais do observador e pelas pré-definições dos conceitos utilizados na sua construção.

Os conceitos de "onda" e "partícula" são construídos e encontram-se condicionados aos referenciais de uma experiência (atribuição de sentido). À luz, quando experimentada sob um referencial é atribuída a característica de "onda", quando experimentada sob outro, a característica de "partícula". A ideia de luz (como onda e/ou partícula), assim como a ideia de "onda" ou de "partícula" são construções intelectuais, amarrações linguísticas do intelecto humano que visa (a todo instante) a dar uma ordem ao mundo vivenciado. Todo observador, no entanto, com seu sistema de referência e sua condição humana, interfere diretamente na amarração e criação destes conceitos e como consequência, na construção intelectual do objeto observado, a ponto deste existir (intelectualmente) apenas e totalmente nos moldes de sua experiência.

Isso explica o porquê duas teorias a princípio antagônicas podem servir perfeitamente para conhecer um mesmo objeto, cada qual dentro da sua perspectiva, sem se confrontarem e sem a necessidade de uma prevalecer sobre a outra. Quem entende que tudo é uma questão de perspectiva (inclusive nas Ciências Naturais) e que tudo que conhecemos da realidade experimentável é uma amarração linguística, não luta pela prevalência de uma teoria sobre a outra, mas abre seu leque de visão para enxergar as diferentes formas de se conceber um mesmo objeto e, quando necessário, escolhe a melhor faceta para suas próximas construções, isto é, aquela que lhe parece mais racional a seu modelo imediato.

Nesta concepção, todo conhecimento depende de um referencial, inclusive a forma como enxergamos o conhecimento (objeto deste estudo). Aqui "o conhecimento" é tomado como objeto, mais especificamente o "conhecimento científico" (objeto da Epistemologia – parte da Filosofia que se dedica ao estudo do conhecimento científico). E enquanto objeto, o "conhecimento" é uma construção linguística, condicionada aos referenciais do observador. O que queremos dizer com isso é que a forma como enxergamos o conhecimento, o conhecimento científico e as Ciências mediante as quais ele se manifesta, muda de acordo com o modelo filosófico adotado, ou seja, de acordo com os referenciais do observador.

As conclusões da nova Física e das novas Ciências Naturais já reconhecem que o intérprete (observador) cria a realidade, e o faz por meio da linguagem. Como observadores, estamos pessoalmente envolvidos com a nossa realidade. O universo que vivenciamos e conhecemos é antes de tudo uma construção mental. O próximo passo é reconhecer que estamos presos a uma concepção filosófica de conhecimento (Filosofia da Consciência). E que quase tudo que conhecemos do mundo até hoje (em termos de conhecimento científico) foi construído com base numa ideia de conhecimento que não é mais compatível para dar sentido às novas experiências humanas. E, por isso, estamos vivenciando, embora muitos ainda não tenham se dado conta, uma virada hermenêutica na Epistemologia.

2.10 Para que serve o conhecimento?

Se não há verdades absolutas a serem descobertas (reveladas) e se tudo o que temos do mundo é uma amarração de conceitos, para que serve o conhecimento? Para avançarmos, em razão do mais forte instinto de todo ser vivo, aquele que rege todas as conexões do nosso intelecto: o de sobrevivência. Viver uma realidade organizada nos traz a falsa ilusão de termos previsibilidade, e as certezas nos garantem confiança e comodidade.

Mas, o fato é que não temos acesso a nada que está fora de nós. E o conhecimento é uma tentativa do intelecto humano de controlar as manifestações sensitivas (físicas) para vivenciarmos uma realidade (experimentada) mais organizada, mais segura, que garanta a sobrevivência do homem no mundo imprevisível de possibilidades.

As Ciências, dado o rigor da linguagem em que se constituem, nos garantem certezas, mas não verdades únicas e absolutas, por mais precisas, por mais rigorosas e por mais comprovadas que sejam, só são capazes de nos fornecer um dos infinitos pontos de vista sobre o objeto, uma compreensão, que acalma a necessidade do intelecto humano de dar sentido àquilo que vivenciamos, para que num campo de complexidades reduzidas, possamos operar com mais facilidade os objetos do mundo (nossa realidade perceptível). Um suprimento para nossa condição humana: a consciência, pela qual clama toda a conjunção intelectual do indivíduo, em função de uma programação genética de vivenciar uma realidade organizada e previsível, capaz de garantir nossa sobrevivência.

Mas a Ciência vai se modificando a partir da experiência. Novas tecnologias vão surgindo e com elas diferentes modelos. Enxergamos as coisas dentro de uma perspectiva, depois passamos a ver sobre outra. Plutão era um planeta, depois deixou de ser, agora voltou a ser novamente. Mas o que ele é? O que ele é será uma construção linguística existente apenas no intelecto humano. Bem diferente da forma como ele se apresenta fisicamente. Identificamos, por meio da significação dada aos nossos sentidos (resultado de nossa experiência), a existência de algo, e o construímos como nossa realidade de acordo com modelo de experimentação. É nossa linguagem que vai dizer, constituir a existência de Plutão para nós. E como ela constituir será como nós veremos Plutão.

A Terra era quadrada, o sol girava em torno dela. Essas realidades foram pensadas dentro de certos modelos, mas os modelos agora são outros, lidamos com outras realidades e amanhã lidaremos com outras que hoje não existem para nós.

CONSTRUCTIVISMO LÓGICO-SEMÂNTICO

E nenhuma delas é capaz de refletir as coisas como elas são. Mas sim como eles se apresentam para nós.

Evoluímos em razão do conhecimento. As tecnologias surgiram, o homem foi ao espaço, descobrimos vacinas, prolongamos nossa existência, graças às teorias e ao conhecimento científico. Mas evoluímos presos nestes conceitos, amarrados nas significações que já atribuímos ao mundo, principalmente em razão do conhecimento científico. Se os conceitos tivessem sido considerados e amarrados de outra forma, a evolução humana teria sido outra. Por isso, tão difícil de entendermos como teorias tão antagônicas como a física newtoniana (utilizada para estudar grandes matérias) e quântica (utilizada para estudar pequenas partículas), podem dizer sobre a mesma coisa em macro e microescala. Para entender uma, em nosso intelecto (condicionado pela forma de conhecimento da Filosofia da Consciência, que trabalha com a existência de uma verdade absoluta) tem que desconstruir a outra, pois está consolidada e amarrada em conceitos completamente diferentes daqueles pré-fixados como existentes pela teoria com a qual, até então, conhecemos o mundo (newtoniana), quando ambas podem caminhar perfeitamente juntas.

Trabalhar com essa concepção não nos leva a um relativismo absoluto (inexistência de verdades). A verdade, enquanto valor atribuído a uma proposição consoante ao modelo, é fundamental, ela é inclusive condição do conhecimento. Dá credibilidade, permite o avanço cognitivo e, portanto a sobrevivência e evolução de nossa espécie. Mas não há uma só verdade. Não há algo que é e que seja só aquilo. Nossa visão, olfato, tato, paladar, audição, e toda tecnologia criada para aperfeiçoá-los, são limitados, assim como nossa capacidade de atribuição de sentido (linguagem) e nos fazem vivenciar e acreditar num mundo externo existente dentro destas limitações.

3. Epistemologia e a virada hermenêutica

Com já ressaltamos, a Epistemologia é uma parte da Filosofia do Conhecimento (Gnosciologia) que se dedica ao estudo do saber científico. É a Ciência do Conhecimento Científico. Fazendo este regresso, fica fácil visualizar o porquê de toda Ciência ter uma base filosófica. Todo discurso científico é construído (ainda que intuitivamente) a partir de um modelo de conhecimento. Esse modelo (de como o conhecimento se processa), pode-se apresentar de formas diferentes, em razão de determinada concepção filosófica. Em termos mais simples: se toda Ciência visa a conhecer determinado objeto e a questão de como se dá esse conhecimento é um problema filosófico (pensado pela Filosofia), toda Ciência, no seu último regresso, tem uma base filosófica. E, assim, podemos afirmar que toda e qualquer Ciência se pauta num modelo filosófico de conhecimento, que pode, como qualquer outro modelo ser mutável e determinar de forma diferente o próprio objeto do conhecimento.

A Filosofia do conhecimento, denominada Gnosiologia, separa bem claramente dois modelos de como o conhecimento é processado, delimitando assim duas concepções filosóficas sobre o conhecimento: (i) A Filosofia da Consciência (do Ser); e (ii) A Filosofia da Linguagem. Estas duas bases filosóficas trabalham com formatos diferentes para explicar como se dá e o que é o conhecimento. Ao adotarmos um modelo, (o que acontece, na maioria, das vezes de forma intuitiva) condicionamos o conhecimento (descrição/construção) do objeto a este modelo. Conhecer as coisas num determinado referencial filosófico (Filosofia da Consciência) não é o mesmo que conhecê-la em outro (Filosofia da Linguagem).

O próprio conhecimento, quando posto na condição de objeto do conhecimento, pode ser compreendido de duas formas (no mínimo). Numa destas formas (Filosofia da Consciência), nossa consciência é capaz de capturar a essência de algo, conhecemos a reprodução mental das coisas em nosso intelecto, e com a reprodução, conhecemos a coisa em si.

Noutra forma (Filosofia da Linguagem), o que conhecemos do mundo é uma interpretação, condicionada aos referenciais, a capacidade físico-perceptivas de cada indivíduo e constituída linguisticamente em nosso intelecto.

Nesta concepção, todo conhecimento depende de um referencial, inclusive a forma como enxergamos o conhecimento (objeto deste estudo). Aqui "o conhecimento" é tomado como objeto. E enquanto objeto, é um recorte intelectual, constituído linguisticamente, condicionado aos referenciais do observador. O que queremos dizer com isso é que a forma como enxergamos o conhecimento, o conhecimento científico e as Ciências, mediante as quais ele se manifesta, muda de acordo com o modelo filosófico adotado, ou seja, de acordo com os referenciais do observador.

Estas duas formas de conceber o conhecimento (Filosofia da Consciência e/ou Filosofia da Linguagem) geram diferentes consequências, principalmente com relação ao objeto conhecido. Estas duas diferentes formas de se conceber o conhecimento não se misturam, são totalmente antagônicas, uma contradiz a outra. Mas elas determinam as principais divergências epistemológicas em relação a todas as Ciências, inclusive as tidas como Naturais.

A grande problemática das Ciências Modernas são os conceitos fixados pelas teorias antigas, que condicionaram tudo o que sabemos de tudo até hoje e a contradição de seus conceitos por teorias modernas que explicam, com perfeição, o que hoje temos capacidade de perceber (construir intelectualmente) e que antigamente não tínhamos. E com qual delas conviver? Como explicar contradições e modos divergentes de enxergar a mesma coisa sob dois enfoques diferentes?

No modelo da Filosofia da Consciência, existe uma resposta correta, certa e absoluta, pois o conhecimento nos dá acesso à essência das coisas. As Ciências descrevem essa essência, qual seja: a realidade tal qual ela é experimentalmente, que sob este ponto de vista só pode ser uma. A verdade de uma proposição (lei) científica é aferida pela sua correspondência com o dado experimentado, de modo que, se a experimentação não a afirma, ela é considerada falsa. Os princípios lógicos que fundamentam o conhecimento científico são: (i) da identidade: uma coisa só pode ser ela mesma; (ii) não contradição: uma coisa não pode ser uma coisa e não ser ao mesmo tempo; e (iii) do terceiro excluído: uma proposição científica só pode ser falsa ou verdadeira, não há uma terceira possibilidade.

No modelo da Filosofia da Linguagem, todo conhecimento é uma construção, tudo o que conhecemos do mundo é uma amarração de conceitos, condicionada por nossos pré-conceitos e desenvolvida em razão de uma necessidade do intelecto humano, impulsionada por nosso instinto de sobrevivência. Assim, nada sabemos efetivamente com relação à realidade externa (não temos acesso a nenhuma essência), apenas temos acesso e podemos tecer informações sobre a realidade existente dentro de nós, que se apresenta sempre condicionada por nossa experiência e pelos modelos referenciais nos quais ela se constitui. Qualquer teoria científica, nesta concepção, só pode nos fornecer uma das infinitas maneiras de se compreender o objeto.

A verdade de uma proposição não se dá pela correspondência com o dado experimentado, pois tudo o que temos do "dado experimentado" é a sua representação intelectual (constituída pela linguagem e por ela condicionada). A verdade é aferida pela coerência com o modelo no qual o dado experimentado é constituído intelectualmente. E não há apenas uma verdade absoluta, mas várias verdades possíveis, cada uma condizente com um modelo. Para avançarmos intelectualmente na construção de nossa realidade temos que ir escolhendo modelos e, assim, nossa visão de mundo encontra-se sempre limitada a eles. O que nos dá um tipo de certeza imediata, mas não mediata, pois a qualquer momento a mesma realidade pode ser conhecida sob outro referencial, e nele ela se constituir como uma realidade totalmente diferente.

O grande problema da Física ao tentar conjugar conceitos da Teoria Newtoniana com os da Quântica, o porquê por trás das explicações desta de que a presença do observador modifica a experiência, e as dúvidas das Ciências Naturais que questionam como uma coisa pode ser uma e outra ao mesmo tempo, encontram suas respostas nas concepções filosóficas da Filosofia da Linguagem.

Houve uma mudança na forma de se pensar o conhecimento, com o giro-linguístico, a virada hermenêutica e nova concepção da Filosofia da Linguagem. Essa mudança, mesmo que não propagada no campo científico (tecido sobre as bases da Filosofia da Consciência), mostra-se como uma das principais tendências das novas teorias das Ciências Naturais.[40]

As Ciências, dado o rigor da linguagem em que se constituem, nos garantem certezas para avançarmos no conhecimento (amarração de proposições), mas não verdades únicas e absolutas, por mais precisas, por mais rigorosas e por mais comprovadas que sejam, só são capazes de nos fornecer um dos infinitos postos de vista sobre o objeto, uma compreensão, que acalma a necessidade do intelecto humano de dar sentido aquilo que vivenciamos, para que num campo de complexidades reduzidas, possamos operar com mais facilidade os objetos do mundo (nossa realidade perceptível). Um suprimento para nossa condição humana: a consciência, pela qual clama toda a conjunção intelectual do indivíduo, em função de uma programação genética de vivenciar uma realidade organizada e previsível, capaz de garantir nossa sobrevivência.

4. Conhecimento científico

Toda Teoria existe para conhecer um objeto. Quando pensamos numa teoria, o que nos vem à mente é um conjunto de informações que nos possibilita identificar e compreender

---

[40]. Refletidas nas teorias do Realismo Dependente do Modelo de STEPHEN HAWKING e do Biocentrismo de ROBERT LANZA.

certa realidade. Mas o que é identificar e compreender certa realidade? Nos termos deste trabalho, é criá-la como uma realidade inteligível (realidade dentro do ser). Assim, podemos definir o termo como um sistema de proposições informativas (com função descritiva), que constituem certa realidade dentro de um modelo de referência, nos capacitando a operá-la com maior eficiência.

Construímos as Teorias estipulando recortes linguísticos na realidade (já inteligível), por meio da abstração lógica de conceitos, da atribuição de significados (sentido) e da estruturação destes significados. A Teoria não repete a prática (realidade fora do ser), mas ela, enquanto conjunto de informações (com suas leis e postulados), dá-nos previsibilidade para lidar com tal prática dentro de um modelo de conhecimento.

Se as Ciências não nos garantem verdades absolutas, não podemos acreditar na realidade criada por meio da linguagem que as constitui, como aquela correspondente à realidade fora do indivíduo. Mas sim, como um ponto de vista sobre o que está fora, pautado em critérios rígidos de atribuição de sentido.

Conhecer algo cientificamente, no entanto, significa jogar o jogo da linguagem científica, observando, a cada jogada, as regras que lhe são próprias.

Toda Ciência é um discurso artificialmente construído (linguagem), que se volta ao conhecimento de um objeto delimitado, por meio da amarração lógica-semântica de conceitos, sobre certo dado experimentável. O que muda é o dado experimentável e os conteúdos de consciência que os constituem. Assim, tudo o que dissemos acima sobre o conhecimento pode ser aplicado no âmbito de qualquer conhecimento científico.

Desde os primeiros meses de vida, nosso intelecto volta-se para a construção do mundo em que vivemos. Vagamente vamos experimentando sensações, até que em algum momento conseguimos isolar proposicionalmente as coisas e as associá-las a outras, daí para frente este processo torna-se comum em toda nossa existência. É assim que se dá o conhecimento ordinário, constituído pela linguagem natural (comum ou ordinária), instrumento por excelência da comunicação entre os indivíduos, desenvolvida espontaneamente no curso de nossas vivências. Este processo é livre. Não temos um comprometimento rigoroso com as proposições por nós formuladas, nem nos submetemos a regras de delimitação e aproximação do objeto. Mas, basta visualizarmos uma Teoria para percebermos não ser este o tipo de linguagem que a constitui. As teorias existem para conhecer rigorosamente seus objetos (e somente eles), mediante regras próprias de aproximação, que atribuem rigor e credibilidade às proposições formuladas. Exigem, assim, a produção de uma linguagem mais sofisticada: a científica, um discurso "purificado", produzido a partir da linguagem natural.

4.1 Linguagem científica e Neopositivismo Lógico

Antes de adquirir a roupagem com a qual trabalhamos nesta tese, a filosofia da linguagem passou por vários momentos. Na segunda década do século passado, adquiriu corpo e expressividade uma corrente do pensamento humano voltada à natureza do conhecimento científico, denominada de Neopositivismo Lógico – também conhecida como Filosofia Analítica ou Empirismo Lógico. Tal corrente estruturou-se com a formação do Círculo de Viena, um grupo heterogêneo de filósofos e cientistas de diferentes áreas (físicos, sociólogos, matemáticos, psicólogos, lógicos, juristas etc.), profundamente motivados e interessados em seus respectivos campos de especulações, que se encontravam, sistematicamente, em Viena, para discutir e trocar experiências sobre os fundamentos de suas ciências. Esta intensa troca de ideias possibilitou uma série de conclusões tidas como válidas para os diversos setores do conhecimento científico e contribuíram para formação uma Teoria Geral do Conhecimento Científico (Epistemologia).

Os neopositivistas lógicos reduziram o estudo do conhecimento à Epistemologia e esta à análise das condições para se produzirem proposições científicas. Para esta corrente, o discurso científico caracterizava-se por proporcionar uma visão rigorosa e sistemática do mundo. E, neste sentido, a preocupação da Epistemologia dirigia-se à identificação dos pressupostos para a construção de uma linguagem rígida e precisa, isto é, uma linguagem ideal para as Ciências.

A linguagem era tomada como instrumento e controle do saber científico na busca de modelos artificiais que permitissem a "purificação" do conhecimento comum. Imaginava-se a possibilidade de abstração de todos os valores e a redução de todas as Ciências a um modelo lógico.

Focados na linguagem, os neopositivistas lógicos contribuíram ao apontar as regras do jogo da linguagem científica. Como alguns de seus pressupostos temos que: (i) as proposições científicas devem ser passíveis de comprovação empírica, ou legitimadas pelos termos que as compõem, quando nada afirmam sobre a realidade (no caso das tautologias); (ii) devem convergir para um mesmo campo temático, permitindo a demarcação do objeto, o que lhe garante foros de unidade; (iii) a organização sintática da linguagem científica deve ser rígida submetendo-se às regras da lógica e aos princípios da identidade, terceiro excluído (verdade/falsidade) e não contradição; (iv) suas significações devem ser, na medida do possível, unívocas e, quando não possível, elucidadas.

Afastando-se as incompatibilidades,[41] trabalhamos com os pressupostos do neopositivismo lógico para caracterização e elaboração do discurso científico, que dentro da concepção hermenêutica, afastada a verdade por correspondência, funcionam como instrumentos de legitimação e fundamentação, atributivos de credibilidade ao discurso.

---

41. Manifesta no Teorema de Gödel que demonstra sempre existir contradições num conjunto, pois por mais formalizado que seja não há um sistema que não traga um mínimo de incerteza, decorrentes da impossibilidade de neutralidade de qualquer objeto.

Uma das características da linguagem científica é ser precisa, isto significa que seu plano semântico deve ser cuidadosamente elaborado. O cientista, no esforço de afastar confusões significativas, trabalha com a depuração da linguagem ordinária (aquela mediante a qual se constitui o conhecimento comum), substituindo os termos de acepções imprecisas por locuções, na mediada do possível, unívocas. Por isso, encontramos nomes tão esquisitos utilizados como termos científicos.

Outra característica é o rigor sintático, que atribui coerência ao discurso. A linguagem científica apresenta-se de forma coesa, não se admitindo construções contraditórias (do tipo: *s é p e s não é p*) – dentro da mesma Teoria. A rigidez de seus planos semântico e sintático, no entanto, diminuem as possibilidades de manobras de que dispõem os usuários na sua elaboração e utilização, o que importa o enfraquecimento de seu campo pragmático.

Devido à sua função descritiva, outra característica da linguagem científica é ter o domínio informativo de seu objeto. Neste sentido, o cientista deve esforçar-se para, em primeiro lugar, manter suas proposições dirigidas a um ponto comum, o que atribui unidade ao discurso e, em segundo, afastar, ao máximo, inclinações ideológicas, manifestações emotivas e recursos retóricos, fazendo de seu discurso o mais neutro possível. A neutralidade absoluta, no entanto, é uma utopia, nos termos da filosofia da linguagem adotada neste trabalho, pois todo conhecimento importa uma valoração (interpretação) condicionada aos horizontes culturais do intérprete.

4.2 Pressupostos de uma Teoria

O discurso científico está caracterizado pela existência de um feixe de proposições linguísticas, relacionadas entre si por leis lógicas, e unitariamente consideradas, em função de convergirem para um único objetivo, o que dá aos enunciados um critério de significação objetiva.[42] Este critério de significação objetiva é alcançado com a delimitação de um objeto e a presença de um método. Assim, a cada teoria corresponde um e somente um objeto e um e somente um método.

A delimitação do objeto indica os limites da experiência, evitando sua propagação ao infinito. E o método determina a forma de aproximação do objeto, atribuindo sincretismo às proposições formuladas. Ambos também exercem a função de controle dos enunciados construídos, que, para pertencerem a uma teoria, não podem extrapolar os limites de seu objeto nem serem produzidas em desacordo com as regras fixadas para sua aproximação.

Não há como fazer ciência abrindo mão da uniformidade na apreciação do objeto (o que é alcançado com a utilização de um único método) e da rigorosa demarcação do campo sobre o qual haverá de se voltar a atenção cognoscitiva.

Dizer que as teorias são conjuntos de proposições com pretensões e finalidades veritativas significa afirmar, dentro da concepção que adotamos, que elas são constituídas em nome de uma verdade, mas fundamentadas e legitimadas pelo próprio discurso.

Conhecer cientificamente um objeto significa reduzir suas complexidades, mediante a depuração da linguagem natural que o constitui ordinariamente. Contudo, devemos lembrar que nenhuma teoria é capaz de esgotar tais complexidades, pois há sempre algo mais a ser dito, ou por ela mesma, ou por outras teorias.

O real é irrepetível e a experiência é infinita e inesgotável. O dado-físico é impossível de reprodução por qualquer atividade cognoscitiva, porque o conhecimento é sempre proposicional. Podemos passar horas, meses, anos, conhecendo o mesmo objeto e nunca chegaremos ao exaurimento de suas possibilidades descritivas. O que se verifica é o esgotamento

---

42. PAULO DE BARROS CARVALHO, *Apostila de lógica jurídica*, p. 8.

da capacidade humana de interpretá-lo (de produzir linguagem sobre ele), isto é, de construí-lo como diferentes conteúdos de nossas consciências.

4.3 Método

A palavra "método" é derivada do grego *méthodos* que significa "caminho para se chegar a um fim". Neste trabalho, adotamos a concepção de "método científico" como sendo a forma lógico-comportamental investigatória, na qual se baseia o intelecto do observador na busca dos resultados que pretende (construir suas proposições científicas).

Constituem-se, os métodos, em instrumentos regentes da produção da linguagem científica. É importante que o cientista siga as mesmas regras, desde o início até o final de sua atividade cognoscitiva, para que suas proposições tenham sentido e coerência, caso contrário, põe em risco a ordenação lógico-semântica de suas ideias e a própria construção de seu objeto. É por isso que não existe conhecimento científico sem método e que este influi diretamente na construção do objeto.

O método, no entanto, pode consubstanciar-se em diferentes técnicas. O signo "técnica" é aqui entendido como o conjunto diferenciado de informações reunidas e associadas instrumentalmente para realizar operações intelectuais. Ao aproximar-se do objeto, o cientista vale-se de outras Teorias e de seu conhecimento em diversos setores, aplicando tais informações para construir formalmente seu objeto e testar suas proposições, tudo isso dentro de uma forma lógico-comportamental própria. Assim, método e técnica não se confundem. Uma teoria pode ter um método próprio, mas valer-se de diferentes técnicas para reduzir as complexidades de seu objeto.

De acordo com a teoria husserliana, os objetos classificam-se em: (i) naturais (ex: plantas, animais, rochas, minerais etc.); (ii) ideais (ex: formas geométricas, equações matemáticas, fórmulas lógicas etc.); (iii) culturais, construídos pelo homem, tendo em vista certa finalidade (ex: martelo, casa, cadeira, mesa, livro etc.); e (iv) metafísicos (ex: milagres, unicórnios, fadas, deuses, anjos etc.).

Apesar de considerarmos tal classificação elucidativa no que tange à variação do domínio dos objetos (realidade fora do ser), a acolhemos com certa ressalva, pois adotamos a premissa de que nada existe fora da linguagem (fora do ser). De acordo com a concepção à qual nos filiamos, as coisas (objeto dentro do ser), sejam elas naturais, ideais, culturais e metafísicas, são constituídas proposicionalmente pelo homem como conteúdo de um ato de consciência, por meio de abstrações na continuidade-heterogênea de sensações ou intuições por ele experimentadas.

Não temos acesso ao empírico (físico), apenas à linguagem que o constitui, ou seja, à sua significação. Construímos e conhecemos os objetos mediante atribuição de sentido aos conteúdos que nos são perceptíveis e tal atribuição é condicionada por nossos referenciais culturais (conhecimentos anteriores). Nestes termos, a forma de aproximação, por excelência, de qualquer objeto é a interpretação e toda forma de conhecimento cria o objeto para o ser cognoscente (realidade dentro do ser).

Tudo que sabemos do mundo resume-se à sua interpretação.[43] Conhecemos algo quando lhe atribuímos algum sentido, isto é, quando o interpretamos. Nestes termos, conhecer é interpretar e, como toda interpretação é condicionada pelas vivências do intérprete que, enquanto ser humano, encontra-se num mundo cultural encravado de valores e pré-conceitos, nenhum objeto é livre de valoração.

Sob estes pressupostos, não trabalhamos com a distinção, formulada por autores como DILTHEY, MAX WEBER

---

43. "A forma de realização da compreensão é a interpretação, todo compreender é interpretar e toda interpretação se desenvolve em meio a uma linguagem que pretende deixar falar o objeto e ao mesmo tempo a linguagem própria de seu intérprete HANS-GEORG GADAMER. *Verdade e método*, p. 467.

e SPRANGER entre "compreender" e "explicar", como ato gnosiológico próprios para apreensão dos objetos culturais e naturais (respectivamente). Para nós, todo explicar pressupõe um compreender. Quando o cientista estuda um fenômeno natural, não descobre sua realidade, nem o reproduz, atribui-lhe um sentido. Por mais aperfeiçoado que se encontrem os processos de raciocínio e os instrumentos de aproximação "permanece sempre um resíduo na pesquisa científica, que se subordina ao coeficiente pessoal do observador, que não parte jamais de fatos brutos, mas sim de fatos sobre os quais já incidiram interpretações e teorias. Mesmo nas Ciências chamadas exatas, existe a presença do homem de ciência, em virtude de uma perspectiva e não de outra, de uma forma ou não de outra na observação do fato".[44]

É claro que, em algumas circunstâncias, de acordo com a materialidade do objeto, a valoração mostra-se mais presente na forma comportamental de sua aproximação, com a necessidade da implementação de preferências ideológicas e axiológicas. É o que acontece, por exemplo, quando da compreensão de uma obra de arte, de uma poesia, ou de um livro. Em outros casos, no entanto, tais preferências se mostram irrelevantes, quando não, até atrapalham. É o que ocorre, por exemplo, na compreensão dos fenômenos tidos por naturais, como a composição da água, a decantação de resíduos, a mistura de gases, ou dos objetos ideais como as fórmulas lógicas, as figuras geométricas etc. Mas, de acordo com a proposta filosófica por nós adotada, fazemos este parêntese para salientar que o interpretar é desde o início e a valoração encontra-se sempre presente.

Assim, podemos dizer que há um modelo comportamental universal de conhecimento (quando este é pensado nos moldes da Filosofia da Linguagem), seja qual for a classificação do dado experimentável (cultural, físico, ideal ou metafísico), em que se pauta também o conhecimento científico,

---

44. MIGUEL REALE, *Filosofia do direito*, p. 246.

que se constitui pela: (i) interpretação – atribuição de sentido e (ii) amarração lógica-semântica destes sentidos. Esta forma comportamental (método) é inerente à existência (dentro do ser) de qualquer objeto e, portanto é pressuposto de qualquer Teoria. Chamamos este método de Constructivismo Lógico-Semântico.

O modelo comportamental para qualquer conhecimento (considerado na concepção da Filosofia da Linguagem), seja ele ordinário, técnico, científico, filosófico, lógico ou artístico, sobre qualquer objeto, é a interpretação (atribuição de sentido) e amarração de conceitos. Esta visão, no entanto, não afasta outras formas comportamentais, que são utilizadas pelo intérprete para estruturar seu discurso, as quais denominamos de método – no sentido estrito da palavra, como por exemplo: a analítica (decomposição do sentido), a indução (onde parte-se de sentidos específicos para se chegar a sentidos gerais), a dedução (onde parte-se de dois sentidos para se chegar a um terceiro como conclusão dos dois), a dialética (contraposição de sentidos), a dogmática (fixação de dogmas para construção do sentido), a hermenêutica (valoração como forma de fundamentação/legitimação do sentido) etc.

Tais formas comportamentais consubstanciam-se em modelos de aproximação específicos, implantados por decisões unilaterais do sujeito cognoscente, que determinam as regras do jogo a serem jogadas na produção da linguagem científica, ou seja, ditam o caminho e o processo a ser seguido pelo cientista na construção de seu objeto (realidade de sua Teoria). Mas, em todo momento o interpretar está presente e a ideia de que o discurso científico delimita e constrói seu objeto também.

5. Constructivismo lógico-semântico

Constructivismo Lógico-Semântico é um método. É um modelo mediante o qual o conhecimento é processado, fundado nas lições dos professores PAULO DE BARROS

CARVALHO e LOURIVAL VILANOVA. Esse modelo nos diz como nos comportamos quando conhecemos as coisas e pode ser empregado no conhecimento de qualquer objeto, por isso, caracteriza-se num modelo/método epistemológico.

A expressão "Constructivismo Lógico-Semântico" é empregada em dois sentidos: (i) para se reportar à Escola Epistemológica, da qual sou adepta;[45] (ii) e ao método utilizado por esta Escola.

A proposta metodológica da Escola do Constructivismo Lógico-Semântico é: a partir de uma concepção epistemológica bem demarcada, a Filosofia da Linguagem (uma das vertentes da Filosofia do Conhecimento) e da atribuição de sentido, amarrar lógica e semanticamente suas proposições, para construção de seu objeto, que se constitui em uma das infinitas possibilidades de se enxergá-lo.

Por isso, o nome: Constructivismo Lógico-Semântico – *"Constructivismo"*, porque o sujeito cognoscente não descreve seu objeto, o constrói mentalmente em nome de uma descrição. E assim o faz, amparado num forte referencial metodológico (método em sentido estrito), que justifica e fundamenta todas as proposições construídas, desde que estas estejam estruturalmente e significativamente amarradas a tais referenciais, o que justifica o *"Lógico-Semântico"* do nome. O cientista constrói seu objeto (como a realidade que sua Teoria descreve) a partir da ordenação lógica-semântica de conceitos, assim como qualquer ser cognoscente (conhecimento ordinário) constrói sua realidade a partir deste mesmo modelo cognitivo, mediante atribuição de sentido e a estruturação lógica-semântica de conceitos.

Mas o que é a estruturação lógica-semântica de conceitos? A atribuição de sentido que caracteriza o conhecimento em acepção estrita se dá no âmbito proposicional, como já

---

45. No Brasil, a Escola do Constructivismo Lógico-Semântico tem como objeto o estudo do direito e é muito difundida nas obras do Prof. PAULO DE BARROS CARVALHO e seus discípulos.

ressaltamos, por meio da definição de conceitos. Este inclusive é um pressuposto para delimitação do objeto. Para identificarmos qualquer realidade como existente, lhe atribuímos um nome e para conhecê-la (emitir proposições sobre) passamos a definir os termos utilizados para nomeá-la com a atribuição de suas características definitórias. A estruturação lógica significa dizer que as proposições da linguagem, em que se constitui o conhecimento, devem estar todas amarradas, de modo que uma justifique a outra, o que atribui racionalidade ao conhecimento. A estruturação semântica está relacionada ao plano de conteúdo. Os conteúdos devem estar também todos amarrados, de modo que um dê sentido ao outro, isto se justifica na ideia da autorreferência da linguagem, o conteúdo linguístico se fundamenta sempre em outro conteúdo, nunca no dado empírico.[46]

Voltamos ao exemplo da luz, para esclarecer melhor: Vamos pensar na realidade luz, o que é a luz? Antes de tudo, luz é uma palavra que comporta inúmeras significações, para conhecer o que é "luz" alguém terá que delimitar o conceito desta palavra. Aquilo que chamaremos de "luz" será exatamente o que se enquadrar naquela delimitação. Neste sentido, o nome "Constructivismo", quando o cientista delimita um conceito atribuindo suas características definitórias, cria aquela realidade cientificamente. Ao delimitar o conceito da palavra "luz", a Teoria cria a realidade "luz" para ela, constrói a realidade à qual atribuiremos o nome de "luz". O "Lógico-Semântico" porque a criação este conceito, para se garantir a credibilidade da construção, deve estar amarrado estruturalmente e significativamente as premissas que o fundamentam e aos outros conceitos dele decorrentes. Isto não impede, no

---

46. O âmbito pragmático existe, ele delimita o conteúdo (sentido) atribuído às palavras (conceitos) que são lógica-semanticamente estruturadas. Está presente nas escolhas interpretativas do ser cognoscente, pois só conseguimos atribuir sentido em razão de vivenciarmos uma comunidade de discurso e todo sentido está condicionado às vivências e referências, definidoras do âmbito pragmático da linguagem em que se constitui o conhecimento. Só não consta do nome do método, pois não são passíveis de controle no discurso.

entanto, que outra Teoria, partindo de outro modelo e diferentes definições crie outra realidade cientificamente.[47]

No Constructivismo, há uma preocupação muito grande com a delimitação dos conceitos e com a coerência das estruturações lógica e semântica destes conceitos, já que a correspondência com o mundo exterior ao homem é por ele inalcançável. A verdade por correspondência é uma utopia, esta é atribuída por critérios de coerência com um modelo. E para se identificar a coerência, principalmente semântica, temos que ter os sentidos (significados dos termos) bem delimitados, já que as palavras não guardam qualquer correspondência com o dado experimentado, senão aquela delimitada semanticamente.

Conhecemos as coisas por meio deste método, o Constructivismo Lógico-Semântico. É por meio dele que o mundo faz sentido para nós. Nós construímos as coisas como reais em nosso intelecto mediante a amarração lógica e semântica de conceitos, proposições e argumentos. Assim acontece no plano do conhecimento ordinário, científico e filosófico. O método é o mesmo empregado a todas as espécies de conhecimento. A diferença é que em cada uma dessas linguagens as amarrações lógicas e semânticas ficam mais consistentes, o que caracteriza os níveis de linguagem.

O Constructivismo Lógico-Semântico, enquanto método, garante uniformidade e coerência na construção do discurso científico e consequentemente, credibilidade na atribuição do valor verdade à realidade objeto deste discurso. Mas, o modelo tem por pressuposto que as Ciências não são capazes de alcançar verdades absolutas e que tudo pode ser construído de outra forma sobre outros referenciais, desde que, dentro de modelos coerentes.

---

47. É o que STEPHEN HAWKING, mesmo sem voltar suas atenções às concepções filosóficas do conhecimento e método denomina de "relativismo dentro do modelo", no livro o *Grande Projeto*, p. 126.

No campo das Ciências, tomar consciência que o método de todo e qualquer conhecimento é esse e que tudo que conhecemos do mundo, inclusive em termos científicos, é construído como uma realidade inteligível em nosso intelecto por meio deste método (com a atribuição de nomes, delimitação de significados e amarração lógica e semântica de conceitos), faz com que possamos compreender, por exemplo, a coexistência entre a física newtoniana e quântica, sem a necessidade de uma teoria que dê sentido às duas juntas ou que faça com que uma prevaleça sobre a outra. Não existe uma teoria do tudo, pois o "tudo" pode ser "tudo", "qualquer coisa", ou "nada", em razão da teoria que o observa (o constitui como realidade inteligível).

Reforçamos aqui, no entanto, que o modelo do Constructivismo Lógico-Semântico é válido dentro da concepção de conhecimento delimitada pela Filosofia da Linguagem. Tal modelo não fornece uma forma comportamental para o conhecimento quando este é pensado nos moldes da Filosofia da Consciência, por isso a própria adoção do método reforça seus pressupostos.

6. Conclusões com relação ao método

Diante de tudo que foi dito acima, vale a pena ressaltar que tudo que podemos oferecer de forma conclusiva neste trabalho é apenas um dos pontos de vista sobre o Conhecimento. Um ponto de vista que se volta para identificar e explicar uma nova tendência de concepção das Ciências (observada inclusive nas Ciências Naturais), decorrente da adoção do paradigma da Filosofia da Linguagem em seus pressupostos (ainda que intuitivamente).

E, com isso, reafirmo um dos maiores postulados das Teorias Científicas (dentro dos nossos próprios pressupostos constructivistas), a humildade que deve ter o cientista, ao chegar às suas conclusões, depois de construir toda uma Teoria sobre seu objeto, de que não existem verdades absolutas, todas são relativas e condicionadas pelo próprio processo do conhecimento e tudo que sua Teoria poderá oferecer para o mundo é o um dos infinitos pontos de vista sobre aquele objeto.

Estar aberto a outros pontos de vista nos faz evoluir intelectualmente, pois é por meio de novas inferências que conseguimos construir novas realidades. Quem gosta de conhecer, e sabe que a base de todo o conhecimento está nesta amarração de conceitos, não discute, troca ideias e amplia seu horizonte intelectual, para vivenciar todas as realidades possíveis a serem atribuídas a uma dada experimentação.

Delimitar os postulados das Ciências é importante para a Epistemologia, mas o maior postulado epistemológico que se aplica a todos os discursos, inclusive os científicos, observados no referencial da Filosofia da Linguagem é de que: "Cada Ciência constrói a sua realidade", ela não a descreve. A Teoria cria a realidade, que passa a ser aquela para todos aqueles que acreditam na Teoria. E assim é com o mundo, com a vida e com a própria Ciência.

A física quântica explica que tudo que temos é uma onda de probabilidades, que só podemos dizer algo sobre algo depois que o observamos, mas qualquer experiência modifica o dado observado e aquilo que se observa já não é mais o que era, pois sofreu a influência da observação. Essa é a maior lei de todas as Ciências e de tudo que conhecemos. Não enxergamos as coisas como elas são. As enxergamos como nós somos.

7. Referências bibliográficas[48]

CARVALHO, Aurora Tomazini de. *Curso de teoria geral do direito* (o Constructivismo lógico-Semântico). 5ª ed. São Paulo: Noeses, 2016.

---

48. Nota do editorial: não foi aplicado o acordo ortográfico apenas neste item.

CARVALHO, Paulo de Barros. *Direito tributário, linguagem e método*. São Paulo: Noeses, 2008.

_____. *Direito tributário:* fundamentos jurídicos da incidência, 6ª ed., São Paulo: Saraiva, 2008.

ECO, Umberto. *O signo*. Trad. Maria de Fátima Marinho, Lisboa: Presença, 1990.

FLUSSER, Vilém. *Língua e realidade*. São Paulo: Annablume, 2004.

HABERMAS, Jürgen S. *Verdade e justificação: ensaios filosóficos*. Editora Loyola, 2000.

HAWKING, Stephen e MLODINOW, Leonard. *O grande projeto, novas respostas para questões definitivas da vida*, trad. FRIAÇA, Monica Gagliotti Fortunato, Ed. Nova Fronteira, 2011.

HEGENBERG, Leônidas. *Saber de e saber que:* alicerces da racionalidade. Petrópolis: Vozes, 2002.

HEIDEGGER, Martin. *A caminho da linguagem*. São Paulo: Vozes, 2003.

HUSSERL, Edmund. *Investigações lógicas – Sexta investigação. Elementos de uma elucidação fenomenológica do conhecimento*. São Paulo: Nova Cultural, 2005.

MATURANA, Humberto e VARELA, Francisco. *A árvore do conhecimento – As bases biológicas do conhecimento humano*. São Paulo: Ed. Palas Athenas, 2004.

OLIVEIRA, de Manfredo Araújo. *Reviravolta lingüístico--pragmática na filosofia contemporânea*. São Paulo: Editora Loyola, 1997.

REALE, Miguel. *Filosofia do direito*. 20ª ed., São Paulo: Saraiva, 2002.

SAUSSURE, Ferdinand de. *Curso de lingüística geral*. Trad. de Antônio Chelini, José Paulo Paes e Isidoro Blikstein. São Paulo: Cultrix, 1991.

SCAVINO, Dardo. *La filosofía actual:* pensar sin certezas. Buenos Aires: Paidós Postales, 1999.

STRECK, Luiz Lenio. *Hermenêutica jurídica e(m) crise* – Uma exploração hermenêutica da construção do direito. Porto alegre: Livraria do Advogado, 1999.

TELLES JÚNIOR, Goffredo. *O direito quântico*. 8ª Edição, Max Limonad, 2006.

TOMÉ, Fabiana Del Padre. *A prova no direito tributário*. 4ª ed., São Paulo: Noeses, 2016.

WITTGENSTEIN, Ludwig. *Tractatus logico-philosophicus*. São Paulo: Edusp, 1994.

O OBJETO DO CONHECIMENTO CIENTÍFICO E O PARADOXO DA INTERDISCIPLINARIDADE

Fabiana Del Padre Tomé[1]

Sumário: 1. Delimitação temática: 1.1. Um conto a título de introdução; 1.2. O todo e as partes; 1.3. O recorte analítico; 1.4. Questões sobre o estudo interdisciplinar – 2. O *objeto* do conhecimento – 3. Do *contínuo heterogêneo* aos *descontínuos homogêneos* – 4. A importância da matriz disciplinar – 5. Disciplinas e interdisciplinaridade – 6. Notas sobre a autonomia disciplinar do direito – 7. A *diferença* imprescindível para a *existência*: considerações finais sobre a importância do estudo disciplinar do direito – Referências bibliográficas.

1. Delimitação temática

1.1 Um conto a título de introdução

Imagine que você está em uma casa desconhecida. É noite. Não há luzes. Você encontra uma lanterna e, com ela em mãos, segue em busca de algum alimento. Para onde você dirigirá a lanterna? Para o banheiro? Certamente, não. Para o quarto? Esse também não é o local mais provável para se

---

[1]. Doutora em Direito Tributário pela PUC/SP. Professora nos cursos de pós-graduação *stricto* e *lato sensu* em Direito da PUC/SP. Professora nos cursos de extensão e de especialização em Direito Tributário, promovidos pelo Instituto Brasileiro de Estudos Tributários (IBET). Advogada.

encontrar alimentos. Que tal, então, a cozinha? Agora sim, parece uma boa direção a seguir.

Chegando à cozinha, há vários compartimentos que podem ser explorados: fogão/forno, armários, pia, refrigerador, por exemplo. A escolha de qualquer deles depende da resposta à outra indagação: de que tipo de alimento você está em busca?

Se a ideia é encontrar alguma refeição pronta e armazenada apropriadamente, o foco da lanterna pode ser direcionado para o lado interno do refrigerador, com boa probabilidade de lograr bom êxito.

1.2 O todo e as partes

No exemplo fictício construído acima, a casa é um *todo*, a ser considerado em sua *unidade indecomponível*. Cada cômodo só se qualifica como tal em virtude de pertencer àquela unidade e, também, de forma um tanto paradoxal, pelas diferenças que apresentam entre si e entre as demais partes que compõem aquela unidade totalitária. O quarto diferencia-se do banheiro e este, por sua vez, não se confunde com a cozinha ou com a própria casa. Cada qual possui elementos e funções distintas que os caracterizam e lhes dão existência.

As partes apresentam diferenças umas em relações às outras, sendo inconfundíveis, também, as partes com o todo. Na ilustração ora formulada, as *partes* são compartimentos necessários à conformação do *objeto* "casa". O *todo* e as *partes* encontram-se em relação de reciprocidade, em que *um é pelo outro*.

1.3 O recorte analítico

Recorrendo novamente ao relato construído no item 1.1, verifica-se que, para tornar possível alguma investigação específica, é preciso selecionar o local da busca, assim como o ponto para que se direcione a lanterna na escuridão. Guardadas as devidas proporções, algo parecido ocorre nas investigações científicas: necessário se faz delimitar o objeto e a perspectiva (enfoque) pela qual se pretende examiná-lo.

Tratando-se das Ciências Jurídicas, vários são os ângulos suscetíveis de estudo do direito. Por isso, o primeiro passo para empreitada dessa natureza consiste em especificar o objetivo da análise a ser efetuada. Tem-se o intuito de saber se os destinatários cumprem as disposições normativas? Então o foco será sociológico. Ou busca-se conhecer os motivos que os levam a observar ou a descumprir os comandos jurídicos? Nesse caso, a perspectiva de psicologia do direito será propícia. Se o ideal do intérprete consistir em propor um novo modelo legislativo, valerá enveredar pela política do direito. Caso queira verificar como o direito afeta a economia, positiva ou negativamente, terá lugar a análise econômica do direito. Por outro lado, se o foco temático do cientista é a configuração do ordenamento em vigor e os critérios para sua aplicação, o caminho a ser escolhido, compatível com tal finalidade, será aquele que se volte para o estudo das normas jurídicas, tanto nos aspectos estruturais como em suas relações de coordenação, subordinação, fundamentação e derivação.

Diante da complexidade do mundo-em-si e da infinidade de posturas do observador, conjugadas à necessidade de delimitar o objeto do conhecimento e os mecanismos a serem empregados para tanto, destaca-se o construtivismo lógico--semântico, como método de trabalho hermenêutico, orientado a cercar os termos do discurso do direito positivo e da Ciência do Direito para outorgar-lhes firmeza, reduzindo as ambiguidades e vaguidades, tendo em vista a coerência e o rigor da mensagem comunicativa.[2]

Na precisa lição de Pontes de Miranda,[3] o cindir é desde o início. Daí o motivo pelo qual, seguindo o método eleito,

---

2. TOMÉ, Fabiana Del Padre. *A prova no direito tributário*. 4ª ed. São Paulo: Noeses, 2016, p. 3.
3. PONTES DE MIRANDA, Francisco Cavalcanti. *O problema fundamental do conhecimento*. 2ª ed. Rio de Janeiro: Borsoi, 1972.

tem-se por imprescindível selecionar o objeto de estudo, qual seja, o conjunto das normas jurídicas. Eis o índice temático da Ciência do Direito *stricto sensu*.

1.4 Questões sobre o estudo interdisciplinar

Feito esse corte metodológico, surge a questão da interdisciplinaridade. Se o *objeto* da Ciência do Direito, segundo o constructivismo lógico-semântico, abrange o conjunto das normas jurídicas, elementos do sistema do direito positivo, seria com ele compatível um estudo interdisciplinar? Em caso afirmativo, qual o significado da interdisciplinaridade no constructivismo lógico-semântico?

A possibilidade de efetuar-se estudo interdisciplinar do direito tem sido foco de acirradas controvérsias: há quem apregoe seja a interpretação das normas jurídicas efetuadas sempre, e necessariamente, com o auxílio de conceitos inerentes a outras disciplinas; outro grupo rejeita, em absoluto, esse trânsito entre o Direito e outras disciplinas; e, ainda, parcela da comunidade jurídica admite a interdisciplinaridade, desde que observados certos limites e condições.[4]

Procurando contribuir para reflexões sobre o tema, o foco deste estudo consistirá no modo pelo qual as disciplinas e seus objetos se constituem e se relacionam, para, com suporte em tais fundamentos, concluir sobre a possibilidade (ou não) de os elementos componentes de subsistemas sociais distintos (como o da moral, o econômico e o político) interferirem no objeto da Ciência do Direito. Reflexão dessa natureza leva à outra, sobre os mecanismos para interpretação e aplicação das normas jurídicas: a interpretação jurídica deve ser orientada por critérios e argumentos morais, econômicos e políticos? Todas essas são perguntas que podem resumir-se em uma só: o modo de compreender o direito, para fins de

---

4. BARRETO, Paulo Ayres. *Planejamento tributário:* limites normativos. São Paulo: Noeses, 2016, p. 29.

aplicação dos preceitos reguladores de condutas intersubjetivas, deve fundar-se em aspectos exteriores a esse sistema (objetos de outras disciplinas científicas)? Eis o ponto central deste trabalho.

2. O *objeto* do conhecimento

Objeto é vocábulo dotado de acepções diversas e, muitas vezes, generalíssimas. Usualmente é utilizado como *"estatuto ontológico amplo ao máximo"*,[5] prestando-se para, pretensamente, aludir à coisa-em-si, em sua existência física. Na literatura lógico-filosófica, porém, o termo é empregado para caracterizar algo a que possam atribuir-se *propriedades*, ou seja, qualquer sujeito de predicações, abrangendo tanto situações individualizadas, como abstratas.

Tomada a perspectiva do constructivismo lógico-semântico, o *objeto* de que tratamos não corresponde ao *ser ontológico*. Na acepção que adotamos para os fins deste trabalho, podemos dizer que uma matéria torna-se *objeto* mediante ato intelectual, em que o *ser cognoscível* torna-se *conhecido*. O objeto é sempre o termo ou limite da operação cognoscitiva.[6]

Objetificação consiste, assim, na operação intelectual mediante a qual algo se torna objeto para um sujeito, quer dizer, objeto de conhecimento. Inarredável, nesse sentido, a ação cognitiva, como bem destacado por Paulo de Barros Carvalho:[7]

---

5. BRANQUINHO, João; MURCHO, Desidério; GOMES, Nelson Gonçalves. *Enciclopédia de termos lógico-filosóficos*. São Paulo: Martins Fontes, 2006, p. 557.

6. Cf. ABBAGNANO, Nicola. *Dicionário de Filosofia*. Tradução de Alfredo Bosi (1ª ed.) e de Ivone Castilho Benedetti (4ª ed.). 4ª ed. São Paulo: Martins Fontes, 2003. Verbete "objeto": "Termo de qualquer operação, ativa, passiva, prática, cognoscitiva, ou linguística. O significado dessa palavra é generalíssimo e corresponde ao significado de coisa. (...) Toda atividade ou passividade tem como termo ou limite um *objeto*, qualificado em correspondência com o caráter específico de atividade ou de passividade."

7. CARVALHO, Paulo de Barros. *Direito tributário, linguagem e método*. 6ª ed. São Paulo: Noeses, 2015, p. 14.

> Objetos, em tal sentido amplo, nascem com o discurso, surgem com o exercício de atos de fala, ou seja, não o precedem, muito ao contrário do que comumente se pensa. Os objetos nascem quando deles se fala: o discurso, na sua amplitude, lhes dá as condições de sentido mediante as quais os recebemos e os processamos.

Por certo, não há como falar de todas as propriedades da coisa-em-si: esta apresenta-se infinita e irrepetível; cada *ser* possui ilimitado número de determinações, visto que as notas da compreensão do indivíduo são inesgotáveis. Qualquer representação que se pretenda, será sempre parcial. Por esse motivo, traça a Semiótica, a distinção entre *objeto imediato* e *objeto dinâmico*: o primeiro corresponde ao objeto tal como está representado no signo; o segundo, o ser que está fora do signo e ao qual este se refere. Como o objeto dinâmico é infinitamente determinado, sua representação afigura-se sempre parcial (relação assintótica),[8] de modo que o *objeto*, para fins de investigação, demanda, para sua existência como tal, *incisões epistemológicas*, as quais *"não modificam nem condicionam o dado físico, apenas delimitam o campo de experiência do sujeito cognoscente"*.[9]

A inesgotabilidade de qualquer *objeto* que se pretenda conhecer torna imprescindível efetuar um *corte metodológico*, demarcando os ângulos pelos quais se desempenhará a atividade cognitiva. Com atitude dessa natureza (ato de consciência), *constrói-se* o objeto, conteúdo da forma de consciência.[10]

---

8. A coisa-em-si, kantianamente falando, não nos é acessível. "As palavras são 'uma coisa no lugar de outra'. As palavras, todas, são metáforas. [...] já que as palavras apontam para algo, substituem algo e procuram algo além da língua, não é possível falar-se deste algo. [...] Portanto, há, sim, a coisa a que chamamos realidade, mas as palavras nos servem tão só para chegarmos perto dela". FLUSSER, Vilém. *Língua e realidade*. 2ª ed. São Paulo: Annablume, 2004, p. 17-18.

9. CARVALHO, Aurora Tomazini de. *Curso de teoria geral do direito (O Constructivismo Lógico-Semântico)*. 5ª ed. São Paulo: Noeses, 2016, p. 39.

10. CARVALHO, Paulo de Barros. *Direito tributário, linguagem e método*. 6ª ed. São Paulo: Noeses, 2015, p. 10.

CONSTRUCTIVISMO LÓGICO-SEMÂNTICO

Como a representação do mundo nunca se dá de modo completo, o objeto é o significado pensado, conteúdo do ato de conhecer. A coisa-em-si ocupa o lugar de elemento externo, *em nome do qual se fala*, em nome do qual se *constitui o objeto*.

O objeto do conhecimento não corresponde a algo em sua contextura físico-material, mas *ao conteúdo de uma forma de consciência*. Eis o motivo pelo qual só conseguimos *enxergar* alguma coisa a partir do momento em que temos um mínimo de compreensão a respeito dela. Nas palavras de Pinharanda Gomes:[11] *"Sobre a possibilidade do nosso **perceber** temos de recorrer ao **entender**"*.

É o sujeito cognoscente quem dá sentido àquilo que o cerca, interpretando o mundo. A *observação* nada mais é que uma forma de *interpretação*. Conseguimos observar/identificar uma "esferográfica" que está sobre a mesa se, e somente se, possuirmos o conceito de *esferográfica*.

Percebe-se, com base na ilustração formulada, que para observar/identificar algo, é necessário reduzir aquilo que vemos a noções básicas e compará-las com conceitos que já possuíamos antes. O *mundo* não é um conjunto de coisas que primeiro se apresentam e, depois, são nomeadas ou representadas por uma linguagem. Isso que chamamos de mundo nada mais é que uma *interpretação*, sem a qual nada faria sentido: é preciso conhecer para conhecer. Tem-se um conhecimento pressuposto, que Dardo Scavino[12] chama de pré-compreensão, necessário para que se desenvolvam novos atos cognitivos, decorrentes de recortes específicos, efetuados para atingir determinada finalidade epistemológica.

Todas essas noções aplicam-se, na íntegra, ao *objeto* de uma disciplina: referido objeto só se configura como tal a partir do momento em que é construído, demarcado e determinado

---

11. GOMES, Pinharanda. *Pensamento e movimento*. Porto: Lello & Irmãos Editores, 1974, p. 26.

12. SCAVINO, Dardo. *La filosofía actual*: pensar sin certezas. Buenos Aires: Paidós, 1999, p. 43.

pelos preceitos inerentes à própria disciplina científica. *"Na base de qualquer disciplina, existe um corte, uma acção humana que 'separa' e que 'proíbe' confundir, sempre em função de um projecto"*.[13] Com tal separação, tem-se a construção do objeto pela comunidade científica. O que determina uma disciplina, portanto, é seu objetivo; e o objetivo delimita o objeto que considera apropriado para tanto.

3. Do *contínuo heterogêneo* aos *descontínuos homogêneos*

Percebe-se, claramente, que não adotamos a concepção teórica segundo a qual o objeto de análise científica consiste na representação descritiva das propriedades físicas do mundo. Consideramos inexistir uma concepção absoluta do mundo, de modo que o observador possa descrevê-lo de modo objetivo, representando-o "como ele realmente é", sem qualquer interferência subjetiva quanto à sua percepção.

A ação humana é sempre *intencional*, o que implica total impossibilidade de cognição neutra e desprendida das condicionantes que envolvem o ser cognoscente. Uma mesma circunstância fenomênica pode, portanto, ser observada por ângulos distintos, implicando *fatos* diversos. Um evento é capaz de dar ensejo a diversos fatos. E de um mesmo fato social podem originar-se diversos fatos, tanto jurídicos como não jurídicos. Daí a conclusão de que a perspectiva do sujeito é *constitutiva do objeto*, não havendo como cogitar-se de um *fato puro*.[14]

---

13. FOUREZ, Gérard. *A construção das ciências*. Tradução de João Duarte. Lisboa: Instituto Piaget, 2002, p. 114.

14. "Ele, o fato social, na sua congênita e inesgotável pluralidade de aspectos, reivindica, enquanto objeto, uma sequência de incisões que lhe modelem o formato para a adequada apreensão do espírito humano. Está presente nessa atividade tanto a objetivação do sujeito como a subjetivação do objeto, em pleno relacionamento dialético. Isso impede a concepção do 'fato puro' [...]". CARVALHO, Paulo de Barros. "O absurdo da interpretação econômica do 'fato gerador' – direito e sua autonomia – o paradoxo da interdisciplinaridade". *Revista de Direito Tributário*. Vol. 97. São Paulo: Malheiros, p. 10.

Tudo isso fica muito evidente quando se nota que um mesmo fato social pode implicar diversos fatos jurídicos.[15] Ilustrativamente, tomemos o fato segundo o qual um sujeito [S1] tenha recebido certo bem e entregado determinada quantia em dinheiro a outro sujeito [S2]. Partindo desse mesmo referencial, podem ser construídos fatos jurídicos diversos: um fato jurídico de direito privado [Fj1], consistente em negócio jurídico de compra e venda; e outro, qualificado como fato jurídico tributário [Fj2], na medida em que se concretize operação relativa à circulação de mercadoria. Cada um desses fatos jurídicos ingressa no mundo do direito como enunciado que alude a determinado fato social, mas que se concretiza pelo preenchimento de seus próprios requisitos, nos termos da previsão legislativa.

Para além disso, sobre esse mesmo fato social, podem ser efetuadas outras incisões, de caráter econômico, sociológico, psicológico etc., cada qual com pretensões cognitivas distintas.

Os fatos consistem em elaborações conceituais, decorrentes de técnicas e depuração de ideias seletivamente ordenadas.[16] De um lado, temos o mundo-em-si, como diversidade inter-relacionada e sem solução de continuidade (*contínuo heterogêneo*),[17] visto que se têm categorias factuais diversas, mas todas entrelaçadas, em situação de interdependência. É partindo desse pressuposto que Lourival Vilanova[18] formula a ideia de *descontínuos homogêneos*, consistentes em dimensões

---

15. TOMÉ, Fabiana Del Padre. "Teoria do fato jurídico e a importância da prova". In: CARVALHO, Paulo de Barros (Coord.). *Constructivismo lógico-semântico*. Vol. I. São Paulo: Noeses, 2014, p. 325-352.

16. VILANOVA, Lourival. *As estruturas lógicas e o sistema do direito positivo*. São Paulo: Max Limonad, 1997, p. 104.

17. A ideia de *contínuo heterogêneo* é um conceito operatório formulado por Rickert, em sua teoria das ciências empíricas (ciências naturais e ciências socioculturais).

18. VILANOVA, Lourival. "O Direito Educacional como possível ramo da Ciência Jurídica", *Revista Nomos - UFC*. Vol. 1. Fortaleza: Imprensa Universitária – UFC, 1978, p. 42; 52.

parciais dos fatos, selecionadas com propósito cognitivo, como é o caso das secções de fatos econômicos, políticos e religiosos:

> Cada ponto-de-vista sob o qual se possa considerar esse fato dá lugar a um objeto. O ponto-de-vista há de ser irredutível metodicamente para constituir sobre um dado-de-fato um objeto. Assim, com base empírica no fato educacional, teremos vários objetos: a educação como fato sociológico, psicossocial, pedagógico, ético, econômico, político, jurídico: a tantos isolamentos temáticos (em sentido fenomenológico), tantos objetos-de-conhecimento correspondem. [...] a matéria do conhecimento, sendo una, multiparte-se em *objetos formais*.

Esclarece o autor que, como a mesma conduta pode ser objeto de incidência de várias classes de normas (configurando o *contínuo heterogêneo*), gnoseologicamente e pragmaticamente surge a necessidade de fracioná-la em porções discretas (*descontínuo homogêneo*), para, eficaz e acertadamente, orientarmo-nos nessa complexidade da textura social.

Assim é que fatos econômicos, fatos políticos e fatos jurídicos, por exemplo, apresentam-se como tal na medida em que decorrentes de cortes abstratos, feitos pelo observador para fins metodológicos. Com essa prática, separa-se, momentaneamente e para fins analíticos, um traço do mundo, demasiadamente complexo para ser compreendido em sua totalidade. Do *contínuo heterogêneo*, com suas infinitas características, o sujeito seleciona partes para serem examinadas por determinadas perspectivas (*descontínuo homogêneo*) e, assim, *constrói seu objeto*, na qualidade de centro de seus estudos. E somente depois de tal procedimento, conhecendo-se as secções escolhidas como objetos e por perspectivas determinadas, é possível efetuar, com propriedade, a recomposição dos descontínuos. A teoria econômica da política e a teoria política da economia, ilustra Lourival Vilanova,[19] obtêm-se por meio dessa recomposição dos descontínuos, em relação recíproca.

---

19. VILANOVA, Lourival. "O Direito Educacional como possível ramo da Ciência Jurídica", ob. cit., p. 49.

Não temos dúvidas quanto à possibilidade de efetuarem-se interconexões entre fatos diversificados. Postura dessa natureza exige, contudo, que se faça prévia categorização (redução a tipos conceituais), o que se dá por meio de disciplinas científicas, entendidas como diretrizes estruturantes que servem para classificar o mundo, possibilitando, por tal mecanismo, sua investigação.

4. A importância da matriz disciplinar

As disciplinas formam-se a partir de atos decisórios mediante os quais se identificam e se valorizam as diferenças entre os objetos epistemológicos. Eis o mecanismo que possibilita que um mesmo "ser" submeta-se a exames por perspectivas distintas, em função de específicos conhecimentos disciplinares.

A título ilustrativo, tomemos a "maçã" como foco de análise. As perspectivas do engenheiro agrônomo, do nutricionista, do médico, do gastrônomo, do botânico, dentre tantas outras, são distintas. Cada um desses sujeitos segue um projeto particular, motivo pelo qual focalizam o "ser" por ângulos distintos, formando *objetos de análise* diferentes.

Em semelhante comparativo, Gérard Fourez[20] alude ao "ser humano" e às formas que este assume na qualidade de objeto do conhecimento de disciplinas diversas: (i) aparece como objeto de estudo em um dado momento histórico, pela perspectiva de "ser vivo"; (ii) somente muito tempo depois, passou a ser abordado como "indivíduo", pela Psicologia; (iii) ainda outra forma de vê-lo, é como "ser social", dando origem à Sociologia. Mesmo que certos conceitos pareçam absolutamente evidentes, estes não escapam da construção cultural, servindo, cada delimitação conceitual, como base para uma disciplina.

Nesse sentido, importante a distinção lógica traçada entre *objeto material* e *objeto formal*: o objeto material corresponde

---

20. FOUREZ, Gérard. *A construção das ciências*. Tradução de João Duarte. Lisboa: Instituto Piaget, 2002, p. 112.

à circunstância fenomênica, com seus múltiplos aspectos, enquanto o objeto formal afigura-se como a perspectiva que dele se tem, realizada mediante *isolamento temático*, em que se prescinde de partes do todo, por meio de operação mental de *abstração*. Elaborando esse raciocínio, pontua Lourival Vilanova[21] que *"o mesmo dado, o conhecimento, é objeto material que se diversifica em objetos formais, correspondentes a cada isolamento temático"*.

O que determina uma disciplina, portanto, não é o objeto material, mas sim o "objeto formal"; e, como o objeto formal é uma construção de sentido, delimitada por propósitos investigativos, estamos autorizados a dizer que cada disciplina delimita e determina seu próprio objeto.

Eis a etapa primeira de qualquer disciplina: o corte epistemológico, quer dizer, a ação intelectual que "separa" seu objeto de análise, em função de um projeto. Além disso, sua conformação "disciplinar", propriamente dita, exige que um número suficiente de cientistas o considere fecundo.[22]

Necessário se faz distinguir, nesta oportunidade, a redução epistemológica, imprescindível para delimitar o objeto de investigação, daquilo que se denomina pejorativamente de "reducionismo". A atitude reducionista considera que determinado discurso abrange todas as informações relativas ao objeto a que se refere. Já a redução epistemológica, inerente ao cientificismo, considera que o discurso apropriado traz explicação consistente e comprometida com suas premissas, sendo "adequada", mas sem pretender que essa explicação seja suficiente para representar integralmente o objeto.

Por certo, toda definição implica reduzir complexidades, já que o objeto material é único e irrepetível em suas características. Mas tal delimitação dá-se em função de sua

---

21. VILANOVA, Lourival. "O universo das formas lógicas e o direito". In: *Escritos jurídicos e filosóficos*. Vol. 2. São Paulo: Axis Mundi/IBET, 2003, p. 2.

22. Sobre noções a respeito da "verdade por consenso", vide TOMÉ, Fabiana Del Padre, *A prova no direito tributário*, p. 25-26.

operacionalidade, o que a justifica. *"Quando vou ao médico, este traduz aquilo que eu lhe digo para o seu paradigma das ciências médicas. Nessa tradução, ganha em operacionalidade, mas perde irremediavelmente uma parte da minha anamnese"*, elucida Gérard Fourez.[23]

A base da prática científica não é o "dado bruto", mas uma construção conceitual, de modo que, em última instância, poderíamos dizer que são as disciplinas que definem seu objeto, e não o contrário. Novamente, podemos recorrer ao comparativo formulado por Gérard Fourez,[24] no sentido de que a "terra" dos geólogos é diferente da "terra" utilizada em outros discursos, como no do jardineiro (ou até mesmo do botânico) e do astrônomo. Não bastasse isso, para que o conceito "Terra" sirva para delimitar o objeto da geologia, é preciso que seja "construído", tomando-a, por abstração, como algo separado e distinto dos seres humanos e demais seres vivos que nela habitam. *"Não se trata de um conceito empírico, mas de um conceito definido por diferenças valorizadas (rupturas epistemológicas)"*, estabelecidas para a persecução de determinado objetivo.

5. Disciplinas e interdisciplinaridade

O recurso à interdisciplinaridade originou-se da tomada de consciência de que a análise do mundo, por uma disciplina particular, é sempre parcial. E, diante da complexidade dos problemas, o ser cognoscente passou a conjugar diversas abordagens, o que passou a denominar-se interdisciplinaridade.

O modelo de interdisciplinaridade, por sua vez, embora parta da premissa da insuficiência do estudo disciplinar, não encontra definição uniforme. Na prática, esse termo abrange pelo menos duas atitudes, muito diferentes entre si, tendo em comum apenas a consciência de que as "lentes" de uma

---

23. FOUREZ, Gérard. *A construção das ciências*. Tradução de João Duarte. Lisboa: Instituto Piaget, 2002, p. 138.

24. Idem, p. 115-117.

disciplina são muito restritas para investigar qualquer objeto em sua complexidade.

Por um viés pretensamente interdisciplinar, espera-se que esta *"venha a construir uma nova representação do problema que seja muito mais adequada em absoluto (ou seja, independente de qualquer critério particular)"*.[25] Nesse sentido, associando-se conhecimentos e métodos da biologia, da sociologia e da psicologia, por exemplo, seria possível obter uma ciência interdisciplinar da saúde, absolutamente mais adequada, objetiva e universal, por examinar muitos mais aspectos do problema. Essa pretensa "superciência", contudo, além de não prescindir do estudo disciplinar como fase pré-paradigmática, tem como resultado nada mais que uma nova disciplina, por veicular outra abordagem particular.

Outra forma de ver a interdisciplinaridade consiste em tomá-la como instrumento, ou seja, como mecanismo, como prática específica, tendo em vista a abordagem dos problemas da existência quotidiana. Nesse caso, não se pretende criar um discurso *"para além das disciplinas"*, mas confrontar, para a solução de um problema concreto, os discursos de especialistas provindos de áreas variadas. Por essa perspectiva, a interdisciplinaridade é concebida como uma prática "política", envolvendo espécie de negociação entre pontos de vistas distintos (ciências distintas) para, ao final, decidir sobre uma tomada de ação.[26]

A polissemia do termo *interdisciplinaridade* não termina por aí. Verifica-se, com frequência, o emprego dessa mesma palavra para aludir a posturas cognitivas diversas, de caráter: (i) multidisciplinar; (ii) pluridisciplinar; (iii) transdisciplinar e (iv) interdisciplinar *stricto sensu*.

---

25. FOUREZ, Gérard. *A construção das ciências*. Tradução de João Duarte. Lisboa: Instituto Piaget, 2002, p. 147.

26. Idem, p. 148.

Entendida a disciplina como o *conjunto de conhecimentos especializados e focados em um objeto científico específico e homogêneo*, o **estudo disciplinar** corresponde à técnica que adota como premissa a observação da realidade a partir da base de conhecimentos a ela relacionada: o *objeto* é observado sob a ótica de apenas uma disciplina do conhecimento. Teríamos essa hipótese configurada, por exemplo, na análise jurídica de um contrato de compra e venda (examina-se o objeto "operação de compra e venda" com suporte nos preceitos de direito).

Fala-se em estudo **multidisciplinar**, por seu turno, quando uma mesma realidade é examinada por mecanismos disciplinares distintos, mediante as técnicas próprias de cada disciplina. São, em verdade, diversos estudos paralelos, sem que haja interferência entre eles. Utilizando como referencial, novamente, um contrato de compra e venda, haverá análise multidisciplinar se o objeto tiver examinados seus aspectos jurídicos, os impactos econômicos e os efeitos sociais, isoladamente considerados.

A feição **pluridisciplinar** aparece quando o fenômeno é observado por várias disciplinas, de forma independente, havendo, porém, troca de conhecimento entre elas. Há, aí, uma espécie de cooperação, objetivando enriquecer o conhecimento sobre o fenômeno, mas também sem interferência de uma disciplina em outra. Ter-se-ia, por essa perspectiva, uma justaposição de diversos campos do saber, situados geralmente no mesmo nível hierárquico, porém sem integração entre eles. É a espécie de estudo que se realiza nas situações em que um especialista de outra área disciplinar é chamado para a solução de uma dúvida inerente ao seu âmbito de conhecimento, mas cuja resposta será utilizada na análise de questão suscitada em âmbito disciplinar diverso (ex: laudo de perito contábil em processo judicial). Embora a abordagem multidisciplinar faça uso de disciplinas distintas, seu foco permanece no quadro de referência disciplinar em que se encontra seu foco ou meta.

Pelo viés **interdisciplinar** *stricto sensu*, a observação da realidade é feita com o recurso da transferência de conhecimentos de uma disciplina para outra. Na interdisciplinaridade, existe intercâmbio de conceitos, conhecimentos e métodos entre as disciplinas, sendo as relações entre os conhecimentos disciplinares, entretanto, definidas a partir de um nível hierárquico superior, ocupado por uma delas.[27] Basarab Nicolescu[28] distingue três graus de interdisciplinaridade:

> a) *Um grau de aplicação*. Por exemplo, quando os métodos da física nuclear são transferidos para a medicina, resultam no aparecimento de novos tratamentos de câncer; b) *um grau epistemológico*. Por exemplo, transferindo os métodos da lógica formal para a área do direito geral, geram análises interessantes de epistemologia do direito; c) *um grau de geração de novas disciplinas*. Por exemplo, quando métodos da matemática foram transferidos para a física geraram a física matemática e, quando transferidos para os fenômenos meteorológicos ou para os processos do mercado de ações, geraram a teoria do caos; transferindo métodos da física de partículas para a astrofísica, produziu-se a cosmologia quântica e, transferindo métodos computacionais para a arte, obteve-se a arte computacional.

Nessa linha de raciocínio, conclui o autor que, assim como a pluridisciplinaridade, a interdisciplinaridade, conquanto ultrapasse as fronteiras de certa disciplina, permanece com seu objetivo *dentro do mesmo quadro de referência disciplinar*. Em ambas as situações, as demais disciplinas são utilizadas, colocadas a serviço da *disciplina-referência*.

Eleito esse percurso para fins de interpretação do direito, o sistema jurídico assumiria nível hierárquico superior, de modo que os conceitos, conhecimentos e métodos das outras

---

27. JANTSCH, Ari Paulo; BIANCHETTI, Lucídio. *Interdisciplinaridade: para além da filosofia do sujeito*. 3ª ed. Patrópolis: Vozes, 1999, *passim*.

28. NICOLESCU, Basarab. "A evolução transdisciplinar a Universidade: condição para o desenvolvimento sustentável". Conferência no Congresso Internacional "A Responsabilidade da Universidade para com a Sociedade, International Association of Universities, Chulalongkorn University, Bangkok, Thailandm, 12 a 14 de nov./1997. Disponível em: <https://goo.gl/rLCsJK>. Acesso em: 19 jan. 2018.

disciplinas seriam empregados em prol daquele. É o que ocorre quando se apura o conceito de telecomunicação, advindo de outras disciplinas, para estabelecer o fato tributável pelo ICMS; quando se utiliza recursos da medicina para determinar o instante do falecimento e, por conseguinte, da abertura da sucessão hereditária; quando se faz uso de dados econômicos para examinar o cabimento de suspensão de liminar, prevista no art. 4º da Lei nº 8.437/92,[29] além de tantas outras situações em que, tendo o legislador feito alusão a fatos próprios de outras disciplinas, seus conceitos precisam ser considerados. *"A ciência, longe de ser válida para todas as línguas, é ela própria uma língua a ser traduzida para as demais".*[30]

Por fim, tem-se a figura da **transdisciplinaridade**. O estudo efetuado segundo esse modelo está baseado na intersecção dos conhecimentos disciplinares, havendo emprego de conceitos e métodos de forma conjunta, ultrapassando as fronteiras das disciplinas do conhecimento.[31] Existiria, nessa forma de conhecimento, uma completa integração das disciplinas, conduzida pela necessidade da observação da realidade nos vários níveis de complexidade, sendo completa e *para além* (trans) de qualquer disciplina. Rigorosamente, é nesse âmbito que se enquadram as posturas que pretendem interpretar o direito mediante utilização de disciplinas econômicas ou políticas, na medida em que se apregoe inexistir autonomia entre tais disciplinas, propondo sua superação para um viés complexo, que extrapasse as particularidades de cada ciência.

---

29. "Art. 4º. Compete ao presidente do tribunal, ao qual couber o conhecimento do respectivo recurso, suspender, em despacho fundamentado, a execução da liminar nas ações movidas contra o Poder Público ou seus agentes, a requerimento do Ministério Público ou da pessoa jurídica de direito público interessada, em caso de manifesto interesse público ou de flagrante ilegitimidade, e para evitar grave lesão à ordem, à saúde, à segurança e à economia públicas."

30. FLUSSER, Vilém. *Língua e realidade*. 2ª ed. São Paulo: Annablume, 2004, p. 19.

31. NICOLESCU, Basarab. *O Manifesto da transdisciplinaridade*. Tradução de Lucia Pereira de Souza. São Paulo: Triom, 1999.

Para melhor visualizar as distinções e as operacionalidades desses mecanismos de conhecimento, reproduzimos interessante figura[32] que mostra, esquematicamente, como uma mesma realidade se apresenta perante tais perspectivas de análise:

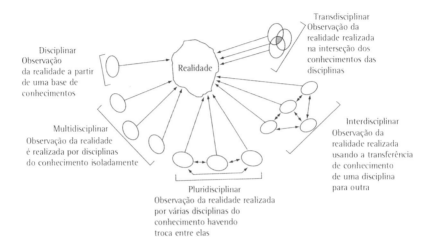

Não podemos nos esquecer de que toda linguagem é redutora de complexidade, o que se aplica, também, para a representação acima. Como não cogitamos a possibilidade de haver fechamento hermético de qualquer das disciplinas (estas são operacionalmente fechadas, mas abertas em termos cognitivos), o estudo disciplinar não se apresenta linear e estático. A própria disciplina, como categoria conceitual, altera-se em função das circunstâncias envolventes (contexto).

---

32. IAROZINSKI NETO, Alfredo; LEITE, Maria Silene. "A abordagem sistêmica na pesquisa em Engenharia de Produção". *Produção*. Vol. 20, nº 1, São Paulo: Epub, Jan./Mar. 2010.

De certo modo, as demais disciplinas funcionam como elementos que compõem o repertório do observador, o qual recebe, inexoravelmente, o influxo do ambiente (abertura semântico-pragmática):

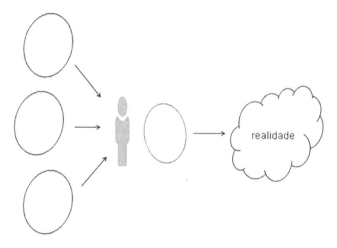

A interpretação e aplicação dos textos legais são efetuadas por sujeitos inseridos no macrocontexto social, motivo pelo qual afirmamos, em outra oportunidade, que *"o legislador em sentido amplo, aqui abrangendo todos que estão habilitados a emitir normas jurídicas, exercem tal atividade dentro de determinado contexto e segundo os valores da sociedade em que se inserem e, até mesmo, das próprias vivências, ou seja, em determinado contexto linguístico"*.[33] Nem poderia ser diferente, pois em todas as linguagens se imprimem, historicamente e pelo uso, as relações dialógicas dos discursos,[34] caracterizando sua abertura semântico-pragmática.

---

33. TOMÉ, Fabiana Del Padre; FAVACHO, Fernando Gomes. "O que significa *pragmático* para o Constructivismo lógico-semântico: a tríade linguística 'sintático, semântico e pragmático' utilizada por Lourival Vilanova e Paulo de Barros Carvalho na Teoria do Direito". In: *Quaestio Iuris*. Vol. 10, nº. 01, Rio de Janeiro, 2017, p. 274-290.

34. *Dialogismo* é o que Mikhail Bakhtin define como o processo de interação entre textos (interlocutores ou discursos), podendo estar implícito (*dialogismo monofônico*) ou explícito (*dialogismo polifônico*) no corpo textual. (Cf. BARROS, Diana Luz Pessoa. "Contribuições de Bakhtin às teorias do discurso". In: BRAIT, Beth (Org.). *Bakhtin: dialogismo e construção do sentido*. 2ª ed. Campinas: Unicamp, 2005).

6. Notas sobre a autonomia disciplinar do direito

Consideramos o direito como sistema autopoiético, ou seja, autorreferencial e autorreprodutivo de atos de específicos, atos de comunicação, diferençados pelo código binário "lícito/ilícito". Por essa perspectiva, tem-se um sistema normativamente fechado, no que diz respeito ao seu aspecto sintático. Essa clausura, entretanto, não significa isolamento do sistema do direito positivo, de modo que este se desenvolva absolutamente alheio ao contexto dos outros subsistemas sociais.

A concepção da autonomia do sistema jurídico não exclui a existência de interdependências entre este e os outros subsistemas sociais. O que se pretende salientar, com tal assertiva, é a necessidade de que os elementos dos sistemas extrajurídicos sejam interpretadas e inseridas no ordenamento, mediante o filtro por ele estabelecido. Assim, as normas econômicas, políticas, éticas etc., só adquirem validade jurídica após sua seleção pelo código interno do próprio sistema jurídico. Do mesmo modo, as normas jurídicas passam a pertencer a outros subsistemas apenas se e quando estas forem tidas como importantes à luz de critérios de relevância extrajurídicos próprios do sistema em questão.[35]

Rechaçado o isolamento hermético, a teoria autopoiética implica tomada de posição no plano da epistemologia jurídica. Como conciliar a circunstância de que o sistema do direito constrói sua própria realidade, mas, ao mesmo tempo, está exposto à influência da realidade exterior? Para responder a tal indagação, é imprescindível distinguir "clausura normativa", de caráter *sintático*, da "abertura cognitiva", ocorrida no âmbito *semântico-pragmático*. Compreendida essa diferença, nota-se que a contradição entre "fechamento" e "abertura" do sistema jurídico é apenas aparente, suscetível de ser superada por mecanismos epistemológicos apropriados.

---

35. Cf. ANTUNES, José Engrácia. Prefácio. In: TEUBNER, Gunther. *O direito como sistema autopoiético*. Lisboa: Calouste Gulbenkian, 1993, p. XXIV.

Não há como desprezar as particularidades do ordenamento jurídico. Sem tal delimitação, o objeto e a respectiva disciplina não têm como existir. Como esclarece Celso Campilongo,[36] o direito, sem desprezar os demais subsistemas da sociedade, constrói a sua própria realidade:

> Ele lê e interpreta a economia, em termos jurídicos. Lê e interpreta a política, em termos jurídicos. Faz uma adaptação do mundo que o circunda a um tipo de linguagem que só o direito é capaz de controlar.
>
> [...] Nesse exercício de criação da sua própria realidade, poderíamos comparar o papel do direito com um jogo. Por exemplo, o jogo de xadrez. Pensem nos componentes e nos elementos de um jogo de xadrez. Pensem no tabuleiro, nas pedras, nos jogadores, nas jogadas. Pensem, também, e de modo especial, nas regras do jogo de xadrez. Retirem desta descrição as regras. O que sobra de pedras, tabuleiro e de toda parafernália que envolve o jogo de xadrez, se não tivermos as regras? Em outras palavras, as regras do jogo são regras constitutivas da realidade do jogo de xadrez. Sem as regras, o jogo não existe, as pedras e o tabuleiro não têm sentido.

O subsistema do direito, assim como qualquer outro subsistema, demanda, para existência, elementos e estrutura, como as peças e as regras de um jogo. São esses caracteres que lhe qualificam como disciplina e podem ser observados em sua perspectiva estática.

Continuando o comparativo com o xadrez, é claro que para ser um bom jogador não basta ter os elementos e conhecer as regras. Quando em movimento (perspectiva dinâmica), o jogo exige requisitos externos, como paciência, concentração, experiência, raciocínio lógico, memória, estratégia, dentre outros. Mas, para que se continue a jogar xadrez, esses aspectos externos hão de *ser utilizados conforme as regras do jogo*: assim é que, para usar determinada estratégia, o jogador há de esperar sua vez e movimentar uma peça a cada

---

36. CAMPILONGO, Celso F. *Função social do notariado:* eficiência, confiança e imparcialidade. São Paulo: Saraiva, 2014, p. 120.

oportunidade. Caso contrário, não estará jogando xadrez e a partida poderá ser anulada.

Examinando esses aspectos do jogo de xadrez, podemos dizer que os elementos e estrutura que o compõem formam sua disciplina. Os dados externos nele interferem somente na medida em que observados os caracteres disciplinares. *A interdisciplinaridade, portanto, só é possível nos limites autorizados pela disciplinaridade.*

De modo muito didático, Celso Campilongo[37] passa a efetuar comparação com mais um tipo de jogo:

> Se, em vez do sistema econômico e do sistema político, imaginarmos uma mesa de bilhar e um jogo de mata-mata, composto por bolas pretas, de um lado, e bolas vermelhas, de outro, poderemos visualizar exemplificativamente o "jogo" entre os sistemas. O jogo de bilhar não faria o menor sentido se as bolas de uma cor jogassem as bolas da cor oposta para fora da mesa. O jogo também não faria o menor sentido se uma bola rompesse, perfurasse ou envolvesse a outra. O jogo, igualmente, não faria sentido se as bolas pretas jamais tocassem nas bolas vermelhas.

Assim como no jogo de bilhar, para que os subsistemas sociais existam e funcionem, estes não se confundem e não podem invadir os demais. É imprescindível que se observem e se respeitem os critérios distintivos de cada um dos sistemas para que seja possível, com isso, ter-se apropriado relacionamento entre eles, sem indevida sobreposição de um sobre outro.

7. A "diferença" imprescindível para a "existência": considerações finais sobre a importância do estudo disciplinar do direito

O início de qualquer investigação exige o ato de segregar os elementos que serão examinados, fazendo-o com base em

---

37. CAMPILONGO, Celso F. *Função social do notariado:* eficiência, confiança e imparcialidade. São Paulo: Saraiva, 2014, p. 121.

seus caracteres distintivos. Para conhecermos o domínio do direito, é imprescindível, desde logo, delimitar o que seja esse objeto (*direito*). O ponto básico para começar os estudos em direito, portanto, decorre da sua diferença quanto a tudo o que configure *não direito*.

Algo só existe como tal em virtude da sua diferença com o ambiente. Há uma unidade na diversidade, pois (i) para que se tenha certa disciplina é preciso haver diversidade desta com outras disciplinas; e (ii) internamente, é preciso haver unidade da disciplina. Assim é que cada disciplina tem uma forma própria de comunicação (com código e programas diferenciadores, pela perspectiva luhmanniana).

A diversidade dos discursos não pode ser desprezada ou relegada a segundo plano: se não houver diferença, não haverá disciplina.

Atividades como observar, identificar e descrever um objeto qualquer, só são possíveis em virtude do conceito de "diferença". Tomamos a "diferença", nesse sentido, como *condição de possibilidade de observação de algo*. Pelo viés adotado pelo constructivismo lógico-semântico, as coisas não possuem uma entidade ontológica que as determine como tal: sua existência e natureza dependem sempre de uma "relação", estabelecida por um observador, com outro elemento. E esse outro elemento, por sua vez, existe como tal em virtude também da observação e relação que dele se faz com o ambiente.

Surge, assim, um paradoxo, claramente enunciado por Paulo de Barros Carvalho:[38]

> Sem disciplinas, é claro, não teremos as interdisciplinas, mas o próprio saber disciplinar, em função do princípio da intertextualidade, avança na direção de outros setores do conhecimento, buscando a indispensável complementariedade. O paradoxo é inevitável: o disciplinar leva ao interdisciplinar e este último faz retornar ao primeiro.

---

38. CARVALHO, Paulo de Barros. O absurdo da interpretação econômica do "fato gerador" – Direito e sua autonomia – O paradoxo da interdisciplinaridade. *Revista de Direito Tributário*. Vol. 97. São Paulo: Malheiros, p. 10.

Também Marcelo Neves[39] alude ao paradoxo da interdisciplinaridade. Afirma ele que, embora haja convergência quanto à sua relevância, *"surgem sérias divergências e incongruências a respeito do que significa a própria interdisciplinaridade e de como torná-la relevante para as diversas disciplinas envolvidas"*. Tem-se, desse modo, grande problemática sobre a operacionalização da interdisciplinaridade. A dificuldade está, exatamente, em superar esse paradoxo em que se tem, de um lado, a autonomia das disciplinas (sem a qual é possível falar em interdisciplinaridade), e, de outro, o relacionamento entre as disciplinas.

Falar em interdisciplinaridade é pressupor a existência de disciplinas distintas. Se não houver distinção entre as disciplinas, descabe conjecturar sobre interdisciplinaridade. Damos como firmada, portanto, a premissa da diferenciação entre o sistema do direito positivo e os demais subsistemas que compõem a sociedade.

Com suporte nessas premissas, concluímos que a interpretação econômica do direito, moral do direito, política do direito, quando pretende ultrapassar os limites disciplinares, dista de ser interdisciplinar *stricto sensu*: nesse caso, estar-se-á diante de viés transdisciplinar, gerando *a-disciplinaridade*. Quando se diz que o fato jurídico é econômico, que o fato jurídico é moral ou que o fato jurídico é político, cria-se uma miscigenação de sistemas, tornando amorfos seus elementos. É um retorno ao heterogêneo contínuo, dificultando e até impossibilitando seu conhecimento.

Referências bibliográficas

ABBAGNANO, Nicola. *Dicionário de filosofia*. Tradução de Alfredo Bosi (1ª ed.) e de Ivone Castilho Benedetti. 4ª ed. São Paulo: Martins Fontes, 2003.

---

39. NEVES, Marcelo. "Pesquisa interdisciplinar no Brasil: o paradoxo da interdisciplinaridade". *Revista do Instituto de Hermenêutica Jurídica*. Vol. 1, n. 3. Porto Alegre: Instituto de Hermenêutica Jurídica, 2005, p. 207.

BARRETO, Paulo Ayres. *Planejamento tributário:* limites normativos. São Paulo: Noeses, 2016.

BARROS, Diana Luz Pessoa. "Contribuições de Bakhtin às teorias do discurso". In: BRAIT, Beth (Org.). *Bakhtin: dialogismo e construção do sentido.* 2ª ed. Campinas: Unicamp, 2005.

BRANQUINHO, João; MURCHO, Desidério; GOMES, Nelson Gonçalves. *Enciclopédia de termos lógico-filosóficos.* São Paulo: Martins Fontes, 2006.

CAMPILONGO, Celso F. *Função social do notariado:* eficiência, confiança e imparcialidade. São Paulo: Saraiva, 2014.

CARVALHO, Aurora Tomazini de. *Curso de teoria geral do direito (O* Constructivismo Lógico-Semântico). 5ª ed. São Paulo: Noeses, 2016.

CARVALHO, Paulo de Barros. *Direito tributário, linguagem e método.* 6ª ed. São Paulo: Noeses, 2015.

_____. O absurdo da interpretação econômica do "fato gerador" – Direito e sua autonomia – O paradoxo da interdisciplinaridade. *Revista de Direito Tributário.* Vol. 97. São Paulo: Malheiros. [s.d.], p. 7-17.

FLUSSER, Vilém. *Língua e realidade.* 2ª ed. São Paulo: Annablume, 2004.

FOUREZ, Gérard. *A construção das ciências.* Tradução de João Duarte. Lisboa: Instituto Piaget, 2002.

GOMES, Pinharanda. *Pensamento e movimento.* Porto: Lello & Irmãos Editores, 1974.

IAROZINSKI NETO, Alfredo; LEITE, Maria Silene. "A abordagem sistêmica na pesquisa em Engenharia de Produção". *Produção.* Vol. 20, nº 1, São Paulo: Epub, Jan./Mar. 2010.

JANTSCH, Ari Paulo; BIANCHETTI, Lucídio. *Interdisciplinaridade:* para além da filosofia do sujeito. 3ª ed. Patrópolis: Vozes, 1999, *passim*.

NEVES, Marcelo. "Pesquisa interdisciplinar no Brasil: o paradoxo da interdisciplinaridade". *Revista do Instituto de Hermenêutica Jurídica*. Vol. 1, n. 3. Porto Alegre: Instituto de Hermenêutica Jurídica, 2005, p. 207-214.

NICOLESCU, Basarab. *O Manifesto da transdisciplinaridade*. Tradução de Lucia Pereira de Souza. São Paulo: Triom, 1999.

_____. "A evolução transdisciplinar a Universidade: condição para o desenvolvimento sustentável". Conferência no Congresso Internacional "A Responsabilidade da Universidade para com a Sociedade, International Association of Universities, Chulalongkorn University, Bangkok, Thailandm, 12 a 14 de nov./1997. Disponível em: <https://goo.gl/rLCsJK>. Acesso em: 19 jan. 2018.

PONTES DE MIRANDA, Francisco Cavalcanti. *O problema fundamental do conhecimento*. 2ª ed. Rio de Janeiro: Borsoi, 1972.

SCAVINO, Dardo. *La filosofía actual*: pensar sin certezas. Buenos Aires: Paidós, 1999.

TEUBNER, Gunther. *O direito como sistema autopoiético*. Lisboa: Caouste Gulbenkian, 1993.

TOMÉ, Fabiana Del Padre. *A prova no direito tributário*. 4ª ed. São Paulo: Noeses, 2016.

_____. "Teoria do fato jurídico e a importância da prova". In: CARVALHO, Paulo de Barros (Coord.). *Constructivismo lógico-semântico*. Vol. I. São Paulo: Noeses, 2014, p. 325-352.

TOMÉ, Fabiana Del Padre; FAVACHO, Fernando Gomes. "O que significa *pragmático* para o Constructivismo lógico-semântico: a tríade linguística 'sintático, semântico e pragmático' utilizada por Lourival Vilanova e Paulo de Barros Carvalho na Teoria do Direito". In: *Quaestio Iuris*. Vol. 10, n°. 01, Rio de Janeiro, 2017, p. 274 -290.

VILANOVA, Lourival. *As estruturas lógicas e o sistema do direito positivo*. São Paulo: Max Limonad, 1997.

_____. "O universo das formas lógicas e o direito". In: *Escritos jurídicos e filosóficos*. Vol. 2. São Paulo: Axis Mundi/IBET, 2003, p. 1-44.

_____. "O Direito Educacional como possível ramo da Ciência Jurídica". *Revista Nomos – UFC*. Vol. 1. Fortaleza: Imprensa Universitária – UFC, 1978, p. 41-54.

OS PLANOS LINGUÍSTICOS QUE FORMAM O DIREITO SOB A ÓTICA COMPARATIVA DO CONSTRUCTIVISMO LÓGICO-SEMÂNTICO E DA RETÓRICA REALISTA

Tatiana Aguiar[1]

Resumo: O presente artigo pretende apresentar o Direito como objeto cultural, logo, como resultante da linguagem. Mais especificamente, queremos demonstrar os muitos planos linguísticos que os constitui. Porém, o faremos a partir de dois referenciais teóricos: o Constructivismo Lógico-semântico e a Retórica Realista, as quais, embora se tratem de escolas bem distintas, dialogam com facilidade a respeito do tema que aqui trataremos, vez que comungam de uma mesma premissa que é a construção da realidade pela linguagem.

Sumário: 1. Direito e Linguagem – 2. Os planos linguísticos sob a ótica Constructivista – 3. Os planos linguísticos sob a ótica da Retórica Realista – 4. O Direito e suas camadas linguísticas – um diálogo entre as escolas aqui apresentadas.

1. Direito e Linguagem

Influenciados pelo giro linguístico, muitos doutrinadores, dentre eles os que falaremos nos itens abaixo, passaram a

---

1. Mestre e Doutora pela PUC/SP. Advogada e Professora no IBET, na USJT e em outras instituições de ensino.

enxergar o direito como algo construído pela linguagem. Tal afirmação tem natureza bastante complexa, dada as suas inúmeras implicações. Vejamos algumas adiante.

Primeiramente, o Constructivismo lógico-semântico tem como premissa que o Direito é um objeto cultural, portanto, não é dado pela natureza, mas sim, produzido pelo homem com o fito de realizar as suas próprias necessidades. Por conseguinte, trata-se de um objeto axiológico, à medida que reflete os valores do ambiente espaço-temporal em que é produzido.

É, ainda, fruto de atos comunicacionais e, como tal, reitera a necessidade do homem, na condição de emissor e receptor da mensagem, grande responsável por tal empresa, assim como não prescinde dos demais elementos que viabilizam esta conversação, quais sejam: mensagem, canal, contexto, conexão psicológica e código. Embora todos tenham a sua importância para a perfectibilização da comunicação, entendemos que, para os fins a que aqui nos propomos, a mensagem e o código são elementos que merecem que nos debrucemos um pouco mais sobre eles.

Em sendo o Direito produto da linguagem e, por isso, encontrando-se imerso no universo comunicacional, a norma jurídica nada mais é que a mensagem proveniente do ato comunicativo que se estabelece entre a autoridade competente (emissor da mensagem) e os jurisdicionados (receptor da mensagem) ou entre o legislador constitucional e demais legisladores (constitucional derivado ou infraconstitucional), ou entre estes e as autoridades competentes em dizer o direito (judiciais e administrativas).

Ao transmitir uma mensagem, o emissor não só envia ao receptor apenas o conteúdo verbal ou escrito, constante no suporte material que lhe serve de canal (relato), como revela algo que está implícito, e que também compõe o todo informativo, denominado de cometimento, isto é, o que pretende o codificador ao lançar a mensagem, ou melhor, a expectativa de como o receptor receberá o relato, o qual, no caso do direito, consiste em uma ordem/comando. Daí porque consideramos que a linguagem do direito é performática, pois as normas, embora possam ser descumpridas, pretendem ser observadas, mudando assim o estado de coisa sobre o qual incide.

A partir deste elemento, vemos que o Direito é autopoiético, isto é, produz o seu próprio conteúdo, em processo contínuo e interminável, quando visto em seu todo, por meio do código também autoproduzido, que o distingue dos demais sistemas com os quais se relaciona (economia, política, social etc). Melhor dizendo, é possível separarmos os discursos e constatarmos que cada ato comunicacional produz uma ou mais mensagens determinadas, mas, se olharmos o Direito enquanto fenômeno social, veremos que esta conversação é infindável, assim como o é a evolução da sociedade.

Com isso, queremos deixar claro que as realidades construídas linguisticamente são distintas, ou pelo menos, não têm obrigação de serem idênticas. Porém, uma gera efeitos na outra, de modo a se interferir mutuamente, em uma via de mão dupla, já que a sociedade inspira a criação de normas jurídicas, ainda que seus fatos não possam, a nosso ver, ser considerados fonte do Direito, e, por sua vez, este estabelece comandos que devem ser observados por aquela.

A existência de um código próprio também nos leva à certeza de uma realidade particular, isto é, o mundo do direito tem suas peculiaridades que o torna único e irrepetível.

O Direito, assim como os demais sistemas linguísticos, ao fazer uso de uma linguagem própria, acaba por criar uma espécie de código artificial. Dentro do seu discurso, valora certos comportamentos sociais, juridicizando-os. Ora permite ou obriga os comportamentos que deseja ver praticados, ora proíbe aqueles que entendem indesejados. Assim seleciona comportamentos do mundo social, onde se encontram em linguagem natural, e lhes veste a roupagem jurídica, a partir da sua própria linguagem, conferindo-lhes um *status* diferente, constituindo um fato jurídico, a partir de um fato social.

CONSTRUCTIVISMO LÓGICO-SEMÂNTICO

A premissa de que o Direito é fruto da linguagem nos leva, outrossim, à sua natureza conceitual. Melhor dizendo, ao constituir a sua própria realidade através da linguagem, o jurista não pode fazê-lo de outra forma senão através de conceitos.

Dizemos que as normas gerais e abstratas têm natureza conotativa porque trazem conceitos ou descrições sistemáticas de fatos hipotéticos, que, uma vez ocorridos no mundo fenomênico, farão nascer relações jurídicas. Já as normas individuais e concretas são denotativas, justamente porque se referem a fatos já ocorridos e que ganham o *status* jurídico, ao serem previstos pelas normas legais.

A natureza conceitual do Direito faz com que o seu conhecimento só seja possível através da atividade hermenêutica, isto é, tudo dependerá de interpretação no mundo do Direito. Utilizamos tal vocábulo como processo de construção do sentido e não como fenômeno de extração de uma verdade inserta em um texto. Sendo assim, cada intérprete é capaz de gerar um sentido diverso a partir de um mesmo suporte físico.

Ao conceituar, o Direito revela a sua necessidade de selecionar propriedades de um dado evento ou objeto. Muitos são os sentidos possíveis de se construir a partir de um só acontecimento. Sem falar que, nem todas as propriedades se revelam interessantes para o mundo jurídico.

Eleger situações objetivas para juridicizá-las é valorá-las positiva ou negativamente. E, o Direito faz isso com total liberdade, já que não há limites para esse poder seletivo, exceto o da própria possibilidade, nem ele tem o dever de fazer coincidir a sua realidade com a social ou moral, deve, outrossim, incidir sobre a primeira.

Gregorio Robles, em sua importante obra, *O direito como texto*, nos brinda com um exemplo que bem explica o raciocínio aqui desenvolvido:

> El asesinato no "existe" en la realidad natural, sino solo en la realidad normativa (derecho, moral, religión etc.). En la realidad

> natural existirá, en todo caso, el "matar", pero matar no es identificable con "cometer asesinato". Para cometer asesinato hace falta cumplir los requisitos que la norma exige: capacidad, acción de determinadas características etc.[2]

Em outras palavras, se quer dizer que, o "matar" não se confunde com o "homicídio" porque o Direito, ao criar este último conceito, selecionou propriedades daquele primeiro fato, tornando o homicídio um tipo jurídico que para que um fato social seja considerado como jurídico nestes termos, há de se observar nele as propriedades escolhidas pelo legislador para tanto, ao criar uma norma geral e abstrata e não se confunde com o fato social de tirar a vida de outrem. Um suicídio, apesar de ser uma morte, não é punível (pelo menos, não o seu agente) pelo Direito, já que aquele não se confunde com o homicídio, assim como um policial ao matar um bandido, no estrito exercício do seu dever, também não pratica aquele tipo penal.

Esse processo de seleção de propriedades, capaz de compor um tipo jurídico, é resultante de um ato de vontade do legislador. Inspirado pelo fato social, na maioria das vezes, a autoridade competente, passa a separar traços característicos tidos como pertinentes para a construção de um conceito e ao final cria algo absolutamente único, que não coincide com aquele fato praticado na sociedade que o influenciou, mas que deve incidir sobre este plano, gerando efeitos jurídicos, à medida que este se subsuma àquele fato jurídico novo.

É de se ressaltar que essa liberdade do legislador não é irrestrita e ilimitada, deve sim respeito aos imperativos impostos pelo próprio ordenamento jurídico. Todavia, é de se reconhecer que nem sempre esses limites são tão evidentes, levando-nos à impressão de que aqueles tudo podem.

---

2. ROBLES. Gregorio. *El derecho como texto*. Madrid: Editorial Civitas, 1998b, p. 32 "O assassinato não existe na realidade natural, senão só na realidade normativa (direito, moral, religião etc.). Na realidade natural existirá, em todo caso, o "matar", mas matar não é o mesmo que "cometer assassinato". Para se cometer assassinato, há que se cumprir os requisitos que a norma exige: capacidade, ação de determinadas características etc." (Tradução nossa).

115

Como visto, a construção da realidade jurídica pela linguagem é tarefa por demais complexa, não bastassem todas essas questões apontadas acima, tal mister se dá pelo enlace de vários planos linguísticos, cada qual com a sua função dentro daquele espectro maior. Várias camadas se amalgamam, como peças de um quebra-cabeça, de modo a formar um todo que é a realidade em sua inteireza. Vejamos cada um desses planos comunicacionais, sob a ótica Construtivista e Retórica Realista, a fim de verificarmos, ao final, se há semelhança entre esses dois olhares.

2. Os planos linguísticos sob a ótica Constructivista

Em uma obra coletiva que se dedica ao Constructivismo Lógico-semântico, não vemos necessidade de nos aprofundarmos em suas premissas e seus traços essenciais, sem o risco de nos tornarmos repetitivos, daí porque passaremos a tratar diretamente do tema que nos impulsionou a escrever o presente trabalho.

Ao adentramos nas escolas de Direito, um dos primeiros brocardos que nos é apresentado é: *"ubi jus, ibi societas, ubi societas, ibi jus"*. Frase simples, quase óbvia, mas que no presente caso nos serve para deixar claro que embora não haja direito, sem sociedade e vice-versa, estes não se confundem.

Ou, para aproximá-lo ainda mais do nosso atual objeto de estudo, são dois planos de linguagem diferentes, que apesar de interdependentes, se autoproduzem, cada qual na sua esfera.

Como dissemos acima, toda a realidade é constituída a partir de atos de fala (orais ou escritos). Portanto, no âmbito social, a linguagem ordinária se incumbe de performar condutas, estado de pessoas e de coisas. Desde o dia que nascemos, até a data de nossa morte, experienciamos uma sucessão de eventos, inclusive estes que acabamos de mencionar (nascimento e morte), os quais só nos são cognoscíveis se relatados em linguagem.

CONSTRUCTIVISMO LÓGICO-SEMÂNTICO

Porém, como disse o brocardo jurídico acima lembrado, a sociedade não se mantém como tal se não for controlada por meio de normas das mais diversas ordens: religiosas, morais, éticas, sociais e, principalmente, jurídica. Estamos, por tanto, diante de uma metalinguagem que tem por função regular as condutas sociais, a partir dos valores eleitos pelo Direito e que como tal, se alteram com o passar do tempo. Os fatos sociais, ao serem juridiscizados, são rotulados pelo código próprio do Direito: lícito/ilícito.

Por tais considerações, é que dizemos que a linguagem jurídica tem função prescritiva, à medida que seus enunciados geram proposições que têm natureza mandamental. Ela também deve ser considerada performativa, pois as suas ordens têm como efeito a alteração do estado de coisas. Exemplo clássico deste efeito se dá no momento em que o juiz afirma: "eu vos declaro, marido e mulher". Ora, com essas palavras, o juiz não só realiza o sonho dos noivos, como também os vinculam em uma relação contratual, repleta de direitos e obrigações.

O professor Paulo de Barros bem descreve esse fenômeno da incidência:

> Digamos, então, que sobre essa linguagem (a social), incide a linguagem prescritiva do direito positivo, jurisdicizando fatos e condutas, valoradas com o sinal positivo da licitude e negativo da ilicitude. A partir daí, aparece o direito como sobrelinguagem, ou linguagem de sobrenível, cortando a realidade social com a incisão profunda da juridicidade. Ora, como toda linguagem é redutora do mundo sobre o qual incide, a sobrelinguagem do direito positivo vem separar, no domínio do real-social, o setor juridicizado do setor não juridicizado, vem desenhar, enfim, o território da facticidade jurídica.[3]

Sendo assim, a linguagem do direito positivo incide sobre a linguagem social, gerando efeitos jurídicos quando da

---

3. CARVALHO, Paulo de Barros. *Direito tributário:* fundamentos jurídicos da incidência. 4. ed. São Paulo: Saraiva, 2006, p. 13.

ocorrência de um fato social anteriormente previsto em uma norma geral e abstrata, fazendo nascer um fato jurídico e, por conseguinte, uma relação jurídica.

Como bem disse nosso mestre, ao selecionar um fato social, valorá-lo, colocando-o na porção antecedente de uma norma geral e abstrata e, ao conferir-lhe efeitos jurídicos previstos no consequente daquela mesma norma, o Direito Positivo reduz a complexidade presente na realidade social, à medida que escolhe apenas algumas propriedades daquele para fazer parte daquele tipo legal. Daí porque não se pode dizer que o fato jurídico coincide com o fato social.

Com o fato jurídico, nasce um terceiro universo linguístico, que é resultado da intersecção entre os planos linguístico e social e do direito positivo quando da consubstanciação do fenômeno da incidência, o qual denominamos de plano da facticidade jurídica. Porém, deve-se ressaltar, como ensina Paulo de Barros, que os fatos jurídicos e os fatos sociais dividem um só nível de linguagem, sem se confundir, já que aqueles ganharam o selo de fatos juridiscizados. Nível este distinto do plano ocupado pelo direito positivo.

Sucessivas ocorrências como essa é que dão vida ao processo de positivação do direito, normas gerais e abstratas geram outras de mesma natureza ou normas individuais e concretas e assim o direito positivo alcança o seu desiderato que é tocar a realidade social, influenciado os sujeitos, mas não os obrigando (já que o descumprimento da norma é sempre possível), a agir conforme os valores juridicamente selecionados nas suas relações intersubjetivas. Tudo isso por meio do homem, que também é resultado da linguagem.

Além desses dois níveis de linguagem (da facticidade social e jurídica e do direito positivo), podemos destacar também o da ciência do direito que, ao se utilizar do direito positivo e da relação deste com a sociedade como objeto de estudo, produz outros relatos, os quais a coloca na condição de meta-metalinguagem, já que a sua apreciação, por não ter natureza normativa e ter a intenção de ser neutra e imparcial, não se confunde com as demais.

3. Os planos linguísticos sob a ótica da retórica realista

Embora possua outros referenciais teóricos, a Retórica Realista entende que a construção da realidade jurídica também se dá a partir da relação que se estabelece entre os vários planos de linguagem. Porém, antes de adentrarmos propriamente neste tema, faz-se mister que contextualizemos esta escola filosófica que tem seu nascedouro na Faculdade do Direito do Recife, mais especificamente pelas mãos do professor João Maurício Adeodato.

Esta escola não se confunde com as demais correntes retóricas que já estamos habituados a estudar, como as ideias defendidas por Aristóteles ou mais contemporaneamente por Perelman, apenas para exemplificarmos. Vejamos quais os traços que lhe tornam peculiar.

Primeiramente, a Retórica Realista não aceita ser apartada da filosofia. Embora muitos entendam que a razão de existir da Filosofia é a busca da verdade, a escola aqui apresentada, definitivamente, nega a existência de uma verdade absoluta, por conseguinte, rejeita a ideia de que a Retórica sempre esteve a serviço da Filosofia, logo, abaixo desta. Ainda assim, considera que a ausência deste traço não lhe retira a natureza filosófica. Adeodato defende que reduzir aquela a tal fim é ignorar a sua importância para a humanidade.

Sendo assim, a Retórica aqui falada, enquanto escola filosófica se opõe, diametralmente, à filosofia ontológica. Esta oposição revisita a dialética estabelecida por Parmênides e Heráclito, dentre os quais Adeodato se afilia a este último, à medida que acredita que a mutabilidade é uma qualidade inerente à realidade. Tudo é transitório e circunstancial, ao contrário do que defendia Parmênides, defensor da eterna imutabilidade do conhecimento.

Esta mudança de paradigma nos afasta da ideia defendida pelas correntes ontológicas, qual seja a de que a linguagem é mero instrumento para a descoberta da verdade, que pode ser aparente para umas, ou se esconder, por trás das aparências, para outras. Estas defendem que com método, lógica, intuição, emoção e todo seu aparato cognoscitivo, se bem aplicado, é possível a qualquer ser humano chegar à verdade, o que obrigaria a todos os participantes do discurso à sua aceitação. Essa incondicionalidade, a busca do absoluto, consiste na racionalidade. Nós, Realistas, entendemos que a "verdade" é construída pela linguagem e como tal é circunstancial e temporária, além de crermos ser impossível que todas as pessoas cheguem a uma mesma verdade, já que o *apriori* cultural de cada um, para usarmos uma expressão de Miguel Reale, muda a nossa visão do mundo, logo, muda as nossas verdades.

Para nós, Realistas, a Retórica vai muito além da sua função ornamental e do seu poder de persuasão, pois a Retórica é muito mais que um instrumento ou uma estratégia (embora também o seja); é uma forma de ver o mundo, forma esta que considera que o mundo é construído pela linguagem, o que lhe confere o adjetivo de realista.

Assim, para a Retórica Realista:

> A retórica é método, no sentido de condição humana para agir no mundo; é uma metodologia, como coordenação de estratégias para existir naquele ambiente e obter efeitos desejados; e é uma metódica, enquanto análise tentativamente neutra e desinteressada dessas "realidades" em que vivemos.[4]

Tal ideia tem, assim como para o Constructivismo, por premissa, a crença na antropologia carente, a qual consiste na mudança do paradigma filosófico que retira o homem da posição central de todas as coisas (antropologia antropocêntrica),

---

4. ADEODATO. João Maurício. *A retórica constitucional* – sobre a tolerância, direitos humanos e outros fundamentos éticos do direito positivo. São Paulo: Saraiva, 2009, p. 06.

como o dominador da natureza e o coloca como integrante de um ambiente linguístico em que, inclusive ele próprio, é constituído pela linguagem.

Porém, ao olhar para o homem, esta escola não se interessa pela subjetividade, mas sim, pela intersubjetividade, mais precisamente, pela comunicação que se estabelece entre eles, de modo que considera que as relações humanas são constituídas pela linguagem, já que nada existe fora dela.

Sendo assim, o que chamamos de realidade, nada mais é do que um acordo linguístico sobre tudo e que, pela sua própria natureza, se altera, conforme este consenso dê lugar a outro, superpondo-se uns aos outros. Em outras palavras, o que queremos dizer é que as coisas não mudam, o que muda são os nossos discursos sobre elas e só temos acesso a estes, nunca àquelas.

A retórica – enquanto filosofia linguística – funda-se em três pilares: o historicismo, o humanismo e o ceticismo.

O historicismo confere à realidade a qualidade do imponderável, pois à medida que a história não é regida pelo princípio da causalidade, não há como prever o seu estágio seguinte, já que muitos são as variáveis que incidem sobre ela. Tal mutabilidade se dá, justamente, porque cada fase histórica, às quais podemos considerar retalhos que costuram a "realidade", são de natureza linguística e como tal se reescrevem a cada dia.

Estes traços do historicismo se harmonizam com o ceticismo, já que diante de tamanha mutabilidade não há como se esperar conhecer algo de forma definitiva. Como diz Nietzsche: definível é somente aquilo que não tem história.

O ceticismo pirrônico funda-se em dois conceitos básicos: a *isostenia*, que consiste na tentativa de afastamento de qualquer juízo definitivo, a partir do reconhecimento da igualdade da força dos argumentos; e a *ataraxia*, por meio da qual se reconhece que o acaso e as perturbações fazem parte da vida e que é possível seguir em frente mesmo sem termos o controle sobre eles.

Tendo em vista que inclusive os seres humanos são constituídos pela linguagem, de tempos em tempos, estes mesmos seres se transformam, se reescrevem influenciados pelos atos comunicativos que participam, já que é na intersubjetividade que o sujeito se forma. E, por tal razão, estamos em constante construção dialógica. Daí porque dizemos que o humanismo nega o duplo solipsismo.

Porém, a construção dessa realidade pela linguagem, também sob o olhar da Retórica Realista se dá no amálgama de várias camadas linguísticas que convivem harmonicamente, ou melhor, só são possíveis porque se complementam, formando parte de um todo.

O primeiro plano linguístico se dá com a retórica material, a qual é considerada pela escola ora em comento como método para ver o mundo, isto é, é a linguagem através da qual conhecemos o universo que nos circunda. Diz-se material ou existencial porque dá conta de que a realidade é construída pela linguagem e não há nada além dela. Nós humanos estamos inseridos em um mundo de signos, onde o que chamamos de presente, nada mais é do que um relato vencedor a respeito deste tempo.

Entendemos que dentro de uma sociedade, muitos discursos são criados a respeito de tudo que nos circunda: política, religião, economia, psicologia etc. Dentre esses, um é consensualmente aceito pela maioria como "verdadeiro" e por tal razão passa a ser considerado como realidade.

Ocorre que, pelas premissas demonstradas acima, esse acordo linguístico é temporário e circunstancial. Logo, à medida que este relato vencedor dá lugar a outro, observamos uma superposição do relato vencido pelo vencedor. Tal movimento nos revela o passar do tempo, a mudança do cenário que nos circunda e, por conseguinte, a apresentação de novas "verdades", formando os tempos históricos: passado, presente e futuro.

Em sua obra Ética e retórica, João Maurício explica a retórica material da seguinte forma:

> As retóricas materiais consistem na própria linguagem, o meio de significações, contextual, em que vivem as sociedades humanas; a retórica material é o "fato linguístico", a experiência e a descrição compreensível dos eventos, a própria condição humana de significar por intermédio do discurso. Essa retórica material é a realidade mesma, a "realidade em que vivemos", constituindo o campo de estudo da retórica prática e da retórica analítica.[5]

Portanto, sem a retórica material não há humanidade, já que o homem é essencialmente retórico. Por outro lado, falar em retórica material é falar também do controle que a linguagem impõe sobre o meio social, coordenando as situações de fala que o constitui, não os eventos propriamente ditos. O consenso a respeito do que é verdadeiro ou falso, ou do que é real ou não, é resultado do que publicamente se constrói linguisticamente.

Essas regras têm por função controlar o universo que nos circunda, reduzindo complexidade, à medida que seleciona certas características do objeto sobre o qual falamos, ou constituímos linguisticamente. Porém, tais regras não são perpétuas, o que gera a intercambiaridade da realidade.

No dizer de Adeodato: "Esse 'real' consiste, por sua vez, em discursos retoricamente regulados, os relatos discursivos, os 'fatos', isto é, descrições retóricas de estímulos, também linguísticos, linguisticamente percebidos."[6]

Além da retórica material, temos a retórica estratégica, a qual consiste em uma metodologia para agir naquele primeiro plano linguístico. Como o próprio nome diz, são instrumentos ou técnicas para auxiliar na compreensão e formulação dos discursos que compõem a realidade, acima falada.

---

5. ADEODATO. João Maurício. *Ética e retórica* – para uma teoria da dogmática jurídica. 3ª ed. rev. e ampl. São Paulo: Saraiva, 2007, p. 332.

6. ADEODATO. João Maurício. *A retórica constitucional* – sobre a tolerância, direitos humanos e outros fundamentos éticos do direito positivo. São Paulo: Saraiva, 2009.

Em Ética e retórica, o mesmo autor explica:

> As retóricas práticas (estratégicas) ensinam como proceder diante da retórica material, as técnicas e experiências eficientes para agir – ou seja: compreender, argumentar, persuadir, decidir, em suma, viver no mundo e nele influir estrategicamente – englobando, por exemplo, a retórica como oratória.[7]

Talvez, apenas nesse âmbito da retórica, é que podemos enxergá-la como ornamento, vez que aqui a preocupação do retórico gira em torno de melhor construir o seu discurso para angariar tanto mais consenso da comunidade da qual faz parte, quanto possível.

Tratam-se, pois, de ferramentas para interpretar e argumentar dentro da nossa realidade linguística. A primeira busca compreender a relação entre significantes e significados. A segunda visa a dar consistência ao discurso construído dentro do ambiente interpretativo, por força do controle público da linguagem no plano da própria retórica material.

Daí porque dizemos que se trata de uma metalinguagem ou de um discurso que incide sobre o primeiro que constrói a retórica material. Podemos dizer que aquela tem natureza normativa, à medida que cria regras para controlar a realidade material.

Já a retórica analítica tem o método e a metodologia retórica como objetos de estudo, daí porque a chamamos de metódica. Consiste, pois, em uma meta-metalinguagem, ou um terceiro nível linguístico, que se debruça sobre a retórica material e sobre a retórica estratégica, buscando compreendê-las e principalmente entender a relação entre essas sob uma perspectiva epistemológica.

Neste âmbito linguístico, o retórico aprecia como se dá esse fenômeno de construção da realidade pela linguagem e ainda como os emissores e receptores daqueles atos

---

[7]. ADEODATO. João Maurício. *Ética e retórica* – para uma teoria da dogmática jurídica. 3ª ed. rev. e ampl. São Paulo: Saraiva, 2007, p. 332.

comunicativos criam regras para controlar as suas relações intersubjetivas.

Assim, intenta fazê-lo de forma imparcial, descritiva, sem fazer qualquer juízo de valor, ainda que se debruce sobre objetos valorativos. Diversamente da retórica estratégica, esta não se presta a prescrever condutas, razão pela qual não tem natureza normativa.

Porém, a retórica analítica não sai do meio linguístico para apreciar as retóricas material e estratégica, como se fosse um observador externo, pois, como dissemos acima, estamos envoltos pelo inapelável círculo linguístico, de modo que não há como se desvencilhar deste ambiente comunicacional.

Todos esses âmbitos retóricos não se separam. São elementos que compõem um todo ou, melhor dizendo, são olhares diferentes sobre um mesmo foco. Apenas se encontram em níveis de linguagens distintos, os quais permitem o necessário distanciamento para o estudo.

4. O Direito e suas camadas linguísticas – um diálogo entre as escolas aqui apresentadas

Se voltarmos às primeiras linhas deste trabalho, veremos que muitos são os pontos de contato que unem o Constructivismo Lógico-semântico e a Retórica Realista. E, esse encontro só se faz possível porque eles partem da mesma premissa: a realidade é construída pela linguagem. Logo, no âmbito jurídico, o Direito é resultado dos atos de fala.

Partindo desse ponto juntas, vimos que uma das consequências básicas dessa ideia filosófica é que a linguagem se forma no entrelace entre várias camadas linguísticas, cada qual com os seus papéis dentro desse universo comunicacional. Desse modo, tanto uma, quanto a outra escola estudadas, enxergam a construção do Direito a partir desses planos linguísticos que os fazem serem quem são.

Outro ponto, que é consenso entre elas, é quanto à ideia de que a realidade é uma só e que essa divisão, em níveis de linguagem, tem função eminentemente epistemológica.

Ocorre que, cada escola define seus níveis de linguagem a partir dos seus referenciais teóricos, dos termos que lhe são próprios e com base no seu respectivo contexto, o que faz com que cada qual seja apresentado de forma diferente ou até mesmo em quantidade de planos diferentes. Ora aproximando-as, ora distanciando-as. Vejamos.

O Constructivismo Lógico-semântico, como afirmado acima, ao se debruçar sobre o fenômeno da incidência jurídica apresenta dois planos de linguagem: o da facticidade social e o do direito positivo, o qual, quando em contato com aquele primeiro nível de discurso, faz nascer uma outra linguagem, que é a da facticidade jurídica, sendo que esta última se coloca no mesmo nível da facticidade social, embora não se confundam.

Acima desses dois níveis comunicacionais, podemos encontrar a linguagem da Ciência do Direito, a qual tem aqueloutras linguagens como objeto de análise, de forma "descritiva"[8] e com intuito de ser neutra.

Da mesma forma, a Retórica Realista, ao subdividir as suas realidades linguísticas em retórica material, estratégica e analítica, também revela a existência de diferentes planos de linguagem, inclusive quando nos voltamos para entender o direito como fenômeno retórico. No primeiro nível linguístico, encontram-se os fatos sociais e o direito positivo, já que ambos compõem a retórica material ou, em outras palavras, a realidade que nos circunda. Vejamos o que diz Adeodato a esse respeito:

---

8. Colocamos a palavra descritiva entre aspas, por entender que o cientista, ao expor a sua opinião a respeito de um objeto, não está apenas descrevendo-o, mas sim o constituindo sob a sua ótica.

> Nesse sentido vai o controle público da linguagem que a retórica procura investigar, pois, ao se comunicar, a pessoa constitui a retórica material e são as convenções dessa comunicação que fazem, que compõem o que se chama de "realidade". Ora, o direito positivo é parte dessa realidade, isto é, dessa retórica material.[9]

Se tomarmos o Constructivismo como parâmetro, sem grandes reflexões, nos causaria estranheza a colocação do direito positivo como integrante da retórica material e não como retórica estratégica, já que é a esta última que a Retórica Realista reconhece como de natureza normativa. Porém, pensamos nós que, quando o Prof. João Maurício se refere ao direito positivo e o considera como parte da retórica material está, na verdade, fazendo referência aos fatos jurídicos, pois ao justificar tal argumento, o faz afirmando que a linguagem do direito positivo, tal qual a linguagem social, constitui a realidade, sendo, desta feita, jurídica.

A nosso ver, os atos de fala, que constroem o universo do direito, dão-se quando da ocorrência do fenômeno da positivação do direito, quando transforma um indivíduo em sujeito de direito, ou uma conduta em tipo legal, ou uma relação social em relação jurídica, justamente por que todos esses elementos haviam sido previstos na hipótese ou no consequente de uma norma jurídica. É, portanto, nessa relação entre os âmbitos sociais e jurídicos, que a realidade jurídica é construída e a social é tocada por aquela.

Outra razão para que a Retórica Realista considere o Direito positivo com retórica material é porque aquela tem como um dos seus referenciais teóricos a Metódica Estruturante de Friedrich Müller (embora não caiba aqui explicitá-lo esmiuçadamente), para quem os elementos factuais fazem parte do processo de construção da norma jurídica, tanto geral e abstrata, como individual e concreta, até porque para esse doutrinador, aquela só é construída quando da ocorrência do

---

9. ADEODATO. João Maurício. *Uma teoria retórica da norma jurídica e do direito subjetivo*. São Paulo: Noeses, 2011, p. 95.

fenômeno de positivação do direito, de modo que ambas as normas são construídas pelo intérprete dentro de um só processo. Não é demais transcrevermos um trecho da obra de Adeodato que explicita essa ideia:

> Esses textos (legais), invocados pelos participantes do discurso dogmático, serão dados de entrada para interpretações e argumentações que pretendem dar o significado deles diante do caso concreto, decidindo-o, isto é, constituindo-o no plano da retórica material. [10]

Vemos aí mais uma semelhança entre as duas escolas aqui estudadas, pois, embora aparentemente, elas tenham uma visão diferente acerca da localização do direito positivo enquanto nível de linguagem, a nosso ver, ambas colocam facticidade social e jurídica em um mesmo plano linguístico, sendo que cada uma relata tal panorama a partir de expressões distintas.

Porém, a retórica realista entende, outrossim, que o Direito Positivo também se encontra no âmbito da retórica estratégica, já que por sua natureza normativa estabelece comandos e, com intuito de vê-los respeitados, se utiliza de técnicas e mecanismos de persuasão para tanto. A própria coercibilidade, traço que distingue o direito de qualquer outro universo normativo, já é um instrumento e tanto para que o direito alcance o seu desiderato e assuma tal natureza prática.

Sendo assim, o direito positivo tem uma natureza híbrida, uma espécie de centauro, já que se divide, repita-se, didaticamente, entre dois planos retóricos.

Ao colocar o direito também como retórica estratégica, a Retórica Realista o localiza, quando do exercício da sua porção prática, em outro plano linguístico, ou como uma linguagem de sobrenível. Assim como o faz o Constructivismo, mas sob outro viés.

---

10. ADEODATO. João Maurício. *Uma teoria retórica da norma jurídica e do direito subjetivo*. São Paulo: Noeses, 2011, p. 119.

CONSTRUCTIVISMO LÓGICO-SEMÂNTICO

Já a ciência do direito poderia ser considerada como de natureza retórica analítica. Todavia, não há unanimidade quanto a esse posicionamento, já que para João Maurício Adeodato, a ciência não é só metódica, é também metodologia, razão pela qual poderia ser considerada também como retórica estratégica. É assim que Adeodato se posiciona: "A ciência do direito tem um sentido estratégico e outro analítico, ambos com a função de fixar regras pelas quais um símbolo significante atrai outro, controlando relativamente seus significados."[11]

E adiante acrescenta:

> Essa dimensão retórica da dogmática, a prática, ou estratégica, é reflexiva no sentido de que tem a retórica material como alvo, compõe-se do conjunto de estratégias que visam (sic) interferir sobre aqueles métodos e modificá-los, influir sobre eles para ter sucesso em determinada direção escolhida. [...] A metodologia transforma esses métodos em objetos de estudo e faz com que determinadas concepções sobre o ambiente circundante apareçam como "o mundo", relatos privilegiados, vencedores no sentido de obterem mais crença e adesão.[12]

Ora, não é preciso grande esforço intelectivo para sabermos que os doutrinadores não escrevem desapaixonadamente, constroem as suas teorias visando a convencer o maior número de pessoas possíveis de que os seus argumentos são os mais verossímeis e como tais devem ser considerados. É assim que se forma o consenso e, por conseguinte, se constrói um discurso vencedor, que como tal é aceito como verdade, ainda que circunstancial e passageira.

Também, quanto à ciência do direito, as duas escolas não se distanciam, embora não coincidam totalmente.

A discordância entre o Constructivismo e a Retórica Realista se dá em virtude da hibridez que esta última confere

---

[11]. ADEODATO. João Maurício. *Uma teoria retórica da norma jurídica e do direito subjetivo*. São Paulo: Noeses, 2011, p. 95 e 96.

[12]. Idem, p. 100 e 101.

a cada um dos planos linguísticos, ou seja, o direito positivo, ao mesmo tempo que é materialmente retórico, também o é estrategicamente; da mesma forma que a ciência do direito, tanto é metodologia, quanto é metódica. Já o Constructivismo enxerga tais camadas linguísticas de forma mais estanque.

Como dissemos em outra oportunidade, ao traçar um paralelo entre essas duas escolas, a Retórica realista, que nos foi apresentada posteriormente ao Constructivismo, só nos encantou porque conseguia dialogar facilmente com esta última, doutrina que moldou esta autora, academicamente. Para a mesma são duas línguas bem distintas que traduzem uma só realidade, ambas partem da mesma premissa, mas, por adotarem referenciais teóricos diversos, seguem caminhos paralelos que ora se encontram, ora se perdem. Neste trabalho, a autora espera ter conseguido mostrar, mais uma vez, as suas semelhanças e diferenças.

NOTAS SOBRE A LINGUAGEM NORMATIVA ENTRE O DIREITO POSITIVO E A CIÊNCIA DO DIREITO

Priscila de Souza[1]

Sumário. 1. Texto e contexto – 2. Atos de fala e teoria da decisão – 3. Problemas no processo comunicacional – vícios de linguagem – 4. Aspectos dinâmicos dos planos de linguagem no Direito – 5. Noção de sistema: considerações necessárias – 6. Conceito de direito: definição pelo contexto – 7. Características do direito: definição pelo contexto – 8. Aspectos relevantes acerca da criação e validade das normas jurídicas – 9. Da completude sistêmica: uma realidade – 10. Regras dos jogos e regras do direito – 11. Conceitos no direito – formas de definição e uso de acordo com as regras do "jogo jurídico".

1. Texto e contexto

Texto é o resultado do processo comunicacional, é a mensagem transmitida do emissor ao receptor, o produto. Ocorre que *texto* não é utilizado apenas na acepção de "substrato linguístico", mas, por vezes, também se acresce à essa definição o sentido do texto. A partir da discrepância no uso do termo *texto*, pelo vício da ambiguidade, Paulo de Barros Carvalho[2]

---

[1]. Mestre PUC/SP e Coordenadora Geral IBET.

[2]. *Direito tributário* – Linguagem e método. 6ª ed. São Paulo: Noeses, 2015, p. 135.

propõe uma distinção entre texto em sentido amplo e texto em sentido estrito.

Essa classificação leva em conta a amplitude do sentido atribuído à palavra texto. Em sentido estrito, texto seria exclusivamente o suporte físico a que tem acesso o receptor da mensagem. Por outro lado, texto em sentido amplo é o suporte físico, o texto em sentido estrito, acompanhado de sua significação.[3]

A necessidade de se estudar o fenômeno comunicacional decorre das mudanças trazidas pelo movimento do "giro-linguístico" sobre o modo de encarar e estudar o mundo. É sabido que essa mudança de paradigma, no que diz respeito à maneira de pensar e conhecer as coisas que nos circundam é que atribui à linguagem papel fundamental na busca do conhecimento e na comunicação.

A linguagem, portanto, é a forma de comunicação do ser humano, consistente na aptidão de enviar/receber informações por intermédio dos signos. Paulo de Barros Carvalho, trazendo sua definição para linguagem, afirma apresentar-se como "o modo de aquisição do saber científico, aplicada por meio de mecanismos lógicos, na construção de modelos artificiais para a comunicação científica";[4] é a capacidade do ser humano em comunicar-se.

A diferenciação do ser humano, como ser racional, é sua aptidão para se comunicar, de produzir e de adquirir conhecimento. A linguagem, portanto, exerce papel fundamental no processo de aquisição do conhecimento. Essa comunicação pode ou não ser idiomática, visto ser a língua apenas uma das suas muitas formas. É a forma que nos remete a um idioma, ou conjunto de signos vigente numa determinada sociedade, utilizada para comunicação.

---

3. "[...] todo processo de comunicação entre seres humanos – ou entre quaisquer outros tipos de aparelhos 'inteligentes', tanto mecânicos quanto biológicos – pressupõe um sistema de significação como condição necessária." (ECO, Umberto. *Tratado geral de semiótica*. São Paulo: Perspectiva, 1980, p. 6).

4. *Direito tributário* – Linguagem e Método. 6ª ed. São Paulo: Noeses, 2015, p. 31.

José Luiz Fiorin, ao tratar desse critério diferenciador, baseia-se nas precisas lições de Bakhtin, quando afirma, em sua obra:

> [...] sem linguagem não se pode falar em psiquismo humano, mas somente em processos fisiológicos ou processos do sistema nervoso, pois o que define o conteúdo da consciência são fatores sociais, que determinam a vida concreta dos indivíduos nas conduções do meio social [...] O discurso não é, pois, a expressão da consciência, mas a consciência é formada pelo conjunto dos discursos interiorizados pelo indivíduo ao longo de sua vida. O homem aprende como ver o mundo pelos discursos que assimila e, na maior parte das vezes, reproduz esses discursos em sua fala.[5]

O processo comunicacional, resumidamente, se dá com a transmissão de uma mensagem de um indivíduo para outro.

O direito se apresenta em uma das muitas formas da linguagem. É sistema linguístico, do tipo verbal escrito, técnico (por utilizar discurso próprio do legislador), com função prescritiva de condutas intersubjetivas, cujos elementos são as normas. Tido como linguagem, ou seja, formado por processos comunicacionais, significa somente ingressar no sistema jurídico positivo as mensagens oriundas dessas comunicações, que são as normas jurídicas, sejam elas gerais ou individuais, abstratas ou concretas.

2. Atos de fala e teoria da decisão

Atos de fala são os elementos responsáveis pelo início do processo comunicacional – seu conjunto perfaz aquilo que chamamos de linguagem; é uma tomada de posição. Já o modo como a língua é utilizada determina a que grupo pertence o produtor desse ato e sua intenção ao emaná-lo.

Trazendo esse conceito ao mundo da linguagem do direito, tomamos a expressão *atos de fala* como enunciação. Isso

---

[5]. *Linguagem e ideologia*. 8ª ed. São Paulo: Ática, 2007, p. 35.

porque, como visto, o direito nada mais é do que a conjugação de inúmeros processos comunicativos, tendo início com a elaboração das normas gerais e abstratas, pelo legislador, que, submetendo-se às regras do sistema para criação de normas, inicia o processo com um ato de fala, produzido na enunciação.

Corroboram nossa afirmação os ensinamentos de Fabiana Del Padre Tomé, segundo os quais "o ato decisório, sendo criador da norma jurídica, apresenta-se como um ato de fala, expressão comunicativa produtora de enunciados, ou seja, enunciação."[6]

O ato de decidir consiste na opção feita pelo sujeito competente, baseado na valoração que realizou a partir do tema a ser regulado, que tanto pode ser para inovar o direito, ou seja, na linguagem do legislador ao criar normas gerais e abstratas, mas também se aplica ao juiz, ao realizar a valoração das provas trazidas em um processo, construindo a norma individual e concreta. Neste ponto, pertinente é a observação de Misabel Abreu Machado Derzi:

> O legislador traça os *programas-metas*, com objetivos a alcançar, pensando nas consequências de suas decisões até o fim. Ele decide entre os interesses postos em questão. Já o operador do Direito, como o juiz, é posto em face dessa seleção prévia, olhando para o *input* do sistema, onde se situam as fontes de produção legais. Ele não trabalha diretamente com interesses (políticos, econômicos, sociais, morais etc.), mas *conceitos, ordenações e classificações* em que se converteram aqueles interesses, fechando-se operacionalmente o sistema às intervenções diretas do ambiente externo.[7] (grifos da autora).

A decisão é, portanto, o produto do processo de decisão, que (i) inicia com o contato que o julgador trava com o suporte físico, que são os fatos em sentido amplo, passa para a (ii) seleção dos fatos que entende serem os relevantes para formação de seu convencimento, (iii) atribui sentido a cada uma dessas provas, suas significações, culminando no (iv) ato de decisão.

---

6. *A prova no direito tributário*. 3ª ed. São Paulo: Noeses, 2012, p. 284.

7. *Modificações da jurisprudência no direito tributário*. São Paulo: Noeses, 2009, p. 21-22.

No âmbito da norma concreta, a decisão segue o mesmo processo de decisão, vinculado, entretanto, às normas jurídicas já existentes no sistema, não cabendo discricionariedade ampla do juiz de compor o arcabouço probatório a seu bel prazer. Retomando o que dissemos acerca da teoria da linguagem, afirmamos não ser possível conhecer o objeto por completo; o que se tem são representações parciais que, não proporcionam acesso completo ao objeto, sendo que as dimensões a serem observadas são escolhidas pelo ser cognoscente. O mesmo faz o julgador ao selecionar os aspectos relevantes das justificativas das partes.[8]

A decisão pressupõe interpretação. Não há como vislumbrar a aplicação do direito, sem que esta seja precedida da interpretação. Isso porque a decisão é a escolha feita pelo intérprete/aplicador do direito da norma que se encaixa ao evento social, para transformá-lo em fato jurídico em sentido estrito, e essa escolha somente se torna possível pelo processo da interpretação. Aplicação e decisão são produtos da interpretação.

3. Problemas no processo comunicacional – vícios de linguagem

A linguagem natural é marcada por problemas semânticos flagrados nos conceitos, seja porque estes podem representar vários objetos ou por não terem seu sentido delimitado. Há, ainda, a influência do intérprete, que, ao manter contato com o texto, está carregado de valores, proporcionados por

---

8. Lourival Vilanova já ponderava: "Há, pois uma seleção de traços, cuja saliência é feita mediante juízos-de-valor. Não ocorre diferentemente quando se trata de buscar no sistema, entre as possíveis normas incidíveis no caso, aquela que lhe corresponde, sobrepondo-se-lhe, e dentro de cuja órbita o caso tem solução. Não se trata de incluir o caso concreto dentro da lei universal – como se verifica no conhecimento científico da natureza –, mas de ajustar a lei – que, aqui, é norma, regra, preceito – ao dado-de-fato, mescla de condutas e fatos naturais, a fim de solucionar com justiça". O poder de julgar e a norma. In: *Escritos jurídicos e filosóficos*. v. 1. São Paulo: Axis Mundi/IBET, 2003, p. 361.

sua formação – social, intelectual, moral, profissional – interferindo diretamente no sentido do texto.

O intérprete parte do texto para construir os conteúdos de significação. Se o suporte físico apresenta problemas que dificultam essa construção, a possibilidade de dois ou mais intérpretes terem uma discussão proveitosa referente ao texto se torna impossível, visto que cada intérprete vai estabelecer premissas muito diferentes para seu raciocínio.

Assim, temos como problemas de interpretação: a vaguidade e a ambiguidade. Isso se dá principalmente com a linguagem natural, muito rica no campo pragmático, mas que apresenta problemas nos campos semântico e sintático (formação gramatical e contextualização), por ser de uso geral, vulgar, contendo palavras que se prestam a representar vários contextos diferentes.

A textura aberta da linguagem jurídica – fenômeno influenciado pelos vícios da linguagem, segundo Herbert Hart – se dá pela indeterminação da aplicação da legislação ou precedente em determinados casos.[9]

Já a discricionariedade, para o referido autor, é inerente à autoridade judiciária, e somente a ela, em decorrência da indeterminação, de se estabelecer o número de situações possíveis que se subsomem a uma determinada norma.

Em ambas as situações, a questão da "indeterminação" é o aspecto central: na textura aberta, a indeterminação é quanto à norma que se aplica àquela situação (parte do dever-ser para o ser) e na discricionariedade não se pode determinar a quantidade de fatos abrangidos por uma norma (parte do ser para o dever-ser).

Se a linguagem natural, como dissemos, apresenta distorções que dificultam a compreensão do discurso, em seus aspectos sintático e semântico, o campo da pragmática é

---

9. *O conceito de direito*. Tradução por A. Ribeiro Mendes. 3ª ed. Lisboa: Fundação Calouste Gulbenkian, 1997, p. 141.

capaz de reduzir essas dificuldades. Ao buscar o modo como os intérpretes utilizam tais e quais conceitos, se viabiliza a construção de seu conteúdo.

Ao intérprete, entretanto, é imposta restrição nos limites do que pode ser atribuído aos conceitos, limites esses garantidores de um mínimo de consenso viabilizador do *código comum*, no processo comunicacional. Fundamental, nesse ponto, é o ensinamento de Fabiana Del Padre Tomé:

> O constructivismo lógico-semântico não autoriza concluir que o intérprete tenha liberdade para atribuir a um determinado vocábulo o sentido que bem lhe aprouver. É claro que há uma liberdade estipulativa, porém limitada pelos horizontes da cultura. Caso contrário, não poderíamos nem sequer falar na existência de ambiguidade e vaguidade dos vocábulos, dificuldades semânticas presentes onde houver linguagem.[10]

Na interpretação/aplicação do direito, podemos entender que o suporte físico é composto pelos textos do direito positivo, que levam o intérprete a formular proposições a partir deles e, somente depois, constrói normas jurídicas.

Como se pode notar, a construção das normas jurídicas depende dos textos de lei, agregados aos valores que o indivíduo carrega consigo, para o processo de interpretação, já que utilizará tais valores e experiências na formulação das normas jurídicas e nas relações que entre elas se estabelecem, como veremos adiante.

4. Aspectos dinâmicos dos planos de linguagem no Direito

Podemos dizer que a linguagem social está para a linguagem do direito positivo, assim como está para a linguagem da Ciência do Direito. É uma camada de linguagem que incide sobre a outra.

---

10. Vilém Flusser e o Constructivismo Lógico-Semântico. In: HARET, Florence Cronemberger; CARNEIRO, Jerson. (Coords.). *Vilém Flusser e Juristas*. São Paulo: Noeses, 2009, p. 339.

Na linguagem da realidade social, estão todos os acontecimentos intersubjetivos. O direito positivo volta-se para essa linguagem e recorta o que lhe é importante: está formada a linguagem do direito positivo.

Sobre essa linguagem do direito positivo, é realizado um novo recorte, em que são analisados seus aspectos com a finalidade de descrevê-lo, dando início ao sistema da Ciência do Direito.

As três linguagens organizam-se em camadas de sobreposição; podendo ser consideradas, desse modo, que a linguagem da realidade social é objeto da linguagem do direito positivo, e a linguagem do direito positivo ocupa, em relação àquela, a posição de metalinguagem e, em relação à Ciência do Direito, a de linguagem-objeto.

Acerca dessa relação e sobreposição de linguagens, Vilém Flusser ensina:

> [...] a realidade, este conjunto de dados brutos, está lá, dada e brutal, próxima do intelecto, mas inatingível. Este, o intelecto, dispõe de uma coleção de óculos, das diversas línguas, para observá-la. Toda vez que troca de óculos, a realidade, "parece ser" diferente. [...] o intelecto e os dados brutos podem realizar-se de diversas formas, isto é, em línguas diferentes. Cada língua por si é o lugar onde dados brutos e intelectos se realizam. Ou, descrevendo a mesma situação de maneira diferente: toda língua tem dois horizontes, a saber, os dados brutos que tendem a realizar-se nela, e os intelectos que nela pensam. Entretanto, *dado bruto e intelecto* não são reais, não estão realizados, senão dentro de alguma língua.[11] (grifos do autor).

Quanto maior o nível da linguagem, mais depurada ela será. A linguagem da realidade social é vulgar, imprecisa, formada por expressões vagas e ambíguas. O direito positivo já é mais preciso em relação à primeira linguagem, é composto por uma linguagem técnica, misto de linguagem vulgar e científica. Nessa cadeia, a Ciência do Direito está no topo,

---

11. *Língua e realidade*. 2ª ed. São Paulo: Annablume, 2005, p. 53.

apresentando a forma mais precisa, com termos que buscam precisão, eliminando vícios de ambiguidade e vaguidade.

Podemos afirmar que cada camada de linguagem busca traduzir a imediatamente anterior, aprimorando-a.

5. Noção de Sistema: considerações necessárias

Tem-se por Sistema o conjunto de elementos que possuam uma ou mais características identificáveis em todos eles. Entretanto, para que consideremos um grupo de elementos como sistema, esse agrupamento deve manter um mínimo de organização estrutural.

O direito, portanto, é um sistema normativo. Para estar inserido no sistema, todo comando deve ser adequado ao formato de norma – em seu sentido lato. Não só o direito positivo, mas as duas camadas de linguagem do Direito (direito positivo e ciência do direito) são sistemas.[12]

---

12. Seguindo a linha de raciocínio de Paulo de Barros Carvalho, ordenamento jurídico pode ser tomado como sinônimo de sistema, em virtude de o discurso normativo ser dotado de uma organização, próprio das mensagens prescritivas, a saber: "a despeito de tomar as variações terminológicas como precioso recurso para a construção da descritividade própria do discurso científico, não vejo como se pode negar a condição de sistema a um estrato de linguagem tal como se apresenta o direito positivo. Qualquer que seja o tecido de linguagem que tratamos, terá ele, necessariamente, aquele mínimo de racionalidade inerente às entidades lógicas, de que o ser sistema é uma das formas." (*Direito tributário* – Linguagem e método. 2ª ed. São Paulo: Noeses, 2008, p. 213).
Para Gregório Robles, o direito positivo carece de uma organização mais elaborada, não podendo ser elevado ao patamar de Sistema. Propõe ainda o autor, distinção entre Ordenamento e Sistema, sendo o primeiro uma forma mais rudimentar de organização, próprio da linguagem prescritiva, e o segundo, uma organização pormenorizada de elementos e relações, inerente à linguagem descritiva das Ciências. "La construcción hermenéutica del sistema y de las normas que lo compone es, como ha quedado expuesto, la meta de la dogmática. Al operar sobre el texto jurídico en bruto, que constituye el ordenamiento, ciertamente que la dogmática se ve limitada por la existencia de dicho material, y en ese sentido no podrá nunca <inventarse> *ex nihilo* las normas ni el sistema. Ahora bien, el ordenamiento es el punto de partida de la interpretación, cuya fase final es la generación del sistema y de las normas que lo componen. En el camino que va desde el ordenamiento al texto jurídico elaborado, que es el sistema, hay todo un trabajo de perfeccionamiento, armonización y acabado, que no puede ser calificado sino de <creativo>." (Teoría

CONSTRUCTIVISMO LÓGICO-SEMÂNTICO

O sistema do direito positivo é formado por enunciados prescritivos; suportes físicos de normas jurídicas – que se relacionam em critérios de coordenação e subordinação, formando o corpo de linguagem coercitiva voltado a regular certas condutas intersubjetivas. Apesar de possuírem conteúdo heterogêneo relativamente ao aspecto semântico da linguagem do direito, sua estrutura é idêntica em todas as normas: D(H $\rightarrow$ C), que diz respeito ao aspecto sintático dessa mesma linguagem. Eis um elemento característico comum do direito.

Tomada como ponto de partida a norma jurídica, chega-se ao ápice dessa estrutura denominada Sistema Normativo. Não há como conhecer a estrutura completa do direito sem que se saiba como seus componentes são formados e como se relacionam.

Configura-se como sistema formalmente fechado, mas aberto para transmissão de sentidos, em função de se comunicar com o meio à sua volta, colhendo informações desse ambiente externo e devolvendo a ele suas decisões.

Já a Ciência do Direito tem igual condição de ser classificada como Sistema, por ser composta, exclusivamente, de proposições descritivas do direito positivo. Por se tratar de uma Ciência, pressupõe uma organização estrutural rigorosa, sendo proferida em linguagem descritiva rigorosa e estando submetida à verificação de seu conteúdo pelos valores de verdade/falsidade.

O direito positivo é considerado um sistema autopoiético,[13] por produzir seu próprio modo de criação e organização, sendo autônomo em relação ao ambiente que o cerca, ou seja, aos demais sistemas sociais e não aceitando inclusão de esquemas de forma natural, sem que sobre essas inovações possa exercer sua força.

---

del derecho. *Fundamentos de teoría comunicacional del derecho.* v. I., 2. ed. Espanha: Thomson Civitas, 2008, p. 143).

13. Para saber mais vide LUHMANN, Niklas. *Social Systems.* Stanford: Stanford University Press, 1995.

Não há como negar a comunicação estabelecida entre o sistema normativo e os demais sistemas sociais, já que ao direito incumbe a tarefa de propiciar a vida em sociedade, ao imprimir os valores que considera necessários aos seus indivíduos; o que não se afirma, com isso, é que essa intertextualidade ocorra de forma indiscriminada, num ir e vir de conceitos e valores, sem regras e procedimentos.

A relação entre as linguagens do direito positivo e da ciência do direito é de linguagem-objeto daquela e metalinguagem desta. Desta feita, a Ciência do Direito pressupõe a existência do direito positivo, visto que esse é seu objeto, sua razão de ser. Entretanto, a recíproca não é verdadeira: o direito positivo pode perfeitamente atingir seu objetivo – de regular condutas intersubjetivas – sem que haja sobre ele uma linguagem que o descreva.

A Ciência do Direito é o resultado do estudo dos textos prescritivos – cujos valores são o válido e o não válido –, com o intuito de descrevê-los e sistematizá-los em uma outra camada de linguagem, chamada metalinguagem, atuando com os valores *verdade* e *falsidade*.

Trata-se de uma linguagem rigorosa, impedindo, desse modo, a presença de contradição entre seus componentes. Cabe à dogmática jurídica o dever de determinar os sentidos dos vocábulos utilizados nos textos normativos, reduzindo suas imperfeições, para proporcionar, à sociedade, meios de cumprir com as condutas nele estabelecidas.

Além de poder demonstrar essa relação mantida entre os dois corpos linguísticos normativos, linguagem-objeto de um lado e metalinguagem de outro, importante frisar a influência que uma exerce sobre a outra, num processo de alimentação que o direito positivo realiza perante sua Ciência.[14]

---

14. Ao tratar genericamente de Ciência, Vilém Flusser traz importante colaboração ao tema, a saber: "a ciência, conforme já foi dito, é a tentativa de catalogar e classificar aparências, e a cada página do catálogo e a cada classe de aparências corresponde uma ciência especializada. A língua, tomada como aparência, forma o campo

Ao afirmar ser o direito positivo objeto da dogmática jurídica, limitamos suas atenções e interesses a essa linguagem-objeto, além de deixar patente a existência de relação intertextual existente entre ambos.

6. Conceito de direito: definição pelo contexto

Para o fim deste trabalho, tomaremos o direito como o conjunto de normas válidas num determinado país, que visem a regular as condutas intersubjetivas. Não avançaremos no campo do conteúdo específico das normas, tampouco nos valores que motivam sua criação, certos, entretanto, de sua inerência ao próprio direito.

Nosso objetivo é apresentar o direito como estrutura normativa, que visa a atender aos interesses de ordem da sociedade, mantendo certa regularidade nas condutas de seus indivíduos.

Corroborando esse entendimento, trazemos à tona as palavras de alguns juristas sobre o conceito de direito, a começar por Paulo de Barros Carvalho:

> Qualquer trabalho jurídico de pretensões científicas impõe ao autor uma tomada de posição no que atina aos conceitos fundamentais da matéria em que labora, para que lhe seja possível desenvolver seus estudos dentro de diretrizes seguras e satisfatoriamente coerentes. E, desde logo, coloca-se o problema da própria conceituação do Direito, na medida em que se procura discorrer sobre a natureza e a estrutura interior da norma jurídica, posto que falar em norma jurídica, em última análise, é tratar do próprio Direito.[15]

---

de uma ou mais ciências especializadas. Mas é evidente que a língua, tomada assim como aparência, não serve como base do conceito entendido neste contexto. Por outro lado, será impossível ignorar por completo este aspecto da língua." (*Língua e realidade*. 2ª ed. São Paulo: Annablume, 2005, p. 35).

15. *Teoria da norma tributária*. 5ª ed. São Paulo: Quartier Latin, 2009, p. 32.

Hans Kelsen, ao tratar do assunto, leva em conta os ordenamentos jurídicos de diversas épocas das mais variadas sociedades e conclui: "resulta logo que todos eles se apresentam como ordens de conduta humana. Uma 'ordem' é um sistema de normas cuja unidade é constituída pelo fato de todas elas terem o mesmo fundamento de validade."[16]

Outra grande colaboração à ciência jurídica é a de Aurora Tomazini de Carvalho, que, tratando do modo de atuação do direito, afirma: "o direito positivo incide sobre a realidade social com a finalidade de regulá-la, de modo que todas as demais comunicações integrantes de seu ambiente (sistema social) o informam cognoscitivamente".[17]

Dessas lições, temos em comum a normatividade do direito, sendo sua característica principal. Conhecemos, entretanto, outros sistemas sociais normativos, como a religião e a moral. E qual seria o critério diferenciador entre o direito e essas outras ordens? Entendemos serem duas as diferenças marcantes. A primeira é que ao direito só importam as condutas intersubjetivas; o intrassubjetivo e o puramente natural[18] não importam ao direito. A segunda faz referência à coercitividade do direito, também chamada por alguns de sindicalidade.

A coercitividade é assegurada pelas normas que atribuem ao Estado o dever de garantir o cumprimento das ordens jurídicas ou determinar uma sanção pelo seu descumprimento.

Não se afirma aqui, todavia, a inexistência de sanção e coercitividade nas demais ordens: aquele que descumpre uma ordem moral pode sentir-se mal, estabelecer para si uma autopunição, ou, ainda, o religioso, com o descumprimento de uma ordem divina, receberá uma sanção de seu sacerdote.

---

16. *Teoria pura do direito*. 2ª ed. São Paulo: Martins Fontes, 1987, p. 34.

17. *Curso de teoria geral do direito:* o constructivismo lógico-semântico. 4ª ed. São Paulo: Noeses, 2014, p. 144.

18. Tratamos aqui como *puramente naturais* as situações que não dependem da atuação humana e que em nada atingem qualquer membro da sociedade (p. ex.: uma chuva no oceano ou na mata, que não destrói uma casa sequer).

Isso é plenamente possível e inerente aos comandos normativos. O que não há, em nenhuma das duas situações, é a presença de um terceiro (no caso do direito, exercido pelo Poder Judiciário), que faça valer essas punições. Enfim, a coercitividade estatal constitui o critério distintivo em relação aos demais sistemas normativos.

7. Características do direito positivo como sistema normativo prescritor de condutas

Como dito linhas acima, temos, por direito positivo, o conjunto de normas válidas, especialmente elaboradas com o intuito de regular as condutas humanas intersubjetivas, num determinado território. Essa proposta de conceito de direito positivo não se coaduna com nenhuma divisão do sistema normativo, salvo a meramente didática. Isso porque, para a devida interpretação e compreensão dos textos jurídicos, se faz necessária a totalidade desses suportes físicos.

Almeja-se a exposição do tema de forma ampla, no que for comum a todo o sistema, e de forma específica, ao que estiver diretamente voltado ao foco de nossas atenções.

Reafirmando nossas premissas, podemos sintetizar os aspectos formadores do direito positivo até o momento abordados:

(i) Direito positivo como linguagem

Partimos do pressuposto que todo conhecimento se dá pela linguagem; não há, portanto, outra forma de acesso ao conhecimento. Conhecimento, realidade e verdade são aspectos da linguagem dentro de um sistema de referência. As afirmações sobre determinado objeto são válidas somente nesse âmbito, sob determinado enfoque.[19]

---

19. "A língua é o conjunto de todas as palavras percebidas e perceptíveis, quando ligadas entre si de acordo com regras preestabelecidas. Palavras soltas, ou palavras amontoadas sem regra, o balbuciar e a "salada de palavras", formam a borda, a margem da língua. São os extremos caóticos do cosmos da língua. O estudo da língua tal como é percebida equivale à pesquisa de um cosmos. Dada a nossa definição

A linguagem do direito positivo tem por função principal a prescritividade de condutas, de modo a induzir os destinatários dos textos jurídicos positivos a agirem de acordo com as regras neles previstas.

(ii) Direito positivo como sistema

A composição sintática do direito positivo tem uma estrutura homogênea, formadas por unidades, chamadas normas jurídicas. E é exatamente por essa característica que confere, ao direito positivo, o atributo de sistema. Essas unidades estão umas com as outras em relação de coordenação e subordinação, de forma a organizar o sistema, e, por se tratarem de ordens, mandamentos, não estão sujeitas aos valores de verdadeiro e falso, mas de validade e invalidade, que é a relação que mantêm com o sistema, de ser ou não parte integrante dele.[20]

(iii) Direito positivo como objeto cultural

Ainda nessas bases, a divisão dos objetos é feita a partir de sua essência, ou seja, são separados em classes de acordo com sua ontologia, tendo o ser humano como ponto de referência de onde se irradiam os espaços correspondentes.[21] Encontra-se o direito (tanto o direito positivo, quanto a Ciência do Direito) na região dos objetos culturais, visto que sua criação depende da vontade e da necessidade humanas.

Por ser cultural, o direito positivo é também um bem social voltado a estabilizar as relações sociais, imprimindo, nos atos subjetivos de seus destinatários, os valores que a sociedade entende como importantes. Com isso, são relevantes para

---

de realidade como conjunto de palavras e de palavras *in nascendi*, é o estudo da língua possivelmente a única pesquisa legítima do único cosmos concebível." (*Língua e realidade*. 2ª ed. São Paulo: Annablume, 2005, p. 41).

20. Neste sentido, *vide* Tácio Lacerda Gama, seguindo essa linha, afirma que "falar em 'sistema' é falar na totalidade de elementos reunidos por uma característica comum e organizados de acordo com certos padrões." (*Competência tributária* – fundamentos para uma teoria da nulidade. 2ª ed. São Paulo: Noeses, 2011, p. 127).

21. *Direito tributário* – Linguagem e método. 6ª ed. São Paulo: Noeses, 2015, p. 16.

o direito apenas os atos que envolvam ao menos dois sujeitos, ou melhor, resultantes em relações intersubjetivas. Todo ato intrassubjetivo é estranho ao direito positivo.

(iv) Direito positivo como prescritor de condutas

Primeiramente, podemos traçar um paralelo entre as leis naturais e as jurídicas, visto que as primeiras se limitam a realizar uma descrição dos fenômenos naturais, com um mínimo de intervenção humana. São relações predicativas submetidas aos valores de verdade, quando das premissas se extraem as conclusões apontadas, e de falsidade, quando o mesmo não se verifica; ao passo que as leis jurídicas são prescritivas de condutas, são *implicacionais* e não naturais ou predicativas. Quer dizer, as premissas (hipóteses) são postas junto das conclusões (consequentes), arbitrariamente pelo homem, que, sem essa imposição, não manteriam conexão alguma. Seus valores são o de validade (pertinente ao sistema) ou invalidade (não pertinente).

Significa que, por mais que o ponto de partida do direito tenha como base o sistema das relações interpessoais, levando-se em conta uma dada sociedade, em uma época determinada, quando o sistema do direito se forma, tem ele autonomia em relação às suas referências de base, cumprindo estas, aspectos meramente históricos.

Tomemos, por exemplo, as atividades de uma empresa: (i) sua abertura será regulada pelas normas de direito contratual, entre os sócios; (ii) a contratação dos funcionários será regida pelas leis trabalhistas; (iii) a comercialização de seus produtos e/ou serviços estará sujeita às regras de direito do consumidor e do CADE; e (iv) toda a atividade por ela empreendida, direta e indiretamente ligada à sua atividade-fim, sofrerá a incidência de diversos tributos, seja na comercialização de produtos e serviços, bem como os incidentes sobre folha de salários, além de outras atividades não exemplificadas aqui.

O direito será sempre uma linguagem incidente sobre a realidade social, outra linguagem, portanto, que recorta as dimensões que lhe importam para regular determinadas condutas. Ocorre, que, por diversas vezes, o direito realiza vários recortes de uma mesma realidade, para que sobre ela incidam normas jurídicas das mais diversas categorias.

Daí não há que falar em fatos jurídicos de conteúdo econômico, mas o que se tem são recortes da realidade, de acordo com as parcelas da realidade social que o legislador pretende ver reguladas.

8. Aspectos relevantes acerca da criação e validade das normas jurídicas

Como se viu nos tópicos desenvolvidos até o momento, o direito é formado por decisões. Decisões dos legisladores que selecionam as condutas que querem ver reguladas e de como as querem regular. São as decisões responsáveis pela criação, manutenção e modificação do ordenamento jurídico.

Sistematicamente, podemos atribuir ao direito um ponto de partida, chamado de norma hipotética fundamental. "É a proposição-limite. Antes, está o meramente factual (físico ou social), que ainda não se juridicizou".[22]

O estudo das fontes do direito nos permite isolar tudo aquilo que faz parte do direito propriamente dito (na concepção da teoria pura de Kelsen), do pré-jurídico. Ademais, é instrumento de grande utilidade no processo de interpretação das leis. Fontes do direito são os acontecimentos promovidos pelo legislador com a finalidade de produzir normas jurídicas, são eventos credenciados pelo sistema jurídico para a introdução de novas regras. Assim, podemos afirmar serem válidas as proposições jurídicas inseridas no sistema mediante procedimento previsto e pessoa (ou órgão) devidamente autorizada – pela análise da enunciação.

---

22. *Estruturas lógicas e o sistema de direito positivo.* 3ª ed. São Paulo: Noeses, 2005, p. 153.

CONSTRUCTIVISMO LÓGICO-SEMÂNTICO

Outro aspecto relevante ao estudo das fontes do direito está relacionado ao fato de o direito, por tratar-se de objeto cultural, ser carregado de valor. A enunciação apresenta a pessoa responsável pela introdução da norma no ordenamento jurídico, bem como o procedimento seguido na produção da norma. Assim, a hierarquia em que estão colocados os órgãos legiferantes e a rigidez do procedimento adotado indicam as relações estabelecidas entre as normas jurídicas presentes num dado sistema de direito positivo.

Alguns autores fazem a distinção das fontes entre formais e materiais. Essas são consideradas como os atos de fala do legislador – a enunciação pura e simples –, enquanto as primeiras seriam a enunciação já eternizada, vertida em linguagem competente: a enunciação-enunciada, o veículo introdutor de normas.

Para nós, os acontecimentos efetivamente responsáveis pela criação de normas jurídicas são aqueles que compõem o processo legislativo, são ainda fatos sociais. Após a tradução desses acontecimentos em linguagem jurídica, deixam esses fatos de ser meramente sociais ou políticos para se transformar também em fatos jurídicos. Daí admitir esses fatos jurídicos como fontes de normas jurídicas é inaceitável. Estaríamos, conforme leciona Paulo de Barros Carvalho, afirmando que normas criam normas, direito cria direito, numa proposição evidentemente circular, que deixa o primeiro termo como resíduo inexplicado.

Uma proposição normativa retira seu fundamento de validade sempre e invariavelmente de outra proposição normativa. Uma norma vale, somente pode ser considerada pertencente ao sistema, se obedecer a essa regra.

Nesse percurso regressivo, a norma inserida segue os padrões estabelecidos pela proposição que lhe dá fundamento, numa escala hierárquica superior, até o atingimento da norma hipotética fundamental.[23] Por essa afirmação, podemos

---

23. Elucidando essa afirmação: "[...] a posição que uma norma ocupa na escala do

concluir que o sistema jurídico regula não somente as condutas recolhidas da realidade social, mas também sua formação; é a característica da autopoiese, tratada há pouco.

A referida busca, entretanto, fica limitada à forma que essas normas derivadas deverão possuir para serem inseridas no ordenamento. Lembrando que as normas apresentam um dever-ser; é desse modo que as normas fundantes influenciam as normas fundadas: como limite sintático de construção.

As normas jurídicas, produto do trabalho de inovação jurídica, ou seja, das fontes do direito, são submetidas aos modais deônticos, que se referem à regulação de condutas, e serão realizadas pelos operadores "P" permitido, "V" proibido (ou vedado) e "O" obrigatório.

Forçoso afirmar que o direito pode operar apenas nas condutas factualmente possíveis, ou seja, no campo ontológico da possibilidade. Isso porque seria logicamente impossível caso o direito viesse a, p. ex., vedar conduta necessária ou obrigar conduta impossível. A hipótese normativa somente se ocupa de possível ocorrência no mundo, possível modificação no estado de coisas em que haja circunstância humana intersubjetiva.

A hipótese normativa não traça o que, com necessidade, ocorrerá. Para a hipótese, a ocorrência é tomada a título de possibilidade, como ponto de referência possível, condicionando a vinculação de consequências para a conduta humana. Daí a afirmação de que a hipótese é incidente na realidade e não coincidente com ela. A norma jurídica não é mera descrição de ocorrências sociais, mas prescritiva de condutas, de modo que não pode se voltar às condutas necessárias.

---

sistema é relativa. Pode ser, a um tempo, uma sobrenorma e uma norma-objeto. Essa relatividade está expressa nos conceitos de criação e de aplicação: criar uma norma N" é aplicar a norma N'; criar a norma N' é aplicar a norma N^0. A norma N^0, que funciona como a última no regresso ascendente, é a norma fundamental, que não provém de outra norma, que é norma de construção, sem ser de aplicação." (VILANOVA, Lourival. *Estruturas lógicas e o sistema de direito positivo*. 3ª ed. São Paulo: Noeses, 2005, p. 154-155).

Da mesma forma, não pode incidir sobre uma realidade impossível, pois, para se tornar jurídico, o fato tem que ser fato social. A hipótese normativa funciona como descritor; descreve uma situação social, portanto de possível ocorrência.

Norma jurídica não tem força para regular o acontecimento desses fatos, seja para obrigá-los, para permiti-los ou para proibi-los, mas, apenas, de relacionar uma consequência, caso venham a ocorrer, estabelecer uma relação jurídica em virtude da ocorrência desse fato. A validade das normas é aferida pelo procedimento de criação da norma (processo legislativo correspondente e pessoa/órgão juridicamente autorizado), cuja previsão consta do ordenamento, e não pelo seu cumprimento.

Das lições de Tárek Moysés Moussallem,[24] tiramos que a validade normativa, como qualquer outra instituição linguística, pode ser analisada nos três aspectos semióticos: sintático, semântico e pragmático.

No que diz ao caráter sintático, a validade é auferida pela composição sintática correta e pelo atendimento às regras de subordinação e coordenação estabelecidas pelo sistema normativo. Já no plano semântico, a validade diz respeito à relação existente entre a linguagem do direito positivo e a da realidade social, restrita às condutas interpessoais possíveis e à relação de subordinação material[25] existente entre as normas. Pela ótica pragmática, o que se tem é a validade analisada pelas teorias do discurso e dos atos de fala, ou seja, pelo ato de enunciação.

Como dito linhas acima, a validade é a relação de pertinência existente entre a norma e o sistema a qual se pretende reputada.

A validade da norma é garantida mesmo antes de propagar seus efeitos e, ainda que não ocorram por falta de acatamento, permanecerá inatingida, visto que é aferida pelo procedimento

---

24. *Revogação em matéria tributária*. 2ª ed. São Paulo: Noeses, 2011, p. 143 *et seq.*

25. Utiliza-se a expressão *subordinação material* em virtude de a linguagem jurídica depender de acontecimentos da realidade social para construir os fatos jurídicos.

de criação da norma (processo legislativo correspondente e pessoa/órgão juridicamente autorizado) e não pelo seu cumprimento. A análise do acatamento de uma norma é objeto extrajurídico, analisado pela eficácia social. A majestosa lição de Lourival Vilanova reforça nossa posição, ao afirmar:

> [...] no Direito, a generalidade e a validade na norma abstrata advêm do dever-ser e fazem com que a norma individual subordinada não possa deixar de ser também válida. E ainda que a norma individual seja discrepante da universal, não compromete a validade dessa universal.
>
> [...] a validade do enunciado universal não se desfaz com proposição normativa individual de validade oposta, mas por outra norma que, segundo o método estabelecido no sistema, traz força ab-rogante.[26]

Fosse de outra forma, toda vez que descumprida norma jurídica primária, teríamos não o pressuposto de instalação de relação jurídica processual – a norma jurídica secundária –, mas a retirada das duas normas do sistema. Com o compromisso de elaborar um discurso rigoroso, não podemos considerar a validade, em seu aspecto pragmático, estrita ao processo de enunciação normativo, ser afetado por outro momento pragmático: o do acatamento das normas pela sociedade, mesmo que se trate de um não acatamento reiterado, que, como visto, dependerá da atividade de outra norma, para retirá-la do sistema.

Desse modo, para que a norma incida, faz-se necessário: (i) ser válida: existir; estar devidamente inserida num sistema normativo, mediante procedimento previsto e pessoa competente; (ii) ser vigente: possua condições de normatizar ocorrências sociais do futuro; (iii) ser eficaz: possuir os elementos sintáticos e semânticos aptos à construção do fato jurídico; e (iv) possuir suporte fático: a ocorrência concreta da situação normativamente prevista.

---

26. *Estruturas lógicas e o sistema de direito positivo*. 3ª ed. São Paulo: Noeses, 2005, p. 114.

9. Da completude sistêmica: uma possibilidade

De acordo com as lições de Tácio Lacerda Gama,[27] há dois modos de analisar a completude do sistema: do ponto de vista do observador, que está fora do sistema jurídico, e do ponto de vista do sujeito participante.

Partindo dessa classificação, o sistema pode ser tido como incompleto pelo primeiro intérprete, que encontra situações sociais não abarcadas pelo ordenamento jurídico, enxergando, ainda, uma multiplicidade de ordenamentos, fazendo parecer que um sistema jurídico dependa de outros.

Já para o sujeito participante, aqui equivalente ao Estado-Juiz, o sistema assume caráter de completude, em decorrência da premissa de que nenhum pleito deixará de ser analisado por alegação de ausência de suporte normativo. Desse modo, ao juiz cabe a tarefa de promover solução ao caso concreto, mesmo entendendo não haver norma geral e abstrata que traga estreita consonância com o caso concreto. Eis a completude sistêmica.

Tomaremos em conta apenas o ponto de vista do sujeito participante, sobre os quais se levanta o questionamento: dada a evolução social a qual o direito acompanha, qualquer conduta encontra, no sistema do direito positivo, norma que a regule? Considerando a tripartição deôntica, sim. É uma completude sintática e semântica decorrente de o sistema sempre apresentar solução para as situações a ele apresentadas.

Primeiro, porque necessita oferecer uma forma de composição de conflito para todas as ocorrências sociais (aspecto semântico), e segundo, em consequência de que todas as condutas são modalizadas como obrigatórias, proibidas ou permitidas (aspecto sintático); não o sendo em nenhuma das duas primeiras hipóteses, será invariavelmente permitida,

---

27. Vide a obra: *Competência tributária* – fundamentos para uma teoria da nulidade. 2ª ed. São Paulo: Noeses, 2011.

corroborando a assertiva comum de que *tudo o que não está proibido está permitido*.

Imperiosa, neste sentido, é a lição de Lourival Vilanova:

> [...] a tripartição é mutuamente excludente e conjuntamente exaustiva. Uma mesma conduta, pois, nem tem simultaneamente os três modos deônticos, nem pode se inserir num quarto modo: o princípio da não-incompatibilidade evita o contra-sentido; o princípio de um quarto excluído impediria que a conduta se precipitasse no vácuo do juridicamente não-qualificado.[28]

O direito, como visto, é um conjunto de normas prescritivas de condutas, sujeito – como linguagem que é – à análise da Semiótica em seus três planos. Sintaticamente, ressaltamos o caráter lógico desse corpo linguístico, lembrando que todas as formas que o compõem estão sujeitas a uma só estrutura: D(H → C), a previsão de uma situação interpessoal que, ocorrendo, deverá dar ensejo a uma consequência, cujo conteúdo será uma relação jurídica.

Essa estrutura, apesar de apresentar conteúdos heterogêneos, tais conteúdos invariavelmente deverão apresentar situações da realidade social, colhidas pelo legislador com o intuito de regulá-las por meio de um dos modais deônticos (O obrigatório, P permitido ou V proibido).

Vale dizer, ainda, que mesmo afirmando o direito como sistema que se utiliza de outro sistema (o social) para atuar, sua completude semântica dependeria da determinação dessa realidade social, que sabemos não ser exaustiva.[29] Na ver-

---

28. *Estruturas lógicas e o sistema de direito positivo*. 3ª ed. São Paulo: Noeses, 2005, p. 201. [Nota do editorial: a pedido da autora, a transcrição foi mantida conforme o original. Assim, não se aplicou o acordo ortográfico.].

29. Outra vez se mostra fundamental a lição do professor Vilanova: "o sistema de proposições normativas de um dado Direito positivo nunca alcança abranger a multiplicidade quantitativa e qualitativa da realidade social [...] Os conteúdos, sem os quais a conduta, como forma de interação, inexistiria, são incontáveis e mutáveis. O fluxo do acontecer histórico elimina uns e acrescenta outros, com escassa ou às vezes nenhuma margem de previsibilidade. Mal o Direito é posto para responder a um

dade, a completude se apresenta pela estrutura da norma jurídica completa, composta por uma norma dispositiva, sendo esta previsão normativa de regulação de conduta, e a outra sancionadora, concedendo ao indivíduo a garantia de que o próprio sistema normativo irá fazer valer seus direitos e exigir dele seus deveres, mediante atividade jurisdicional.[30]

A proposição jurídica completa é composta por duas normas: a norma primária e a norma secundária. Sendo a norma primária aquela que vincula a ocorrência de um fato social a uma consequência normativa, que é a relação de obrigação, permissão ou proibição entre dois sujeitos de direito. Já a norma secundária é tida como o ponto característico do direito, perante os demais sistemas normativos: a coercitividade. Traz em sua previsão o descumprimento da relação prevista em uma norma primária, implicando a atuação do Estado-Juiz para fazer valer aquela relação jurídica.

Em virtude de a linguagem do direito positivo se apresentar como uma determinação, as proposições são unidas não por ontologia, mas prescritivamente, o que faz com que esse vínculo seja realizado por um dever-ser não modalizado. O dever-ser interproposicional é neutro. Há, entretanto, outro dever-ser na composição normativa, posto internamente na proposição jurídica, esse sim, modalizado como proibido, permitido ou obrigatório.

As fórmulas proposicionais que compõem a norma jurídica completa são: (i) a norma primária: p → q; e (ii) a norma secundária: (p → -q) → S. O vínculo das duas normas é feito

---

estado-de-coisas e, muitas vezes, já fica inadequado." (VILANOVA, Lourival. *Estruturas lógicas e o sistema de direito positivo*. 3ª ed. São Paulo: Noeses, 2005, p. 197).

30. Sobre as possíveis lacunas no sistema normativo: "Rejeitar as lacunas não significa admitir a possibilidade desse conjunto abrangente e exaustivo de normas jurídicas. Muito pelo contrário, significa encontrar uma equação teórica pela qual o sistema jurídico possa se apresentar completo. Em outros termos, não se cuida de investigar a possibilidade de contarmos com uma norma N para cada situação *p*. Mas, isto sim, de podermos qualificar juridicamente, como sancionada ou não sancionada, qualquer ação *p*." (COELHO, Fábio Ulhoa. *Lógica jurídica*: uma introdução. São Paulo: EDUC, 1992, p. 77-78).

pelo operador disjuntor includente, que traz a previsão de as duas normas serem válidas no mesmo sistema. Em linguagem formalizada, a norma jurídica completa pode ser expressa:

D{(p → q) v [(p → -q) → S}

Explicando: deve-ser que (D) se ocorrer o evento descrito na hipótese (p), é instalada a relação jurídica entre dois sujeitos (q), ou, se ocorrer o evento (p) e não for cumprida a relação jurídica (-q), será a relação sancionatória do Estado-juiz (S).

A primeira regra, como já visto, é a que confere ao Direito a condição diferenciada na exigência das condutas por ele prescritas, que ora chamamos de sindicalidade. Já no que se refere à segunda regra, especificamente no que tange à atividade tributária, temos o art. 108 do CTN;[31] com isso, o sistema jurídico pátrio nega a existência de lacunas para a regulação de condutas, regulando, inclusive, as situações que não estiverem expressamente postas em normas jurídicas.

Como oportunamente tratado, o direito positivo se apresenta como sistema único, cujos temas somente são divididos em ramos para facilitar o estudo e a busca de normas que tratem de uma determinada situação. O comum é que uma situação típica encontre nesse sistema as normas que lhe são diretamente ligadas num mesmo texto, ou em um conjunto de textos ligados pelo tema e pela função que exercem, exemplificando: a *tributação* tem sua previsão constitucional; em nível complementar, há o Código Tributário Nacional e especificamente contará com leis ordinárias, decretos, instruções normativas, portarias etc., que regularão o assunto pretendido de

---

31. Art. 108. Na ausência de disposição expressa, a autoridade competente para aplicar a legislação tributária utilizará sucessivamente, na ordem indicada:
I – a analogia;
II – os princípios gerais de direito tributário;
III – os princípios gerais de direito público;
IV – a equidade.
§ 1º O emprego da analogia não poderá resultar na exigência de tributo não previsto em lei.
§ 2º O emprego da equidade não poderá resultar na dispensa do pagamento de tributo devido.

forma mais direta, mas, ainda assim, dependente de interpretação para aplicá-las.

Outra situação, menos comum, mas não menos relevante, ocorre quando um assunto, levado ao Estado-Juiz, não tem esse "aparato normativo" tão bem delineado.

É uma questão de interpretação, que precisará atingir um nível mais profundo quando ocorrerem discussões nesse sentido, em que a intertextualidade jurídica fica patente, dada a multiplicidade de textos normativos utilizados para a construção de apenas uma norma.[32]

Isso nos faz afirmar que nossa ordem jurídica não sofre de incompletude, mas apresenta, inclusive, soluções para conflitos não expressamente previstos pelas normas.[33] É o Direito cumprindo sua função social de regular condutas, incidindo sobre a realidade social e surgindo, portanto, sempre após ela.

10. Regras dos jogos e regras do direito

Todo corpo linguístico apresenta regras de formação, manutenção, revogação e uso de seus componentes; não poderia ser diferente com o sistema do direito positivo. Tais regras se apresentam de forma diferenciada de todas as demais, tornando cada conjunto linguístico único. E, para ser possível que os indivíduos *participem* do sistema, essas regras devem ser previamente estabelecidas, como afirma José Luiz Fiorin:

---

32. Complementando esse raciocínio estão as palavras de Arthur Kaufmann: Não importa aqui a questão totalmente diversa de saber se o direito legal tem lacunas (o que é hoje geralmente reconhecido), trata-se antes de questão de saber com que expedientes metódicos se devem preencher essas lacunas. A universalidade da ordem jurídica significa, em compensação, que não existe um "espaço livre de direito", e que tudo o que existe e acontece subjaz a uma regulamentação jurídica [...]. *Filosofia do direito*. 2ª ed. Lisboa: Fundação Calouste Gulbenkian, 2007, p. 216.

33. "[...] o poder divide-se em poderes. Cada poder é uma interseção de atribuições. As competências se delimitam e as normas preenchem o espaço jurídico sem deixar lacunas. O que fazer e o que omitir acha-se normativamente predeterminado." (VILANOVA, Lourival. O poder de julgar e a norma. In: *Escritos jurídicos e filosóficos*. v. 1. São Paulo: Axis Mundi/IBET, 2003, p. 375).

CONSTRUCTIVISMO LÓGICO-SEMÂNTICO

> Sistema: é o conjunto de elementos linguísticos que possui um arranjo interno subordinado a uma série de princípios, ou seja, uma estrutura. Esta determina a organização dos elementos do sistema e suas combinações possíveis.[34]

Partindo desse raciocínio, podemos encontrar dois tipos de "jogos de linguagem", (i) o infinito, ligado à gramática do sistema, seu modo de criação e manutenção, cuja infinitude garante a constante evolução do sistema; e (ii) o finito, em que as regras são aplicadas, não criam ou modificam a gramática, mas pretendem inovar o sistema na aplicação das outras normas, as gerais e abstratas; estando inevitavelmente inseridos em jogos infinitos. O momento de estipulação das regras, em ambas as situações, tem de preceder ao início da partida, como em qualquer jogo, cujas regras não podem ser mudadas em seu transcurso, além de se fazer a exigência que tais regras sejam devidamente publicadas. No concernente ao *jogo jurídico*, os princípios da anterioridade e da irretroatividade demonstram bem essa exigência, ao impedirem que os *jogadores* sejam submetidos a regras não existentes quando a partida teve início.

Outra característica da teoria dos jogos é a exigência de, no mínimo, dois sujeitos. Como estamos tratando de sistemas sociais – suas formas de composição e manutenção –, não há como conceber tais sistemas com a presença de apenas um indivíduo. A aceitação das regras do jogo por seus participantes também é fundamental. Tem o indivíduo a opção de ingressar ou não no jogo. Nele estando inserido, todavia, não poderá rebelar-se contra o modo que lhe impõe o jogo. Esses pontos são comuns a todos os jogos (sistemas). O que diferencia uns dos outros são as regras que cada um possui. É assim o ponto de vista do grande difundidor da teoria dos jogos, Gregorio Robles Morchón:

---

34. *Linguagem e ideologia*. 8ª ed. São Paulo: Ática, 2007, p. 83.

> Ainda que o direito e o jogo representem formas distintas de convivência, ambos têm em comum que são precisamente maneiras de conviver; e por isso também são dois sistemas de comunicação social.[35]

A teoria dos jogos é de grande utilidade para o conhecimento científico; a sujeição a tais regras determina em qual sistema se está inserido, é o chamado *sistema de referência*, em que se fala em nome de uma verdade. É, portanto, o contexto, o definidor dos conceitos, das regras, de um sistema.

A existência de regras é que proporciona, ao indivíduo participante, liberdade, visto que essa será sempre assegurada pelos procedimentos jurídicos previstos no ordenamento.

Não se podem utilizar os conceitos de uma área para a decisão em outra. O que é preciso ser feito é uma análise epistemológica, com função esclarecedora e não justificativa, isso para que se possa ter acesso ao objeto, evitando, assim, o sincretismo metodológico. Podemos tomar por exemplo uma decisão do STF que pode *também* apresentar as consequências econômicas, mas de forma suplementar e não justificativa, pois tais argumentos fogem do contexto normativo.

11. Conceitos no direito – formas de definição e uso de acordo com as regras do "jogo jurídico"

Conceito é o recorte que se faz do objeto dinâmico (que é o dado bruto), sujeito à nominação pelo termo. Trazendo à tona a linguagem de Charles Peirce, dado seria o objeto dinâmico, e conceito, o objeto imediato. Dados brutos são os acontecimentos do mundo fenomênico, que se perdem no tempo e no espaço, sobre os quais se pode produzir linguagem, uma significação primeira que surge na mente do intérprete, que é o conceito.

---

35. "Aunque el derecho y el juego representan formas distintas de convivencia, ambos tienen en común que son precisamente maneras del convivir; y por eso también son sistemas de comunicación social." (La justicia en los juegos. Cadernos de Direito Tributário. *Revista de Direito Tributário*, São Paulo: Malheiros, n. 103, 2008, p. 13).

Conceito é a significação a qual se produz acerca de um significado, seu *objeto* físico ou não, representado pelo suporte físico *termo*. Se sozinhos os dados brutos significassem, não haveria a necessidade de palavras.

É dos ensinamentos de Genaro Carrió[36] que trazemos as seguintes diretivas: se os símbolos (comuns a qualquer linguagem) são resultado de convenções sociais, palavras se referem a outras palavras e nunca a um "objeto em si"; desse modo, não há como se estabelecer uma relação precisa entre termos e objetos. A linguagem que se produz acerca do conceito é chamada definição. Definição é a delimitação de um conceito, pela enumeração de suas características.

Todo conceito, jurídico ou não, é determinável, mas não determinado ou indeterminado. O critério de discriminação entre os conceitos determinados e indeterminados é dado pela quantidade e pela precisão dos elementos que o identificam. Sempre haverá elementos que se enquadrem perfeitamente no conceito, e elementos que estejam de pronto fora do campo de abrangência do conceito – equivalente ao que se dá com a vaguidade. O que irá diferenciá-los é a chamada "zona cinzenta", que é o campo da dúvida, em que não se pode precisar se os elementos que ali se encontram estão ou não abrangidos pelo conceito. Melhor dizendo, se possuem os critérios daquele conceito.

Essa indeterminação dos conceitos jurídicos é ponto pacífico entre a mais larga doutrina. Daniel Mendonca também é claro ao afirmar que "aceitar que toda expressão linguística possui sempre uma zona de incerteza, não implica conceder que nunca possui uma zona de certeza".[37] Negar a existência de uma zona de certeza implicaria uma linguagem sem regras, nem limites, cujos utentes não conseguiriam manter um mínimo de comunicação.

---

36. *Notas sobre derecho y lenguaje*. 4ª ed. Buenos Aires: Abeledo-Perrot, 1990, p. 91 *et seq.*

37. "[...] aceptar que toda expresión lingüística posee siempre una zona de incertidumbre, no implica conceder que nunca pose una zona de certeza." (*Interpretación y aplicación del derecho*. Almería: Universidad de Almería, 1997, p. 31).

A zona de certeza, entretanto – que alguns chamam de conteúdo mínimo –, sempre dependerá de um contexto para ser estabelecida, de uma interpretação. Não há como admitir que as palavras "venham" com conteúdos mínimos, já que partimos do pressuposto que o conteúdo não está no texto, que o texto não possui significado, mas este é atribuído pelo intérprete ao travar contato com esse texto.

Por conceitos próprios, têm-se os fundamentais, que não derivam de outros sistemas e que são construídos originalmente pelo ordenamento jurídico, cujo conhecimento é indispensável para manuseio das categorias normativas. Já os impróprios são aqueles importados de outras realidades, representando a maioria esmagadora dos conceitos jurídicos, visto que, como já afirmado nesse trabalho: é o sistema jurídico incidente sobre a realidade social, tomando essas condutas como sua referência, ponto esse esclarecido pelo autor: "certamente que os conceitos que aqui temos em vista derivam da realidade – é precisamente porque são retirados da realidade, e não produzidos pelo próprio direito, que se chamam conceitos jurídicos 'impróprios'."[38]

Quanto aos conceitos impróprios, nessa classificação, temos que no momento de sua importação, ou tradução, há total liberdade do legislador em fazê-lo da maneira que melhor lhe aprouver, e assim estará criando a realidade jurídica.

O direito trabalha, desse modo, com ficções e presunções, e, a partir delas, a própria linguagem cria limites para as definições de seus conceitos. Exemplo disso é a situação de "avião" ser considerado bem imóvel; o que para um leigo (jurídico) seria um descompasso conceber, para o jurista é facilmente aceitável, visto se tratar de uma limitação da definição do conceito jurídico, uma ficção.

Na atividade de inovar o sistema jurídico, é lícito ao legislador manter o sentido dos termos, como socialmente utilizado, ou mesmo ignorá-lo, estipulando novo alcance em seu uso

---

38. *Filosofia do direito*. 2ª ed. Lisboa: Fundação Calouste Gulbenkian, 2007, p. 143.

jurídico. Por esse motivo se faz uma analogia entre o legislador e o poeta, pois, ao criar normas, mais que simplesmente *traduzir* a linguagem social, o legislador *cria* nova língua.

A nova língua, do direito positivo, aproveita muitos dos conceitos colhidos da linguagem social, conferidos pelas regras de uso da comunidade participante do sistema. Pode ocorrer também, como visto, o abandono daqueles conteúdos de significação, para determinação de outros, o que é legítimo na linguagem prescritiva, desde que o novo sentido seja expressamente atribuído ao conceito.

A situação que se mostra relevante é a de que cabe exclusivamente ao legislador a incorporação de situações ao sistema jurídico, como bem assevera Lourival Vilanova: "no direito comum [...], a conduta uniforme e reiterada não se converte em jurídica sem passar pela mão do juiz. O direito costumeiro implica na *(sic)* participação do juiz na produção espontânea das pautas da conduta."[39]

Não bastasse o uso de alguns conceitos pelo sistema jurídico de forma diferente dos outros sistemas, dentro do próprio ordenamento, essa diversidade é muito comum. Isso porque, do mesmo modo como o direito recorta da realidade social apenas os aspectos que são relevantes para a incidência normativa, aos diversos ramos do direito essa relevância, ou seja, esse recorte, também pode ser diferente de uma norma para outra. O conceito vai variar, desse modo, de acordo com a realidade jurídica em que estiver inserido.

Afirmando-se, novamente, ser o direito *uno* e *indecomponível*, separado em ramos exclusivamente para fins didáticos, tem-se que a análise das normas jurídicas não pode ser feita à parte dessa realidade. Para a compreensão do mandamento normativo, imperativo que esse estudo seja feito tomando em conta todo o sistema.

---

39. Proteção Jurisdicional dos Direitos numa Sociedade em Desenvolvimento. In: *Escritos jurídicos e filosóficos*. v. 2. São Paulo: Axis Mundi/IBET, 2003, p. 483.

O JURISTA COMO CENTRO DE INTERSECÇÃO ENTRE A CIÊNCIA E A EXPERIÊNCIA

Carlos César Sousa Cintra[1]
Daniel Mota Gutierrez[2]

"... é algo sem sentido cogitarmos do saber, em termos rigorosos, isolando a teoria da prática" – Paulo de Barros Carvalho[3]

Sumário: 1. Considerações iniciais – 2. Relevância da abordagem teórica: diálogo entre o giro linguístico, a teoria do conhecimento, a Ciência do Direito, a Teoria Geral do Direito e a Lógica Deôntico-jurídica: 2.1 Comunicação, linguagem e texto; 2.2 O conhecimento como fenômeno linguístico; 2.3 O Direito Positivo como linguagem-objeto de investigação e a Ciência do Direito como autêntica metalinguagem; 2.4 Normas jurídicas: enfoque segundo o Constructivismo Lógico-Semântico; 2.5 A Teoria Geral do Direito e a Lógica Deôntico-jurídica – 3. Inexistência entre o propalado "divórcio" entre teoria e prática – 4. Conclusão.

---

1. Doutor e Mestre pela Pontifícia Universidade Católica de São Paulo. Professor Adjunto da Universidade Federal do Ceará. Professor da Graduação e Pós-graduação da Unichristus. Professor Conferencista do IBET – Instituto Brasileiro de Direito Tributário. Membro do ICET – Instituto Cearense de Estudos Tributários. Advogado em Fortaleza.

2. Doutor e Mestre pela Pontifícia Universidade Católica de São Paulo. Professor da Graduação e Pós-graduação da Unichristus. Advogado.

3. *Direito tributário, linguagem e método*, 5ª ed., São Paulo: Noeses, 2013, p. 206.

1. Considerações iniciais

Em nosso País, constatou-se, nos últimos anos, o crescimento do interesse manifestado pelos que militam no campo tributário por temas próprios da Teoria do Direito, e de outros subdomínios do conhecimento (Filosofia, Lógica, Teoria do Conhecimento, Teoria da Linguagem etc.), com vistas a potencializarem as suas respectivas atuações profissionais.

Na verdade, a compreensão (ato gnosiológico que se submete ao influxo dos valores do sujeito cognoscente) da fenomenologia jurídica (realidade cultural)[4] na sua variada dimensão, impulsionada por motivações acadêmicas, assim como o engendramento de soluções apropriadas para inúmeros casos concretos dotados de maior complexidade, são pretensões que reclamam, do estudioso, o emprego de determinado ferramental teórico, nem sempre discutido nos manuais ou compêndios, que muitas vezes se limitam a tecer superficiais comentários acerca de certos documentos normativos, no todo ou em parte.[5]

Neste sentido, é de se reconhecer a grande contribuição provinda dos ingentes esforços empreendidos pelo Prof. Paulo de Barros Carvalho, no que concerne ao fomento de estudos avançados acerca de Teoria do Direito, Filosofia (geral e jurídica), Lógica, Hermenêutica, Linguagem e temas correlatos, com o fito de alargar os horizontes para desbravar novos caminhos epistemológicos.

Registramos ainda que se o grupo de estudos capitaneado por aquele admirado jurista, há mais de trinta anos

---

4. Paulo de Barros Carvalho adverte que "o direito é fato da cultura, sendo como todo objeto cultural, uma síntese entre valor e mundo natural, admitindo, por esse modo, uma investigação jurídica voltada para os valores e uma investigação do direito como realidade positivada". Princípios e sobreprincípios na interpretação do direito, *Revista da FESDT*, Porto Alegre, n. 7, p. 136, jan/jun 2011.

5. José Souto Maior Borges denuncia: "Em regra, predomina, nos livros didáticos, a superficialidade das noções ofertadas aos estudiosos e – o que é pior – aos apenas iniciados, por isso mesmo desprovidos de capacidade crítica suficientemente exercitada". *Obrigação tributária* – Uma introdução metodológica, 2ª ed., São Paulo, Malheiros, p. 13.

ininterruptos, do qual tivemos a singular (e prazerosa) oportunidade de assiduamente frequentar tempos atrás (1997 – 2000), preferentemente dedicava especial atenção às obras (livros, artigos etc.) do pranteado Lourival Vilanova (que segue encantando e influenciando muitos).O pensamento deste jusfilósofo passou a ser lucubrado a partir de expedientes complementares ("giro linguístico",[6] *in exemplis*), categorias estas que, como era de se esperar, ratificaram as argutas observações do insigne pensador pernambucano.

Assim, há quase duas décadas, diferentes autores de proa (Dado Scavino,[7] Vilém Flusser,[8] Manfredo Araújo de Oliveira,[9] Hans-Georg Gadamer,[10] Gregorio Robles,[11] entre outros) vêm sendo frequentemente visitados e cotejados com as precisas lições de Lourival Vilanova, numa busca incessante pela coerência e precisão que devem marcar o discurso que se propõe a tratar daqueles assuntos com zelo.

De tais reflexões, sobressaiu um método[12] de análise do direito, ancorado principalmente nos ensinamentos de Lou-

---

6. Robson Maia Lins aduz que o giro linguístico "é uma vertente da Filosofia da linguagem que rediscute os conceitos de verdade com olhos voltados para a linguagem, cuja função, longe de ser meramente descritiva de qualquer 'realidade dada', é constitutiva dessa realidade". *Controle de constitucionalidade da norma tributária: decadência e prescrição*. São Paulo: Quartier Latin, 2005, p. 45.

7. *La filosofia actual:* pensar sin certezas, Buenos Aires: Paidós Postales, 1999.

8. *Língua e realidade*, São Paulo, Annablume, 2004.

9. *Reviravolta linguístico-pragmática na filosofia contemporânea*. São Paulo: Loyola, 1996.

10. *Verdade e método*, 3ª ed., Petrópolis, Vozes, 1999.

11. *El Derecho como texto:* cuatro estudios de teoría comunicacional del derecho. Madrid, Civitas, 1998; *Teoría del derecho* (fundamentos de teoría comunicacional del derecho), Madrid: Civitas, 1998.

12. Vale aludir à seguinte lição de Gregorio Robles: "Siempre accedemos a la realidad desde una perspectiva. Así sucede paradigmáticamente en las ciencias, las cuales se construyen desde acendradas perspectivas llamadas métodos, cada uno de los cuales no es sino un instrumento para aproximarse al conocimiento de una materia". Perspectivismo textual y principio de relatividad sistémica en la teoría comunicacional del derecho, in *Teoria comunicacional do direito:* diálogo entre Brasil e Espanha. São Paulo: Noeses, 2011, p. 6.

rival Vilanova,[13] que entre outros méritos, presta-se a fornecer elementos seguros que verdadeiramente favoreçam as atuações acadêmica e profissional dos operadores do direito.

Referimo-nos ao "Constructivimo Lógico-Semântico",[14] proposta teórica cujas potencialidades têm proporcionado um aprofundamento quando do trato de diversas questões que despertam interesse na comunidade jurídica.

Ainda que o método em questão não esteja confinado a determinada subárea jurídica, consignamos ser inconteste o inestimável avanço (quantitativo e qualitativo) proveniente das inúmeras investigações deflagradas particularmente no subdomínio tributário, todas impulsionadas por uma analiticidade conjugada com um comedido culturalismo[15] inerentes a esse instigante modo de aproximação do universo jurídico (plataforma hermenêutica-analítica) designado de Constructivimo Lógico-Semântico.

Após essa curta digressão, salientamos que refoge aos nossos objetivos proceder a uma investigação abrangente sobre a totalidade dos pressupostos e desdobramentos ínsitos à eleição do Constructivismo Lógico-Semântico[16] como inventi-

---

13. Cf. Lourival Vilanova, *Escritos jurídicos e filosóficos*, v. I e v. II, São Paulo: Axis Mundi/IBET, 2003.

14. Interessa atentar para uma importante observação de Paulo de Barros Carvalho: "O Constructivismo Lógico-Semântico é, antes de tudo, um instrumento de trabalho, modelo para ajustar a precisão da forma à pureza e à nitidez do pensamento; meio e processo para a construção rigorosa do discurso, no que atende a um dos requisitos do saber científico tradicional". Algo sobre o Constructivismo Lógico-Semântico, in Paulo de Barros Carvalho ... (et al.), *Constructivismo lógico-semântico*, v. I, org. Aurora Tomazini de Carvalho. São Paulo, Noeses: 2014, p. 4.

15. Aquilo que permite discernir o Constructivimo Lógico-Semântico da filosofia analítica reside precisamente no prestígio ao culturalismo, até mesmo porque, como pronunciado por Lourival Vilanova, "é difícil entender a ação humana, propriamente tal, sem o mais leve teor de fim e de valor". Notas para um ensaio sobre a cultura, in *Escritos jurídicos e filosóficos*, v. II, São Paulo, Axis Mundi/IBET, 2003, p. 277.

16. Cf. Paulo de Barros Carvalho ... (et al.), *Constructivismo lógico-semântico*, v. I, org. Aurora Tomazini de Carvalho. São Paulo: Noeses, 2014.

va ferramenta para a compreensão do dado jurídico e resolução de problemas concretos, porquanto dita empresa exigiria um aprofundamento que presentemente não ambicionamos empreender.[17]

Na verdade, nesse despretensioso (e breve) escrito, tomando por base alguns aspectos salientados pela aduzida metodologia, pretendemos tão só enaltecer o inconfundível acerto manifestado pela multicitada assertiva de Lourival Vilanova, para quem "o jurista é o ponto de interseção entre a teoria e a prática, entre a ciência e a experiência".[18]

Acatando a exata lição acima reproduzida, passaremos imediatamente a discorrer sobre as premissas de que nos valemos quando do enfrentamento de problemas jurídicos (teóricos e práticos), para em seguida tratarmos especificamente sobre o papel do jurista enquanto sujeito ocupante de posição situada entre a teoria (ciência) e a prática (experiência).

2. Relevância da abordagem teórica: diálogo entre o giro linguístico, a teoria do conhecimento, a Ciência do Direito, a Teoria Geral do Direito e a Lógica Deôntico-jurídica

2.1 Comunicação, linguagem e texto

Onde quer que exista grupo social, então haverá necessariamente ação entre indivíduos. Dita interação somente se torna possível em razão da instalação de um processo formado por um sistema de significação, que exige a participação de dois ou mais seres humanos. Ao aludido processo chamamos

---

17. Cf. Aurora Tomazini de Carvalho, *Curso de teoria geral do direito* (o constructivismo lógico-semnântico), São Paulo: Noeses, 2009.

18. Fundamentos do Estado de Direito, in *Escritos jurídicos e filosóficos*, v. I, São Paulo: Axis Mundi/IBET, 2003, p. 414.

"comunicação";[19] ao mencionado sistema de significação denominamos "linguagem".[20]

De logo se vê que para o referido processo comunicacional inaugurar-se é necessária a presença dos invariantes componentes a seguir enumerados: remetente ou emissor, mensagem, destinatário ou receptor, contexto, código e canal físico de comunicação.[21]

Em apertadíssima síntese, devemos destacar que cada um dos referidos fatores constitutivos da comunicação possui a seguinte importância: 1) o remetente ou emissor tem por tarefa enviar uma mensagem, codificando-a de maneira que seja permitida tal transmissão; 2) ao destinatário ou receptor, que é quem acolhe a mensagem, cabe decodificá-la para um sistema que lhe permita entendê-la; 3) o contexto também interfere no processo de comunicação. Dependendo das circunstâncias em que se esteja transmitindo a mensagem, variados conteúdos de significação poderão surgir; 4) o canal nada mais é senão o veículo de que se vale o emissor para conduzir a mensagem. De acordo com o veículo utilizado, será possível ou não a transmissão desejada. Filmes, livros, fitas de áudio são exemplos de canais de comunicação. Não se confunde, portanto, com a mensagem mesma; 5) a mensagem, formada por uma série de elementos – letras, palavras, números, cores –, é o que se pretende tornar comum, partilhar; 6) o código comparece como sendo o repertório de regras de que deve dispor o emissor e o

---

19. Convém anotar que, dependendo da amplitude significativa conferida ao vocábulo "comunicação", excogita-se haver processos comunicacionais entre animais distintos do ser humano. Também há quem sugestione que os seres humanos comunicam-se tanto com animais quanto com seres inanimados. Cf. Siegrfied Maser, *Fundamentos de teoria geral da comunicação:* uma introdução a seus métodos e conceitos fundamentais, acompanhada de exercícios, trad. Leônidas Hegenberg, São Paulo, E.P.U., 1975, p. 2.

20. Assiste razão a Raimundo Bezerra Falcão, para quem "não há comunicação sem linguagem, nem linguagem e comunicação sem sentido", assim como "não há sistema social alheio ao sentido". *Hermenêutica*. São Paulo: Malheiros, 1997, p. 71.

21. Cf. Samira Chalhub, *A Metalinguagem*, 4ª ed., São Paulo: Editora Ática, 1998, p. 11-12.

receptor, a fim de ser viabilizada a transmissão e favorecido o entendimento da mensagem comunicada.[22]

Em compensação, esclarecemos que a presença de certos fatores pode ocasionar perturbação ou até a total inviabilidade do processo de comunicação. Estes ruídos têm como fonte de produção qualquer dos seis elementos relacionados como essenciais para a transmissão de mensagens.

Transpondo o que foi exposto para o domínio que iremos explorar (universo jurídico), é útil evidenciar, mais uma vez, que a existência de qualquer sociedade está condicionada, em última análise, à instalação de processos comunicacionais mediante o emprego de um sistema de signos pelos indivíduos que a compõem.

Além do mais, a multiplicidade dos fenômenos sociais resultantes daquela interação reclama a presença de um instrumento que estipule regras disciplinadoras das diferentes formas de portar-se de seus membros, de modo a ser mantida a unidade do grupo social.[23] Referimo-nos ao direito positivo (conjunto de normas jurídicas), autêntico fato comunicacional dirigido aos aplicadores e destinatários daquelas prescrições, cuja manifestação existencial reivindica a presença de linguagem que comunica, aos membros da coletividade, quais as condutas que devem ser seguidas (modais deônticos obrigatório, permitido ou proibido).[24]

---

22. Cf. Roman Jakobson, *Linguística e comunicação*, trad. José Paulo Paes e Isidoro Blikstein, 22. ed., São Paulo: Cultrix, 1999, p. 122-123.

23. Friederich Müller, retratando o direito como autêntico processo comunicacional regulador de condutas, assevera: "O ordenamento jurídico pode ser visto como um sistema de comunicação, como mecanismo de intercâmbio de mensagens mais imperativas do que informativas. A técnica de comunicação pode ser compreendida como uma ajuda imperativa de raciocínio para o ordenamento do convívio futuro de membros de um grupo social". *Direito linguagem violência*, Porto Alegre: Sérgio Antonio Fabris Editor, 1995, p. 38-39.

24. Lourival Vilanova descortina: "O 'universe of discourse' é feito para a 'community of discourse'. Diz algo entre os sujeitos que usam a linguagem. Esse dizer algo sobre uma situação objetiva (um *stato de cose* ou *state of affairs*) dá lugar ao estado semântico da proposição jurídica; o ser usada, o ser instrumentos entre os utentes,

CONSTRUCTIVISMO LÓGICO-SEMÂNTICO

Tomando de empréstimo as bases em que está fincado o Constructivismo Lógico-Semântico, na esteira do expoente maior da teoria comunicacional do direito – Gregorio Robles,[25] tem-se a convicção viva de que o direito, verdadeiro sistema comunicacional, permite a vida gregária por meio de decisões (texto verbalizado revelador de uma preferência resolutiva)[26], cuja interpretação (normas jurídicas), enquanto mecanismo que permite o seu entendimento, terá a virtude de disciplinar as ações humanas.[27]

Tendo em vista que a aparição dos fenômenos jurídicos somente ocorre quando alguém utiliza a linguagem para constitui-lo, dessa constatação dimana a necessidade de examinar o mundo jurídico, considerando aquilo que circunda o citado ambiente comunicativo em que ele está imerso (emitente – sujeito credenciado a cravar mensagens no sistema jurídico; mensagem – enunciados prescritivos; destinatário – sociedade), marcado pela presença do discurso (atos de fala dotados de estruturas sintática e semântica) como articulação do pensamento.

Em súmula: é verdadeira condição de existência do direito a sua formulação através de alguma linguagem (verbal ou escrita),[28]sobressaindo a ideia de que direito e texto (unidade

---

dá lugar à consideração pragmática". Lógica, Ciência do Direito e Direito, in *Revista de informação legislativa*, v. 9, n. 36, p. 336, out./dez. 1972.

25. Cf. *O direito como texto:* quatro estudos de teoria comunicacional do direito, trad. Roberto Barbosa Alves, Barueri, SP, Manole, 2005.

26. Gregorio Robles, na sua teoria comunicacional, exalta o conceito de decisão, elemento dinâmico do direito, afirmando que "sem decisão não há norma, nem instituição, não há vida jurídica". *O direito como texto:* quatro estudos de teoria comunicacional do direito, trad. Roberto Barbosa Alves, Barueri, SP: Manole, 2005, p. 3.

27. Gregorio Robles adverte: "La manera en que el Derecho existe en sociedad es, sobre todo, como un conjunto de expresiones o proposiciones de lenguaje cuya misión es regular o dirigir las acciones humanas. No es concebible una sociedad sin lenguaje, como tampoco es concebible sin Derecho." *Teoría del derecho* (fundamentos de teoría comunicacional del derecho), Madrid: Civitas, 1998, p. 66.

28. De acordo com Manfredo Araújo de Oliveira, "se a linguagem é a casa do ser, então ela é a nossa morada, porque somos ser-no-mundo; nossa compreensão do

CONSTRUCTIVISMO LÓGICO-SEMÂNTICO

linguística e histórica, dotada de significação, que possui organização específica) são noções indissociáveis.[29]

Acerca da definição de texto (objeto linguístico e histórico), em sentido amplo, podemos compreendê-lo como sendo tudo o que pode ser objeto de significação pela interpretação, e manifestado por meio de algum tipo de linguagem (palavras e imagens, por exemplo).[30] Já em sentido estrito, texto é a manifestação escrita firmada com a perspectiva de não ser algo efêmero, que ao surgir assume existência dissociada de quem o produziu, e enseja a apreensão da significação em sua globalidade ("totalidade de sentido").

E mais: a atribuição de significação aos textos jurídicos (interpretação) é atividade que sofre a influência dos parâmetros axiológicos que permeiam o intérprete, sujeito que irá proceder àquele itinerário produtivo de sentido.[31]

Desse modo, assentamos que a fenomenologia jurídica, que didaticamente admite ser especulada tomando por base as noções de ato, procedimento e norma,[32] deve ser atentamente

---

mundo é, sempre, linguisticamente interpretada. Enquanto lugar do evento do ser, a linguagem é aquele acontecimento originariamente único, no qual o mundo se abre para nós". *Reviravolta linguístico-pragmática na filosofia contemporânea.* São Paulo: Edições Loyola, 1996, p. 216.

29. Conclui Gregorio Robles: "A prova palpável de que o direito é texto está em que todo ordenamento jurídico é suscetível de ser escrito, isto é, de ser convertido em palavras. Até mesmo as normas que não nascem escritas, aquelas que são consuetudinárias, têm essa característica. O direito é *linguagem* no sentido de que a sua forma de expressão consubstancial é a linguagem verbalizada suscetível de ser escrita. Isto aparece especialmente no direito moderno, que já nasce escrito". *O direito como texto:* quatro estudos de teoria comunicacional do direito, trad. Roberto Barbosa Alves, Barueri, SP: Manole, 2005, p. 2.

30. Paulo de Barros Carvalho acrescenta que "o direito, no seu particularíssimo modo de existir, manifesta-se necessariamente na forma de linguagem. E linguagem é texto". *Direito tributário*: linguagem e método. 5ª ed., São Paulo: Noeses, 2013, p. 165.

31. Hans-Georg Gadamer ressalta que "um parceiro da conversação hermenêutica, o texto, só pode chegar a falar através do outro, o intérprete". *Verdade e método.* 3ª ed., Petrópolis: Vozes, 1999, p. 565.

32. Florence Haret sintetiza: "Se se quer produzir um ato, há de operá-lo mediante

171

observada como realidade inserida no contexto comunicacional humano.[33] Aqui, deparamo-nos com diferentes modos de expressão (verbal, *ad exemplum*) e manifestações de sentido, que tornam viável a instauração da comunicação ("diálogos") reclamada para fins de orientação do comportamento humano.[34]

Registramos, *en passant*, que naquele complexo ambiente comunicacional em que está situado o direito chamam atenção as noções de signo – unidade do sistema que possibilita a comunicação (I), palavra – signo dotado da máxima condição para representar objetos (II) e discurso – estrutura verbal escrita (texto) ou falada (conversação) (III).

Além disso, entendemos ser pertinente discernir as modificações que são introduzidas no mundo exterior (fenomênico), e que se esvaem imediatamente (I), do relato em linguagem de tais sucessos (II).[35]Por isso, adotamos a orientação teórica que chama aqueles acontecimentos de "eventos", e designa a descrição através de linguagem de tais sucedimentos de "fato".[36]

---

procedimento especificamente disposto em regra juridicizada". *A Filosofia Comunicacional e Sua Aplicabilidade Prática: as Contribuições da Teoria Comunicacional no Exame das Presunções no Direito*, DPU Nº 40 – Jul-Ago/2011 – Seção Especial – Teorias e Estudos Científicos, p. 209.

33. Somos da mesma opinião de Gregorio Robles, quando este autor conclui que "o Direito aparece ou se manifesta como texto, sua essência é ser texto, e sua existência real é idêntica a existência real de um texto". *O direito como texto:* quatro estudos de teoria comunicacional do direito. Trad. Roberto Barbosa Alves, Barueri, SP, Manole, 2005, p. 21.

34. Tárek Moysés Moussallem observa que "o legislar (Poder Legislativo), o julgar (Poder Judiciário), o executar (Poder Executivo) e o contratar (particulares) nada mais são do que ações realizadas mediante o proferimento de algumas palavras". *Revogação em matéria tributária*. São Paulo: Noeses, 2005, p. 61.

35. José Arthur Lima Gonçalves realça: "Os eventos – plano material, fenomênico – não existem para o plano dos objetos culturais antes de serem traduzidos – por meio de linguagem – em conceitos (fatos). O 'fato' é a fotografia linguística do evento, o 'fato' é o conceito do evento, transportando-o do plano fenomênico para o plano dos objetos culturais". Lançamento (meditação preliminar), in *Estudos em homenagem a Geraldo Ataliba 1 – Direito Tributário*, org. Celso Antônio Bandeira de Mello. São Paulo: Malheiros, 1997, p. 157.

36. Paulo de Barros Carvalho, com mestria, aparta os eventos – situados que estão

2.2 O conhecimento como fenômeno linguístico

Não sobeja repisar que a importância da estipulação dos pressupostos, por ocasião da elaboração de todo e qualquer conhecimento, reside no fato de eles atuarem como incontestados pontos de apoio para o exame acerca da consistência daquilo apresentado como conclusão. Essa definição das premissas, como atitude prévia a ser observada pelo sujeito, comparece como lídima necessidade epistemológica, porquanto esses pontos de partida atuam como genuínos referenciais para o exame acerca da consistência daquilo apresentado como conclusão.

A produção de conhecimento, sempre situada em uma específica contextura, também obriga o indivíduo a adotar uma atitude voltada à redução das manifestas dificuldades e complexidades reveladas pelo objeto (direito positivo, *exempli gratia*),[37] pois somente com esse agir torna-se possível a sua apreensão pelo indivíduo. Nesse contexto, estão inseridos o sujeito responsável pela mencionada absorção, o alvo cognitivo ou conteúdo ("objeto"), o ato de conhecer ("processo") e o resultado desse procedimento – o conhecimento ("produto").

Aflora à evidência, que numa acepção ampla, o mero perceber já aponta para a existência de algum conhecimento. Contudo, sendo um "fato complexo",[38] a configuração do co-

---

no mundo sensível – dos fatos – articulações de linguagem que apanham modificações do mundo fenomênico, alterações estas individualizadas por força de expressa determinação das coordenadas de espaço e de tempo em que se deu o evento. In *Direito Tributário* – Fundamentos jurídicos da incidência tributária. São Paulo: Saraiva, 1998, p. 88.

37. Lourival Vilanova admoesta: "Não é fácil isolar, da contextura total do existente, um setor autônomo, que sirva de base a um sistema de conhecimentos, porque a seção a que se leva a termo não deixa de ser arbitrária e artificial. Não há realidade que se compare à realidade histórico-social no que respeita à heterogeneidade de aspectos e à solidariedade com que tais aspectos se dispõem". *O problema do objeto da Teoria Geral do Estado*, Tese para a Cátedra de Teoria Geral do Estado, Recife, Universidade de Recife, 1953, p. 87.

38. Cf. Lourival Vilanova, *As estruturas lógicas e o sistema do direito positivo*. São Paulo: Noeses, 2005, p. 39.

nhecimento *stricto sensu* exige a realização de outros atos distintos da mera percepção, tais como a imaginação, abstração, reflexão e o julgamento.

Reconhecemos, portanto, que somente na fase conceptual, isto é, no instante em que aquele ato se expressa por meio de proposições – estruturas de linguagem reveladoras da significação ou do sentido daquela percepção –, é que se está diante de conhecimento específico ou pleno. Radica, nessa constatação, a razão de admitir que onde não há objetivação (interposição da linguagem) não há conhecimento completo.[39]

Noutras palavras: aos estreitos limites deste estudo, interessa sublinhar que a produção do conhecimento, enquanto resultado proveniente do ato de conhecer,[40] clama a presença da linguagem (proposições) para ser tido como o mais eficaz possível,[41] o que nos permite compreender a assertiva segundo a qual "conhecer é emitir proposições sobre...".

Acerca da linguagem, aderimos às linhas mestras traçadas pelo Constructivismo Lógico-Semântico, que ao atribuir-lhe a natureza autorreferente[42] afasta-se da orientação sustentada pela Filosofia da consciência (Kant), e aproxima-se da corrente filosófica designada de "giro linguístico" ou

---

[39]. Tárek Moysés Moussallem anuncia: "A importância da linguagem para o homem, encontra-se plasmada em sua inevitabilidade. A *linguagem é inevitável*. Permeia toda a realidade sociocultural, que por sua vez, condiciona a *ação humana*" (grifos do autor). *Revogação em Matéria Tributária*, São Paulo: Noeses, 2005, p. 8.

[40]. Aurora Tomazini de Carvalho destaca: "A palavra 'conhecimento' apresenta o vício da ambiguidade procedimento/ato, forma/conteúdo. Conhecer é um processo da consciência humana, que se sedimenta num ato, que tem uma forma e um conteúdo". *Curso de teoria geral do direito*. São Paulo: Noeses, 2009, p. 7

[41]. Seguimos Lourival Vilanova, para quem "há conhecimento na percepção; mas o conhecimento adquire sua plenitude no plano proposicional". *Lógica jurídica*. São Paulo: José Bushatsky, 1976, p. 16.

[42]. Relativamente ao princípio filosófico da autorreferenciabilidade da linguagem, Paulo de Barros Carvalho defende que a sua adoção "implica ver a linguagem como não tendo *outro fundamento além de si própria*, não havendo *elementos externos à linguagem (fatos, objetos, coisas, relações) que possam garantir sua consistência e legitimá-la*" (grifos do autor). *Direito Tributário – Fundamentos jurídicos da incidência tributária*. São Paulo, Saraiva, 1998, p. 5.

"reviravolta linguística",[43] segundo a qual tudo o que há no mundo que nos rodeia, incluído aí o conhecimento, é antes erigido por meio daquele sistema de significações.[44]

Assim, o que é extralinguístico está fora da possibilidade de ser representado intelectualmente pelo homem.[45] Em vez de se perscrutar sobre uma possível "essência" das coisas, relevante passa a ser o acesso à linguagem que dá sustentação aos fenômenos. Quando digo que "alguém conhece um objeto" é porque o sujeito consegue exprimir-se sobre este objeto por meio de um conjunto organizado de signos, visto que toda expressão cultural (o direito,[46] *verbi gratia*) está condicionada a um horizonte linguístico.

Então, afigura-se equívoco relacionar aquilo que é exterior ao discurso (referente) a determinado sentido (significante). As coisas não são dados preexistentes às proposições que a elas se referem.

---

43. Manfredo Araújo de Oliveira leciona: "Pouco a pouco se tornou claro que se tratava, no caso da 'reviravolta linguística' (*linguistic turn*), de um novo paradigma para a filosofia enquanto tal, o que significa dizer que a linguagem passa de objeto da reflexão filosófica para a 'esfera dos fundamentos' de todo pensar, e a filosofia da linguagem passa a poder levantar a pretensão de ser a 'filosofia primeira' à altura do nível de consciência crítica de nossos dias". *Reviravolta linguístico-pragmática na filosofia contemporânea*. São Paulo: Loyola, 1996, p. 12-13.

44. Dardo Scavino pontua que "o mundo não é um conjunto de coisas que primeiro se apresentam e logo são nomeadas ou representadas por uma linguagem". *A filosofia atual:* pensar sem certezas. Trad. Lucas Galvão de Britto. São Paulo: Noeses, 2014, p. 15.

45. Não é outra a opinião de Fabiana Del Padre Tomé: "Somente por meio da linguagem é possível o ato de conhecer. Descabe falar, porém, que inexistam objetos físicos onde não haja linguagem. O que se deseja demonstrar é que, pela linguagem, e somente por ela, a realidade social se constitui. A linguagem não cria o mundo-em-si, como objeto fenômico, mas sim sua compreensão, realidade objetiva do ser cognoscente". Teoria do fato e importância das provas, in *Constructivismo Lógico-Semântico*, v. I, org. Aurora Tomazini de Carvalho. São Paulo: Noeses, 2014, p. 328.

46. Para Lourival Vilanova "o direito como realidade social, elaborado pelo legislador (no sentido amplo), aplicado pelos juízes e cumpridos pelos membros da comunidade jurídica, opera como fator cultural no universo total da cultura". Lógica, Ciência do Direito e Direito, in *Revista de informação legislativa*, v. 9, n. 36, p. 336, out./dez. 1972.

Com efeito, conforme o paradigma que informa o Constructivismo Lógico-Semântico (giro linguístico), a linguagem, estrutura que efetivamente constrói a realidade, não é instrumento situado entre o sujeito cognoscente e o objeto, que os vincula. A linguagem, processo cultural de objetivação que constitui o conhecimento,[47] é responsável pela criação de ambos (sujeito e realidade), além de que a correlação provinda do conhecimento é sempre entre significantes.[48]

Ora, o conhecimento jurídico, cercado que está pelo cenário hermenêutico, não está a salvo do que foi apresentado até aqui quanto à perspectiva comunicacional e a absoluta dependência da linguagem para que seja possível construí-lo (e comunicá-lo), por meio da interpretação,[49] objetivando a solução de casos práticos.

2.3 O Direito Positivo como linguagem-objeto de investigação e a Ciência do Direito como autêntica metalinguagem

A despeito da existência de inúmeras possibilidades cognoscitivas posta à disposição do indivíduo, desde logo achamos por bem ressaltar, como um dos nossos pressupostos, que o enfrentamento de problemas jurídicos concretos, visando a oferecer alternativa(s) de solução para determinada discussão (judicial ou extrajudicial), requer do sujeito a eleição do conjunto

---

47. Manfredo Araújo de Oliveira admite: "[...] não existe mundo totalmente independente da linguagem, ou seja, não existe mundo que não seja exprimível na linguagem. A linguagem é o espaço de expressividade do mundo, a instância de articulação de sua inteligibilidade". *Reviravolta linguístico-pragmática na filosofia contemporânea*. São Paulo: Edições Loyola, 1996, p. 13.

48. Cf. Dardo Scavino, *A filosofia atual:* pensar sem certezas, trad. Lucas Galvão de Britto. São Paulo: Noeses, 2014, p. XII.

49. Para Hans-Georg Gadamer "a linguagem é o *medium* universal em que se realiza a própria compreensão", ao passo que "a forma de realização da compreensão é a interpretação". *Verdade e método*. 3ª ed., Petrópolis: Vozes, 1999, p. 566.

de normas jurídicas (universo homogêneo)[50] existentes *hic et nunc*[51] – o direito positivo, como sendo o seu objeto formal.

Disso se deduz que adotamos como referencial da Ciência do Direito *stricto sensu* (dogmática) as estruturas deônticas exibidas pelo direito permeadas dos valores e sobrevalores[52] dominantes na sociedade, tais quais se manifestam na realidade histórico-cultural. Esse isolamento do objeto apresenta-se como genuína condição necessária à edificação de qualquer ciência.[53] Porque entendemos que "a ciência é uma construção conceptual acerca de um setor autônomo do ser",[54] este tipo de saber, irrecusavelmente, trará consigo sempre o apanágio da parcialidade.

E mais: a referida demarcação metodológica, que proporciona uma verticalização da investigação jurídica, é guiada pelas inclinações axiológicas do responsável pelo referido recorte.[55]

---

50. Cf. Lourival Vilanova, Teoria da norma fundamental, in *Estudos em homenagem a Miguel Reale*, Teófilo Cavalcanti Filho (org.), São Paulo: Editora Revista dos Tribunais, 1977, p. 16.

51. Hans Kelsen, com quem nos pomos de acordo, aduz que "apreender algo juridicamente não pode, porém, significar senão apreender algo como Direito, o que quer dizer: como norma jurídica ou conteúdo de uma norma jurídica, como determinado através de uma norma jurídica". *Teoria Pura do Direito*. Trad. João Baptista Machado, 6ª ed., Coimbra: Armênio Amado Editora, 1984, p. 109.

52. Lourival Vilanova pontifica: "No jurídico – que ora nos interessa – os valores se revestem em forma normativa. O conteúdo de uma norma, o que a norma prescreve, a conduta que regula pressupõe o ato de preferir uns valores e recusar outros. Os valores estão presentes nas convicções estimativas vigentes na comunidade, no repertório de crenças e tendências espirituais que nunca faltam aos grupos e coletividade". *O problema do objeto da teoria geral do Estado*, Tese para a Cátedra de Teoria Geral do Estado, Recife, Universidade de Recife, 1953, p. 166.

53. Gregorio Robles lembra que "el ser humano está incapacitado para ver o compreender la realidad total". Perspectivismo textual y principio de relatividad sistémica en la teoría comunicacional del derecho, in *Teoria comunicacional do direito: diálogo entre Brasil e Espanha*. São Paulo: Noeses, 2011, p. 5

54. Lourival Vilanova, *Sobre o conceito do direito*, Recife, Imprensa oficial, 1947, p. 18.

55. Para Paulo de Barros Carvalho, "valor é o vínculo que se institui entre o agente do conhecimento e o objeto, tal que o sujeito, movido por uma necessidade, não se comporta com indiferença, atribuindo-lhe qualidades positivas ou negativas. *Direito tributário, linguagem e método*, 5ª ed., São Paulo: Noeses, 2013, p. 175.

Demais disso, é notório que a implementação da tarefa de falar sobre normas (metalinguagem ou sobrelinguagem), atividade também guiada pela carga axiológica de quem a realiza, importa a construção de sentido (interpretação). Para alcançar esse fim, impõe-se ao sujeito cognoscente, após identificar no ordenamento jurídico o(s) respectivo(s) veículo(s) ponente(s) do(s) ato(s) normativo(s), o dever de proceder a um judicioso exame da linguagem (enunciados normativos) por meio da qual as partículas de significação deôntica completa (linguagem-objeto) são expressas.

Cumpre-nos evidenciar que a predileção manifestada pela perspectiva nomológica, tomada em conta como algo individualizado historicamente, não importa a desconsideração de diferentes possibilidades de se aproximar para em seguida especular sobre o fenômeno jurídico. É induvidoso, pois, que há outras "ciências jurídicas em sentido amplo" – Sociologia do Direito, História do Direito, Psicologia do Direito etc.

Isso sem falar que todos esses outros conhecimentos jurídicos mencionados são dotados de mesma dignidade, não cabendo disputas em torno da prevalência desta ou daquela ciência jurídica. Mas o que lhes é comum é a presença daquelas unidades de significação mínima deôntica como dado a ser relevado pela investigação.

No campo das ciências, evidencia-se a importância do reconhecimento de níveis de linguagem, pois a verdade de um enunciado não pode ser ditada por linguagem do mesmo grau. O recurso a uma linguagem de nível elevado é algo obrigatório. Essa é a denominada teoria da hierarquia ou dos níveis de linguagem.[56]

---

56. Em outros termos, Lourival Vilanova sinaliza que "para se investigar uma linguagem é preciso servir-se de linguagem: essa a circularidade ou o hermetismo que rege todo o universo do discurso". Lógica, Ciência do Direito e Direito, in *Revista de informação legislativa*, v. 9, n. 36, p. 343-4, out./dez. 1972.

Temos, portanto, uma linguagem que fala da linguagem das normas jurídicas.[57] É de se concluir, então, que a Ciência do Direito, legítima metalinguagem dotada de natureza constitutiva, tem como linguagem-objeto o direito positivo.[58] Aquela área do saber jurídico, portanto, emite proposições (descritivas) sobre proposições (prescritivas).[59]

Pois bem, ao focar o direito positivo (linguagem objeto – L0), com interesse cognoscitivo, verifica-se que os enunciados desse tipo de discurso (linguagem de nível superior – L1)[60] serão verdadeiros se a descrição guardar correspondência com a realidade normativa tomada como base empírica.

Além disso, com propósitos didáticos, admite-se a análise dos signos integrantes dos textos jurídicos segundo as seguintes perspectivas: sintática (signo-signo), semântica (signo-significação) ou pragmática (signo-modo como os usuários o empregam),[61] que a teoria comunicacional do direito nomeou

---

57. Paulo de Barros Carvalho, ao prefaciar um livro de Clarice Von Oertzen de Araújo, assinala que "travar contacto com o Direito é deparar-se, invariavelmente, com a linguagem, seja no tópico do direito posto, como no estrato das proposições descritivas da Ciência". *Semiótica do Direito*, São Paulo: Quartier Latin, 2005, p. 9.

58. Lourival Vilanova elucida: "No caso da Ciência-do-Direito, os enunciados científicos se deparam com uma camada intercalar de enunciados, nos quais se exprimem normas, que fazem parte do objeto de conhecimento. Entrepondo-se assim, a linguagem da ciência jurídica passa a ser linguagem sobre linguagem, tomando a linguagem do direito positivo como linguagem-objeto". Níveis de Linguagem em Kelsen (norma jurídica e proposição jurídica), in *Nomos – Revista do Curso de Mestrado em Direito da UFC*, Fortaleza, 1982, n. ½, p. 23.

59. Paulo de Barros Carvalho lembra que em sendo o direito um objeto cultural, "a *descritividade* adquire outra proporção de significado, precisamente porque a experiência é condicionada por múltiplos fatores, entre eles os econômicos, ideológicos, sócio-políticos, históricos, psicológicos etc." Breves considerações sobre a função descritiva da Ciência do Direito Tributário, in *Ensaios sobre jurisdição federal*, coord. Paulo de Barros Carvalho e Robson Maia Lins. São Paulo: Noeses, 2014, p. 6.

60. Consoante fecundo magistério de Lourival Vilanova, "é inevitável: onde há uma linguagem, cabe falar sobre ela, convertendo a linguagem de que se fala em linguagem-objeto e aquela com a qual se fala em metalinguagem". *Lógica jurídica*. São Paulo: José Bushatsky, 1976, p. 51-52.

61. Cf. Clarice von Oertzen Araújo, *Incidência Jurídica:* teoria e crítica. São Paulo: Noeses, 2011, p. 165.

de teoria formal, teoria da dogmática jurídica e teoria das decisões, respectivamente.[62]

Acreditamos, pois, que, com o reconhecimento a que nos referimos anteriormente – o direito exprime-se por meio de uma camada de linguagem,[63] exsurgem novas perspectivas para enfrentar a problemática que circunda o mundo jurídico, e essa ampliação do campo de visão do profissional do direito trará como consequência o surgimento de resultados originais e adequados no pertinente à resolução de situações cotidianas. Por isso, pugnamos pela adequação de tal opção epistemológica – o Constructivismo Lógico-Semântico.

2.4 Normas jurídicas: enfoque segundo o Constructivismo Lógico-Semântico

Sem despender maiores energias, percebe-se o quanto é estreito o relacionamento entre aquilo que os juristas investigam (direito positivo) e a linguagem, que neste trabalho consideramos como sendo o modo pelo qual os seres humanos utilizam a língua – sistema convencional e estático de signos, que determinado grupo emprega para realizar a comunicação, para veicular ideias ou sentimentos.

Com efeito, segundo a proposta aqui acolhida, onde existirem normas jurídicas será necessária a presença de uma linguagem empregada na função prescritiva[64] que as veicu-

---

62. Gregorio Robles anota: "La teoría comunicacional del derecho divide su tarea en tres grandes capítulos, cada uno de los cuales considera el texto jurídico en una perspectiva diferente. Esos tres niveles de análisis son: la teoría formal, la teoría de las decisiones y la teoría de la dogmática jurídica. Corresponden respectivamente, en una concepción semiótica, a la sintaxis, a la pragmática y a la semántica." La Justicia en los juegos, *Revista de Direito Tributário* n. 103, São Paulo, Malheiros, 2009, p. 9.

63. Paulo de Barros Carvalho, prefaciando obra de Gregorio Robles, pregoa: "O Direito, no seu particularíssimo modo de existir, manifesta-se necessariamente na forma de linguagem. E linguagem é texto". *O direito como texto: quatro estudos de teoria comunicacional do direito*. São Paulo: Manole, 2005, p. VIII.

64. Paulo de Barros Carvalho elucida: "Linguagem prescritiva de condutas

le. Por isso, é correto correlacionar aquilo que o jurista busca perscrutar com determinados fenômenos linguísticos, o que nos autoriza assumir o direito positivo como estrato de linguagem.[65] Na verdade, ele é anunciado em linguagem[66] – nitidamente condicionada pela experiência e permanentemente aberta ao incremento de novos enunciados, que se preordena a regular comportamentos interpessoais.

Logo, na ordenação ou regulação de condutas numa dada sociedade, através da imposição de valores nela predominantes, função própria do direito, tem-se ali um típico processo comunicacional, cuja realização se dá, iniludivelmente, por intermédio da adoção da linguagem em sua função prescritiva de condutas.[67]

Com arrimo nesses ensinamentos, constata-se que a Semiótica – ciência que cuida de estudar os signos considerados dentro do processo de comunicação[68] – assume *status* de

---

presta-se à expedição de ordens, de comandos, de prescrições dirigidas ao comportamento das pessoas. [...] As ordens não são verdadeiras ou falsas, mas sim válidas ou não válidas. Estes últimos são os valores lógicos da linguagem prescritiva e sua sintaxe é estudada pela chamada Lógica Deôntica, de que faz parte a Lógica Deôntico-jurídica, cujo objeto é a organização sintática da linguagem do direito positivo". *Direito tributário:* linguagem e método, 3ª ed., São Paulo: Noeses, 2009, p. 41-42.

65. Lourival Vilanova comenta: "A linguagem, mais especificamente, a proposição está aqui no seu primeiro plano: no direito-objeto, que é o direito positivo. E linguagem feita como instrumento de comunicação, como veículo entre os sujeitos, que formam a comunidade da linguagem". Lógica, Ciência do Direito e Direito, in *Revista de informação legislativa*, v. 9, n. 36, p. 336, out./dez. 1972.

66. Gregorio Robles explica que "o direito é *linguagem* no sentido de que sua forma de expressão consubstancial é a linguagem verbalizada suscetível de ser escrita". *O direito como texto: quatro estudos de teoria comunicacional do direito.* São Paulo: Manole, 2005, p. 2.

67. Enaltecendo o traço instrumental do Direito e simultaneamente associando a sua manifestação a aspectos linguísticos, é notável a lição de Lourival Vilanova: "Altera-se o mundo físico mediante o trabalho e a tecnologia, que o potencia em resultados. E altera-se o mundo social mediante a linguagem das normas, uma classe da qual é a linguagem das normas do Direito". *As estruturas lógicas e o sistema do direito positivo.* São Paulo: Noeses, 2005, p. 42.

68. Cf. Umberto Eco, *O signo*, trad. Maria de Fátima Marinho. Lisboa: Presença, 1990, p. 19.

fecundo instrumento de que deve aproveitar-se o jurista para aproximar-se, em termos cognoscitivos, de seu objeto de estudo: as normas jurídicas.

De seu turno, os profissionais que militam no universo jurídico utilizam em seus discursos cotidianos a locução "norma jurídica" para expressar as entidades mais diversas. Amiúde encontramos essa expressão associada ao texto situado em veículos que se prestam a introduzir prescrições no sistema jurídico. Numa acepção ampla, essa formulação é plenamente aceitável, vez que é ditada pelos usos e costumes jurídicos próprios do ambiente forense. Mas quem intenta imprimir a seu trabalho a nota da cientificidade tem de burilar aquela essencial noção até chegar a um conceito de norma jurídica *stricto sensu*.

Em termos rigorosos, não podemos deixar de distinguir norma jurídica do que se encontra impresso nos inúmeros textos que veiculam o direito positivo. Do mesmo modo, norma jurídica dista de ser o simples conjunto de palavras prescritivas utilizadas oralmente por autoridade competente. Norma jurídica (*stricto sensu*) é ente inconfundível com as formulações escritas ou orais procedidas pelas pessoas autorizadas juridicamente a empreender tal atividade.[69]

Na verdade, temos que norma jurídica (*stricto sensu*) é a significação deôntica mínima, completa e objetiva, sobre fatos e condutas (significado) em interferência recíproca. É, pois, o menor elemento (signo) integrante da linguagem jurídica, marcada pela presença de uma homogeneidade sintática (antecedente – consequente).

Ressalte-se a procedência de se asseverar que é partindo das sentenças prescritivas (suporte físico) que construímos as normas jurídicas – mínimo deôntico dotado de sentido

---

69. Seguimos, pois, a profícua lição de Lourival Vilanova: "A norma jurídica não é a oralidade ou a escritura da linguagem, nem é o ato-de-querer ou pensar ocorrente no sujeito emitente da norma, ou no sujeito receptor da norma, nem é tampouco a situação subjetiva que ela denota. A norma jurídica é uma estrutura lógico sintática de significação: a norma conceptua fatos e condutas ...". *Níveis de linguagem em Kelsen (norma jurídica / proposição jurídica)*, p. 27.

completo. Apesar disso, não estamos autorizados a inferir que os enunciados prescritivos que estão nos textos normativos ou nos discursos orais das autoridades reconhecidas como competentes pelo sistema jurídico, isto é, as orações que habitam a vasta linguagem do direito positivo (base material), rigorosamente, sejam normas jurídicas em sentido estrito.

É de bom alvitre também salientar que nem sempre as significações isoladas das sentenças prescritivas correspondem a normas jurídicas. São incontáveis os casos em que, a fim de se chegar àquela figura irredutível dotada de significação completa (regra jurídica *restricto sensu*), requer-se do aplicador do direito a articulação de algumas dessas significações, que por sua vez são construídas a partir de enunciados dispostos, repetidas vezes, em veículos introdutórios diferentes.

Por consequência, de acordo com o modelo teórico de que nos valemos, norma jurídica ou regra jurídica, em sentido estrito, é a significação colhida pelo intérprete, após a conjugação dos sentidos de uma série de enunciados prescritivos, estes sim, situados no plano da literalidade textual, significação essa cujo conteúdo é disciplinar comportamentos intersubjetivos.[70]

No conceito que acabamos de apresentar reside um aspecto merecedor de destaque: toda e qualquer entidade normativa é algo que o exegeta constrói interpretando o único dado objetivado – posto em termos intersubjetivos – de que ele dispõe, que são os textos brutos encontrados nos inúmeros diplomas do direito positivo. É o jurista reescrevendo, de modo formalizado (hipótese / consequência / functor deôntico), as mensagens prescritivas veiculadas nos textos do direito posto.[71]

---

70. Gregorio Robles reitera que o sentido inerente à norma jurídica é exatamente o de "dirigir, orientar, regular a ação humana, direta ou *indiretamente*". *O direito como texto: quatro estudos de teoria comunicacional do direito*, Tradução de Roberto Barbosa Alves, Bauru, Manole, 2005, p. 29.

71. Nas palavras de Lourival Vilanova: "O revestimento verbal das normas jurídicas positivas não obedece a uma forma padrão. Vertem-se nas peculiaridades de cada idioma e em estruturas gramaticais variadas. [...] É preciso reduzir as múltiplas modalidades verbais à estrutura formalizada da linguagem lógica para obter-se a

Em outras palavras: é o exegeta quem responde pela construção das estruturas lógicas dotadas de total sentido deôntico – normas jurídicas em sentido estrito –, unidades essas que prescrevem os modelos de conduta a serem obedecidos pelos membros de uma dada coletividade.

Por sua vez, como consideramos a linguagem como dado indispensável à configuração dos fatos,[72] que nada mais são senão os conceitos dos acontecimentos, então, eventos brutos que contenham os traços descritos em certa hipótese normativa não bastam para desencadear os efeitos previstos no consequente desta norma jurídica. A mera alteração fenomênica indicada hipoteticamente na regra jurídica, portanto, não configura fato jurídico.[73]

Em diferentes palavras: os eventos ou dados da experiência, que possuem os elementos previstos conotativamente no antecedente de estruturas normativas, não habitam o plano do estritamente jurídico. Para que ocorra o ingresso no universo do direito, é preciso linguagem competente, segundo o sistema do direito positivo, que constitua o mero evento em fato jurídico.

---

fórmula 'se se dá um fato F, então o sujeito S', deve fazer ou deve omitir ou pode fazer ou omitir conduta C ante outro sujeito S'''". *Estruturas lógicas e o sistema e direito positivo*, São Paulo, Noeses, 2005, p. 91.

72. Tárek Moysés Moussallem, escorado nas lições de Jonh Searle (*The construction of social reality*, London, Penguin, 1995, p. 2), distingue os fatos brutos (existência não dependente da vontade humana) dos fatos institucionais (existência dependente da convenção humana), e atesta: "[...] o fato bruto, para ingressar no universo humano, requer a linguagem. E si mesmo, o fato bruto independe da linguagem, todavia, para se instaurar na 'comunidade intersubjetiva do discurso', deve ser linguisticamente construído". *Revogação em Matéria Tributária*, São Paulo, Noeses, 2005, p. 8-9.

73. José Arthur Lima Gonçalves anota: "[...] o direito cria suas próprias realidades, por meio de conceitos. Ainda quando um conceito jurídico se refira a um fato, não é o próprio evento do mundo fenomênico que é objeto de cogitações pelo direito, mas sim o conceito lingüístico deste evento, que denominamos fato jurídico". Lançamento (meditação preliminar), in *Estudos em homenagem a Geraldo Ataliba 1 – Direito Tributário*, org. Celso Antônio Bandeira de Mello, São Paulo, Malheiros, 1997, p. 153.

2.5 A Teoria Geral do Direito e a Lógica Deôntico-jurídica

Numa aproximação preliminar, admite-se que o entendimento e a explicação dos fenômenos (naturais, sociais etc.) dá-se por meio de um conjunto organizado de proposições ("produto") que se relacionam, sistema este fundado com base na movimentação do pensamento (atos cognitivos) realizada pelo homem ("processo")[74]. É o que denominamos de teoria.

Nessa toada, cabe salientar que a designada "Teoria Geral do Direito", disciplina de cunho eminentemente propedêutico, ocupa-se dos conceitos comuns[75] aos diferentes subdomínios (direito civil, direito penal, direito tributário, direito processual, direito administrativo, direito constitucional etc.) integrantes dos diversos sistemas jurídicos existentes, não estando ela circunscrita a determinada ordem jurídica ou seara do direito.

Edificada a partir de seguidos níveis de abstração, tendo por base dados da experiência jurídica universal – observação dos fenômenos jurídicos, que se expressam por meio da linguagem, a "Teoria Geral do Direito" assume condição de extensão das ciências jurídicas dogmáticas[76] à medida que nos oferece conceitos fundamentais[77] por meio da generalização,

---

[74]. Para Lourival Vilanova, "autêntica teoria é todo sistema de proposições orientado para um objeto com fim específico". *O problema do objeto da Teoria Geral do Estado*, Tese para a Cátedra de Teoria Geral do Estado, Recife, Universidade de Recife, 1953, p. 11.

[75]. Lourival Vilanova salienta que "em todo o sistema conceptual, existe um grupo de conceitos fundamentais, cuja amplitude cobre todo o território científico sobre o qual dito sistema repousa". Sobre o conceito do Direito, in *Escritos jurídicos e filosóficos*, v. I, São Paulo: Axis Mundi/IBET, 2003, p. 10.

[76]. Consoante Lourival Vilanova, "a dogmática toma a linguagem como veículo permeável, através do qual busca as significações normativas, que são concretas". Lógica, Ciência do Direito e Direito, in *Revista de informação legislativa*, v. 9, n. 36, p. 340-41, out./dez. 1972.

[77]. Lourival Vilanova, ao distinguir conceito geral (*Allgemeiner Begriff*) de conceito fundamental (*Grundbergriff*), aduz que "conceito fundamental é aquele sem o qual não é possível ordenamento jurídico [...] é condição da possibilidade do direito positivo e da Ciência do Direito positivo". *Causalidade e relação no direito*. 4ª ed., São Paulo: Saraiva, 2000, p. 238-239.

noções estas que permanecem invariáveis independentemente da realidade empírica a que elas venham a ser aplicadas.

Tendo em vista que sua função primordial consiste em colaborar na compreensão dos fenômenos jurídicos, onde quer que eles aconteçam, à Teoria Geral do Direito atribui-se uma serventia universal. Salta à evidência que esse setor do conhecimento jurídico é composto por um conjunto de conceitos decorrentes da experiência jurídica manifestada pelas ordens jurídicas parciais, inobstante não haja correspondência a nenhuma província específica do direito posto.

Com efeito, muitas são as categorias de Teoria Geral do Direito que são empregadas pelos estudiosos, com o propósito de investigar os fenômenos jurídicos e propor soluções para casos práticos. Entre outras, destacamos as seguintes: sistema jurídico, ordenamento jurídico, direito objetivo, direito subjetivo, norma jurídica, princípios jurídicos, regras jurídicas, fontes do direito, hierarquia, validade, eficácia, licitude, ilicitude, tipicidade, infração, sanção, incidência, hipótese de incidência, fato jurídico, efeito jurídico, relação jurídica, dever jurídico, sujeito ativo, sujeito passivo, capacidade, competência, causalidade jurídica, subsunção, nulidade, lacunas, interpretação, integração e aplicação, prova, presunção etc.[78]

A fim de sistematizar tais conceitos, à Teoria Geral do Direito compete apontar e selecionar aquilo que se mostra comum nas diferentes ordens normativas, e que em razão disso assumirá a condição de um dado *a priori*, identificado com base na experiência, que permitirá a compreensão da fenomenologia jurídica.

À guisa de remate, é de bom alvitre perceber que a Teoria Geral do Direito[79] não se confunde com outra metalinguagem

---

78. Cf. Aurora Tomazini de Carvalho, *Curso de teoria geral do direito (o constructivismo lógico-semântico)*, São Paulo: Noeses, 2009.

79. Lourival Vilanova considera a Teoria Geral do Direito como "teoria dos conceitos normativos fundamentais, prolongando a abstração generalizadora a partir das ciências jurídicas especializadas". *Causalidade e relação no direito*, 4ª ed., São Paulo,

– a Lógica formal do direito ou Lógica Deôntico-jurídica, considerada esta como legítima teoria formal da linguagem jurídica.[80] Este domínio do conhecimento assume foros de relevante instrumento de análise do direito uma vez que dedica atenção exclusiva ao estudo da sintaxe (signo-signo) da linguagem do direito (suporte material – direito positivo e/ou Ciência do Direito), mediante o processo de formalização – metalinguagem formal ou sintática.[81]

Quanto à linguagem formalizada, versada por meio de símbolos, ela é do tipo que nenhuma referência faz à realidade. Portadora de uma rígida e bem construída estrutura sintática, a partir do instante em que a linguagem formalizada alcança a total simbolização, ela traz consigo a vantagem de seus termos possuírem apenas uma significação. Isto lhe confere enorme precisão, daí por que a formalização da linguagem, por exemplo, é o mecanismo mais eficaz para expressar relações.[82]

Portanto, partindo dos enunciados prescritivos, é possível sacar as proposições jurídicas, ficando a cargo da Lógica jurídica formal por em evidência a estrutura formal (variáveis – categoremas; constantes – functores ou sincategoremas) de tais unidades, assim como das relações por elas firmadas entre si, independentemente de quaisquer conteúdos de

---

Revista dos Tribunais, 2000, p. 13.

80. Destaca Lourival Vilanova: "O que a experiência do direito oferta como dado objetivo para a análise formal é o fato de o direito ser constituído em linguagem, de o dado conter uma capa simbólica, constituinte dele". Lógica, Ciência do Direito e Direito, in *Revista de informação legislativa*, v. 9, n. 36, p. 337, out./dez. 1972.

81. Lourival Vilanova defende que a lógica formal do direito "é uma formalização em termos de linguagem do conhecimento jurídico e da linguagem do direito positivo, objeto desse conhecimento". Lógica, Ciência do Direito e Direito, in *Revista de informação legislativa*, v. 9, n. 36, p. 345-46, out./dez. 1972.

82. De acordo com Paulo de Barros Carvalho, no processo de formalização "deixamos de lado os núcleos específicos de significação das palavras para ficar com os signos convencionalmente estabelecidos, que não apontam para este ou para aquele objeto e sim para o objeto em geral". *Direito tributário:* linguagem e método, 5ª ed., São Paulo: Noeses, 2013, p. 72.

significação (plano semântico) revelados pela linguagem jurídica,[83] ou dos possíveis vínculos estabelecidos entres tais sentidos e os seus respectivos usuários (plano pragmático).

É mister registrar, no âmbito do Constructivismo Lógico-Semântico, que a compreensão do direito requer que, além da análise da estrutura sintática, adentremos nos planos semânticos e pragmáticos da linguagem jurídica, o que se dá quando da realização da atividade de interpretação e aplicação do direito. Mas essa conclusão em nada prejudica reconhecer como absolutamente necessário o enfoque sintático ("analítica do formal") proporcionado pela Lógica jurídica formal,[84] até mesmo porque, numa etapa posterior ("processo de desformalização"), o sujeito regressa à experiência integral do direito exatamente quando interpreta aquelas convenções simbólicas utilizadas pela lógica formal.

Feitas as apropositadas locuções prefaciais, é chegado o momento de retomar a difundida orientação que põe o jurista como ponto de convergência entre a ciência (teoria) e a experiência (prática).

3. Inexistência do propalado "divórcio" entre teoria e prática

Depois da visão panorâmica até aqui expendida sobre variada temática que se nos apresente como de inequívoca utilidade, interessa-nos discorrer acerca das implicações mútuas

---

83. Sintetiza Lourival Vilanova: "A linguagem concreta do direito positivo é o *index temático*, através do qual a Lógica encontra seu *fim temático*". Lógica, Ciência do Direito e Direito, in *Revista de informação legislativa*, v. 9, n. 36, p. 337, out./dez. 1972.

84. Comentando sobre os limites inerentes à Lógica jurídica, Lourival Vilanova admoesta: "Providos de formas lógicas, temos parte do instrumental para percorrer agilmente todos os setores do conhecimento. Com finura e perícia, podemos elaborar os conceitos e suas articulações, as estruturas que não dependem desta ou daquela área do saber e, por isso mesmo, são instrumentos fecundos e indispensáveis para qualquer campo de cultivo que nos seja reservado por irresistível vocação, ou acidental destinação exterior". *Estruturas lógicas e o sistema e direito positivo*. São Paulo: Noeses, 2005, p. 304.

existentes entre a dimensão teórica do direito, em toda a sua amplitude, e seus aspectos práticos, de sorte a evidenciar o que verdadeiramente incumbe ao jurista: ser o elo entre a ciência (teoria) e a experiência (prática).

Inicialmente urge deixar assentado que não há como negar que as construções teóricas têm de voltar-se àquilo que deparamos em nosso labor diário, já que não há saber jurídico desprovido de interesse prático. Direito positivo, Ciência do Direito e Lógica Deôntico-jurídica, embora ocupantes de patamares diferentes, têm como ponto de largada a experiência jurídica, em seu enredo linguístico.

De igual modo, a atuação profissional sempre solicita um *quantum* de conhecimento teórico[85] como apoio para tomada de posição quanto ao(s) caminho(s) a ser(em) seguidos rumo à resolução de questões práticas sob sua apreciação.

Então, conferir praticidade à teorização,[86] e sempre lançar mão do vasto aparato teórico para enfrentar casos concretos, são posturas que devem nortear a atuação do estudioso do direito quando da busca de novas formas de explicar e compreender os meandros ínsitos à fenomenologia jurídica (teoria), objetivando interferir no mundo jurídico (prática).[87]

---

85. Lourival Vilanova é incisivo: "O advogado não atua, não intervém para alterar a circunstância social, econômica, política, sem uma quantia, maior ou menor, de saber científico do direito. Por sua vez, o jurista, que é mais homem de ciência que de experiência, jamais reduz-se a um puro teórico. Manipula problemas delicados e sua é a força generalização para alcançar o domínio científico". Fundamentos do estado de direito, in *Escritos jurídicos e filosóficos*, v. I, São Paulo, Axis Mundi/IBET, 2003, p. 413.

86. M. Bunge assinala que "toda pesquisa, não importa de que tipo seja, propõem-se a resolver um conjunto de problemas". *Epistemologia:* curso de atualização, trad. Cláudio Navarra, 2ª ed., São Paulo, T. A. Queiroz: Editora da Universidade de São Paulo, 1980, p. 24.

87. Paulo de Barros Carvalho sinaliza que "a epistemologia pressupõe a dialética e a interdependência entre as proposições teóricas e os objetos do mundo, de tal sorte que aquelas, ordenadas racionalmente, possam descrever estes últimos de modo satisfatório". *Direito tributário, linguagem e método*, 5ª ed., São Paulo, Noeses, 2013, p. 206-7.

CONSTRUCTIVISMO LÓGICO-SEMÂNTICO

Sem embargo, entre os operadores do direito, há um expressivo segmento que segue revelando uma inconcebível fobia ao discurso teórico, sob o pretexto de que haveria uma distância abissal entre teoria e prática no direito. Vezes sem conta alega-se que o contato com a "realidade jurídica", por meio do exercício profissional, dispensaria o emprego de formulações teóricas ou outras reflexões críticas, o que sugeriria haver uma evidente defasagem entre teoria e prática.

Porém, não hesitamos em afirmar que dita aversão finda por comprometer os resultados obtidos, sob os prismas quantitativo e qualitativo. É que a superficial análise do direito positivo, desprovida do exigido suporte teórico, culmina com o oferecimento de alternativas estéreis e triviais, que em nada concorre para a resolução de questões jurídicas relevantes, nem tampouco ajudam o aperfeiçoamento do sistema jurídico.

Nesse quadro, cabe rechaçar a açodada opinião segundo a qual a abordagem teórica é algo restrito ao universo acadêmico do direito. Ao contrário do que apregoam aqueles que se mostram avessos às teorizações, há sim uma constante ação recíproca entre teoria e prática,[88] que nos permite enxergar a existência de uma perspectiva unitária,[89] mesmo que inexista identidade entre os prefalados domínios – "unidade na diversidade".[90]

Ora, ao dar utilidade ao debate teórico, na procura de soluções para questões jurídicas de ordem prática, o jurista acusa ser portador de maturidade intelectual que lhe proporciona um nítido aprimoramento profissional.[91]

---

88. A esse respeito, Lourival Vilanova alude a um "processo dialético intérmino, sem repouso, entre os dois pólos: a experiência jurídica e a teoria dessa experiência". Fundamentos do estado de direito, in *Escritos jurídicos e filosóficos*, v. I, São Paulo, Axis Mundi/IBET, 2003, p. 414.

89. No mesmo rumo, Aurora Tomazini de Carvalho conclui: "não existe prática sem teoria e nem teoria sem prática. Nenhum caso concreto é conhecido ou resolvido sem um conjunto de proposições que o explique e nenhum conjunto de proposições explicativas é construído sem uma concretude que o reclame". *Curso de teoria geral do direito (o constructivismo lógico-semântico)*, São Paulo, Noeses, 2009, p. 4.

90. Cf. C.M. Santos, *Na prática a teoria é outra? Mitos e dilemas na relação entre teoria, prática, instrumentos e técnicas no Serviço Social*. Rio de Janeiro: Lumem Juris, 2010, p. 5.

91. Lourival Vilanova acentua que "a separação entre ciência jurídica e realização

Outro aspecto digno de registro tem que ver com o que se apresenta como pressuposto da aplicação do direito posto pelas autoridades administrativas ou judiciais. Referimo-nos à interpretação, atividade criativa posta em prática cotidianamente pelos profissionais do direito, que nada tem de singela,[92] posto ser o direito um fenômeno plurilateral.

Muito a propósito frisamos que, de rigor, é por meio da interpretação que se dá a aproximação entre os dois universos do discurso – a ciência e a experiência.

Ainda acerca da interpretação, verifica-se que o inevitável percurso gerador de sentido exige muito do intérprete, porquanto a construção de sentidos no âmbito jurídico, como dito antes, exige uma sólida bagagem teórica a fim de que sejam obtidos resultados satisfatórios.

Vale prevenir que os que direta ou indiretamente transitam no mundo jurídico (cientista, legislador, juiz, auditor, parecerista, assessor jurídico, delegado de polícia, servidor público, advogado etc.), diuturnamente, estão sempre mirando fatos e normas, unidades estas que segundo nossas premissas, inexoravelmente, expressam-se pela linguagem, cuja compreensão é sempre precedida de uma leitura, seguida da interpretação.

Noutros símbolos: são os textos, como *locus* onde se manifestam linguagem e sentidos, que se apresentam como objeto de manipulação pelo operador do direito (prática).[93] E este ár-

---

do direito é um corte metodológico feito na experiência". Lógica, Ciência do Direito e Direito, in *Revista de informação legislativa*, v. 9, n. 36, p. 354, out./dez. 1972.

92. No dizer de Paulo de Barros Carvalho: "A interpretação pressupõe o trabalho penoso de enfrentar o percurso gerador de sentido, fazendo com que o texto possa dialogar com outros textos, no caminho da intertextualidade, onde se instala a conversação das mensagens com outras mensagens, passadas, presentes e futuras, numa trajetória sem fim, expressão da inesgotabilidade". *Direito tributário:* linguagem e método, 5ª ed., São Paulo, Noeses, 2013, p. 196.

93. Lucas Galvão de Brito preconiza que "a tomada de consciência [...] de que o direito é texto e, portanto, constructo linguístico, faz com que a tarefa de conhecê-lo implique necessariamente as três etapas sequenciais do processo hermenêutico: *leitura, interpretação e compreensão*" (grifos do autor). *O lugar e o tributo*, São Paulo, Noeses, 2014, p. 25.

duo labor, cujo ponto culminante torna-se visível quando da interpretação,[94] postula o emprego de uma série de expedientes colhidos de diversas áreas do conhecimento (teoria).

Acrescente-se o seguinte: em obséquio à coerência que deve informar o presente ensaio, é imperioso considerar que, se o direito não funciona sem a intercessão da linguagem, e se o manuseio dos elementos essencialmente linguísticos reivindica, inevitavelmente, a presença do ser humano como agente propulsor da incidência da norma jurídica, então não há como negar que esse fenômeno (incidência) está umbilicalmente atado ao ato de aplicação do direito.

Aqui não é demais enaltecer novamente a contribuição do Constructivismo Lógico-Semântico, que tem a virtude de efundir luzes para o desenlace do assunto em questão – conversação assídua entre a teoria (ciência) e a prática (experiência).

Acontece que, se no território da prática jurídica, deparamos com os subplanos fácticos e normativos, em ambos a linguagem (planos sintáticos, semântico e pragmático) comparece como elemento essencial por meio do qual tanto os fatos como as normas (unidades construídas a partir do exame de textos do direito positivo) são investigados pelo sujeito interessado na solução de casos concretos, segundo processos comunicacionais. Isso sem falar que sob a ótica teórica, igualmente, não há como escapar da trama linguística que envolve tanto a Ciência do Direito como a Lógica Deôntico-jurídica.[95]

---

94. Esclarece Gabriel Ivo: "A interpretação que se faz do Direito consiste na maneira de inseri-lo na vida. Todo conhecimento do Direito implica uma permanente construção hermenêutica. Mesmo que seja o conhecimento vulgar, técnico ou científico. Esse caráter conceptual do Direito decorre da situação de ele existir mediante uma linguagem". O Direito e a inevitabilidade do cerco da linguagem, in Paulo de Barros Carvalho... (et al.), *Constructivismo lógico-semântico*, v. I, org. Aurora Tomazini de Carvalho. São Paulo: Noeses, 2014, p. 68.

95. Lourival Vilanova desvela: "O direito positivo é linguagem... A Ciência-do-Direito, que é a ciência em que trabalham os juristas, como juristas – a ciência dogmática – é conhecimento do direito positivo, mas verte este conhecimento em linguagem, e a Lógica é uma linguagem formal e simbólica, sobre estas duas linguagens". Lógica, Ciência do Direito e Direito, in *Revista de informação legislativa*, v. 9, n. 36, p. 336,

4. Conclusão

É irrecusável que cada vez mais vem perdendo fôlego o equivocado entendimento segundo o qual os protagonistas do enredo jurídico ocupariam posições extremadas: de um lado os teóricos e do outro os práticos. À farta, encontramos sólidos argumentos que se contrapõem a esse grande disparate, que somente atrapalha os que vivenciam problemas no subdomínio do direito.

Com amparo no escólio de Lourival Vilanova, reflexões estas roboradas pelo Constructivismo Lógico-Semântico, vê-se que não se sustenta aquela falsa polarização, impregnada por inaceitáveis preconceitos esboçados por quem se contenta com o que é epidérmico em se tratando da fenomenologia jurídica.

Sabe-se que a interpretação não é atividade que se limita a declarar o sentido pre-existente do texto ("prática significante"),[96] mas sim com ela se atribui significações aos termos integrantes da linguagem jurídica. As próprias dificuldades ingênitas àquela íngreme tarefa impelem o exegeta a recorrer ao largo material teórico posto à disposição pela Ciência do Direito, Teoria Geral do Direito, Lógica Deôntico-jurídica Ciência da Linguagem. Com essa postura, espera-se que as conclusões adjudicadas pelo seu labor sejam atiladas e convincentes.

Vincamos, pois, que é exatamente pela atuação dos operadores do direito que ditos domínios (ciência e experiência) interpenetram-se.[97]

---

out./dez. 1972.

96. Cf. Roland Barthes, *Inéditos, I: teoria*, trad. Ivone Castilho Benedetti. São Paulo: Martins Fontes, 2004, p. 269.

97. Enuncia Paulo de Barros Carvalho: "O jurista, exegeta das proposições inteiras deste todo sistemático, pela atitude cognoscitiva de interpretação, é o ponto de intersecção destes dois mundos sígnicos: realidade e direito positivo, em toda sua complexidade. Tal empresa dista de ser fácil, pedindo ao exegeta uma interpretação que mantenha as proporções inteiras destes dois sistemas de linguagem". *Direito tributário*: linguagem e método. 5ª. ed. São Paulo: Noeses, 2013, p. 206.

SER, DEVER-SER E A VALIDADE DAS NORMAS JURÍDICAS

Paulo Ayres Barreto[1]

Sumário: 1. Considerações preliminares – 2. A dualidade entre o ser e o dever--ser na filosofia e o direito enquanto objeto cultural – 3. O passo seguinte: a validade do ordenamento jurídico enquanto forma de diferenciação do direito – 4. A validade das normas isoladamente consideradas: validade como existência *versus* validade como conformidade – 5. A conversa entre o ser e o dever-ser por meio da estrutura da norma – 6. Conclusões.

1. Considerações preliminares

A distinção entre os domínios do ser e o do dever-ser e o problema da validade das normas se mostram presentes em todo campo de perquirição jurídica. Cotidianamente, no curso da positivação do direito positivo, muitas vezes esses conceitos são tidos por pressupostos não questionados. Na feliz metáfora de Paulo de Barros Carvalho, o jurista dogmático os trata inconscientemente, como o músico que "toca de ouvido".[2]

---

[1]. Professor Associado ao Departamento de Direito Econômico, Financeiro e Tributário da Universidade de São Paulo. Livre Docente pela Universidade de São Paulo. Doutor em Direito pela PUC/SP. Professor dos Cursos de especialização do Instituto Brasileiro de Estudos Tributários – IBET e da PUC/SP.

[2]. CARVALHO, Paulo de Barros. *Derivação e positivação no direito tributário*. V. 1. São Paulo: Noeses, 2011/2012, p. XVIII.

Não obstante, quando da interpretação e aplicação das normas jurídicas, rotineiramente questionamos quais normas jurídicas são válidas. Aprofundando a questão, deve-se perguntar: i) o que diferencia uma norma de um fato?; ii) qual a distinção entre uma norma jurídica e uma norma moral?; iii) onde se encontra o dever-ser?; iv) o que faz de um comando uma norma jurídica?; v) quando se pode afirmar que um sistema jurídico existe e deve ser obedecido?; vi) o que é validade?; vii) como conceituar validade?

Trata-se de questões afetas à investigação zetética do direito, aquela que questiona suas próprias premissas, conforme as lições de Tercio Sampaio Ferraz Junior.[3] Nessa linha, a primeira das indagações acima expostas diz respeito à diferenciação entre ser e dever-ser. A segunda e a terceira questões dizem respeito à diferenciação entre o direito e as outras modalidades de dever-ser. As demais perguntas fazem alusão ao problema da validade, seja ele observado da perspectiva isolada, de uma norma jurídica, ou globalmente, considerando-se a validade do sistema jurídico como um todo.

Essas questões constituirão o foco objetal deste pequeno estudo, que representa continuação e aprofundamento do texto sobre "ordenamento e sistema jurídicos", publicado no primeiro volume desta coletânea.[4]

O Constructivismo Lógico-Semântico, conforme explica Paulo de Barros Carvalho, é, antes de qualquer coisa, um instrumento de trabalho, "meio e processo para a construção rigorosa do discurso".[5] Nesse ensejo, procuraremos adereçar cada uma das questões antepostas, ainda que sem a pretensão

---

3. FERRAZ JUNIOR, Tercio Sampaio. *Introdução ao estudo do direito*. 7ª ed. São Paulo: Atlas, 2013, p. 165.

4. Cf. BARRETO, Paulo Ayres. Ordenamento e sistema jurídicos. *In*: CARVALHO, Paulo de Barros (Coord.); CARVALHO, Aurora Tomazini de (org.). *Constructivismo lógico-semântico*. Vol. I. São Paulo: Noeses, 2014, pp. 249-269.

5. CARVALHO, Paulo de Barros. Algo sobre o constructivismo lógico-semântico. *In*: CARVALHO, Paulo de Barros (Coord.); CARVALHO, Aurora Tomazini de (org.). *Constructivismo lógico-semântico*. Vol. I. São Paulo: Noeses, 2014, p. 4.

de resolvê-las, com a finalidade de destacar seus diferentes aspectos, de modo a contribuir com a precisão do discurso, tão cara ao Constructivismo Lógico-Semântico.

2. A dualidade entre o ser e o dever-ser na filosofia e o direito enquanto objeto cultural

Embora a diferenciação entre o ser e o dever-ser consubstancie questão afeta à zetética jurídica, tal distinção não se inicia, necessariamente, no contexto do direito. O direito positivo, enquanto sistema de normas voltadas a prescrever condutas, é apenas uma das possíveis formas de manifestação do dever-ser. Do gênero "ética", que congloba todas as formas de dever-ser, são espécies, além do direito positivo, a religião, a moral, a etiqueta, dentre outros.[6]

Percebe-se, com isso, que, anterior à diferenciação entre o direito e a moral, está a distinção entre o ser e o dever-ser, o mundo dos fatos e o mundo das normas. Dentre os monistas, que negam a existência da referida dualidade, João Maurício Adeodato identifica duas correntes.[7] De um lado, os monistas materialistas afirmam que as leis da física também se aplicariam à ética, sendo qualquer debilidade em teorizar essa circunstância, fruto de nossa ignorância acerca do conteúdo das leis da natureza. De outro lado, os monistas espiritualistas defendem que a ideia de matéria em si seria uma ilusão, de modo que tudo seria imaterial. Percebe-se que, enquanto os monistas materialistas reduzem o dever-ser ao ser, os monistas espiritualistas fazem o contrário: reduzem o ser ao dever-ser.

---

6. ADEODATO, João Maurício. *Uma teoria retórica da norma jurídica e do direito subjetivo*. 2ª ed. São Paulo: Noeses, 2014, p. 74

7. Idem, p. 70.

CONSTRUCTIVISMO LÓGICO-SEMÂNTICO

Quanto aos dualistas, Adeodato[8] divide-os entre os subjetivistas e os objetivistas. Para os subjetivistas, cada pessoa atribuiria valores para qualquer coisa de maneira completamente livre, em atitude arbitrária, de modo que a ética seria sempre individual, seja ela qual fosse (moral, direito, religião etc.). Já para os objetivistas, a ética, ou seja, o dever-ser que implementa valores ou preferências por certos conteúdos de expectativa,[9] não se encontrariam ao alvedrio de cada sujeito individualmente considerado. Dentre os objetivistas, pode-se, ainda, discernir, entre os essencialistas, para os quais os valores são eternos e imutáveis, e os historicistas, para quem os valores são historicamente construídos, e modificam seu conteúdo conforme o decurso do tempo.

O Constructivismo Lógico-Semântico, nesse contexto, trabalha com a distinção entre o ser e o dever-ser. O direito é tomado como um sistema de normas, que incidem sobre fatos, mediante ato humano de aplicação. Conforme ensina Paulo de Barros Carvalho, um fato, ou enunciado factual, consiste em um enunciado protocolar, um relato que constitui a realidade social, pois "realidade é tudo o que acontecer e somente acontece aquilo que é registrado pela linguagem".[10]

As normas, por sua vez, também são constituídas pela linguagem. Não obstante, não se trata de construções linguísticas que constituam uma realidade passada, mas de proposições voltadas a implementar comportamentos futuros. Como ponderou Hans Kelsen, é justamente na possibilidade de confronto entre os fatos (ser) e os valores plasmados em normas (dever-ser) que reside a diferenciação entre os dois planos:

> "Por causa disto, é possível que se possa confrontar uma conduta existente, a realidade, com uma norma, com um dever-ser,

---

8. ADEODATO, João Maurício. *Uma teoria retórica da norma jurídica e do direito subjetivo*. 2ª ed. São Paulo: Noeses, 2014, p. 69.

9. FERRAZ JUNIOR, Tercio Sampaio. *Introdução ao estudo do direito*. 4ª ed. São Paulo: Atlas, 2003, p. 106.

10. CARVALHO, Paulo de Barros. *Direito tributário:* fundamentos jurídicos da incidência. 9ª ed. São Paulo: Saraiva, 2012, p. 142.

que se possa perguntar se uma conduta existente corresponde a uma norma que estabelece como devida uma certa conduta".[11]

Com efeito, não se pode afirmar a verdade ou falsidade de uma norma, como se faz em relação aos enunciados de fato. Percebe-se, assim, que não se pode adotar, sob os pressupostos do Constructivismo Lógico-Semântico, a perspectiva monista, que nega a separação entre o ser e o dever-ser. Trata-se de estratos de linguagem que devem necessariamente ser diferenciados.

Já dentre as concepções dualistas, merece ser descartada a concepção subjetivista, uma vez que os valores, como ensina Paulo de Barros Carvalho, "vão sendo construídos na evolução do processo histórico e social".[12] Com efeito, embora os indivíduos possam ter valores distintos e não se possa predicar, de forma alguma, a existência de um conjunto unívoco de valores em uma sociedade (uma moral política, como quer Ronald Dworkin[13]), a construção dos valores se dá no curso histórico de interações entre os seres humanos.

Na mesma linha, deve ser rejeitada a concepção objetivista essencialista. Em conformidade com o giro-linguísitico, a realidade refere-se somente a si mesma (autorreferência do discurso), motivo pelo qual Umberto Eco denuncia o que denomina "falácia referencial", erro que "consiste em assumir que o significado de um significante tem algo a ver com o objeto correspondente".[14] Como afirma Dardo Scavino, "a realidade nunca refutou um discurso ou uma interpretação dos fatos, sempre coube a outros discursos e a outras interpretações fazê-lo".[15]

---

11. KELSEN, Hans. *Teoria geral das normas*. Tradução José Florentino Duarte. Porto Alegre: Ed. Sergio Antonio Fabris, 1986, p. 76.

12. CARVALHO, Paulo de Barros. *Direito tributário. Linguagem e método*. 4ª ed. São Paulo: Noeses, 2011, p. 178.

13. Cf. DWORKIN, Ronald. *Law´s Empire*. Cambridge: Harvard, 1986, p. 249.

14. ECO, Umberto. *Tratado geral de semiótica*. Tradução: Antonio de Pádua Danesi e Gilson Cesar Cardoso de Souza. 4ª ed. São Paulo: Perspectiva, 2009, p. 52.

15. SCAVINO, Dardo. *Filosofia atual: pensar sem certezas*. Tradução: Lucas Galvão de Britto. São Paulo: Noeses, 2014, p. XII.

De fato, é impossível confrontar valores de dever-ser com qualquer conjunto imutável de valores, uma vez que todos os valores de uma sociedade evoluem com esta e são historicamente construídos pela linguagem. Resta, pois, somente o dualismo objetivista historicista, que reconhece a dicotomia entre o ser e o dever-ser e o caráter histórico da evolução dos valores que compõem este último.

O direito positivo, então, enquanto estrato de dever-ser, caracteriza-se como objeto cultural, construído no decurso da experiência histórica humana, como forma de concretizar um fim de regulação de condutas. Nas palavras de Paulo de Barros Carvalho:

> Na teoria dos objetos de Husserl, o direito está na região ôntica dos entes culturais, como algo produzido pelo homem, que, modificando a natureza circunstante, visa à realização de um fim (estético, de segurança, utilitário etc.). Caracteriza-se, portanto, como os demais objetos culturais, por submeter-se à experiência, estando no tempo e no espaço, e por ser sempre valioso, positiva ou negativamente.[16]

Com efeito, não se pode negar a circunstância de o direito positivo consubstanciar construção histórica impregnada de valores de um povo historicamente determinado. Isso não significa, porém, que direito e moral, enquanto espécies do gênero ética, ambos construídos linguisticamente no processo histórico, não sejam realidades normativas diferenciadas. Tal cisão deve-se, justamente, ao conceito de validade, que se passa a tratar.

3. O passo seguinte: a validade do ordenamento jurídico enquanto forma de diferenciação do direito

Para a compreensão do conceito de validade, é necessário discernir, de início, entre duas acepções do termo. Por um

---

16. CARVALHO, Paulo de Barros. *Derivação e positivação no direito tributário*. V. 1. São Paulo: Noeses, 2011, p. 31.

lado, pode-se tratar da validade do ordenamento jurídico considerado como um todo, enquanto que, de outro, fala-se da validade de uma norma jurídica isoladamente considerada.

Quando se cuida da validade do ordenamento, busca-se responder a questões como: i) Quando se pode afirmar que existe direito? ii) O que diferencia o direito positivo das ordens de um bando de salteadores (para usar a terminologia kelseniana)? iii) Quando começa a autorreferência do direito? De outra parte, quando se trata da validade de uma norma isoladamente considerada, pergunta-se: a) a norma pertence ao sistema? b) a norma está de acordo com as demais normas em relação às quais mantém relação de subordinação? c) deve-se seguir o comando da norma?

Percebe-se que, embora o segundo sentido de validade, mais operativo, dependa do primeiro, trata-se de questões relativamente dissociadas. Cotidianamente, a validade do ordenamento é tomada como premissa não sujeita a questionamento. Todavia, um dos desideratos exercidos pelo Constructivismo Lógico-Semântico é justamente questionar e explicitar esse tipo de premissa, fugindo do "sistema de fundamentos óbvios" a que aludiu Alfredo Augusto Becker.[17] Dessa forma, passa-se, primeiramente, à análise da validade do ordenamento considerado como um todo.

Afirmar a validade do ordenamento jurídico significa, em suma, afirmar que suas prescrições devem ser cumpridas pelos seus destinatários. Acima, procurou-se demonstrar a forma como as normas constituem unidades do domínio do dever-ser, necessariamente diferenciado da realidade (ser). O problema, agora, é precisar o que significa ajuntar o qualificativo "jurídico" a essa unidade. Nas palavras de Norberto Bobbio:

> [...] para definir a norma jurídica, bastará dizer que a norma jurídica é aquela que pertence a um ordenamento jurídico,

---

17. BECKER, Alfredo Augusto. *Teoria geral do direito tributário*. 6ª ed. São Paulo: Noeses, 2013, p. 12 e ss.

remetendo manifestamente o problema da determinação do significado de 'jurídico' da norma para o ordenamento.[18]

Por esse motivo, indaga-se sobre a validade do ordenamento jurídico. Se afirmar que uma norma é jurídica significa afirmar sua pertinência ao ordenamento jurídico, faz-se necessário questionar o que faz de um conjunto de normas direito positivo. Como afirmamos no texto precedente,[19] uma das formas de conceber o caráter jurídico de uma norma é indagar se deriva de certos princípios gerais (perspectiva dedutiva dos sistemas), como faziam os jusnaturalistas. Todavia, embora não se possa negar que o direito possua conteúdo ético-moral, ele não está subordinado a uma ética prévia, como explica Adeodato.[20]

Nessa linha, uma das concepções de validade sistêmica mais influentes é aquela propugnada por Hans Kelsen. Por firmar que a positivação de uma norma corresponde a um ato de vontade de uma autoridade, o jurista austríaco afasta a concepção jusnaturalista dedutivista acima referida, a que denomina ordem estática.[21]

Kelsen, assim, adota uma concepção dinâmica de validade. Relativamente às normas isoladamente consideradas, afirma que "o fundamento de validade de uma norma apenas pode ser a validade de uma outra norma",[22] com o que funda a perspectiva piramidal do ordenamento jurídico, marcada pela hierarquia. Surge, com isso, o chamado axioma da hierarquia,

---

18. BOBBIO, Norberto. *Teoria do ordenamento jurídico*. Tradução: Ari Marcelo Solon. São Paulo: Edipro, 2011, p. 43.

19. BARRETO, Paulo Ayres. Ordenamento e Sistema Jurídicos. *In:* CARVALHO, Paulo de Barros (Coord.); CARVALHO, Aurora Tomazini de (org.). *Constructivismo lógico-semântico*. Vol. I. São Paulo: Noeses, 2014, p. 251.

20. ADEODATO, João Maurício. *Uma teoria retórica da norma jurídica e do direito subjetivo*. 2ª ed. São Paulo: Noeses, 2014, p. 60.

21. KELSEN, Hans. *Teoria pura do direito*. Tradução: João Batista Machado. 7ª ed. São Paulo: Martins Fontes, 2006, p. 218.

22. *Idem*, p. 215.

consoante o qual "as normas se conjugam de tal modo que as de menor hierarquia buscam seu fundamento de validade, necessariamente, em outras de superior hierarquia".[23]

A partir dessa estrutura, que departe da validade de cada norma isoladamente considerada, chega-se ao problema da validade do ordenamento. Se cada norma busca fundamento de validade em outra norma, a Constituição, em sentido jurídico-positivo, figurará no ápice do sistema de direito posto. Apresenta-se, porém, o problema de como aferir a validade dessa norma última, que equivale a afirmar a juridicidade do ordenamento como um todo.

Kelsen propõe, assim, a pressuposição de uma norma fundamental em sentido lógico-jurídico. Tal norma é, em realidade, apenas pressuposta, e não tem por conteúdo senão a delegação de competência legislativa a uma autoridade.[24] Trata-se de uma norma hipotética, pressuposta quando e, somente quando, o procedimento de criação de normas instituído em certa Constituição for objetivamente tido como fato produtor de normas.[25] Isto é, a norma fundamental apenas pode ser pressuposta se o fundamento normativo positivo último de uma ordem (a Constituição) der ensejo à produção de um feixe de normas globalmente eficazes. Estabelece-se assim, correlação íntima entre validade e eficácia social, pois, cada norma pertencente ao sistema, individualmente considerada, é válida se, e somente se, o ordenamento, como um todo, for globalmente eficaz (no sentido de ser efetivamente cumprido).[26]

---

23. CARVALHO, Paulo de Barros. *Direito tributário. Linguagem e método.* 4ª Ed. São Paulo: Noeses, 2011, p. 225.

24. KELSEN, Hans. *Teoria pura do direito.* Tradução: João Batista Machado. 7ª ed. São Paulo: Martins Fontes, 2006, p. 219.

25. Idem, p. 221-222.

26. Ibidem, p. 237.

Desse modo, em Kelsen, uma ordem jurídica tem fundamento de validade (pois pode ser pressuposta a norma hipotética fundamental) e, portanto, é válida globalmente, caso seja essa ordem jurídica globalmente eficaz, é dizer, caso a maior parte de suas normas sejam individualmente eficazes (obedecidas).

Essa interconexão entre a validade do sistema e a sua eficácia global, embora consubstancie o supedâneo de uma das maiores contribuições de Kelsen à teoria do direito, não é indene de críticas. Para Fábio Konder Comparato, a teorização do jurista austríaco incorre em tautologia, ao afirmar que, em última análise, o direito deve ser observado (é globalmente válido) porque é observado (é globalmente eficaz), que representaria a quebra do fundamento básico da *Teoria Pura do Direito*: a separação da esfera jurídica (dever-ser) do mundo fático (ser).[27]

Trata-se, sem dúvidas, de uma objeção que deve ser cuidadosamente analisada. Não obstante, não se pode desconsiderar a contribuição de Kelsen para o estudo da validade do sistema globalmente considerado, marcada por sua estruturação hierárquica.

Forma alternativa de conceber a validade do sistema jurídico, globalmente considerada, pode ser identificada na obra de Niklas Luhmann. O sociólogo alemão evita o regresso *ad infinitum* que resulta da concepção de validade vertical de Kelsen (que acarreta a necessidade de pressupor-se a norma hipotética fundamental), propondo conceito de validade circular, baseado no tempo,[28] sendo a forma hierárquica do sistema algo contingencial e não necessária como propunha o jurista austríaco.[29]

---

27. COMPARATO, Fábio Konder. *Sobre a legitimidade das constituições.* In: BONAVIDES, Paulo. *Revista Latino-americana de estudos constitucionais.* Belo Horizonte: Del Rey, 2005, p. 25.

28. LUHMANN, Niklas. *Law as a social system.* Tradução para o inglês: Klaus A. Ziegart. Oxford: Oxford University, 2004, p. 131.

29. *Idem,* p. 103.

CONSTRUCTIVISMO LÓGICO-SEMÂNTICO

Na versão luhmanniana, a estrutura do sistema do direito é representada pelo que se chama codificação binária, por meio da qual o sistema atribui um dos valores opostos "lícito" ou "ilícito" às suas próprias operações.[30] Com isso, o sistema de direito positivo diferencia-se do sistema social, por meio do chamado fechamento operativo,[31] ou "clausura operacional", como prefere Paulo de Barros Carvalho.[32] Desse modo, funcionando como subsistema do sistema social,[33] o sistema jurídico alcança o fechamento operativo por meio da codificação que lhe é única (lícito/ilícito).

Embora operativamente fechado, o sistema jurídico é cognoscitivamente aberto.[34] Isso significa que, conquanto o sistema seja operativamente fechado, isto é, somente as informações criadas dentro do Direito são relevantes para o Direito (autorreferência), essas informações devem ser interpretadas consoante o sistema social.[35]

Com base nessa estrutura, Luhmann descreve sua concepção de validade global do sistema baseada no tempo. Em verdade, trata-se de perspectiva que também pressupõe a validade global do sistema. Porém, em vez de basear-se em sua eficácia global, como fez Kelsen, busca fundamento na incapacidade humana de saber e influenciar tudo o que ocorre em um dado tempo. Nas palavras do autor, em tradução livre:

> A única base inalienável para a validade é, pois, dada pelo *tempo*. Mais precisamente, é dada pela sincronicidade de todas as operações factuais do sistema social e de seu ambiente. [...] sincronicidade significa que é *impossível saber e influenciar o que está*

---

30. *Idem*, p. 101.

31. *Idem*, p. 73.

32. CARVALHO, Paulo de Barros. *Curso de direito tributário*. 24ª Ed. São Paulo: Saraiva, 2012, p. 183.

33. LUHMANN, Niklas. *Law as a social system*. Tradução para o inglês: Klaus A. Ziegart. Oxford: Oxford University, 2004, p. 72.

34. Idem, p. 106.

35. Ibidem, p. 112.

acontecendo ao mesmo tempo e isso significa que o sujeito fica limitado a fazer pressuposições, suposições e ficções. A validade do símbolo da validade é baseada nessa *incapacidade*. Sem evidência convincente não se pode senão pressupor que em qualquer momento dado outras operações no sistema jurídico e em seu ambiente social e psicológico ativem, também o símbolo da validade.[36]

Trata-se, pois, de uma forma alternativa de conceber a validade global do sistema jurídico, a qual, também se baseia em uma pressuposição. A diferença reside no fundamento que autoriza pressupor a validade do sistema, que, em Kelsen, consiste em sua eficácia global, enquanto que, em Luhmann, consiste na incapacidade humana de aferir todas as operações que ocorrem no sistema jurídico em um determinado momento.

4. A validade das normas isoladamente consideradas: validade como existência *versus* validade como conformidade

Menos abstrata e mais operativa do que a noção de validade do ordenamento jurídico, acima tratada, é a validade de uma norma jurídica isoladamente considerada, questão que permeia o cotidiano da positivação do direito, bem como da ciência dogmática que sobre ele se verte. Trata-se de saber quais normas devem efetivamente ser seguidas pelos destinatários do ordenamento jurídico.

Cumpre, aqui, discernir entre duas perspectivas acerca do problema da validade das normas jurídicas isoladamente consideradas. Enquanto que, para uma primeira corrente, validade corresponde à existência da norma, para outra forma de pensar a validade consistiria na correspondência material entre a norma e as demais normas do sistema, o que pressupõe a sua existência.

---

36. LUHMANN, Niklas. *Law as a social system*. Tradução para o inglês: Klaus A. Ziegart. Oxford: Oxford University, 2004, p. 131.

Perfilham, essa segunda corrente, autores como Pontes de Miranda[37] e Ricardo Guastini,[38] para os quais a validade das normas seria aferida consoante sua parametricidade, formal e material, com as normas de superior hierarquia sistêmica. A sua existência, em contranota, consistiria na circunstância de a norma ser produzida por autoridade *prima facie* competente. Percebe-se, assim, que a validade da norma teria a existência como seu pressuposto, com ela não se confundindo.

Em sentido oposto, autores como Paulo de Barros Carvalho,[39] Aurora Tomazini de Carvalho[40] e Tárek Moysés Moussallem,[41] para os quais não há que se distinguir entre existência e validade. Sob essa perspectiva, a validade consiste na relação de pertinencialidade entre uma norma e o sistema jurídico globalmente considerado. A validade, assim, é tomada como um conceito relacional. É impossível, pois, predicar a validade de uma norma, senão em referência a um dado ordenamento positivo. Explica Paulo de Barros Carvalho:

> É intuitivo crer que a validade se confunde com a existência, de sorte que afirmar que u'a norma existe implica reconhecer sua validade, em face de determinado sistema jurídico. Do que se pode inferir: ou a norma existe, está no sistema e é, portanto, válida, ou não existe como norma jurídica. Ainda que o juiz deixe de aplicar u'a norma, por entendê-la inconstitucional, opinando por outra para ele mais adequada às diretrizes do ordenamento, nem por isso, a regra preterida passa a inexistir, permanecendo válida e pronta para ser aplicada em outra oportunidade.[42]

---

37. MIRANDA, Francisco Cavalcanti Pontes de. *Tratado de direito privado*. Rio de Janeiro: Borsoi, 1954. p. 7.

38. GUASTINI, Riccardo. *Distinguiendo*. Barcelona: Gedisa, 1999, p. 320.

39. Idem.

40. CARVALHO, Aurora Tomazini de. *Curso de teoria geral do direito*. 2ª ed. São Paulo: Noeses, 2010, p. 699-700.

41. MOUSSALLEM, Tárek Moysés. *Revogação em matéria tributária*. 2ª ed. São Paulo: Noeses, 2011, p. 148-149.

42. CARVALHO, Paulo de Barros. *Direito tributário:* linguagem e método. 4ª ed. São Paulo: Noeses, 2011, p. 449.

De fato, a sintonia de uma norma jurídica isoladamente considerada com as normas que lhe são hierarquicamente superiores somente se perquire *a posteriori*,[43] sendo necessário um ato de fala, consubstanciando outra norma, para declarar a invalidade da primeira. Nesse passo, explica Tárek Moysés Moussallem que o direito não regula sua própria criação, mas controla a regularidade das normas produzidas.[44]

Em face do reconhecimento do caráter construtivo da interpretação do direito, não se pode afirmar que uma norma jurídica qualquer seja inválida antes que assim seja declarada por um agente competente. Caso se criasse, por exemplo, um novo imposto por Decreto do Presidente, sujeito a lançamento por homologação, os contribuintes estariam obrigados a constituir o crédito tributário e efetuar o recolhimento, assim como estariam obrigadas as autoridades administrativas a efetuar eventuais lançamentos de ofício e a verificar a regularidade das declarações dos particulares, por falecer a ambos a competência para declarar a invalidade da norma. É dizer, por mais que uma dada norma a todos pareça desconforme o sistema jurídico, não se pode afirmar sua invalidade sem um novo ato normativo exarado pelo agente competente.

Uma possibilidade de conciliar essas duas visões pode ser buscada na obra de Herbert Hart. Para o autor "identificar que uma dada norma possua os requisitos necessários para ser parte de uma lista coercitiva de normas consiste no germe da ideia de validade".[45] Adiante, discerne Hart entre proposições internas e externas acerca da validade. Enquanto proposições internas são emitidas pelos agentes que reconhecem e aplicam a norma de reconhecimento a um dado caso, proposições externas são emitidas por agentes que

---

43. CARVALHO, Aurora Tomazini de. *Curso de teoria geral do direito*. 2ª ed. São Paulo: Noeses, 2010, p. 699.

44. MOUSSALLEM, Tárek Moysés. *Revogação em matéria tributária*. 2ª ed. São Paulo: Noeses, 2011, p. 150.

45. HART, Herbert L. A. *The Concept of Law*. 3ª ed. Oxford: Oxford University, 2012, p. 95.

simplesmente constatam que outros aceitam a referida norma de reconhecimento.[46]

Pode-se, então, verificar, para os participantes ("intérpretes autênticos", na terminologia de Kelsen), ao emitirem proposições internas, afirmar que uma norma é formal e materialmente compatível com todas as demais normas do sistema é o mesmo que afirmar que aquela norma existe, já que tais agentes, em constatando irregularidade na norma, deixarão de aplicá-la, tomando-a por inexistente. Já os chamados observadores ("intérpretes não autênticos", em Kelsen), ao emitirem proposições externas, podem afirmar que uma norma pertence ao sistema (e deve ser seguida), mas que a consideram dissonante das normas de superior hierarquia (o que não significa, por si só, que não deva ser seguida).

Percebe-se que, para os participantes, não há sentido em diferenciar existência de validade, ao passo que, para os observadores, essa distinção pode fazer sentido, quando se quer afirmar que uma norma destoa dos comandos de superior hierarquia, não tendo sido, porém, declarada inválida por autoridade competente.

É esse o caminho trilhado por Tácio Lacerda Gama, para quem as duas visões a respeito da validade são complementares. Enquanto a perspectiva que iguala existência e validade representaria o sistema do ponto de vista dos participantes, a visão que diferencia existência da validade corresponderia à perspectiva dos observadores.[47]

Dessa forma, à dualidade entre as posições que igualam e diferenciam a existência da validade de normas jurídicas isoladamente consideradas, acresce-se uma terceira perspectiva, que afirma a prevalência de uma ou outra forma de ver a questão, a depender do sujeito cujo ponto de vista é considerado.

---

46. HART, Herbert L. A. *The Concept of Law*. 3ª ed. Oxford: Oxford University, 2012, p. 103.

47. GAMA, Tácio Lacerda. *Competência tributária*. Fundamentos para uma teoria da nulidade. 2ª ed. São Paulo: Noeses, 2011, p. 326-327.

Tomada a perspectiva dos participantes, a existência equivale à validade. Sob os olhos dos observadores, afirmar que uma norma não apresenta conformidade com o sistema (validade) não é o mesmo que afirmar que a ele não pertença (existência).

5. A conversa entre o ser e o dever-ser por meio da estrutura da norma

Tratou-se, até este ponto, da distinção entre o ser e o dever-ser, da validade do ordenamento enquanto forma de diferenciar o direito dos demais estratos de dever-ser e da validade das normas jurídicas isoladamente consideradas como sua relação (seja de pertinência ou de conformidade), com as demais normas do sistema. Resta tratar da forma como o direito, enquanto camada de linguagem prescritiva de condutas, relaciona-se com o chamado "domínio da facticidade", o que nos reconduz a outra acepção do dever-ser, consistente na maneira como se manifesta na estrutura das normas.

Conforme ensina Paulo de Barros Carvalho, conquanto semanticamente e pragmaticamente heterogêneo (isto é, composto de normas de conteúdos diversos, usadas para finalidades diversas), o direito positivo revela-se sintaticamente homogêneo, uma vez que todas as normas jurídicas, enquanto produtos da interpretação dos textos jurídicos, possuem a mesma estrutura lógica.[48]

Como predicava Lourival Vilanova, "a norma ao incidir num fato (no fato jurídico) vincula a esse fato um relacionamento entre sujeitos-de-direito".[49] É dizer, por mais variadas que sejam as formas como se pode exprimir o direito positivo, a norma jurídica sempre será reconduzida a essa estrutura dual. Nas palavras do autor:

---

48. CARVALHO, Paulo de Barros. *Direito tributário. Linguagem e método*. 4ª ed. São Paulo: Noeses, 2011, p. 136.

49. VILANOVA, Lourival. *As estruturas lógicas e o sistema de direito positivo*. 4ª ed. São Paulo: Noeses, 2010, p. 39.

> Por variado que seja estilisticamente, tecnicamente, idiomaticamente, o modo como o direito positivo de uma sociedade concreta se exprime, onde há regra de conduta dotada daquela "juridicidade formal" (Del Vecchio) aí encontramos sua composição dual.[50]

Verifica-se, pois, a conexão normativa entre um fato (evento relatado em linguagem competente) e uma relação jurídica, por meio da imputação deôntica. Ao contrário da causalidade natural, que exprime um "assim é", a causalidade deôntica, ou imputação, exprime um "assim deve ser".[51]

Dessa forma, dá-se a conexão entre a hipótese, suposto ou prótase e o consequente relacional por força de imputação deôntica "numa síntese de dever-ser imposta pela vontade dos detentores do poder político".[52] A estrutura da norma, assim, pode ser enunciada como "dado F' então S'RS", ou seja, dada a enunciação de um fato F', deve-ser, por meio da imputação deôntica, a formação de uma relação jurídica R, entre os sujeitos S' e S. Ou, em linguagem totalmente formalizada: (F'→S'RS).[53]

Percebe-se, dessa forma, que o "dever-ser", na estrutura da norma jurídica, manifesta-se de duas maneiras. De um lado, o "dever-ser interproposicional" (imputação deôntica, simbolizada por →), que liga o antecedente ao consequente normativo, manifesta-se de maneira não modalizada. Trata-se de um "dever-ser" neutro.[54]

---

50. VILANOVA, Lourival. *As estruturas lógicas e o sistema de direito positivo*. 4ª ed. São Paulo: Noeses, 2010, p. 39.

51. Idem, p. 39 e 66.

52. CARVALHO, Paulo de Barros. *Direito tributário:* fundamentos jurídicos da incidência. 9ª Ed. São Paulo: Saraiva, 2012, p. 119.

53. VILANOVA, Lourival. *As estruturas lógicas e o sistema de direito positivo*. 4ª ed. São Paulo: Noeses, 2010, p. 41.

54. CARVALHO, Paulo de Barros. *Direito tributário. Linguagem e Método*. 4ª ed. São Paulo: Noeses, 2011, p. 131.

De outra parte, também aparece o dever-ser dentro da estrutura do consequente normativo (dever-ser intraproposcional), de forma modalizada, isto é, exprimindo um dos modais: obrigatório (O), permitido (P) ou proibido (V). Tais modais, interdefiníveis entre si, referem-se a condutas às quais o sujeito S' está obrigado, proibido ou permitido, em face do sujeito S. No direito, não se pode obrigar-se perante si mesmo, os modais são sempre *relacionais reflexivos*, como pôs Lourival Vilanova.[55]

Essa estrutura normativa, que pode ser denominada norma primária, então, ligar-se-á a uma norma secundária, cujo antecedente prevê o descumprimento da conduta mandatória estatuída na norma primária, sendo o consequente uma relação jurídica em que se manifesta a coercitividade do direito positivo, por meio do Estado-jurisdição. Como afirma Paulo de Barros Carvalho, a norma secundária "prescreve uma providência sancionatória, aplicada pelo Estado-Juiz, no caso de descumprimento da conduta estatuída pela norma primária".[56]

Com essas ponderações, que nem de longe esgotam o tema, queremos demonstrar que o dever-ser neutro, interproposicional, age na estrutura da norma jurídica, como a interconexão entre os eventos da realidade social, relatados pela linguagem das provas, e as relações jurídicas, construídas pelo direito, em sua autorrecursividade. Nas palavras de Luhmann, é por meio da estrutura implicacional que o direito estabelece a conexão entre sua autorreferência e sua referência externa.[57]

---

55. VILANOVA, Lourival. *As estruturas lógicas e o sistema de direito positivo*. 4ª ed. São Paulo: Noeses, 2010, p. 42.

56. CARVALHO, Paulo de Barros. *Direito tributário. linguagem e método*. 4ª ed. São Paulo: Noeses, 2011, p. 138.

57. LUHMANN, Niklas. *Law as a social system*. Tradução para o inglês: Klaus A. Ziegart. Oxford: Oxford University, 2004, p. 196.

6. Conclusões

Procurou-se, neste breve escrito, expor, de uma perspectiva geral, os diversos conteúdos atribuídos a problemas envolvendo a dualidade entre o ser e o dever-ser e a forma como tais questões vêm sendo tratadas pelo instrumental analítico do Constructivismo Lógico-Semântico.

A própria consideração da existência de uma dualidade entre o ser e o dever-ser já importa em tomada de posição, negativa da concepção monista. Passo seguinte, a diferenciação entre o direito, enquanto conjunto de normas, e os demais estratos de dever-ser (moral, religião etc.) importa outra série de escolhas interpretativas.

Superadas essas duas etapas, também, dentro do direito positivo, a validade e a dicotomia entre o ser e dever-ser apresentam questões relevantes. A forma como o direito positivo conversa com o mundo dos fatos tem grande relevância prática, por exemplo, para acatar ou rechaçar a interpretação econômica de fatos jurídico-tributários.[58] Já a diferenciação entre a perspectiva da validade dos observadores e dos participantes apresenta-se relevante para repelir visões de que o direito não obedeceria a uma lógica binária, do tipo "válido" e "inválido". Ora, se dúvidas pode haver no sistema dos observadores acerca da validade de uma norma, o sistema dos participantes responderá à questão mediante uma dentre duas soluções: a norma é válida ou inválida, com exclusão de uma terceira possibilidade (lei do terceiro excluído).

Conforme aduz João Maurício Adeodato, "'saudável' é uma dúvida que não paralisa".[59] Dessa forma, com o quanto aqui exposto, não se busca responder a nenhuma dessas questões, senão fornecer um caminho para o *pensar sem certezas* que deu título à obra de Dardo Scavino.

---

58. Cf., a respeito, nosso BARRETO, Paulo Ayres. *Elisão tributária:* limites normativos. Tese de Livre-Docência. São Paulo: USP, 2008, pp. 21-31.

59. ADEODATO, João Maurício. *Uma teoria retórica da norma jurídica e do direito subjetivo.* 2ª ed. São Paulo: Noeses, 2014, p. 78.

A PRAGMÁTICA NO CONSTRUCTIVISMO LÓGICO-SEMÂNTICO E SUA IMPORTÂNCIA PARA O ESTUDO DO DIREITO

Maria Ângela Lopes Paulino Padilha[1]
Fernando Gomes Favacho[2]

Sumário: 1. Introdução – 2. O movimento giro-linguístico e a impropriedade das verdades absolutas – 3. Sistema jurídico: a linguagem da Ciência do Direito e a linguagem do Direito Positivo – 4. O método *constructivismo lógico-semântico* – 5. O estudo da linguagem do Direito Positivo a partir da Teoria Geral dos Signos: a Semiótica enquanto uma das técnicas empregadas pelo *constructivismo* para estudar o direito: 5.1 A sintaxe e a semântica como planos semióticos de investigação do direito – 6. A pragmática como plano semiótico de investigação do direito: a utilização e aplicação da linguagem do direito: 6.1 Pragmática é semântica: notas finais.

1. Introdução

Nos últimos anos, são inúmeros os trabalhos em que se emprega o *constructivismo lógico-semântico* como instrumento investigatório para que o jurista estude o Direito Positivo.

---

[1]. Mestre e Doutora em Direito Tributário pela PUC-SP. Professora nos cursos em Direito Tributário da PUC-SP, do IBET e do IBDT. Advogada.

[2]. Mestre e Doutor em Direito Tributário pela PUC-SP. Coordenador do IBET em Belém/PA. Advogado.

Nesse desiderato, busca-se compreender e definir como se opera o modo constructivista no desenvolvimento das ciências jurídicas, explicitando-se sobre sua origem, suas técnicas e sua densa relação com a filosofia.

Quanto ao nome, desperta-se a seguinte reflexão: porque "lógico-semântico"? Se o seu arcabouço teórico sustenta-se nos estudos da linguagem (em especial na semiótica), onde estaria, na construção do discurso jurídico-científico, a visão pragmática?[3] Estaria a filosofia constructivista restrita aos exames dos planos semióticos da sintaxe e da semântica em detrimento da pragmática jurídica? Ou o *constructivismo* seria em verdade "lógico-semântico-pragmático"?

Esclarecer sobre esses questionamentos é justamente o propósito do presente artigo, com o escopo de explicar o que a metodologia denominada *constructivismo lógico-semântico* entende por pragmática e a sua relevância para a experiência jurídica.

2. O movimento giro-linguístico e a impropriedade das verdades absolutas

O conhecimento é "redutor de dificuldades"[4] na medida em que visa a tornar o objeto cognoscente menos complexo. A concepção filosófica do conhecimento compreende dois momentos: o da "filosofia da consciência" e o da "filosofia da linguagem". De acordo com a primeira, o conhecimento consiste

---

3. Tal como na tríade linguística "sintático, semântico, pragmático" proposta por Charles Morris e Rudolf Carnap. Vide MORRIS, Charles. *Signification and significance: a study of the relations of signs and values*. Cambridge, Massachusetts: The M.I.T. Press, 1964; e CARNAP, Rudolf. *Introduction to Semantics and Formalization of Logic*. Cambridge: Harvard University Press, 1959. Sobre a comparação entre a semiótica (e o pragmatismo) de Charles Sanders Peirce e a tríade utilizada pelo Constructivismo Lógico-semântico, vide FAVACHO, Fernando Gomes; TOMÉ, Fabiana del Padre. O que significa pragmático para o Constructivismo Lógico-semântico: a tríade linguística "sintático, semântico e pragmático" utilizada por Lourival Vilanova e Paulo de Barros Carvalho na Teoria do Direito. *Revista Quaestio Iuris*, v. 10, p. 274-290, 2017.

4. CARVALHO, Paulo de Barros. *Direito tributário*: linguagem e método. São Paulo: Noeses, 2015, p. 8.

na relação estabelecida entre o ser humano e o objeto, enquanto a linguagem figura como um mero instrumento de representação da realidade já conhecida pelo sujeito cognoscente.

Em meados do século XX, surge a "filosofia da linguagem", inaugurada pela obra de Ludwig Wittgenstein – *Tractatus logico-philosophicus* – e aclamada pelos cientistas neopositivitas-lógicos. Segundo esse novo paradigma, a linguagem passa a ser condição de possibilidade para que haja conhecimento e não apenas uma ferramenta de comunicação de um conhecimento já consolidado: a linguagem exprime a única forma de se compreender os objetos científicos. A essa mudança de padrão epistemológico denominou-se "giro-linguístico".

Nesse contexto, o conhecimento não exprime a simples apreensão mental das coisas, mas um processo de intelecção pelo homem do mundo objetivo, mediante o qual o sujeito, através das funções sensoriais, entra em contato com as concretudes do universo e projeta, através da linguagem, os dados recolhidos das experiências ao plano da realidade.

Ao reduzir as complexidades do objeto, a partir das impressões assimiladas, o intérprete o faz com base em conceitos predeterminados, afetos à compreensão que já detêm sobre outros objetos, relacionando as significações percebidas com as outras camadas linguísticas dantes conhecidas. "*Nessa concepção, o conhecimento não aparece como relação entre sujeito e objeto, mas como relação entre linguagens, entre significações*".[5]

O processo de compreensão das coisas torna-se, essencialmente, um processo interpretativo, em que a noção de conhecimento desvia-se da ideia de mera reprodução das coisas apanhadas do mundo exterior, passando a ser a constituição do real pelo sujeito cognoscente. O mundo que conhecemos, portanto, é o mundo linguístico, nunca a coisa "em si", uma vez que a realidade é criada pela linguagem.[6]

---

[5]. TOMÉ, Fabiana Del Padre. *A prova no direito tributário*. 2ª ed. São Paulo: Noeses, 2008, p. 01.

[6]. Cf. CARVALHO, Aurora Tomazini de. *Curso de teoria geral do direito* – o constructivismo

Com suporte nessa filosofia do conhecimento, não há que falar em conhecer sem sistema de referência, visto que o indivíduo encontra-se submerso em um contexto linguístico, o qual, carregando as condições de cultura, associadas às vivências do exegeta num dado tempo e lugar, orientam a compreensão sobre o objeto experimental.

Daí a inarredável conclusão de Fabiana Del Padre Tomé: *"algo só é inteligível à medida que é conhecida sua posição em relação a outros elementos, tornando-se clara sua postura relativamente a um ou mais sistema de referência.*[7]*"* Consequentemente, o mesmo dado (objeto) pode ser interpretado de diversas formas, constituindo-se realidades distintas, condizentes com as condições referenciais do intérprete.

Em harmonia com esse modelo teórico, a verdade não mais se caracterizaria pela correspondência entre a linguagem e o objeto-em-si, ao qual ela se refere. Primeiro, porque, ao contrário do proclamado pela corrente ontológica, fundada no princípio de que os enunciados refletiriam as coisas exatamente como elas se apresentam no mundo fenomênico, a linguagem jamais consegue descrever a experiência em sua plenitude, pois os fenômenos são infinitos e irrepetíveis e as percepções sensoriais do indivíduo em relação ao mundo que o cerca são sempre parciais.

Segundo, porque, se os objetos são criados linguisticamente, a verdade passa a ser um consenso sobre específico objeto, resultante de um acordo firmado entre os indivíduos de uma comunidade linguística. Para fins de aferição da verdade nos moldes desta teoria, adota-se o critério da consonância do enunciado com certo sistema de referência.[8] Logo, compreendida a verdade como um modo de se interpretar um objeto, é um desacerto falar em verdades absolutas, variando

---

lógico-semântico. São Paulo: Noeses, 2009, p. 13.

7. TOMÉ, Fabiana Del Padre. *A prova no direito tributário.* 2ª ed. São Paulo: Noeses, 2008, p. 08.

8. Idem, p. 02.

seu conteúdo segundo os horizontes culturais daquele que fala em nome da verdade, em determinada circunstância espaço-temporal.

Podemos então concluir que o conhecimento resulta de um processo interpretativo-reducionista, por meio do qual o indivíduo atribui, pela linguagem, significações aos objetos. Jamais conhecemos a essência das coisas, que é intangível. Conhecemos uma interpretação dos dados concretos, conforme o contexto cultural em que está inserido o intérprete. Dessa maneira, a verdade, por se caracterizar como uma criação linguística, dentro de um sistema de referência, é sempre relativa, sujeita à refutação por outras proposições, num ciclo contínuo e inevitável.

3. Sistema jurídico: a linguagem da Ciência do Direito e a linguagem do Direito Positivo

Os objetos, ligados entre si por uma característica específica, formam um conjunto. Nos dizeres de Lourival Vilanova,[9] sistema "é a forma sintática de união de proposições dentro de um conjunto". Leonidas Hegenberg[10] descreve que as relações "estruturam" o conjunto. E, para Paulo de Barros Carvalho,[11] sistema é o objeto formado de porções que se vinculam debaixo de um princípio unitário, orientados por um vetor comum. Concluímos daqui duas marcas do sistema: (i) conjunto no qual os elementos se relacionam, (ii) reunidos sob uma referência determinada. É devido a essa referência que os elementos se relacionam. Aliás, dotar-se *sistema* como forma de conhecimento é por si só uma forma de se estudar o mundo, de se "cortar" os entes direta ou indiretamente interligados no Universo.

---

9. VILANOVA, Lourival. *As estruturas lógicas e o sistema de direito positivo*. São Paulo: Noeses, 2005, p. 167.

10. HEGENBERG, Leônidas. *Saber de e saber que:* alicerces da racionalidade. Petrópolis: Vozes, 2002, p. 64.

11. CARVALHO, Paulo de Barros. *Direito tributário:* fundamentos jurídicos da incidência. 8ª ed. rev. São Paulo: Saraiva, 2009, p. 46-47.

Para ilustrar didaticamente, Paulo de Barros Carvalho[12] aponta a classificação de Maria Helena Diniz entre sistemas reais e proposicionais. Explica o autor que, como os sistemas reais são formados de objetos extralinguísticos, à margem do âmbito do conhecimento, "todo sistema seria do tipo proposicional". Ao abrigo dessa postura classificatória, divide os sistemas proposicionais em nomológicos (vertidos em simbologia severamente unívoca) e nomoempíricos. Estes, por sua vez, subdividem-se em descritivos (como a Ciência do Direito) e prescritivos (como o direito posto).

Eis a união de dois quadros sinópticos apresentados, a partir das ideias de Marcelo Neves,[13] por Paulo de Barros Carvalho:[14] as espécies e subespécies dos sistemas proposicionais, e a linguagem por eles utilizada.

Pela leitura do quadro, afere-se que o termo "sistema jurídico" pode carregar ao menos dois sentidos como sistemas proposicionais nomoempíricos: (i) o sistema do Direito Positivo, compreendido como o conjunto de normas jurídicas válidas em um dado país, destinadas a disciplinar as relações intersubjetivas e (ii) o sistema da Ciência do Direito, definido como o conjunto de enunciados científicos que descrevem e

---

12. CARVALHO, Paulo de Barros. *Direito tributário:* fundamentos jurídicos da incidência. 8ª ed. rev. São Paulo: Saraiva, 2009, p. 46.

13. NEVES, Marcelo. *Teoria da inconstitucionalidade das leis* São Paulo: Saraiva, 1988, p. 1-8.

14. CARVALHO, Paulo de Barros. *Curso de direito tributário.*22 ed. São Paulo: Saraiva, 2010, p. 7; Idem, *Direito tributário: fundamentos jurídicos da incidência.* 8ª ed. rev. São Paulo: Saraiva, 2009, p. 42.

tornam compreensível as normas jurídicas.

A linguagem do direito positivo baseia-se na linguagem social, selecionando apenas os fatos sociais relevantes para participarem da construção jurídico-positiva, ou seja, para comporem os fatos jurídicos. Trata-se de linguagem técnica, onde o rigor dos termos científicos se mistura com o coloquialismo da linguagem natural. O sistema do direito positivo, voltado para a disciplina do comportamento humano, no convívio em sociedade, assume nítida função prescritiva e, justamente dada a essa finalidade, sua linguagem há de possuir um mínimo de racionalidade sistêmica, pois somente assim poderá ser compreendida pelos destinatários das mensagens jurídicas. Deveras, tanto o conjunto de enunciados prescritivos (suporte físico), que fazem parte do plano de expressão S1, assumem a condição de sistema, quanto o conjunto das normas jurídicas organizadas, segundo relações de coordenação e subordinação, no arranjo do plano S4.[15]

Já a linguagem da Ciência do Direito combina um plexo de proposições eminentemente descritivas, uma vez que a ela cabe estudar o Direito Positivo, interpretando-o segundo determinada metodologia, com o escopo de transmitir o conhecimento e as informações sobre o que foi estudado, isto é, sobre como as normas jurídicas regulam as condutas humanas. A Ciência, ao descrever o seu objeto, vale-se da "linguagem científica", substituindo locuções imprecisas por termos com pretensão de univocidade.

No sistema do Direito Positivo, suas unidades normativas relacionam-se entre si em uma estrutura hierarquizada, reunidas debaixo da Constituição da República, a qual, na qualidade de vetor comum, atribui o caráter unitário ao conjunto das normas jurídicas. Já a estruturação dos enunciados descritivos da Ciência do Direito é realizada a partir da fixação de

---

15. Cf. Modelo de construção de sentidos (trajetória da interpretação) dos textos jurídicos, proposta por Paulo de Barros Carvalho, in *Direito Tributário*: linguagem e método. São Paulo: Noeses, 2015, p. 192 a 197.

um axioma que serve como base última para a construção do discurso científico. Cumpre esse papel limitador a norma hipotética fundamental, *"demarcando-lhe o campo especulativo e atribuindo unidade ao objeto de investigação.[16]"*

A interpretação do direito feita pela Ciência do Direito é apenas "determinação cognoscitiva do sentido das normas jurídicas",[17] como escreve Hans Kelsen, pois somente aquele a quem o sistema jurídico, pela norma de competência, outorga poderes para positivar normas – o aplicador do direito – é quem as faz ter validade, possuindo tal aptidão o legislador, como também agentes da administração pública, juízes e particulares. Tanto o aplicador do direito quanto o jurista interpretam os textos do direito posto enquanto ato de conhecimento e formulam, a partir dos termos positivados, noções, ideias, ou conceitos de cunho prescritivo, em perfeita consonância com a relação triádica pela qual é estruturado o signo. Ambos criam, portanto, normas jurídicas, percebendo que dado o fato "F", então dever ser a consequência "R", prescritora de direitos e deveres correlatos.

"Reservar a uma seleta classe de sujeitos, ditos competentes, o papel exclusivo da construção de sentido das normas jurídicas é negar o direito como sistema comunicacional",[18] regulador das condutas interpessoais. Isso porque a suposição de que o processo de interpretação dos textos de lei é realizado tão somente pelo aplicador do direito é o mesmo que pressupor, em disparate, a impossibilidade de os cidadãos conhecerem a linguagem do direito positivo e, consequentemente, acatarem as condutas impostas.

---

16. CARVALHO, Paulo de Barros. *Direito tributário*: linguagem e método. São Paulo: Noeses, 2015, p. 227.

17. KELSEN, Hans. *Teoria pura do direito*. Tradução de João Baptista Machado. 8. ed. São Paulo: Martins Fontes, 2009, p. 395.

18. GAMA, Tácio Lacerda. Obrigação e crédito tributário: anotações à margem da teoria de Paulo de Barros Carvalho. *CheckPoint*, São Paulo: Thomson Reuters, 29 set. 2003. Disponível em: <https://goo.gl/WiXttA>. Acesso em: 22 jan. 2018.

Contudo, interpretar como ato de conhecer o direito, que pode ser procedido por qualquer indivíduo, é distinto de interpretar como ato de aplicar o direito, executado exclusivamente pelo sujeito competente. Caso os conceitos ou normas jurídicas sejam revestidos em linguagem escrita, a definição empreendida somente será documento normativo, *i.e.*, direito positivo, quando o agente competente assim o fez segundo procedimento previsto em lei. Ao passo que ao jurista somente é possível construir a linguagem da Ciência do Direito, uma vez que não detém legitimidade para regular o comportamento humano. Assim, definidos os conceitos prescritivos pelo jurista ter-se-á a Ciência do Direito; se pelo aplicador competente, direito positivo.

> A interpretação jurídico-científica não pode fazer outra coisa senão estabelecer as possíveis significações de uma norma jurídica. Como conhecimento do seu objeto, ela não pode tomar qualquer decisão entre as possibilidades por si mesmas reveladas, mas tem de deixar tal decisão ao órgão que, segundo a ordem jurídica, é competente para aplicar o Direito.[19]

Em simples assertivas concludentes: ainda que o cientista julgue uma interpretação correta ou incorreta, é a autoridade competente quem diz o que é válido ou inválido, qual a definição integrará o sistema do direito positivo, capaz de regular condutas inter-humanas. Como efeito dessa relação dialógica entre essas modalidades linguísticas, a Ciência do Direito *influencia* o direito positivo, mas não o *condiciona*.

4. O método *constructivismo lógico-semântico*

Um bom estudo da fenomenologia do Direito exige o uso de expedientes epistemológicos ricos em métodos. A utilização de diversos modelos e paradigmas no processo intelectivo visa a aprofundar o conhecimento acerca do objeto estudado, conferindo-lhe bases científicas cada vez mais sólidas e

---

19. KELSEN, Hans. *Teoria pura do direito*. Tradução de João Baptista Machado. 8ª ed. São Paulo: Martins Fontes, 2009, p. 395-396.

rigorosas. Eis a importância do constructivismo lógico-semântico enquanto modelo metodológico para o estudo das normas jurídicas.

O constructivismo, como o próprio nome denota, implica "construir". Sustentadas numa ótica antropológica e na filosofia da linguagem, as teorias constructivistas defendem o sujeito mediando a configuração do objeto cognoscente, de tal sorte que a realidade composta, a partir do substrato físico-material, depende da interferência humana na sua conformação. "*El científico, cuando conoce, no descubre o representa las formas del mundo real, sino que las constuye con los conceptos que le permiten entenderla*".[20]

Rememorando linhas acima, as ciências não constituem formas representativas de uma realidade preexistente, tampouco os enunciados científicos encerram simples proposições afirmativas do objeto investigado. Baseados em meditações críticas sobre os fenômenos, cumprem os discursos científicos o importante papel de edificar o mundo circundante, pois são eles que constroem a verdade sobre os objetos.

Conhecemos os dados empíricos a partir de um consenso dialógico entre os seres humanos e o conhecimento, portanto, não passa de uma arquitetura linguística acerca dos dados experimentais. A propósito, complementa o jurista Miguel Reale: "*A bem ver, os 'objetos físicos', como já demonstrara Poincará, não correspondem a fatos brutos, mas sim a fatos elaborados pela mente como estruturas lógicas sujeitas, consoante viria afirmar depois Popper, a contínuas refutações em razão de novas teorias*".[21]

E é alicerçado nessas premissas filosóficas, já de início também elucidadas, que o "constructivismo lógico-semântico" cumpre excelente função instrumental para se avançar no estudo do

---

20. Jacobo Muñoz:, in Diccionario Espasa – Filosofía.

21. REALE, Miguel. in Cinco temas do culturalismo – Capítulo II: Universalidade da Cultura.

objeto delimitado, com o fim de minudenciar o saber científico.

De acordo com Paulo de Barros Carvalho, o "constructivismo jurídico",[22] na qualidade de modelo de aproximação (método) do Direito Positivo (objeto cultural), compreende a adoção, pelo investigador, do critério expositivo de "explicitação dos fundamentos da concepção jurídico-filosófica", ao qual se agregam (i) a preocupação com a linguagem jurídico-normativa; (ii) a utilização das categorias do projeto semiótico, mais precisamente para as dimensões lógico-semânticas do texto prescritivo; (iii) o raciocínio voltado para a norma jurídica enquanto "unidade mínima e irredutível" da mensagem deôntica com sentido completo; e (iv) o discurso teórico, com boa dose de racionalidade, que permita compreender a concretude empírica do direito posto.

Pois bem. Adotar o método *constructivismo lógico-semântico* é estudar o direito positivo dentro de um referencial filosófico bem demarcado – a Filosofia da linguagem – e a partir desta concepção epistemológica, firmando-se premissas, construir um discurso científico com estrutura e conteúdo sólidos e firmes: o cientista, ao construir seu objeto, preocupa-se com o arranjo sintático dos conceitos e com a sua significação, daí a denominação "lógico-semântico".

Com o fim de garantir a sua excelência enquanto método sofisticado para construir Ciência do Direito uniforme e coerente, o constructivismo lógico-semântico adota diversas técnicas metodológicas, relacionadas diretamente aos referenciais filosóficos adotados para conhecer o objeto, portanto, relacionadas às Ciências Linguísticas, que nos informam como uma linguagem pode ser examinada.

Dentre as técnicas empregadas pelo exegeta constructivista para realizar operações intelectuais, formular seus enunciados científicos sobre o dado jurídico e testar sua teoria,

---

22. CARVALHO, Paulo de Barros. *Direito tributário:* linguagem e método. São Paulo: Noeses, 2015, p. 05.

vislumbra-se a Semiótica, a qual, definida como Ciência que investiga elementos constitutivos do discurso e da fala, facilita o estudo analítico do Direito Positivo por meio da *"decomposição do discurso jurídico para estudá-lo minuciosamente em seus âmbitos sintático (estrutural), semântico (significativo) e pragmático (prático – de aplicação)"*[23].

5. O estudo da linguagem do Direito Positivo a partir da Teoria Geral dos Signos: a Semiótica enquanto uma das técnicas empregadas pelo *constructivismo* para estudar o direito

A Semiótica, ou Teoria Geral dos Signos, se propõe a estudar os signos e a semiose, os fenômenos de significação. Signo é, em sua acepção mais genérica, uma representação de algo. Na definição de Edmund Husserl, é compreendido como uma *relação triádica*, composta pelos seguintes elementos: (i) suporte físico; (ii) significado e (iii) significação.

O *suporte físico* é a porção material do signo, relativa a tudo aquilo captado pelas funções sensoriais do ser humano – fonemas e grafemas. São as letras e palavras marcadas graficamente num livro, por exemplo. O *significado* é o conceito geral que se tem acerca do dado físico em um determinado contexto cultural.[24] Já a *significação* consiste na noção, ideia ou conceito individualizado sobre o significado, que é suscitado na mente do intérprete.

A partir do momento em que travamos contato com o signo é que se tem início o processo de atribuição de sentidos: interpreta-se o suporte físico (termo), dando origem ao

---

[23]. CARVALHO, Aurora Tomazini de. *Constructivismo lógico-semântico como método de trabalho na elaboração jurídica*, in "Constructivismo Lógico Semântico – Vol. I" (coord. Paulo de Barros Carvalho). São Paulo: Noeses, 2014, p. 23.

[24]. A corrente ontológica entende que o "significado" consiste no objeto, verificado no mundo, a que se refere o suporte físico. Contudo, adotando a concepção filosófica inaugurada pelo "giro-linguístico", não há se falar em objeto em si mesmo considerado, pois só conhecemos as manifestações linguísticas das experiências.

significado (conceito geral) para fazer referência a determinado objeto; em seguida, interpreta-se o significado, surgindo a significação (conceito particular).

O suporte físico é sempre estático, pois o dado físico, captado pelos sentidos, é o mesmo, independentemente do sistema de referência em que se encontra o intérprete e das experiências vividas por ele. Enquanto que o significado e a significação assumem conteúdos variáveis de pessoa para pessoa, conforme as condições referenciais, os valores e as vivências de cada indivíduo.

Se a Semiótica cuida de estudar os signos, se a linguagem é a "capacidade do ser humano para comunicar-se por intermédio de signos, cujo conjunto sistematizado é a língua",[25] e Direito é linguagem, fica evidente que a Ciência da Semiótica proporcionará um fecundo instrumento metodológico para se examinar as normas jurídicas.

Em proximidade com as lições de Charles Morris,[26] os planos semióticos de investigação são três: (i) o *plano sintático*, no qual são estudadas as regras, mediante as quais se estabelecem os vínculos entre os signos quando organizados em um discurso, ou seja, estudam-se as relações dos signos entre si, seja a relação entre as palavras em uma frase, seja a relação entre as frases do discurso (análise estrutural da linguagem); (ii) o *plano semântico*, em que é analisada a relação dos signos com a realidade a que ele se refere (suporte físico e significado), ou seja, se volta com o significado das palavras e frases em um discurso (análise conceitual da linguagem); e, por fim, (iii) o *plano pragmático*, no qual são examinadas as relações dos signos com os usos da linguagem, ou seja, como os signos são utilizados nas relações comunicacionais, estabelecidas entre o emissor e o destinatário da mensagem. Nesse último plano,

---

25. CARVALHO, Paulo de Barros Carvalho. *Direito tributário*: linguagem e método. Noeses: São Paulo, 2015, p. 32.

26. MORRIS, Charles. *Fundamentos de la teoría de los signos*. Trad. de Rafael Grasap. Barcelona-Buenos Aires: Paidós, 1985.

estuda-se o modo pelo qual os indivíduos se valem das palavras e frases ao se comunicarem (análise do uso da linguagem).

Referidos planos investigatórios não se encontram isolados, "porquanto um interfere decisivamente no outro, principalmente o pragmático no semântico e vice-versa, tendo os dois como condições necessárias o plano sintático".[27] Somente quando percorridos esses três planos semióticos na análise da linguagem jurídico-prescritiva, ter-se-á o conhecimento consistente do dado empírico "Direito Positivo".[28]

5.1 A sintaxe e a semântica como planos semióticos de investigação do direito

Sintaxe, na dicção lexical, é o "componente do sistema linguístico que determina as relações formais que interligam os constituintes da sentença, atribuindo-lhe uma estrutura".[29] O ato de conhecer o Direito, através do plano sintático da linguagem, objetiva investigar as relações estruturais do sistema do direito positivo e suas unidades, as normas jurídicas.

Com o auxílio da Lógica, realiza-se a decomposição do discurso positivado, esquematizando-o formalmente com o fim de examinar a estrutura da norma jurídica, sua posição no sistema e sua relação com as demais normas que compõem o ordenamento. A tomada analítica se concentra na linguagem formalizada, com o estudo de suas estruturas sintáticas, voltando-se para os caracteres formais das normas.

Contudo, a pesquisa científica do direito positivo restrita às suas propriedades formais é instrumento insuficiente para a compreensão da realidade jurídica, porquanto desconsidera

---

27. LINS, Robson Maia. *A mora no direito tributário*. Tese (Doutorado em Direito) – Pontifícia Universidade Católica de São Paulo, São Paulo, 2008, p. 69.

28. Cf. CARVALHO, Aurora Tomazini de. *Curso de teoria geral do direito* – o constructivismo lógico-semântico. São Paulo: Noeses, 2009, p. 157.

29. Dicionário Houaiss da Língua Portuguesa. Rio de Janeiro: Objetiva, 2001.

os valores objetivados pelas normas. Sob o ângulo sintático, ignora-se o conteúdo prescritivo dos enunciados, como também a norma jurídica aplicada sobre a região material das condutas. Em vista disso, torna-se imprescindível o estudo complementar da interpretação (semântica) e da aplicação do Direito (pragmática) para se ter o conhecimento rigoroso do objeto, caso contrário a Lógica repercutiria imprestável para a Ciência do Direito, subsistindo apenas como categoria algorítmica.

Sob o plano semântico de investigação do direito, estuda-se a atribuição de sentido aos textos jurídicos, permitindo o exame das significações conferidas aos termos positivados pelo legislador. É através da semântica que enfrentamos questões relativas à ambiguidade, vaguidade e porção axiológica dos termos empregados no discurso jurídico e identificamos a relação entre a linguagem do direito positivo e os objetos a que referencia, isto é, as relações intersubjetivas reguladas pelas normas.

Em transposição ao pensamento kelseniano, conhecido como *Positivismo Normativo* e avesso às influências externas (fatos sociais, valores, costumes e ideologias), estudar o direito positivo na linha constructivista implica não só ater-se à sua estrutura sistêmica, mas também lidar com valores. Na qualidade de bem cultural, criado pelo ser humano, o direito, ao regular condutas, visa a atingir finalidades, a implementar os valores que a sociedade julga relevantes. Direito nada mais é do que *"um conjunto de significações, analisado como objeto da compreensão humana, impregnado de valores e condicionado culturalmente"*.[30] Assim, não é por acaso a importância da hermenêutica que, imergida no plano semiótico da semântica, consiste na atribuição de sentido aos textos jurídicos, delimitando o alcance da mensagem legislada, dentro de um contexto cultural que os informa. Interpretar o direito é construir as normas jurídicas.

---

30. CARVALHO. Aurora Tomazini de. *Curso de teoria geral do direito (o constructivismo lógico-semantico)*. São Paulo: Noeses, 2009 – Capítulo II, item. 4.6.

A interpretação circunscreve-se ao universo linguístico do intérprete e quanto maior o seu domínio sobre a linguagem que interpreta, mais amplo e rico, sintático e semanticamente, será o produto interpretado. E o produto da interpretação estará sempre imbuído da subjetividade daquele que trilha a trajetória da interpretação, marcada a doação de sentidos por influxos ideológicos segundo determinado momento histórico. Do contrário, se o sentido independesse do contexto circundante como se estivesse contido no próprio texto positivado, como então explicar decisões divergentes e posicionamentos díspares entre os membros da comunidade jurídica tomando como base um mesmo suporte físico?

À luz do constructivismo lógico-semântico, portanto, o cientista não deve apenas estudar as normas jurídicas ao abrigo da sintaxe, omitindo-se quanto ao seu conteúdo. Deve analisar o direito considerando também o aspecto axiológico das prescrições jurídicas na regulação dos comportamentos humanos. E é na efetiva ação de disciplinar as condutas intersubjetivas que assume maior relevância a pragmática, pois, conforme veremos a seguir, este plano semiótico concentra-se na utilização da linguagem jurídica pelo aplicador do direito a fim de motivar as ações e comportamentos humanos na consecução dos valores prestigiados pela ordem vigente.

6. A pragmática como plano semiótico de investigação do direito: a utilização e aplicação da linguagem do direito

Compreendida, genericamente, como o uso que os falantes da língua fazem dela, a pragmática cuida de investigar, no campo do direito positivo, como os agentes competentes executam os valores na utilização e aplicação da linguagem jurídica. É no plano pragmático que serão examinados os atos de fala praticados no decorrer do processo de positivação normativa, analisando-se a criação de textos jurídicos pelos Poderes Legislativo e Executivo, como o Judiciário aplica esses textos positivados no exercício jurisdicional e, também, como sucede a aplicação do direito no âmbito privado. Todo o conjunto de enunciados prescritivos introduzidos por esses órgãos competentes – resultantes de uma tomada de decisão do legislador, administrador, juiz ou particular – inova o ordenamento, constituindo a realidade jurídica.

A análise pragmática trata-se de exame de extrema relevância para a compreensão do fenômeno jurídico, em especial porque a previsão geral e abstrata é insuficiente para cogitar o direito interferindo e regulando condutas intersubjetivas. Faz-se imprescindível realizar o percurso da positivação, por meio do qual o aplicador do direito parte das normas de hierarquia superior para produzir novas normas jurídicas, objetivando maior individualidade e concretude e, com isso, tocar o tecido social.

Por essa razão, ensina Paulo de Barros Carvalho que

> [...] não basta o trabalho preliminar de conhecer a feição estática do ordenamento positivo. Torna-se imperioso pesquisarmos o lado pragmático da linguagem normativa, para saber se os utentes desses signos estão empregando com os efeitos que a visão estática sugere. De nada adiantam direitos e garantias individuais, placidamente inscritos na Lei Maior, se os órgãos a quem compete efetivá-los não o fizerem com a dimensão que o bom uso jurídico requer.[31]

No ciclo de positivação normativa, os processos decisórios realizados pelos operadores da linguagem do direito positivo compreendem duas sínteses: (i) do fenômeno social ao fenômeno abstrato jurídico e (ii) do fenômeno abstrato jurídico ao fenômeno concreto jurídico.[32]

Na primeira, um fato social é juridicizado para integrar a hipótese normativa de uma dada lei. Aqui, o legislador, ao

---

31. CARVALHO, Paulo de Barros. Segurança Jurídica no Novo CARF. In: ROSTAGNO, Alessandro (Coord.). *Contencioso administrativo tributário*: questões polêmicas. São Paulo: Noeses, 2011, p. 7.

32. CARVALHO, Paulo de Barros. *Direito tributário*: linguagem e método. São Paulo: Noeses, 2015, p. 280.

enunciar quadros fáticos aptos a integrar as hipóteses de incidência normativas, elege, em nível geral e abstrato, preferências por núcleos de significação, vinculativos da produção de normas de inferior hierarquia, e, com isso, subtrai do aplicador a possibilidade de livremente definir o alcance das normas jurídicas.

Na segunda, tem-se a incidência normativa geradora da norma individual e concreta. Nesta hipótese, a função do aplicador consiste em realizar o ato de subsunção, por meio do qual reconhece que o fato relatado e provado preenche os caracteres da descrição fática contida na hipótese normativa, e em promover a implicação prescrita no consequente normativo, fazendo surgir uma relação jurídica determinada entre sujeitos. Sob essa ótica pragmática, a atividade de aplicação do direito pressupõe, basicamente, os seguintes atos decisórios: (i) a partir da interpretação da linguagem dos fatos, o aplicador constrói a versão acerca do evento, decidindo quais provas são essenciais e suficientes e descartando as demais e (ii) a partir da interpretação da linguagem do direito, constrói a norma jurídica adequada ao caso concreto.

Nota-se que o processo de positivação se insere tanto no plano pragmático como também, e fortemente, no plano semântico na medida em que todo ato de aplicação do direito deriva de um processo interpretativo da autoridade competente, daí a assertiva de que o aplicador é o semântico da linguagem jurídica, edificador da realidade do direito positivo.

Não se deve confundir a *pragmática constructivista*, versada neste escrito, com o *pragmatismo jurídico* desenvolvido por Oliver Holmes, Roscoe Pound e Benjamin Cardozo, cuja corrente de interpretação do direito busca uma crença justificada pela necessidade social.[33] No pragmatismo jurídico, o poder do legislador (em sentido estrito) passa para o poder do juiz criador, que considera o contexto e procura a melhor decisão sem estar preso à "moldura kelseniana". O pragmatista

---

33. EISENBERG, José; POGREBINSCHI, *Thamy*. Pragmatismo, direito e política. *Novos Estudos*, n. 62. São Paulo: Ed. Brasileira de Ciências, 2002, p. 108/110-111.

CONSTRUCTIVISMO LÓGICO-SEMÂNTICO

Richard Posner[34] é firme ao dizer que o juiz deve perguntar sempre qual das resoluções possíveis tem as melhores consequências, no sentido de custos e benefícios.

Já na linha constructivista, a tomada de decisões é sempre balizada na moldura de cada língua. No caso da linguagem do direito positivo, o aplicador há de considerar os limites impostos pelo próprio ordenamento jurídico, conforme, aliás, já se pronunciou a nossa Corte Suprema:

> Se é certo que toda interpretação traz em si carga construtiva, não menos correta exsurge a vinculação à ordem jurídico-constitucional. O fenômeno ocorre a partir das normas em vigor, variando de acordo com a formação profissional e humanística do intérprete. No exercício gratificante da arte de interpretar, é vedado ao intérprete inserir na regra de direito o próprio juízo – por mais sensato que seja – sobre a finalidade que 'conviria' fosse por ela perseguida.[35]

É por idêntico raciocínio que Lourival Vilanova censura a atividade jurisdicional baseada nas impressões pessoais do julgador, como se o ordenamento jurídico não fosse o limite. Argumenta que, quando julga, o juiz implica, em rigor, o Estado sentenciando em prol do interesse público, sujeitando-se a arte de julgar aos limites fixados pelo próprio sistema do direito positivo. Vale a menção de suas palavras:

> Decidir não segundo um critério pessoal seu, mas segundo medidas objetivas, que não as pode desfazer, importa para o julgador em dessubjetivar-se, também, incorporando-se como membro da comunidade e órgão dela. O juiz, nesse aspecto, impessoaliza-se ao meramente cumprir o direito, como qualquer cidadão, e impessoaliza-se como órgão julgador da comunidade,

---

34. POSNER, Richard. *Para além do direito*. Tradução Evandro Ferreira e Silva. São Paulo: Editora WMF Martins Fontes, 2009, p. 422.

35. BRASIL. Supremo Tribunal Federal. *Recurso Extraordinário nº 166.772/RS*. Relator: Ministro Marco Aurélio. Julgamento: 12 maio 1994. Órgão Julgador: Tribunal Pleno. Publicação: DJ, 16 dez. 1994.

pois, julgando, é a comunidade por meio dele, juiz, que ajuíza e sentencia.[36]

Por certo, a atuação do aplicador do direito não é arbitrária, mas delimitada pelo próprio *texto* e o seu *contexto*. A construção das normas jurídicas pelo aplicador do direito instaura-se a partir do texto jurídico-positivo, introduzido pelos veículos legislativos. Os enunciados prescritivos válidos – matéria prima – são o limite-primeiro à hermenêutica jurídica.

Partindo-se então do texto, a interpretação dos enunciados pelo exegeta, além de estar condicionada aos horizontes culturais e ideológicos daquele que interpreta, há de levar em conta as formas de uso dos termos dentro do contexto ao qual o texto pertence, vale dizer, os conceitos e significações empregadas pelos utentes da linguagem jurídica. Sem sombra de dúvida, dentre as possibilidades interpretativas, a forma de uso preexistente moldurada pela cultura geral, figura como um passo inicial – mas não suficiente – para demarcar os parâmetros significativos dos termos postos, pois é de rigor averiguá-la dentro do particular contexto normativo. É no próprio contexto jurídico, resultante do complexo prescritivo sedimentado, de tempo em tempo, pelos participantes do sistema jurídico, sejam legisladores, administradores e, principalmente, julgadores, onde o aplicador do direito deve, acima de tudo, considerar os conceitos e respectivas definições utilizadas.

Ressaltando a importância das relações pragmáticas, que interferem no processo comunicacional-jurídico, para a demarcação dos limites da interpretação da linguagem do direito positivo, assevera Sônia Mendes, alicerçada nos ensinamentos de Ludwig Wittgenstein, Umberto Eco, Paulo de Barros Carvalho, Gregorio Robles e Vilém Flusser:

---

36. VILANOVA, Lourival. O poder de julgar e a norma. *Escritos jurídicos e filosóficos*. V. 1. São Paulo: Axis Mundi/IBET, 2003, p. 357-358.

> [...] os limites do intérprete ou a procura do sentido do enunciado normativo deve ser buscado [...] não apenas no sentido literal, mas no uso que é feito dentro do contexto jurídico, mais especialmente, no contexto das normas, dos intérpretes/juízes [...]. Portanto, deve-se buscar os usos, criando *standards*, tanto dos paradigmas legislativos, desde os dados pela Constituição até os das normas infralegais; como nos paradigmas jurisdicionais, desde as técnicas até às construções jurisdicionais, como por exemplo, os princípios.[37]

É preciso ter em mente também que o ingresso no plano de conteúdo é ordenado e hierarquizado: requer o envolvimento do aplicador do direito com as proporções inteiras da sistemática jurídica, percorrendo as partes de mais alta hierarquia e de lá retornando com os vetores axiológicos supremos, ditados pelas normas constitucionais, principalmente as diretrizes principiológicas. A maior ou menor aceitação de uma tomada de decisão está diretamente relacionada ao grau hierárquico em que se situa a competência da autoridade que emitiu o veículo introdutor normativo.

Logo, é fundamental que os agentes competentes, ao realizarem a incidência normativa, edifiquem o plano de conteúdo da linguagem do direito positivo em obediência às relações de hierarquia presentes no sistema jurídico-prescritivo, atentos assim à dinâmica interpretativa própria do âmbito contextual em que operam, o qual, fundado nas denominadas regras de estrutura, impõe menor nível de liberdade na criação de normas prescritoras de condutas, consoante esclarece Tárek Moysés Moussallem:

> [...] o direito positivo por meio de regras de estrutura limita a atividade do intérprete/aplicador. Por isso não é qualquer sentido que pode ser atribuído pela União Federal, Estados, Municípios às palavras renda, serviço, mercadoria, tributo, funcionário

---

[37]. MENDES, Sonia. Interpretação jurídica: um diálogo entre diferentes contextos. In: HARET, Florence; CARNEIRO, Jerson (Coords.). *Vilém Fluser e juristas*: comemorações dos 25 anos do grupo de estudos de Paulo de Barros Carvalho. São Paulo: Noeses, 2009, p. 192.

público e várias outras. Se assim fosse de nada valeriam os textos legais.[38]

Ainda sobre a dimensão semiótica da pragmática jurídica, convém esclarecer que os conceitos e as definições não circulam livremente, senão pelo imperioso caminho da recepção pela linguagem do direito positivo. Como decorrência imediata da autopoiese do sistema do direito positivo, dotado de autonomia e autorreprodução, participando sua linguagem da sua própria constituição, o sistema jurídico não pede emprestados conceitos de fatos de outras disciplinas para construir sua realidade, seu objeto, suas categorias e unidades de significação,[39] de tal sorte que seus enunciados prescritivos não se confundem ou se alteram com o emprego de outras camadas linguísticas (linguagem social, linguagem contábil-econômica, linguagem política etc.).

Quer-se com isso consignar que, a despeito do dialogismo existente entre os textos do direito positivo com outros textos, somente interessa ao direito aquilo que for vertido em linguagem prescritiva, a qual colhe da linguagem social, contábil, financeira, dentre outras, os conceitos de fatos que reputa relevantes para compor os enunciados prescritivos e definir hipóteses normativas. Com amparo na máxima *do mundo do ser não se transita livremente para o mundo do dever ser*, "para que um conceito seja juridicamente relevante, ele deve estar no interior do sistema do direito positivo".[40]

---

38. MOUSSALLEM, Tárek Moysés. Interpretação restritiva no direito tributário. In: SOUZA, Cecília Priscila de (Org.). *Direito tributário e os conceitos de direito privado*. São Paulo: Noeses, V. 7, p. 1215-1216, 2010, p. 1215-1216.

39. Cf. CARVALHO, Paulo de Barros. *Direito tributário*: linguagem e método. 6ª ed. São Paulo: Noeses, 2015, p. 231.

40. MOUSSALLEM, Tárek Moysés. Sobre as definições. In: BRITTO, Lucas Galvão (Org.); CARVALHO, Paulo de Barros (Coord.). *Lógica e direito*. São Paulo: Noeses, 2016, p. 251.

Pretende-se com tais considerações testificar que, a despeito da liberdade estipulativa atribuída ao intérprete, variando as relações significativas construídas em função das suas crenças e valores, a tomada de decisões pelo aplicador do direito está sempre circunscrita aos limites textuais e contextuais impostos pelo ordenamento, mediante o encadeamento das normas em harmonia com as diretrizes postas, sendo vedado ao aplicador embrenhar-se em planos linguísticos alheios ao direito positivo, que é o sistema de referência onde é operada a ação hermenêutica.

6.1 Pragmática é semântica: notas finais

Vimos de ver que os textos jurídicos vão ganhando sentido por meio da atuação e interpretação contínua dos aplicadores do direito, que detêm o poder de prescrever condutas. Como sistema autopoiético que é, o direito positivo transforma-se e amplia-se pelo fluxo progressivo de decisões proferidas pelas autoridades competentes, revelando-se em novas leis, novas sentenças, novos atos administrativos, novos contratos e em várias outras espécies normativas.

Tendo em vista que as concretudes do universo circundante estão em constante expansão e mutação, dando origem a novos negócios e atos jurídicos, a linguagem do direito positivo não permanece inalterável ou finita, subsistindo no labor do aplicador do direito, no seio do processo de positivação normativa, possibilidades de atribuir novos valores aos termos postos e cada uma dessas possibilidades resulta em uma interpretação diferente acerca do suporte físico.

Da imprevisibilidade e infinidade das manifestações sociais advém a grande dificuldade em padronizar conteúdos jurídicos de termos e expressões positivadas no ordenamento. Novas ocorrências empíricas provocadas pela variabilidade das relações sociais podem ensejar mutações semânticas, com a introdução de novos conceitos, modificando os critérios pertinentes a uma determinada classe válida no sistema. Já dizia Vilém Flusser: "cada palavra, cada forma gramatical é não somente um acumulador do passado, mas também um gerador de todo o futuro".[41]

É precisamente em razão das incertezas do real-social, aliás, bastante fecundas na complexidade das sociedades atuais, que a linguagem do direito positivo é expressa em termos gerais e abstratos. Pela via da conotação, o direito torna-se apto a recepcionar as inesgotáveis variações empíricas. Sem descreverem seus enunciados condutas objetivamente concretizadas, mas um universo possível de comportamentos a serem regulados, seus enunciados conotativos carregam elevada carga valorativa e grau de vaguidade, mais suscetíveis, por isso, a múltiplas possibilidades interpretativas pelos órgãos competentes.

Deste cenário, surge a relevante função do aplicador, intérprete do direito, como condição não só para que haja a comunicação efetiva entre emissor e receptor das mensagens jurídicas, mas também para a inelutável atualização significativa dos textos postos. Estes, depois de editados segundo as circunstâncias histórico-culturais à época de sua produção, se completam e se atualizam com a colaboração do aplicador, acompanhando a infinda evolução do mundo do ser.

Não é por outra razão que Eros Grau afirma ser o direito contemporâneo à realidade, sem envelhecer, nem permanecer jovem. "O Direito é um dinamismo, e isso fazem os juízes: manter os textos adequados à realidade, adequá-los à realidade".[42] Compartilhando idêntico entendimento, posicionam-se Celso Ribeiro Bastos e Samantha Meyer-Pflug: "através da interpretação, torna-se possível a adaptação das normas jurídicas às mudanças ocorridas no seio da sociedade, à sua natural evolução, ou até mesmo o surgimento de novos valores e ideologias".[43]

---

41. FLUSSER, Vilém. *Língua e realidade*. São Paulo: Annablume, 2007, p. 348.

42. Interpretação da lei tributária e segurança jurídica. *Revista de Direito Tributário*, São Paulo: Malheiros, n. 113, 2011, p. 223.

43. BASTOS, Celso Ribeiro; MEYER-PFLUG, Samantha. A interpretação como

Enfim, o aplicador do direito, na qualidade de intérprete que detém a competência para dizer o direito, conferindo concretude ao processo de positivação das normas jurídicas, assume papel de vital importância, pois é ele quem imprime o tratamento jurídico atualizado à conjuntura das condutas reguladas, numa construção contínua de normas jurídicas.

O aplicador do direito, portanto, é o verdadeiro semântico da linguagem do direito positivo, criando e ampliando a realidade jurídica, sempre ajustado ao *texto* e ao *contexto* e, com isso, assegurando a previsibilidade na difícil tarefa de regular condutas.

---

fator de desenvolvimento e atualização das normas constitucionais. In: SILVA, Virgílio Afonso da (Coord.). *Interpretação constitucional*. São Paulo: Malheiros, 2005, p. 157.

TEORIAS SOBRE A INCIDÊNCIA: A INCIDÊNCIA COMO OPERAÇÃO LINGUÍSTICA

Gabriel Ivo[1]

Sumário: 1. Introdução – 2. A linguagem do direito – 3. Enunciado Enunciado – 4. A incidência da norma jurídica – 5. Generalidades sobre a incidência da norma jurídica – 6. A infalibilidade da incidência – 7. A linguagem construtora da norma jurídica – 8. A linguagem constitutiva do fato – 9. Conclusão.

1. Introdução

Todos sabem que as normas jurídicas são dotadas de uma força que tem incidência sobre nossa conduta. Elas caem sobre nossas vivências para discipliná-las. Toda a realidade social é submetida a normas. Normas dos mais variados tipos e conteúdos. Muitas codificadas, como geralmente são as jurídicas, outras não, que se mostram de maneira dispersa. O viver, assim, é essencialmente normativo.[2]

---

1. Mestre e Doutor pela Pontifícia Universidade Católica de São Paulo, Professor efetivo da Universidade Federal de Alagoas, Procurador de Estado de Alagoas.

2. "A realidade social é, constitutivamente, realidade normada. É social porque implanta valores através de formas normativas dos usos e costumes, da moral, de direito etc." LOURIVAL VILANOVA, *As estruturas lógicas e o sistema do direito positivo*. São Paulo, Editora Noeses, 2005, p. 85.

CONSTRUCTIVISMO LÓGICO-SEMÂNTICO

O presente texto pretende tratar do processo de incidência jurídica, aceitando, como será mostrado, o Direito como linguagem. É evidente que não trataremos de efeitos que não sejam jurídicos. Assim, é essencial nesta análise, a demarcação do espaço jurídico, para apartá-lo de outros espaços. Dentro da tarefa de alterar a conduta humana, o elaborador das normas jurídicas depara-se com um limite semântico. A relação que se estabelece entre o suporte físico (a palavra falada ou escrita) e o significado, que é a referência objetiva (o que prescreve a norma), tem um óbice intransponível, ínsito ao próprio Direito. Será um sem-sentido deôntico o Direito prescrever aquilo que for factualmente impossível ou factualmente necessário. Pois dentro das balizas do necessário e do impossível é que o legislador dosa a regulação da conduta.[3] A extrapolação das barreiras desemboca na ineficácia do Direito, porquanto desautoriza a própria juridicidade. Sem mistificações, o objetivo é relatar a operação da incidência normativa que, tendo em vista a expressão do Direito em linguagem, só pode ocorrer por meio de uma operação linguística. Ou seja, uma inclusão de linguagem.

Visto o Direito como linguagem, há um aspecto que ocupa um lugar central na sua teoria. É a interpretação. Mas a interpretação sempre se refere a algo, ou seja, à designação de sentido que se atribui a entidades linguísticas que se encontram no plano do objeto.[4] Assim, a interpretação consiste em tema da ciência do Direito que tem como referência o objeto

---

[3]. É por isso que legislar é uma arte. Assim, "cualquier legislador que pretenda dominar el arte de legislar debe ser experto en el *felicific calculus* y conocer exactamente la intensidad, la duración, la certidumbre o incertidumbre así como la cercanía o lejanía, la fecundidad y la pureza del placer o dolor que causa cada medida que adopta". VIRGILIO ZAPATERO, *El arte de legislar*. Espanha, Editorial Aranzadi, 2009, p. 179.

[4]. RICARDO GUASTINI lembra que conforme o uso, a interpretação toma como objeto coisas distintas: "según el uso corriente, muchas cosas heterogéneas pueden ser objeto de interpretación. Y los significados que el substantivo 'interpretación' o las voces del verbo 'interpretar' asuman en cada ocasión parecen depender, esencialmente, del tipo de objeto sobre el que recaiga la actividad interpretativa". *Interpretar y argumentar*. Centro de Estudios Políticos y Constitucionales, Madrid, 2014, p. 23.

dessa ciência. Demarcar, portanto, o objeto da interpretação é um ponto inescapável à distinção de elementos fundamentais para a compreensão e conhecimento do Direito. A incidência e a subsunção não escapam da interpretação. Caem dentro dos objetos a que se refere a atividade de interpretar. Dizer que uma norma incide significa afirmar que alguém pensa essa incidência. Se pensa, interpreta.[5] Ou seja, a incidência foi captada por um ser humano; logo, há para alguém um sentido.

LOURIVAL VILANOVA já dizia que "o jurisconsulto, o jurista, o advogado militante, o órgão jurisdicional, o procurador-geral do Estado, têm um fim específico: verificar quais as normas em vigor que incidem sobre tal ou qual categoria de fatos".[6] Tal verificação tem um componente básico relevante. Quais são os instrumentos normativos aptos a introduzir normas no sistema, e qual o fôlego normativo que eles têm? Rigorosamente falando, os instrumentos normativos introduzem enunciados prescritivos; estes são os elementos que se exibem para que os intérpretes,[7] os mais diversos, construam as normas.

O Direito não escapa do cerco da linguagem. Assim, onde encontrarmos porção da vida,[8] onde se entrelaçam as relações interpessoais, ali estará o Direito. Logo, também estará a norma jurídica e a forma como ela, a norma, se expressa: a linguagem. Deste modo, entender as formas de produção do Direito, as suas fontes, consiste em penetrar na linguagem do Direito, para compreendê-lo, designar o seu sentido, verificar o seu objetivo.

---

5. "É através de processos de interpretação que, cognitivamente, construímos mundos, atuais e possíveis." UMBERTO ECO, *Os limites da interpretação*. São Paulo, Editora Perspectiva, 1995, p. XX.

6. *As estruturas lógicas e o sistema do direito positivo*. Op. cit., p. 62.

7. "(...) en los procesos de la interpretación constitucional están incluidos potencialmente todos los órganos del Estado, todos los poderes públicos, todos los ciudadanos y los grupos. No hay un *numerus clausus* de intérpretes de la Constitución!" PETER HÄBERLE, *El Estado Constitucional*. Buenos Aires, Editorial Astrea, 2007, p. 264.

8. Conforme HANS KELSEN, "o que as normas de um ordenamento regulam é sempre uma conduta humana, pois apenas a conduta humana é regulável através de normas". *Teoria pura do direito*. Trad. João Baptista Machado, 6ª edição, Arménio Amado Editora, Coimbra, 1984, p. 34.

CONSTRUCTIVISMO LÓGICO-SEMÂNTICO

Aqui se mostra um ponto relevante para o estudo que se pretende. A distinção entre instrumento normativo, o seu conteúdo (os enunciados prescritivos), e o seu sentido (as normas jurídicas). Mas a linguagem também está nos fatos. O fato é tecido em linguagem, não se confunde com o evento. Ademais, o fato jurídico, aquele resultante da incidência, além da linguagem natural, exige linguagem jurídica para a sua comprovação. É a prova.[9] Só assim é possível a compreensão, o significado e o objetivo do Direito.

Outro ponto relevante, e imprescindível para uma aproximação do Direito, consiste no sistema de referência. É questão crucial. Todos falamos de um ponto. Por isso é importante desvelar o sistema de referência desde o início.[10] Mostra-se o modelo para evitar confusões e sincretismos. Como diz GOFFREDO TELLES JÚNIOR, "A ideia de sistema de referência toma posição dominadora em todo o conhecimento humano. Sem sistema de referência, o conhecimento é desconhecimento. O sistema de referência é condição do conhecimento". E adiante complementa: "Notemos, porém, que somente a realidade é absoluta, necessária. Ela é o que é. O conhecimento dela, como dissemos, é que é relativo e contingente, porque depende do sistema de referência do sujeito que conhece.(...) Somente a realidade é absoluta. A verdade é sempre relativa. A verdade é o conhecimento da realidade, segundo um dado sistema de referência. O erro é o falseamento da realidade, segundo um dado sistema de referência".[11] Logo se vê que todo conhecimento é

---

9. "O historiador é livre na utilização das fontes ao seu dispor e na investigação dos factos, que nelas se funda. Ele apenas está vinculado a directivas científicas. Pelo contrário, a indagação processual da verdade é juridicamente regulada em larga medida." KARL ENGISH, *Introdução ao pensamento jurídico*. 6ª edição, Fundação Calouste Gulbenkian, Lisboa, 1983, p. 90.

10. HANS KELSEN sempre insistiu com as questões metodológicas: "Quando a Teoria Pura empreende delimitar o conhecimento do Direito em face destas disciplinas, fá-lo não por ignorância ou, muito menos, por negar essa conexão, mas porque intenta evitar um sincretismo metodológico que obscurece a essência da ciência jurídica e dilui os limites que lhe são impostos pela natureza do seu objecto". *Teoria pura do direito*. Op. cit., pp. 17/18.

11. *O direito quântico*. 6ª edição, São Paulo, Editora Max Limonad, 1985, pp. 289,

redutor da complexidade em que se move a realidade da vida. É impossível conhecer a realidade na sua totalidade.

Nesse ambiente que proporciona a explicitação da importância do sistema de referência, não é demasiada a exteriorização de uma convicção. A teoria que, sozinha, pretender a exclusividade para a explicação do mundo jurídico, a ela não se pode atribuir a denominação de ciência, mas de pretensão totalitária. Toda teoria deve hospedar a sua refutabilidade, senão torna-se imposição, fruto de um autoritarismo científico. As teorias somam-se. E devem ser consideradas conforme o contexto em que foram pensadas e produzidas.

Por isso entendemos relevante a lição de PAOLO COMANDUCCI, ao afirmar que: "Una hipótesis que llegara a estar 'inmunizada' de modo que no pueda falsearse ante ningún fenómeno no podría considerarse científica".[12] Uma hipótese científica que não pode ser superada[13] contradiz o próprio sentido de ciência, que convive com a sua constante refutação.[14] Assim, a ciência avança. E aqueles que lidam cientificamente com o Direito, fazem Ciência do Direito, devem ter essa pretensão. O propósito de persuadir os aplicadores do Direito, para que a tese defendida prevaleça, não pode decretar o fim do avanço científico. Por isso que, entre as funções da linguagem, é necessário distinguir a linguagem propriamente persuasiva, própria do processo, definida por PAULO DE BARROS

---

290 e 291.

12. *Razonamiento jurídico* – elementos para un modelo. México, Fontamara, 1999, p. 42.

13. Superação não significa o abandono, a ruptura com o conhecimento acumulado na tradição, mas a preservação que permite o progresso, ou mesmo a visão de um mesmo tema sob outro ponto de vista. Há sempre o retorno à origem, até mesmo para melhor compreender e explicar. Um modelo não é ilidido pelo outro. Complementam-se.

14. "[...] o caráter científico do discurso está menos em pretensas comprovações do que na convivência criativa e crítica com a dúvida. Nas 'certezas', o conhecimento aquieta-se, porque já não questiona adiante, enquanto na dúvida vive de questionar. [...] O que tomamos como certo está mais próximo do dogma ou crendice do que da ciência." PEDRO DEMO, *Metodologia do conhecimento científico*. São Paulo, Editora Atlas, 2000, p. 9.

CARVALHO como "aquela animada pelo intento imediato de convencer, persuadir, induzir, instigar", das demais funções da linguagem.[15] Não se diz, assim, que as demais funções da linguagem não carreguem carga de persuasão. Todos buscam, ao seu modo, convencer.[16] Mas aqui é onde ela mais se mostra. A pior face da ciência revela-se quando ela pretende colocar-se no lugar do objeto.

Embora, como observa LOURIVAL VILANOVA,[17] seja uma característica do direito positivo o constituir-se ele, também, com a Ciência do Direito, e mesmo ante a constatação de MARCELO NEVES,[18] não é permitido se confundirem os dois planos de linguagem. Como assegura EURICO MARCOS DINIZ DE SANTI, "doutrina não é fonte do direito e, quando pretende sê-lo, ao constituí-lo, simplesmente, o desconstitui".[19] Para que a ciência tome o lugar de objeto, deve ser incluída nele por meio de um instrumento credenciado pelo

---

15. *Direito Tributário: linguagem e método*. São Paulo, Editora NOESES, 2009, p. 49.

16. "Ciertamente, los abogados y sobre todos los jueces cumplen además funciones políticas." EUGENIO BULYGIN, *Mi visión de la filosofía del Derecho*. DOXA, nº 32, Madrid, 2009, p. 88.

17. "Parece ser uma das características do direito positivo o constituir-se ele, também, com a Ciência do Direito. Os fatos físicos, em sentido amplo, não se compõem com as ciências que os têm por temáticos. Uma coisa é a luz; outra, a teoria científica sobre a energia luminosa. Mas, no direito, não se pode isolar, por exemplo, o instituto da posse, da teoria ou teorias dogmáticas sobre a posse. Nem um corpo inteiro de normas, como um Código Civil, da Ciência do Direito Civil, nem uma Constituição das tendências dogmáticas no direito público à época em que o Constituinte elaborou essa Constituição. A Ciência do Direito é a autoconsciência, em termos de conceitos, do direito vigente: ao mesmo tempo, o direito vigente incorpora a ciência de si mesmo, autocompondo-se num processo dialético intérmino, sem repouso, entre os dois polos: a experiência jurídica e a teoria dessa experiência." *Fundamentos do estado de direito*. Escritos Jurídicos e Filosóficos, volume I, São Paulo, Editora AXIS MVNDI IBET, 2003, pp. 413/414.

18. "[...] a distinção radical entre metalinguagem descritiva (da ciência do direito) e linguagem objeto (do direito) é insustentável. A dogmática jurídica é uma fonte é uma forma de reflexão do sistema jurídico dentro do próprio sistema, pretendendo refletir-lhe a identidade." *Entre Hidra e Hércules: princípios e regras constitucionais*. São Paulo, Editora Martins Fontes, 2013, p. 119.

19. *Decadência e prescrição no direito tributário*. 4ª edição, São Paulo, Editora Saraiva, 2011, p. 31.

sistema para introduzir enunciados prescritivos. Mas então despe-se a ciência de sua descritividade e passa a incorporar a natureza prescritiva. Deixa de ser ciência e passa a ser direito positivo (objeto). Só por meio de normas de admissão o teorético pode ser convertido em deôntico.[20]

O Direito está imerso na multiplicidade contínua do universo social para a realização, na medida de objeto elaborado pelo ser humano, de certa finalidade: a disciplina da conduta nas relações inter-humanas. Por ser construção do homem, é de ser visto como objeto cultural.[21] Objeto cultural revestido de linguagem. O mundo jurídico, portanto, é constituído num universo de linguagem. Assim, uma característica marca definitivamente o Direito: apresentar-se em linguagem.[22] São dois corpos de linguagem. O direito positivo – o objeto – e a ciência do Direito. Uma é a linguagem do direito positivo – linguagem-objeto-, a outra é uma linguagem de sobrenível, uma metalinguagem. A segunda linguagem fala da primeira, emitindo enunciados descritivos. Já a primeira linguagem

---

20. Segundo JOSÉ SOUTO MAIOR BORGES, "embora essa incorporação ou recepção seja viável – e só muito esporádica e excepcionalmente ela se manifesta na vida do Direito -, as proposições descritivas da ordem jurídico-positiva, pelas quais a doutrina se expressa, transmudar-se-iam, sempre que emigrassem para a ordem jurídica, em proposições prescritivas de normas de comportamento. Sem essa trans-substanciação, mais que uma simples trans-formação (= alteração de forma), essa incorporação não se faz efetiva. É dizer mais sinteticamente: a doutrina não se converte em norma". *Ciência feliz*. Fundação de Cultura da Cidade do Recife, Recife, 1994, p. 146.

21. "Teniendo en cuenta el pensamiento de HUSSERL, Cossio distingue cuatro familias de objetos u ontologías regionales - de ontos, ente y logos, teoría - y puntualiza a la vez, junto con los caracteres peculiares de cada una dellas, la índole del método que exigen, así como la naturaleza gnoseológica del acto de su conocimiento". ENRIQUE R. AFTALION, FERNANDO GARCIA OLANO E JOSE VILANOVA, *Introducción al derecho*. 12ª edición, Buenos Aires, Abeledo-Perrot, 1983, p. 17.

22. A lição de A. CASTANHEIRA NEVES expõe bem a situação, "neste sentido que se poderá dizer que o direito é linguagem, e terá de ser considerado em tudo e por tudo como uma linguagem. O que quer que seja e como quer que seja, o quer que ele se proponha e como quer que nos toque, o direito é-o numa linguagem e como linguagem – propõe-se sê-lo numa linguagem (nas significações linguísticas em que se constitui e exprime) e atinge-nos através dessa linguagem". *Metodologia jurídica – Problemas Fundamentais*. Universidade de Coimbra – Coimbra Editora, 1993, p. 90.

prescreve como deve ser o procedimento humano, e não como ele efetivamente ocorre. Segundo GREGORIO ROBLES, "En efecto, no es posible expresar el Derecho sino mediante el lenguaje. El lenguaje es la forma en que el Derecho primariamente se manifiesta. La manera en que el Derecho existe en sociedad es, sobre todo, como un conjunto de expresiones o proposiciones de lenguaje cuya misión es regular o dirigir las acciones humanas". E complementa: "lo cierto es que el Derecho siempre se manifiesta en lenguaje. La lingüisticidad es su forma natural de 'ser'".[23]

Lançando a atenção no plano do objeto (linguagem dos instrumentos normativos), o Direito é uma comunicação, e a comunicação entre os homens se põe por meio de uma linguagem. Conforme, ainda, a lição de GREGORIO ROBLES, "al conjunto de mensagens jurídicos articulado como una unidad totalizadora de la organización de una sociedad se le llama 'ordenamiento jurídico'. Este no es sino un conjunto de mensajes. O lo que es lo mismo, un conjunto de proposiciones lingüísticas cuya función es organizar la vida colectiva, es decir, dirigir u orientar la acción de los hombres en una determinada sociedad".[24] E dentro da linguagem jurídica, muitos elementos são apresentados sob a única denominação de norma jurídica.[25] Mas uma análise mais cuidadosa mostra que debaixo de um mesmo rótulo (= norma jurídica), conforme dito anteriormente, escondem-se elementos distintos. Por isso é necessário que fique evidente em que sentido o termo norma jurídica pode ser empregado.

É comum o termo referir-se aos instrumentos introdutores de normas, aos documentos normativos, aos enunciados prescritivos e ao sentido que se atribui aos enunciados

---

23. *El derecho como texto*. Editorial Civitas, Madrid, 1998, p. 17.

24. *Sociología del derecho*. Editorial Civitas, Madrid, 1997, p. 69.

25. "Nel linguaggio comune dei giuristi, si usa 'norma giuridica' *qual si voglia* enunciato che si incontri nelle fonti del diritto." RICCARDO GUASTINI, *Le Fonti del Diritto*: fondamenti teorici. Giuffrè Editore, Milano 2010, p. 11.

prescritivos.[26] Assim, quando nos deparamos, por exemplo, com um diário oficial encontramos leis publicadas. Essas leis publicadas contêm enunciados que veiculam normas. Não vemos as normas, porquanto o que se abre aos nossos olhos são os textos (enunciados) prescritivos por meio dos quais as normas são transmitidas.

2. A linguagem do Direito

Para contextualizar o que fora anunciado anteriormente, devemos explicar alguns pontos que conformam a linguagem jurídica, nos quais se assentam nossas conclusões.

Conforme o sistema de referência adotado, o Direito apresenta-se por meio de quatro planos linguísticos: a) o sistema da literalidade dos textos – plano da expressão – S1; b) o conjunto dos conteúdos de significação dos enunciados prescritivos – plano das significações – S2; c) o conjunto articulado das significações normativas – plano das normas jurídicas – S3; e d) a organização das normas construídas no terceiro nível, ou seja, os vínculos de coordenação e de subordinação que se estabelecem entre as regras jurídicas – S4.[27]

Embora seja evidente a relação entre os quatro sistemas, o plano dos significantes, o plano das normas e o plano da organização das normas construídas em S3 dependem do plano da expressão. Conforme lição de PAULO DE BARROS CARVALHO, "em qualquer sistema de signos, o esforço de decodificação tomará por base o texto, e o desenvolvimento hermenêutico fixará nesta instância todo o apoio de suas construções".[28] O plano da literalidade é condição necessária

---

26. "(...) le norme sono i significati che si attribuiscono al documenti dele leggi e deli altri normativi giuridici." GIOVANNI TARELLO, *L'interpretazione dela legge*. Milano, Giuffrè Editore, 1980, p. 102.

27. *Direito tributário*: fundamentos jurídicos da incidência. 6ª edição, editora São Paulo, Saraiva, 2008, pp. 66 e ss.

28. *Direito tributário* - Fundamentos jurídicos da incidência. *Op. cit.*, p. 15.

para a existência dos outros três, porquanto é o único dotado de objetividade. E mais: é a partir dele que se pode avaliar a "correção" dos demais. Ele marca a validade e a vigência dos textos, bem como o tempo dos eventos que serão tomados para a configuração da incidência – ou seja, os eventos que proporcionarão a construção dos fatos. Toda construção significativa só poderá ser validamente edificada em face de um plano da expressão vigente. As normas jurídicas são construídas a partir de textos vigentes, não somente válidos. Há textos válidos sem vigência; a partir deles não se constroem normas.

A importância do plano da expressão permite um diálogo com a linguística, disciplina que tem por objeto o sentido da língua, como um meio de compreender o processo de geração de sentido a partir do texto do direito positivo. É o caminho seguido por **EURICO MARCOS DINIZ DE SANTI**,[29] e que pode conduzir ao esclarecimento de questões relevantes. Diz o autor que no discurso são encontradas duas instâncias: a do enunciado e a da enunciação. A enunciação, afirma, é o próprio ato da fala, produz o enunciado, é aquilo que se fala.

A proposta descrita não se trata de abandonar a ciência do Direito, nem de promover um sincretismo metodológico, nela introduzindo temas de outros campos do conhecimento, senão de promover uma intertextualidade, o que não significa debilitar as margens do Direito, pois isso comprometeria a sua interioridade. Relacionamo-nos com outros textos sempre na busca incessante de encontrar o "verdadeiro" sentido das coisas. Fazemos isso o tempo todo. Assim, no tocante à linguística, o entendimento do S1 (plano da literalidade), e mais, a passagem para os planos S2, S3 e S4 podem ser explicados com maior clareza com o auxílio dos conceitos de enunciação e enunciado. No Direito, encontramos enunciação e enunciado. Não poderia ser diferente. Se fosse, o Direito não se expressaria por meio de uma linguagem, nem atingiria sua finalidade: organizar a sociedade dos homens. Há então, no

---

29. *Decadência e prescrição no direito tributário. Op. cit.*, p. 47.

domínio do Direito, enunciação e enunciado. Extrair isso da linguística proporciona melhor compreender o ordenamento jurídico. Este estudo promove uma desarticulação do texto, a fim de que se possa desvelar como ele é estruturado para poder dizer o que diz.

Segundo A. J. GREIMAS e J. COURTÉS, a enunciação consiste numa instância linguística que se põe logicamente anterior ao enunciado. Anotam que ela "aparecerá como la instancia de mediación que asegura la aparición en enunciado-discurso de las virtualidades de la lengua".[30] É a instância constitutiva do enunciado.[31] Já o enunciado, ainda segundo A. J. GREIMAS e J. COURTÉS, "por oposición a la enunciación entendida como acto de lenguaje, el enunciado es el estado resultante, independientemente de sus dimensiones sintagmáticas (frase o discurso)".[32] É o estado que resulta da enunciação.[33]

Na relação que se estabelece entre enunciação e enunciado, processo e produto, o que está sempre aparente é o produto: o enunciado (texto). O aparecimento do enunciado encobre a sua produção. A enunciação está sempre presente no texto, porquanto a interdependência é evidente. Por isso é possível fazer-se uma reconstrução de todo processo gerativo do sentido, separando as noções de enunciação, enunciação enunciada, enunciado e enunciado enunciado.

A (i) enunciação, como dito, é o ato que produz o enunciado. Constitui o enunciado. Sem enunciação, não há enunciado, por isso ela o antecede, sempre. O (ii) enunciado é o produto, o resultante da enunciação. O enunciado, no entanto, além de

---

30. Semiótica – *Diccionario razonado de la teoría del lenguaje*, Tomo I. Madrid, Editorial Gredos, 1990, p. 144.

31. JOSÉ LUIZ FIORIN, *Enunciação e construção do sentido*. Aulas de Português (organizado por André Valente), Petrópolis, Editora Vozes, 1999, p. 170.

32. *Semiótica – Diccionario razonado de la teoría del lenguaje*, Tomo I. Editorial Gredos, *op. cit.*, p. 146.

33. JOSÉ LUIZ FIORIN, *Enunciação e construção do sentido*. Aulas de Português (organizado por André Valente), *op. cit.*, p. 170.

comportar o enunciado propriamente dito, suporta as marcas da enunciação. É a (iii) enunciação enunciada. O simulacro da enunciação, que não se confunde com a própria enunciação. Esta é inacessível ao conhecimento, a não ser quando se promove o procedimento de catálise, ou seja, quando se investiga a causa a partir da sua consequência. Da consequência (enunciação enunciada), investiga-se a causa (enunciação). O enunciado também contém o (iv) enunciado enunciado, que é a sequência enunciada sem as marcas da enunciação. O enunciado enunciado é o conteúdo do texto, abstraído o seu processo. O enunciado sem a enunciação enunciada.

Na linguagem jurídica, encontramos todos os elementos mostrados.

A enunciação consiste no processo de produção do Direito. Por meio dela, o Direito se positiva. Por lhe faltar imanência, no sentido adiante mencionado, consome-se no tempo e no espaço. No entanto, por meio da enunciação que se mostra no enunciado, é possível a sua reconstrução. É por isso que JOSÉ LUIZ FIORINI diz que "enunciação, tanto num sentido como no outro, é a enunciação enunciada, isto é, marcas e traços que a enunciação propriamente dita deixou no enunciado. Esta é da ordem do inefável, só quando ela se enuncia pode ser apreendida. Assim, como diz Coquet, 'a enunciação é sempre, por definição, enunciação enunciada'".[34]

O Direito para criar direito exige fatos de aplicação. As normas de estrutura também "incidem". Tais fatos, antes de ingressar no mundo jurídico, são políticos e sociais. Assim, a validade da produção formal do direito se realiza por meio da fiscalização da sua enunciação (processo), possível em face da enunciação enunciada, que nos remete às instâncias da enunciação (= produção). A enunciação jurídica deixa marcas no texto que produz, que permitem a sindicância de seu processo de produção. Os dêiticos de pessoa, espaço e tempo remetem

---

34. *Astúcias da Enunciação* – as categorias de pessoa, espaço e tempo. São Paulo, Editora Ática, 1996, pp. 38 e 39.

para a enunciação, permitindo a sua reconstrução. Ao tempo que significam o desaparecimento do processo, retratam a passagem por ele. Só se sabe da passagem por um processo de produção jurídica, por meio dos rastros do processo no produto. Consiste numa metalinguagem que relata a enunciação. O Direito impõe, por meio de normas situadas no seu interior, que se tenha no texto a enunciação enunciada. O Direito não suporta a ausência, de forma expressa, da enunciação enunciada. Só assim é possível o controle. O Direito destituído de mecanismos ensejadores do controle da sua produção não atingiria seu objetivo de regular a conduta.

Por tudo que vimos até agora, percebemos que o passado do Direito é construído no presente. O Direito abre as portas do seu passado por meio da prova. O que exige, sempre, a interpretação. O fato jurídico não é algo que se perfaz automaticamente. É construído com base na linguagem do Direito. Por isso que a incidência normativa pode ocorrer ao longo deste processo.

3. Enunciado enunciado

O enunciado enunciado consiste no conteúdo veiculado por meio da enunciação de um instrumento normativo. Está, ao lado da enunciação enunciada, registrado no documento normativo. Mas, é preciso ressaltar, com ela não se confunde. **Enunciação enunciada** representa a **positivação** das **normas de produção** jurídica. O enunciado enunciado, não. Traduz a positivação das normas que regulam a matéria a ser propalada. Por meio do enunciado enunciado, após o processo de interpretação, constroem-se as demais normas que o instrumento introdutor pretendia introduzir no mundo jurídico.[35]

---

35. Já advertiu OSWALDO ARANHA BANDEIRA DE MELLO: "[...] a lei se compõe de dois elementos fundamentais: a ordem legislativa, que decorre da ação de legislar; e a matéria legislada, que diz respeito aos diferentes ramos jurídicos, pertinentes aos diversos objetos de regulamentação legal, relativos à vida social." *Princípios Gerais de Direito Administrativo*, vol. I. Rio de Janeiro, Editora Forense, 1979, p. 277.

Da enunciação enunciada é construída a norma concreta e geral.[36] Já do enunciado enunciado são construídas as normas gerais, individuais, concretas e abstratas. Forma, uma; conteúdo, as outras. A norma concreta e geral pertence, tomando como norte a divisão do Direito em ramos, ao âmbito do direito constitucional, porquanto positiva um específico instrumento introdutor de normas, previsto nas normas de produção normativa. Por outro lado, as normas construídas com fulcro nos enunciados enunciados podem pertencer aos mais diversos ramos em que se estrutura a ordem jurídica. Ou seja, os enunciados enunciados podem veicular normas de direito penal, civil, administrativo, processual, trabalhista etc.

Assim, os enunciados contidos no documento normativo dividem-se em enunciação enunciada e enunciado enunciado. A partir de ambos, são construídas normas jurídicas, que decorrem do significado atribuído a um enunciado prescritivo. A norma jurídica não se confunde com os enunciados normativos. Estes são apenas os suportes físicos. A norma jurídica consiste na significação que colhemos da leitura dos textos do direito positivo.

Os enunciados são transmitidos por meio da Constituição, das leis, dos decretos, dos atos administrativos, das sentenças. Tais instrumentos, que veiculam enunciados prescritivos, são veículos introdutores de normas. Os enunciados surgem ao conhecimento na forma de artigos, incisos, parágrafos, alíneas etc. A norma jurídica é o sentido desses enunciados dentro de uma estrutura hipotético-condicional. As normas jurídicas têm uma estrutura lógico-sintática de significação. São juízos hipotéticos em que se enlaça certa consequência à realização condicional de determinado evento previsto no antecedente.

Da enunciação enunciada construímos a norma geral e concreta. O **antecedente** constitui o fato jurídico que expressa o exercício do processo de produção, que deve ser exercido

---

36. O fato jurídico, cujas notas estão descritas na norma de estrutura, está no antecedente da norma concreta e geral construída a partir da enunciação enunciada.

conforme as normas de produção jurídica. O **consequente** estabelece o dever de todos observarem o instrumento introdutor (exemplo, uma lei) como um ato normativo estatal, oficial, porquanto previsto na Constituição Federal como forma apta para inovar o ordenamento jurídico. Observe-se: no plano da enunciação enunciada, a norma é concreta e geral.

No plano do enunciado enunciado, as normas que podem ser construídas a partir dele são as mais diversas. Assim, as normas tecidas a partir do enunciado enunciado podem ser, geralmente quando é uma lei o instrumento introdutor, gerais e abstratas. Mas também podem ser individuais e concretas. No mesmo instrumento podem coexistir normas de conformação diversas, cada uma, independentemente do instrumento introdutor, a guardar um específico regime jurídico.

Tendo em vista o seu objetivo de regular a conduta humana, o direito se vale de normas gerais e abstratas, e individuais e concretas. Uma lei, por meio de seus enunciados (enunciado enunciado), tanto pode veicular norma geral e abstrata, quanto norma individual e concreta. Não se pode confundir a norma que emerge do texto legislativo com o próprio ato legislativo.

Emenda constitucional, lei complementar, lei ordinária, medida provisória, resoluções, decreto (regulamentar e autônomo), sentenças, acórdãos e atos administrativos são veículos introdutórios de normas jurídicas. Instrumentos introdutórios que propagam enunciados prescritivos. Estes instrumentos veiculam, por meio dos enunciados, tantas normas quanto o juízo do intérprete puder identificar. Não há que se confundir, portanto, como temos insistido, norma jurídica, enunciado prescritivo e instrumento introdutor de normas. O conteúdo do instrumento introdutor, por meio dos enunciados enunciados, possibilita a criação das normas jurídicas, que podem ser abstratas ou concretas, genéricas ou individuais.

A lição de PAULO DE BARROS CARVALHO é inteiramente oportuna: "[...] percebemos que assiduamente se confunde a regra jurídica com os veículos introdutores de regras no sistema. De fato, as normas ingressam no ordenamento por intermédio de instrumentos designados por aqueles nomes conhecidos (lei, decreto, portaria, ato de lançamento, acórdão, sentença etc.) [...]".[37] O instrumento introdutor que veicula a norma não determina o seu tipo. Assim, pode uma lei veicular norma concreta e individual. São as denominadas leis de efeitos concretos.[38] Como é possível um decreto, ou outro instrumento normativo infralegal, introduzir, no sistema jurídico, norma geral e abstrata.[39]

O campo do enunciado enunciado é muito rico e pode gerar situações de extrema complexidade. Sua relação com a enunciação enunciada tem a função de determinar a hierarquia das normas jurídicas que veicula dentro do ordenamento jurídico. Mas um aspecto precisa ser ressaltado. A hierarquia normativa não é determinada pelo instrumento introdutor. O conteúdo veiculado é de fundamental importância para determinar o patamar hierárquico.

Assim, a hierarquia não é determinada, simplesmente, por meio do instrumento introdutor de normas. As normas de estrutura são as que determinam qual instrumento introdutor é competente para veicular enunciado prescritivo com

---

37. *Curso de direito tributário*. São Paulo, Editora Saraiva, 2006, p. 49.

38. "Por leis e decretos de efeitos concretos entendem-se aqueles que trazem em si mesmos o resultado específico pretendido [...]. Tais leis ou decretos nada têm de normativos; são atos de efeitos concretos, revestindo a forma imprópria de lei ou decreto por exigências administrativas." HELY LOPES MEIRELLES, *Mandado e segurança*. 23ª edição, atualizada por Arnoldo Wald e Gilmar Ferreira Mendes, São Paulo, Malheiros editores, 2001, p. 39.

39. Nunca é demais advertir o sentido das expressões geral e abstrata, individual e concreta, que qualificam as normas. Segundo PAULO DE BARROS CARVALHO, "Costuma-se referir a generalidade e a individualidade da norma ao quadro de seus destinatários: geral, aquela que se dirige a um conjunto de sujeitos indeterminados quanto ao número; individual, a que se volta a certo indivíduo ou a um grupo identificado de pessoas. Já a abstração e a concretude dizem respeito ao modo como se toma o fato descrito no antecedente. A tipificação de um conjunto de fatos realiza uma previsão abstrata, ao passo que a conduta especificada no espaço e no tempo dá caráter concreto ao comando normativo". *Direito tributário*: fundamentos jurídicos da incidência. *Op. cit.*, pp. 35/36.

um específico conteúdo. O enunciado enunciado, que deveria ser veiculado por um instrumento introdutor de inferior hierarquia, em face do seu fundamento de validade previsto na Constituição, não muda de *status* hierárquico por ter sido expressado por um instrumento introdutor de superior hierarquia. O enunciado enunciado, que deveria ser conduzido ao mundo jurídico por uma lei ordinária, quando veiculado por uma lei complementar, por exemplo, pode ser modificado por uma lei ordinária.

O mesmo acontece quando uma determinada matéria muda a forma de ser veiculada. Passa de uma categoria normativa (= instrumento introdutor) inferior para uma superior, ou ao contrário, do superior para o inferior. Embora transmitido pelo instrumento normativo de origem, o regime jurídico do enunciado enunciado altera-se conforme seu novo fundamento de validade previsto na Constituição Federal. Assim, embora difundido por um determinado tipo de instrumento introdutor de normas, ele só pode ser alterado por meio do instrumento normativo que agora é competente para regular a matéria. Permanece no documento normativo que lhe deu origem, mas sua alteração só pode ser promovida por documento de outro tipo.

Todo o aparato demonstra a importância da interpretação para a configuração do Direito, bem como a linguagem por meio da qual ele se expressa.[40] A funcionalidade do Direito não prescinde dos atos de aplicação humana.[41] A incidência

---

[40]. "No en vano Dilhhey repetía, como un *leit motive* de sua obra, que los objetos de las ciencias del espíritu sólo se conocen por comprensión, esto es, *interpretando* sus manifestaciones externas y objetivas – signos, gestos, inscripciones, expresiones – y accediendo en esta forma a su interioridad o contenido espiritual." ENRIQUE R. AFTALION, FERNANDO GARCIA OLANO e JOSE VILANOVA, *Introducción al derecho*. Duodecima edición, Buenos Aires, Abeledo-Perrot, 1984, p. 33.

[41]. "Dizer que, ocorrendo o fato, a norma autonomamente incide sobre ele sem qualquer contato humano é subsumir-se a uma concepção teórica que coloca o homem à margem do fenômeno normativo, qual mero espetador, que, somente quando instado a isto, declara o funcionamento autônomo do direito." EURICO MARCOS DINIZ DE SANTI, *Decadência e prescrição no direito tributário*. Op. cit., p. 45.

normativa situa-se na enunciação, por isso é necessária sua configuração por meio dos enunciados.

4. A incidência da norma jurídica

A ausência de enunciados prescritivos impede a existência de norma jurídica. Sem norma jurídica, não existe fato jurídico. Sem fato jurídico, não há relação jurídica, não há direito. Por isso a noção de incidência consiste em aparato fundamental para que se possa fazer ciência do Direito. A investigação dos aspectos propiciados pela *incidência* da norma jurídica permite perceber o Direito no seu aspecto dinâmico. Ou seja, o Direito determinando a sua própria criação num movimento contínuo de autorreferencialidade. Assim, o que pretendemos descrever, para poder ingressar nas consequências que decorrem da enunciação enunciada, é o denominado fenômeno da juridicização. Realçamos, contudo, conforme temos mostrado desde o início, que o mundo jurídico é constituído num universo de linguagem. Dado o aspecto irrenunciável da linguagem, esta não poderia ficar à margem da incidência das normas jurídicas. A incidência também precisa ser relatada em linguagem. A linguagem é constitutiva da incidência.

No campo jurídico, essa linguagem tem as suas regras de produção determinadas pelo próprio Direito. Por isso fala-se em linguagem competente, que é aquela tecida pelo próprio Direito para produzir os fatos do direito.

5. Generalidades sobre a incidência da norma jurídica

Da atuação da norma jurídica válida, norma que mantém relação de pertinencialidade com o sistema jurídico, surgem relações jurídicas ou outras normas jurídicas. Trata-se da fenomenologia da incidência. Cumpre, inicialmente, que expliquemos esse fenômeno de a norma jurídica transformar em fato jurídico o suporte fático.

A norma jurídica prevê certa situação factual, decorrente de fatos naturais ou socioculturais, que em face da incidência, transformam-se em fato jurídico. Temos, portanto, a norma jurídica, o suporte fático e o fato jurídico.

Por meio da hipótese de incidência da norma jurídica, descreve certa situação de possível ocorrência no mundo natural. Ainda não é o fato, mas as notas típicas que nele devem estar contidas. A situação prevista representa o suporte fático, "aquele fato ou grupos de fatos que compõe, e sobre o qual a regra incide".[42] A incidência é o efeito da norma jurídica de transformar em fato jurídico a parte do suporte fático que o Direito reputou relevante, segundo critérios valorativos, para ingressar no mundo jurídico.[43] A lição de TORQUATO CASTRO JR. expressa com rigor o sentido de suporte fático, que consiste numa "expressão que busca representar o evento que será convertido em fato jurídico, antes que essa conversão se tenha operado. Está situado como potencialidade. Se o evento acontecido vier a corresponder à descrição hipotética, inscrita numa regra do sistema jurídico, então essa correspondência é a circunstância que basta para que se possa falar de 'incidência' dessa norma sobre esse 'suporte fático'".[44]

O efeito da norma jurídica é a incidência, que por sua vez tem o efeito de juridicizar o fato, tornando-o jurídico, destacando-o do mundo enquanto mundo e inserindo-o no mundo jurídico. Dessa composição, que adquire existência através da linguagem (ninguém toca ou vê a incidência), decorre a eficácia legal.

Podemos conceituar a eficácia legal, portanto, como o efeito da incidência da norma vigente que juridiciza o fato, fazendo-o jurídico. Visto de outro ângulo, podemos afirmar que o fato

---

42. PONTES DE MIRANDA, *Tratado de direito privado*, Tomo I. Editora Revista dos Tribunais, São Paulo, 1983, p. 19.

43. MARCOS BERNARDES DE MELLO, *Teoria do fato jurídico* – plano da existência. São Paulo, Editora Saraiva, 1995, p. 57.

44. *A pragmática das nulidades e a teoria do ato administrativo inexistente*. São Paulo, Editora Noeses, 2009, p. 103.

jurídico consiste no efeito da eficácia legal. Do primeiro momento, desse fenômeno complexo que é a juridicização, ou seja, a norma juridicizando o fato, tornando-o jurídico, podemos sacar os conceitos de eficácia legal, suporte fático e fato jurídico.

Eficácia legal significa o efeito da incidência da norma jurídica que juridiciza o fato. Para incidir, no entanto, é preciso que a norma esteja vigente. Uma norma pode pertencer a determinado ordenamento jurídico e não estar vigente. Conforme lição de EURICO MARCOS DINIZ DE SANTI, "da concatenação dos conceitos de validade e eficácia legal, conforme exposto, extraímos o conceito de vigência como a situação de norma jurídica que irradia eficácia legal, isto é, que incide sobre os fatos, tornando-os jurígenos".[45]

Suporte fático é o fato bruto, base de incidência da norma jurídica, que geralmente é mais rico em propriedades que a hipótese. Por isso não adentra inteiramente no mundo jurídico. Só as propriedades selecionadas pelo suposto normativo têm acesso ao ambiente normativo. É a norma jurídica, componente do sistema, que determina, de forma prescritiva, como o suporte fático será recebido pelo mundo jurídico; é questão prevista intrassistematicamente, após opção política, extrassistemática.

Fato jurídico representa a parte do suporte fáctico, desenhada pela hipótese normativa, que entra no mundo do Direito por meio da incidência da norma jurídica. Como observa LOURIVAL VILANOVA,[46] é a fração do suporte fáctico prefixada na hipótese.[47] Sem norma que incida não há fato jurídico. Conforme PONTES DE MIRANDA, "a técnica que tem o

---

45. *Lançamento tributário*. 2ª edição, São Paulo, Editora Max Limonad, 1999, p. 63.

46. *Causalidade e relação no direito*. 2ª edição, São Paulo, Editora Saraiva, 1989, p. 16.

47. "Fato jurídico é o fato qualificado por hipótese fáctica, de norma do costume, legislada, jurisprudencial: pelas fontes dogmáticas do sistema jurídico. Justamente as fontes intra-sistemáticas." LOURIVAL VILANOVA, *Causalidade e relação no direito. Op. cit.*, p. 34. [Nota do editorial: trecho transcrito conforme o original, portanto, sem a aplicação do acordo ortográfico.].

direito, mero processo social de adaptação, para chamar a si o fato que antes não lhe importava, é a regra jurídica".[48]

Num momento lógico posterior, o fato jurídico que entrou[49] no mundo do Direito propicia o surgimento de efeitos, que são as relações jurídicas ou normas jurídicas. Somente depois de gerado o fato jurídico, por força da incidência, é que poderemos falar de situações jurídicas e de todas as espécies de efeitos jurídicos,[50] o que consiste na eficácia jurídica.

Não se pode confundir, portanto, a eficácia legal, da qual nasce o fato jurídico, com a eficácia jurídica, decorrente do fato jurídico já existente. Mirando num recorte lógico, podemos afirmar que uma pressupõe a outra.

Como mostrado, o fato jurídico faz nascer norma jurídica. Assim, procedimento, ou seja, a série de atos necessários para a postura de uma norma jurídica, também significa fato jurídico. O excerto de LOURIVAL VILANOVA explica: "As normas de organização (e competência), e as normas do 'processo legislativo', constitucionalmente postas, incidem em fatos e os fatos tornam-se jurígenos. O que denominamos 'fontes do direito' são fatos jurídicos criadores de normas: fatos sobre os quais incidem hipóteses fácticas, dando em resultado normas de certa hierarquia".[51] É a enunciação, que se consome no tempo e no espaço. O que fica é o fato jurídico relatado por meio de linguagem competente.

---

48. *Tratado das ações*, tomo I. São Paulo, Editora Bookseller, 1998, p. 21.

49. "Não entra, sempre, todo ele. Às mais das vezes, despe-se de aparências, de circunstâncias, de que o direito abstraiu; e outras vezes se veste de aparências, de formalismos, ou se reveste de certas circunstâncias, fisicamente estranhas a ele, para poder entrar no mundo jurídico." PONTES DE MIRANDA, *Tratado de direito privado*, Tomo I. Op. cit., p. 20.

50. MARCOS BERNARDES DE MELLO, *Teoria do fato jurídico* – plano da existência. Op. cit., p. 57.

51. *Causalidade e relação no direito*. Op. cit., pp. 21 e 22.

A incidência das normas jurídicas tem como características inafastáveis a infalibilidade e a inesgotabilidade.[52]

A infalibilidade consiste na situação em que ocorrido o fato, no mundo fenomênico, descrito na hipótese, a norma incide necessariamente e faz surgir no mundo jurídico os efeitos previstos.[53] A infalibilidade da incidência normativa tem o sentido de que ela independe da observância ou da aplicação da norma.[54] É infalível. Não comete erros, não se engana e nem se confunde. Por isso que a observância e a aplicação, que decorrem de atuação humana, não concorrem para a sua configuração.

Já a inesgotabilidade significa que a incidência sempre ocorre toda vez que o suporte fático se realiza.

Mas visto o direito como linguagem, essa fenomenologia da jurisdicização – a incidência – não se pode dar ao largo da atividade do homem.[55] Não é algo absolutamente objetivo. A observação humana integra a incidência, que é *(re) feita* na mente do aplicador do Direito. Dentro da ontologia dos objetos, o Direito ocupa lugar na região dos objetos culturais,

---

52. Conforme TORQUATO CASTRO JR., "Ser a incidência infalível significa dizer que ela é idealmente perfeita independentemente da aplicação. Ser inesgotável também reforça essa natureza ideal: toda vez que o suporte fático realiza-se, a norma incide". *A pragmática das nulidades e a teoria do ato administrativo inexistente. Op. cit.*, p. 104.

53. Segundo JOSÉ SOUTO MAIOR BORGES, "a lei incide sempre que ocorre a hipótese de incidência ou suporte fático nela previsto e regulado. Dá-se a incidência da regra jurídica quando o suporte fático abstrato nela previsto hipoteticamente ocorre concretamente no mundo dos fatos (suporte fático concreto), daí resultando fato jurídico. Há, pois, que distinguir os conceitos de suporte fático abstrato ou hipotético e suporte fático concreto". *Teoria geral da isenção.* 2ª edição, São Paulo, Malheiros editores, 2001, p. 176.

54. MARCELO NEVES, A incidência da norma jurídica e o fato jurídico. *Revista de Informação Legislativa*, Senado Federal, nº 84, ano 21, outubro/dezembro de 1984, Brasília, p. 271.

55. "(...) incidência e aplicação resumem-se a uma ocorrência identificada no tempo e no espaço, concernente à dinâmica do direito, ou seja, sua positivação, que depende do homem, da sua capacidade de interpretação e produção de uma nova mensagem." AURORA TOMAZINI DE CARVALHO, *Curso de teoria geral do direito*. São Paulo, Editora Noeses, 2013, p. 466.

aqueles produzidos pelo homem para o atingimento de uma finalidade desenhada, também, pelo homem.

6. A infalibilidade da incidência

Temos afirmado, ao longo do texto, que o Direito entendido no seu discurso prescritivo, no plano do objeto, tem como finalidade alterar as condutas das pessoas em face de uma finalidade, valiosa,[56] em determinado momento histórico.[57] É o aspecto pragmático da linguagem normativa, conforme lição de LOURIVAL VILANOVA: "Usa-se a p-normativa como um dos *outils humains*, como um dos instrumentos para canalizar o processo social da conduta humana dentro de vias sociologicamente funcionais, ou axiologicamente valiosas".[58] O Direito é posto pelo homem e tem como missão modificar o comportamento do próprio homem. Não teria sentido algum o direito coincidir com a realidade. Ao duplicá-la o Direito estaria edificando um sem-sentido deôntico. O Direito, conjunto de normas jurídicas válidas, consiste numa comunicação. Do emissor para o receptor.

A comunicação entre os homens se põe pela linguagem. Linguagem entendida largamente. Só por meio da linguagem, o homem se coloca em relações de intersubjetividade. Não só a linguagem escrita ou falada; mas a linguagem gestual, a linguagem da arquitetura, a linguagem da moda etc.[59] Basta a cor

---

56. "(...) é construção valorativamente tecida, incidente, na realidade, e não coincidente com a realidade." LOURIVAL VILANOVA, Lógica Jurídica, in *Escritos Jurídicos e Filosóficos*, Volume 1. 1ª edição, São Paulo, Editora XIS MVNDI IBET, 2003, p. 200.

57. "Nesta dinâmica, a linguagem do direito condiciona a realidade alterando e regrando as condutas entre as várias unidades compositivas do tecido social." EURICO MARCOS DINIZ DE SANTI, *Lançamento tributário. Op. cit.*, p. 75.

58. *As estruturas lógicas e o sistema do direito positivo. Op. cit.*, p. 78.

59. "Todo sistema simbólico criado pelo homem com a finalidade de comunicar ou raciocinar é uma linguagem. Assim, a língua que falamos, os gestos, sinais de trânsito, bandeiras, imagens e sons artificiais (fotografias, desenhos, pinturas, música, apitos, campainhas), a indumentária, a notação matemática, são todos exemplos de linguagem." ALDO BIZZOCCHI, Como Pensamos o Mundo: a semiótica e a cognição humana. IX FÓRUM DE ESTUDOS LINGUÍSTICOS (FELIN), http://www.fi-

exuberante do vestido da mulher esguia, e logo nos colocamos em comunicação e entendimento com a época da moda, ou com as novas tendências do mercado. Como ensina PAULO DE BARROS CARVALHO, "é também a linguagem que nos dá os fatos do mundo físico e social".[60] Ou, na forma de RAFAEL HERNÁNDEZ MARÍN, "*Usamo*s los enunciados y las palabras que componen los enunciados para hablar de seres humanos, animales, cosas, lugares, etc., en definitiva, para hablar del mundo no linguístico que nos rodea, para *mencionar* las cosas que existen en este mundo no linguístico".[61]

O Direito se manifesta por intermédio de uma linguagem. Estudar o Direito, ou compreendê-lo, é essencialmente penetrar nas entranhas da sua linguagem. Assim, descrita a fenomenologia da incidência, um ponto, contudo, deve ser ressaltado. Embora seja característica da incidência a sua *incondicionalidade*, esta não prescinde da presença do homem. Não seria exagerado dizer que o homem constitui em linguagem a incidência.

A incidência pressupõe linguagem competente em dois momentos: **i)** na construção da norma jurídica; e **ii)** no sentido do evento (melhor, na construção do fato). Por isso a lição de PAULO DE BARROS CARVALHO: "[...] ali onde houver direito haverá sempre normas jurídicas, e onde houver normas jurídicas haverá, certamente, uma linguagem que lhes sirva de veículo de expressão. Pois bem, para que haja o fato jurídico e a relação entre sujeitos de direito que dele, fato, se irradia, necessária se faz também a existência de uma linguagem: linguagem que relate o evento acontecido no mundo da experiência e linguagem que relate o vínculo jurídico que se instala entre duas ou mais pessoas".[62]

---

lologia.org.br/ixfelin/.

60. IPI – Comentários Sobre as Regras Gerais de Interpretação da Tabela NBM/SH (TIPI/TAB). *Revista Dialética de Direito Tributário*. Editora Dialética, nº 12, setembro/99, São Paulo, p. 43.

61. *Compendio de filosofía del derecho*. Madrid: Marcial Pons, 2012, p. 51.

62. *Direito tributário*: fundamentos jurídicos da incidência. *Op. cit.*, p. 12.

7. A linguagem construtora da norma jurídica

Com base nas palavras já explicitadas, podemos dizer que é comum no mundo do Direito a seguinte situação: a norma incide num fato e vincula a esse fato um relacionamento entre sujeitos de direitos. Mas o fenômeno descrito, mostrando a norma na sua atuação dinâmica, comporta algumas elucidações. O Direito situado no plano do objeto, ou seja, visto como linguagem objeto, apresenta-se de maneira enunciativa. Explicando: sempre que falamos ou escrevemos, expressamo-nos por meio de enunciados. Estes enunciados, conjunto de palavras, são significativos porque cumprem o requisito de expressar cabalmente uma ideia. Apresentam-se como um conjunto de fonemas ou grafemas que, obedecendo a regras gramaticais de determinado idioma, consubstancia a mensagem expedida pelo sujeito emissor para ser recebida pelo destinatário, no contexto da comunicação.[63]

Os enunciados, portanto, têm existência concreta, o que ocorre mediante o suporte físico, e precisam estar bem construídos, pois a desordem interna priva-os de significação, não sendo então considerados enunciados. O enunciado estabelece uma relação, pois se refere a algo do mundo exterior ou interior, de existência concreta ou imaginária, atual ou passada, que é o seu significado; suscita em nossa mente uma noção, ideia ou conceito; é a significação. O Direito apresenta-se vertido num corpo de linguagem; nele encontramos enunciados. O Direito não é uma linguagem. Mas exprime-se e manifesta-se por conduto de uma linguagem, vazada em termos prescritivos, com vetor dirigido ao comportamento social, nas relações de intersubjetividade. O Direito só existe onde há sociedade. O Direito só existe onde existem homens em comunicação. O Direito exige, é evidente, comunicação. Requer, pelo menos – e disso ninguém duvida –, duas pessoas.

---

63. PAULO DE BARROS CARVALHO, *Formalização da linguagem* – proposições e fórmulas. Direito, *Revista do Programa de Pós-Graduação da PUC/SP*, São Paulo, Editora Max Limonad, nº 1, 1995, p. 143.

CONSTRUCTIVISMO LÓGICO-SEMÂNTICO

Assim, transportando a relação triádica ou trilateral — suporte físico, significado e significação —, apresentada acima, ao Direito, teremos: o enunciado — suporte físico — é representado pelos textos normativos, que se referem à região material da conduta — o significado —, do qual retiramos um conceito correspondente a uma norma jurídica. A norma jurídica, portanto, consiste na significação. As normas jurídicas são as significações que colhemos da leitura do texto normativo. As normas jurídicas são construídas pelo sujeito cognoscente, tomado amplamente. Assim, não há norma jurídica expressa, e sim, sempre implícita. Todas as normas jurídicas brotam da atividade interpretativa de quem se aproxima do texto legislado. Não há norma jurídica evidente, escancarada aos nossos olhos. O intérprete percebe os textos do direito positivo e mentalmente elabora as normas jurídicas. Por isso, diante dos mesmos textos, diversos sujeitos podem extrair normas jurídicas diversas, porquanto a norma está na mente do ser pensante. Não existe norma sem sujeito cognoscente. A norma não está no texto, é construída a partir dele. A norma não está na Constituição Federal. A norma jurídica está na mente de quem a constrói. É correto afirmar, portanto, que não existe norma expressa, pois todas se acham implícitas no texto do direito positivo.

Se a disposição fosse idêntica à norma,[64] um decalque, o Direito seria como água parada. Não se comunicaria com a realidade que precisa alterar. Seria, ademais, uma ilusão, pois exigiria um conjunto de enunciados exaustivo, que certamente se tornaria obsoleto logo que fosse dado ao conhecimento. Se o signo é móvel, é plurissignificativo, seria impossível aprisionar o seu sentido, tornando-o único. Ademais, se o signo

---

64. "Pero, hablando con propiedad, la interpretación jurídica tiene por objeto no 'normas' sino textos o documentos normativos. En otros términos, se interpretan (no exactamente normas, sino más bien) *formulaciones* de normas, enunciados que expresan normas: disposiciones, como se suele decir. Así es que la norma constituye no el objeto, sino resultado de la actividad interpretativa." RICARDO GUASTINI, *Interpretar y argumentar. Op. cit.*, p. 26.

comporta uma carga de ideologia,[65] e sendo a ideologia uma faceta das estruturas da sociedade, o signo atende a um propósito tecido por uma ideologia, tomada aqui como conjunto de ideias – sociais, históricas e políticas – que cumpre um propósito de moldar, ou construir uma realidade, em face de determinados objetivos. Sobre a ideologia contida nos objetos culturais, nos quais o direito se insere, importante é o comentário de ÓSCAR CORREAS: "Em primeiro lugar, denominaremos 'textos' a quaisquer objetos culturais, ou seja, objetos nos quais se manifesta o trabalho humano, enquanto 'cultura' designará qualquer produto do trabalho humano. Denominaremos 'textos' a estes objetos para destacar o fato de que transmitem – ou que neles se podem ler – ideias ou pensamentos, no sentido amplo desse termo, isto é, quais conteúdos de consciência ou, como diremos em seguida, ideologia". [66]

Já o dissemos: norma jurídica não se confunde com meros textos normativos. Estes são apenas os suportes físicos. Por isso a advertência de PAULO DE BARROS CARVALHO: "as normas jurídicas em sentido estrito não dispensam o trabalho interpretativo de construção do significado, o que implica reconhecer que o mundo dessas normas (em sentido estrito) é da ordem do inefável, insuscetível, portanto, ao conhecimento pela via da intuição sensível, pela singela leitura, por exemplo, se estivermos tratando de texto escrito". [67]

Antes do contato do sujeito cognoscente, não temos normas jurídicas, e sim meros enunciados linguísticos esparramados pelo papel. Enunciados postados em silêncio.[68] Em

---

65. Ademais, "tudo que é ideológico possui um significado e remete a algo situado fora de si mesmo. Em outros termos, tudo que é ideológico é um signo. Sem signos não existe ideologia". MIKHAIL BAKHTIN, *Marxismo e filosofia da linguagem*. São Paulo, Editora Hucitec, 2004, p. 31.

66. *Crítica da ideologia jurídica* – ensaio sócio-semiológico. Tradução de Roberto Bueno, Porto Alegre, Sérgio Antonio Fabris Editor, 1995, p. 27.

67. *Derivação e positivação no direito tributário*, volume II. São Paulo, Editora NOESES, 2013, p. XVIII.

68. OCTÁVIO IANNI, *Língua e Sociedade*, Aulas de Português. Petrópolis, Editora

estado de dicionário.[69] Aguardando que alguém lhes dê sentido.[70] E enunciados, conforme a observação de LENIO LUIZ STRECK, plurívocos,[71] pois não há uma correspondência biunívoca entre a disposição normativa (texto) e a norma jurídica (significação). A advertência de EROS GRAU explica: "Es necesario que se aclare, en este momento, que tomo la interpretación como una actividad que sirve para transformar las disposiciones (textos, enunciados) en normas; la interpretación es un medio de expresión de los contenidos normativos de las disposiciones, un medio por el cual el juez descubre las normas contenidas en las disposiciones".[72] E em outra passagem, deixa claro: "Las disposiciones, los enunciados, los textos no dicen nada; solamente significan algo cuando son efectivamente transformados en normas (o sea, cuando – a través y por la interpretación – son convertidos en normas)".[73]

No mesmo sentido, é a lição de RICARDO GUASTINI: "Intendo per 'interpretazione (giuridica)' l'attribuzione di senso (o significato) ad un testo normativo",[74] como também a de

---

Vozes, 1999, p. 16.

69. "Quando um rio corta, corta-se de vez/ o discurso-rio de água que ele fazia;/ cortado, a água se quebra em pedaços,/ em poços de água, em água paralítica./ Em situação de poço, a água equivale/ a uma palavra em situação dicionária:/ isolada, estanque no poço dela mesma,/ e porque assim estanque, estancada;/ e mais: porque assim estancada, muda,/ e muda porque com nenhuma comunica,/ porque cortou-se a sintaxe desse rio,/ o fio de água por que ele discorria." JOÃO CABRAL DE MELO NETO, "Rios sem Discurso (Nordeste)", in *Poesia completa* – Educação pela Pedra e Depois. Rio de Janeiro, Editora Nova Fronteira, 1999, p. 21.

70. "Chega mais perto e contempla as palavras/ Cada uma tem mil faces secretas sob a face neutra e te pergunta, sem interesse pela resposta, pobre ou terrível, que lhe deres: Trouxeste a chave?". CARLOS DRUMMOND DE ANDRADE, *"Procura da Poesia", Poesia e Prosa*. Rio de Janeiro, Editora Nova Aguilar, 1988, p 95 e ss.

71. "As palavras da lei não são unívocas; são, sim, plurívocas, questão que o próprio Kelsen já detectara de há muito." *Hermenêutica jurídica e(m) crise*. Porto Alegre, Livraria do Advogado, 1999, p. 17.

72. *La doble desestructuración y la interpretación del derecho*. Barcelona, Editorial M. J. Bosch, S. L., 1998, p. 13.

73. *Idem*, p. 70.

74. *Dalle fonti alle norme*. G. Torino, Giappichelle Editore, 1992, p. 15

J. J. GOMES CANOTILHO: "deve distinguir-se entre *enunciado* (formulação, disposição) da norma e norma. A formulação da norma é qualquer enunciado que faz parte de um texto normativo (de uma fonte de direito). Norma é o sentido ou significado adscrito a qualquer disposição (ou a um fragmento de disposição, combinação de disposições, combinações de fragmentos de disposições). Disposição é parte de um texto ainda a interpretar; norma é a parte de um texto interpretado".[75]

Outro não é o escólio de EDUARDO GARCÍA DE ENTERRIA, ao predizer o caráter criativo da interpretação: "[...] toda decisión judicial (y esto puede aplicarse a la integridad del proceso de aplicación del Derecho, aunque no toda tenga la autoridad de la aplicación por el juez) se reproduce necesariamente en mayor o menor medida el proceso de creación o producción del Derecho, que en toda interpretación judicial de una norma hay necesariamente una conformación valorativa de esta norma, que toda decisión judicial entraña una decisión originaria sobre el orden jurídico".[76]

Sobre o tema, CARLOS E. ALCHOURRON e EUGENIO BULYGIN[77] assim se expressaram: "Toda norma se formula o puede ser formulada en un lenguaje, pero la norma no es un conjunto de signos lingüísticos, sino el sentido que esos signos expresan". E adiante consignam: "Pretender que la norma sea el texto, es decir, un conjunto de signos lingüísticos, sin tener en cuenta su sentido, es pueril".

O próprio PONTES DE MIRANDA,[78] autor da lição genial

---

75. *Direito constitucional e teoria da constituição*. Coimbra, Livraria Almedina, 1998, pp. 1.075/1.076.

76. *Reflexiones sobre la ley y los principios generales del derecho*. Madrid, Editorial Civitas, 1996, pp. 21/22.

77. Definiciones y Norma, *Analisis Lógico y Derecho*. Madrid, Centro de Estudios Constituciolanes, pp. 444/445.

78. Não queremos afirmar que PONTES DE MIRANDA não fazia a distinção entre incidência e aplicação. Muitos menos atribuir a ele um entendimento que não tinha. Um dos conceitos fundamentais na sua teoria do direito é o da incidência automática e infalível. Era um positivista integral. Adepto da concepção fisicalista.

Afirmava que as leis que governam o movimento dos astros são da mesma natureza das leis que governam as relações humanas. Sustentou o monismo metodológico e a tese da unitariedade do universo, objeto do conhecimento. O Direito nasce das relações sociais, está nos fatos, é algo vivido até sem sabê-lo. O Direito é algo tão natural que pode ser revelado sem o homem: "Progressivamente se avança para a democratização dos processos de revelar o direito, o que se fortalecerá com a investigação científica, que – no direito, na economia e na sociologia, - como na física, na química, na biologia e nas demais ciências, - independe de corpos deliberantes, que são supérfluo violento, subjetivo, da proclamação das verdades científicas" (*Introdução à política científica*. Forense, Rio de Janeiro, 1983, p. 184). Haveria um momento, de alto grau científico em que as sociedades chegariam a um ponto no qual o Direito, a norma justa e adequada, surgiria quase que naturalmente, sem a necessidade de assembleias e de representantes. Em outra passagem diz: "Assente que não há diferença essencial entre a lei jurídica e a lei científica, e apenas de grau (aquela é restrita a certos fatos e é parte de outras leis sociais), podemos concluir pela necessidade de extrair a regra contida nas relações sociais ou reclamadas por ela, como se tiram das outras relações as demais leis do mundo" (*Sistema de ciência positiva do direito*. Tomo III, Bookseller, São Paulo, 2000, p. 203). O Direito está na realidade, onde deve ser apreendido pelo jurista, que deve proceder com método de indução e positividade semelhante aos da natureza. "As leis não são o direito; a regra jurídica apenas está em conexidade simbólica com a realidade" (*Sistema de ciência positiva do direito*. Tomo I, p. 114). "Se quisermos concretizar o pensamento, basta trazer-se para o mundo social, para a vida comum, a afirmação concernente ao mundo atmosférico: onde há espaço social há direito, como onde há espaço atmosférico há corpos sólidos, líquidos ou fluidos que o ocupam" (*Sistema de ciência positiva do direito*. Tomo I, p. 116). "Rigorosamente, é sociedade o próprio indivíduo, porque o estudo dos edifícios físico-químicos e dos organismos bem nos mostra (e cada vez mais nos mostrará) quanto há de Sociologia nos agregados biológicos e de Biologia nas sociedades animais e humanas. Mas isso se dá com as outras ciências: as leis biológicas e sociológicas são aplicações, certamente especializadas, de leis gerais da Física e da Química [...]. Em sentido *lato*, a sociedade começa com o átomo" (*Introdução à sociologia geral*. Forense, Rio de Janeiro, 1980, p. 1 e ss.). "Já vimos que os fatos sociais obedecem a princípios físicos e biológicos" (*idem, ibidem* p. 138). "Das mais gerais às menos gerais, todas as disciplinas se entrelaçam; se a Física se apoia na Matemática, na Geometria, em todas as três se firma a Sociologia, para que possa constituir-se em bases sólidas" (*idem, ibidem* p. 138). Assim, totalmente coerente para PONTES DE MIRANDA a incidência automática e infalível. Se o direito se revela naturalmente, a incidência também. Na visão de TORQUATO CASTRO JR, os dois modelos "são igualmente metafóricos em relação à continuidade do tempo, apesar de ambos preocuparem-se tão enfaticamente com a 'objetividade' de suas considerações". Afirma que no "modelo de Pontes, a linha de tempo corre 'positivamente' desde o evento até a aplicação". Já no "modelo de Paulo de Barros Carvalho, a linha do tempo só corre 'negativamente', ou seja, somente 'terá corrido' como uma abstração que regressa, pela construção linguística do 'fato', ao tempo do 'evento'. Mas é o agente decisor, criando linguagem e norma, que faz retroagir o tempo". *A Pragmática das nulidades e a teoria do ato administrativo inexistente.* Op. cit., pp. 106 e 107.

sobre a infalibilidade da incidência,[79] não se descurava da interpretação: "Para que se saiba qual a regra jurídica que incidiu, que incide, ou que incidirá, é preciso que se saiba o que é que se diz nela. Tal determinação do conteúdo da regra jurídica é função do intérprete, isto é, do juiz ou de alguém, jurista ou não, a que interesse a regra jurídica".[80] Nem da transformação de sentido que sofrem os textos legais com o tempo: "Hoje, o artigo tal do Código não exprime, exatamente, o que, no ano passado, exprimia; porque não diz ele o que está nas palavras, mas algo de mutável que as palavras quiseram dizer".[81]

Todavia, embora seja assente a distinção entre texto e norma, conforme a coleção de autores citados, um ponto exige esclarecimento. Conforme dito linhas acima, o plano da expressão – S1 - é condição necessária para a existência dos outros três. Assim, há uma interdependência entre o texto – disposição[82] - e a norma. Não podemos admitir que sejam totalmente apartados. Se assim fosse, a atividade de produção de enunciados prescritivos seria desnecessária, um mero enfeite.[83] Ademais, é indispensável esclarecer que a construção

---

79. "A incidência da lei, pois que se passa no mundo dos pensamentos e nele tem de ser atendida, opera-se no lugar, tempos e outros 'pontos' do mundo, em que tenha de ocorrer, segundo as regras jurídicas. É, portanto, *infalível*." *Tratado de direito privado*, tomo I. *Op. cit.*, p. 16.

80. *Tratado de direito privado*, tomo I. *Op. cit.*, p. IX.

81. *Systema de Sciencia Positiva do Direito*, volume I., Rio de Janeiro, Editora Jacintho Ribeiro dos Santos – Editor 1922, p. 83.

82. "Também se pode utilizar os termos 'formulação da norma', 'disposição normativa' ou 'enunciado normativo', para distinguir a forma linguística mediante a qual uma norma se expressa no plano do direito positivo, particularmente o direito escrito." MARCELO NEVES, *Entre Hidra e Hércules* – princípios e regras constitucionais. *Op. cit.*, p. 1.

83. Ao tratar de princípios e regras, EURICO MARCOS DINIZ DE SANTI faz instigante observação, que cabe como uma luva no que queremos demonstrar: "Observamos, contudo, que os dispositivos constitucionais servem, justamente, para que o constituinte possa objetivar e delimitar valores, imprimindo-lhes traços e feições peculiares aos objetivos que persegue. Não podem ser descartados ou tomados como obstáculo na construção do sentido de qualquer princípio, sob pena de infundir no direito o absurdo de se pretender revogar dispositivos sem se ocupar com os conteúdos e as restrições expressamente veiculadas nestes preceptivos. Se assim

da norma jurídica não ocorre apenas no processo de aplicação a um caso concreto.[84] Ao se interpretar os textos do direito positivo, o problema concreto a ser solucionado não pode passar ao oblívio do estudo. É impossível a construção de uma solução jurídica sem nela se integrar o problema a ser resolvido.[85] Mas o aplicador, com base na disposição normativa, está vinculado a um sentido geral.[86] A partir desse primeiro sentido, constrói a norma do caso.[87] Esse sentido geral poderia ser

---

não fosse, para que dispositivos legais? Que se aplicassem os princípios!" *Decadência e prescrição no direito tributário*. Op. cit., p. 55.

84. É o pensamento de LUIZ ROBERTO BARROSO, quando afirma: "a norma não se confunde com o enunciado normativo – que corresponde ao texto de um ou mais dispositivos -, sendo, na verdade, o produto da interação texto/realidade. Nessa visão, não existe norma em abstrato, mas somente norma concretizada". *Curso de direito constitucional contemporâneo: os conceitos fundamentais e a construção do novo modelo*. São Paulo, Editora Saraiva, 2009, p. 308.

85. "O que os textos querem dizer, como efetivamente cooperam para o tratamento dos conflitos, vai depender de como os profissionais do direito entendem esses mesmos textos diante do caso concreto." JOÃO MAURÍCIO ADEODATO, *A retórica constitucional*. São Paulo, Editora Saraiva, 2010, p. 231.

86. A atividade constitutiva da norma não significa a desconstrução do texto. Embora haja uma ilimitação de toda e qualquer interpretação, ela não corre autonomamente, solta, ao acaso. A função do intérprete do Direito é, contextualmente, procurar buscar o sentido do objeto ou da obra; o direito positivo. Tal atitude não significa uma redução à pretensa *intentio auctoris*. Não. Absolutamente. A intenção do legislador ou do autor é pré-textual. É momento metajurídico; político e psicológico. A *intentio operis*, o sentido contextual, funciona como uma fonte de significados que se põe entre o legislador e o intérprete, impondo uma restrição à liberdade da *intentio lectoris*. O intérprete constrói um sentido do texto, não o texto. A construção do texto, que já alberga um sentido, é função legislativa. Sem o texto produzido pelo Poder Legislativo, o intérprete, autêntico ou não (HANS KELSEN), seria também, ele próprio, legislador, o que desembocaria em arbítrio e deformação do princípio constitucional da separação dos poderes. A observação de UMBERTO ECO é relevante: "dizer que um texto é potencialmente sem fim não significa que *todo* ato de interpretação possa ter um final feliz. Até mesmo o desconstrucionista mais radical aceita a ideia de que existem interpretações clamorosamente inaceitáveis. Isso significa que o texto interpretado impõe restrições a seus intérpretes. Os limites da interpretação coincidem com os direitos do texto (o que não quer dizer que coincidam com os direitos do seu autor)". *Os limites da interpretação*. Op. cit., p. XXII.

87. Segundo MARCELO NEVES, "se afirmamos que a produção da norma só ocorre no processo concretizador, persistirá a questão de se os juízes e órgãos competentes para a concretização normativa não estariam subordinados a normas antes de cada solução de caso". *Entre Hidra e Hércules* – princípios e regras constitucio-

designado de primeira norma, ou mesmo, a própria moldura tratada por HANS KELSEN.

Para que se saiba qual a regra jurídica que incidiu, que incide, ou que incidirá, é preciso que se saiba o que é que ela diz; é o mesmo que afirmar que o sentido da regra é dado pela interpretação.[88] O que incide, portanto, é o produto da interpretação. A norma, não o texto. E como o produto da interpretação é a norma jurídica, construída pelo intérprete, o juiz ou alguém a quem interesse a regra jurídica, o senhor da incidência não é algo físico ou metafísico. O senhor da incidência é o homem concreto. O construtor do sentido das palavras. O gerador de sentido do texto. E mesmo dentro de uma mesma escrita, pode ter vários sentidos, dada a inesgotabilidade do sentido.[89] A linguagem pode ser registrada a partir dos significados das ideias e a partir dos sons das palavras: escrita ideográfica[90] ou escrita fonográfica, respectivamente. Conforme a escrita, o sentido pode ser ainda mais amplificado. Por isso, antes da presença humana não pode haver incidência. A incidência não se situa fora da consciência humana. É produto do homem. Se a incidência ocorresse sem a intermediação humana, não haveria a transformação do sentido. A incidência de ontem não é mesma de hoje. O texto pode ser o mesmo. A norma, contudo, é diversa.

---

nais. *Op. cit.*, p. 8/9.

88. VÍCTOR FERRERES COMELLA faz interessante observação acerca do juízo de constitucionalidade: "Las disposiciones del texto legal son compatibles con las del texto constitucional si las normas que las primeras expresan son compatibles con el sistema de normas que las segundas expresan. Las normas se identifican a través de la interpretación de las disposiciones en las que se alojan. En consecuencia, el juicio acerca de la constitucionalidad de la ley exige interpretar dos textos (el texto legal y el texto constitucional) y apreciar si las normas que se expresan en el primero son compatibles con el sistema de normas que se expresan en el segundo". *Justicia constitucional y democracia*. Madrid, Centro de Estudios Políticos y Constitucionales, 1997, p. 18.

89. "[...] o sentido é inesgotável. Isso é da sua onticidade mesma(...)". RAIMUNDO BEZERRA FALCÃO, *Hermenêutica*. São Paulo, Malheiros Editores, 1997, p. 31.

90. Na escrita ideográfica apenas a ideia básica é transmitida.

Assim, a automaticidade e a infalibilidade da incidência da norma jurídica significam a sua obrigatoriedade. Dissemos no primeiro parágrafo que as normas jurídicas são dotadas dessa força sobre nossas condutas. Atestada (= construída) a incidência pelo homem, e na medida em que ele atesta (= constrói), os efeitos produzidos pelo fato jurídico são obrigatórios. É relação intranormativa que se instala entre a hipótese e a tese. A incidência ocorreu no passado, mas todo o sentido dela é construído pelo intérprete no momento da aplicação; no presente. A aplicação devolve ao intérprete a competência para construir o sentido da incidência. É incorreto afirmar-se que a "incidência não erra, quem erra é o aplicador" do Direito. Passa como uma verdade, até mesmo jusnaturalista, o que é construção humana.

Se é errada a aplicação é porque está relacionada com alguma correção prévia. E quem fixou a correção prévia? A incidência? Pensamos que não. Talvez a correção prévia seja a incidência que o intérprete deseja incutir como a correta. Agir assim é negar todos os homens e se constituir como o único homem, como o senhor onipotente da incidência. Por isso HANS KELSEN deve, sempre, ser lembrado: não é a ciência jurídica que vai dizer qual é a interpretação correta. Ela apenas indica, dentro de uma moldura, quais as interpretações jurídicas. Afirmar unicamente como certa uma interpretação é negar a condição de signos às próprias palavras. Vale a pena transcrever a lição de HANS KELSEN: "A doutrina de que uma norma jurídica tem efetivamente apenas um significado e de que existe um método científico que nos capacita sempre a descobrir o seu único significado correto é uma ficção usada pela ciência jurídica tradicional para sustentar a ilusão da segurança jurídica [...] Se o cientista jurídico recomenda à autoridade jurídica um dos diferentes significados de uma norma jurídica, ele tenta influenciar o processo criador de Direito e exerce uma função política, não científica; se ele apresenta essa interpretação como a única correta, está atuando como um político disfarçado de cientista. Está escondendo a realidade jurídica".[91]

O aplicador do Direito não erra; nunca. Não porque seja dotado de um poder divino de correção. Mas simplesmente porque a linguagem que produz não desafia os critérios de correção. O aplicador do Direito, tomado em sentido abrangente, prescreve. Ele poderá criar normas jurídicas inválidas, que só poderão ser invalidadas conforme as outras normas do sistema estabelecem. Errar, não; quem erra é o cientista do Direito. O cientista descreve, e a descrição pode ser errada, falsa. Não se pode confundir a linguagem prescritiva com a linguagem descritiva. A linguagem prescritiva se constitui no objeto da ciência do Direito. O objeto não pode estar errado. A linguagem prescritiva, na sua constante autoalteração, provoca mudanças no objeto. Obstar a alteração do objeto sob a imposição da linguagem prescritiva significa o retorno ao direito natural. O objeto cultural, direito positivo, impedido de cumprir sua finalidade, que é alterar a realidade conforme valores historicamente determinados.[92]

A importância da incidência em face da instantaneidade da ocorrência no mundo físico do suporte fático está relacionada com o marco inicial da produção dos efeitos, bem como se baseia em qual linguagem normativa será construída a norma – ou seja, a identificação do instrumento introdutor de normas vigente, o suporte físico. Isto para que tudo não fique entregue à total subjetividade do intérprete. Por isso se

---

91. *O que é Justiça? A Justiça, o Direito e a Política no espelho da ciência*. Tradução de Luís Carlos Borges, São Paulo, Editora Martins Fontes, 1997, pp. 366/367.

92. Como adverte RAFFAELE DE GIORGI em *Direito, democracia e risco* (Editora Porto Alegre, Sergio Antonio Fabris, 1998, p. 155): "Na sociedade moderna, Kelsen já havia dito, não existe espaço para o direito natural. O direito natural é incompatível com a democracia. E isso Kelsen dizia no início de um século que veria tantos jusnaturalismos. O direito natural encontra-se sujeito a condicionamentos externos. O direito positivo condiciona-se a partir de si mesmo; cada transformação do direito deve conter uma redescrição do direito existente. Em outros termos, o direito se auto-organiza e só assim se historiciza".

diz que o plano da expressão – S1 - precede aos outros e é o único dotado de objetividade.

O Direito dá apenas os elementos para que se identifique o momento do evento e o instrumento introdutor de normas aplicável. O mais é produto do intérprete. Se a incidência fosse algo mecânico, como quer ALFREDO AUGUSTO BECKER,[93] seria dispensável a presença humana. O aplicador do Direito seria um autômato. Um homem sem alma. Um mero adivinhador da incidência correta. Seria o retorno à escola da exegese, que dilacera o sentido e impõe um único e possível significado.

É como se houvesse uma incidência dinâmica, necessária ao funcionamento do sistema jurídico, e uma outra, estática. A estática seria a construção do sentido da dinâmica. Haveria uma primeira incidência: a dinâmica. O sentido da primeira incidência seria construído pela segunda incidência: a estática.

8. A linguagem constitutiva do fato

A linguagem também está presente na constituição do fato. Por isso a oportuna e importante distinção entre fato e evento. O fato já ocorreu, é passado.[94] Conhecemos e podemos falar sobre ele. O evento esvai-se. Escorre no tempo, deixando apenas o seu rastro. Mas então já é passado.

O fato só se torna fato quando vertido em linguagem. Antes, é mero evento que se consome no tempo e no espaço, conforme ensina TERCIO SAMPAIO FERRAZ JÚNIOR: "É preciso distinguir entre *fato* e *evento*. A travessia do Rubicão por

---

93. "A **juridicidade** tem grande analogia com a **energia** eletromagnética e a **incidência** da regra jurídica projeta-se e atua com automatismo, instantaneidade e efeitos semelhantes a uma **descarga** eletromagnética." *Teoria geral do direito tributário*. 4ª edição, São Paulo, Editora Noeses, 2007, p. 326.

94. "Só o passado verdadeiramente nos pertence./ O presente... O presente não existe:/ *Le momento ù je parle est déjà loin de moi.*/ O futuro diz o povo que a Deus pertence./ A Deus... Ora, adeus!". MANUEL BANDEIRA, "Passado, Presente e Futuro", in *Estrela da Vida Inteira* – poesias reunidas. 16ª edição, José Rio de Janeiro, Olympio editora, 1989, p. 224.

Cesar é um *evento*. Mas 'Cesar atravessou o Rubicão' é um *fato*. Quando, pois, dizemos que 'é um fato que Cesar atravessou o Rubicão', conferimos *realidade* ao *evento*. 'Fato' não é, pois, algo concreto, sensível, mas um elemento linguístico capaz de organizar uma situação existencial como realidade".[95] E quando se trata de fato jurídico, linguagem competente é a linguagem das provas. Como adverte PAULO DE BARROS CARVALHO:[96] "Se não há fato sem articulação de linguagem, também inexistirá fato jurídico sem a linguagem específica que o relate como tal". E complementa: "Faltando a linguagem jurídica competente para narrar o acontecimento, não se poderá falar em fato jurídico. Conserva sua natureza factual porque descrito em linguagem ordinária, porém não alcança a dignidade de fato jurídico por ausência da expressão verbal adequada".

A realidade, conforme anota AURORA TOMAZINI DE CARVALHO, consiste num sistema de símbolos num contexto existencial. Por isso podemos dizer que a realidade está imersa na relatividade social. Afirma a autora que "o conceito do fato jurídico é construído por meio da interpretação de uma linguagem, pois o aplicador não tem acesso ao acontecimento que, enquanto ocorrência material percebida no mundo da experiência, dissemina-se no tempo e no espaço". Nestes termos, continua: "o único instrumento de que dispõe para constatar a ocorrência do evento é a linguagem que o relata, e a única forma que tem de conhecê-lo é interpretando-o".[97] A realidade é construída socialmente. Não há uma realidade objetiva acessível a todos do mesmo modo. Observamos o mundo, de constituição complexa, e o reconstruímos gnosiologicamante. Muitos fatores entram nesta reconstrução.[98]

---

95. *Introdução ao estudo do direito*. São Paulo, Editora Atlas, 1991, p. 253.

96. IPI – Comentários Sobre as Regras Gerais de Interpretação da Tabela NBM/SH (TIPI/TAB). *Op. cit.* p. 44.

97. *Curso de teoria geral*. *Op. cit.*, p. 482.

98. "Lo que es 'real' para un monje del Tíbet puede no ser 'real' para un hombre de negocios norte-americano. El 'conocimiento' que tiene un criminal difiere del que posee un criminalista. Se sigue de esto que las acumulaciones específicas de

CONSTRUCTIVISMO LÓGICO-SEMÂNTICO

Só serão fatos jurídicos aqueles enunciados que puderem sustentar-se em face das provas em direito admitidas.[99] As palavras de PAULO DE BARROS CARVALHO esclarecem: "De ver está que o discurso prescritivo do direito posto indica, fato por fato, os instrumentos credenciados para constituí-los, de tal sorte que os acontecimentos do mundo social que não puderem ser relatados com tais ferramentas de linguagem não ingressam nos domínios do jurídico, por mais evidentes que sejam".[100] Um fato qualquer só adquire a condição de fato quando revestido em linguagem; antes, é tão só mero evento. E no Direito não basta a linguagem natural, pois se requer a linguagem competente: a linguagem das provas que é prescrita pelo Direito. Tal circunstância não escapou à percepção de HANS KELSEN:[101] "[...] cuando el orden jurídico, de manera general, enlaza a ciertos hechos, como condiciones, determinadas consecuencias, de manera necesaria debe prescribir también cómo debe comprobarse auténticamente la existencia del hecho condicionante en un caso concreto, para que la consecuencia estatuida pueda ser realizada". E complementa, deixando evidente ser a prova que constitui o fato: "Por ello, no son los hechos en sí a los que están enlazadas las consecuencias jurídicas, sino a la determinación constitutiva de los hechos dentro de un procedimiento jurídico". Sem estar provado, o fato não é fato; é mero evento. É o direito positivo que estabelece como os fatos podem ser provados. Ou seja, como os fatos podem ser considerados jurídicos. É evidente que não

---

'realidad' y 'conocimiento' pertenecen a contextos sociales específicos y que estas relaciones tendrán que incluirse en el análisis sociológico adecuado de dichos contextos." PETER L. BERGER e THOMAS LUCKMANN, *La construcción social de la realidad*. Buenos Aires, Amorrortu editores, 2001, p. 15.

99. Situação interessante nos relata RAIMUNDO BEZERRA FALCÃO quando diz que "o problema da interpretação dos fatos tem no Direito muçulmano óbvias diferenças em relação ao Direito ocidental. A prova testemunhal feminina, por exemplo, tem menor valia que a prova testemunhal masculina (*Risala fi-l-Figh*, XXXVIII), *Hermenêutica*. Op. cit., p. 152. O mesmo evento tem para o Direito sentido diverso, se observado por pessoas de sexo diferente. Para o Direito, o olhar muda o fato.

100. *Direito tributário* – fundamentos jurídicos da incidência. Op. cit., p. 98.

101. *Qué es un acto jurídico?* Isonomia, nº 4, Madrid, 1996, pp. 68/69.

pode ser com linguagem natural,[102] aquela onde encontramos o coloquial, a espontaneidade.

Quando MARCOS BERNARDES DE MELLO afirma que a concreção do suporte fáctico necessita do conhecimento das pessoas e que esse fato precisa ser provado, está pressupondo a linguagem competente das provas. A prova do fato, que atesta a incidência, também é resultante da incidência de outras normas. É o Direito, e não a mera percepção física ou sensorial do homem, que atesta o fato. Ausente a prova jurídica do fato, não há que se falar em incidência. Assim, o Professor, ao afirmar que "a incondicionalidade da incidência não pode, por isto, ser considerada em caráter absoluto, isto é, ocorrido o fato dá-se necessariamente a incidência; porque não é a simples atuação física da ocorrência do fato que determinará a incidência, mas, com o seu conhecimento pelas pessoas, a sua integração ao mundo dos pensamentos. Depois de conhecido o fato, sim, a incidência é incondicional",[103] está se referindo a um conhecimento jurídico. Não o teorético, mas o prescritivo. O conhecimento que possa sustentar-se no Direito.

Embora longa, a lição de HANS KELSEN é importante para que fique evidente o que pretendemos deixar claro: "É um princípio fundamental da técnica jurídica, embora frequentemente esquecido, que não existem no domínio do Direito, fatos absolutos, diretamente evidentes, 'fatos em si', mas apenas fatos estabelecidos pela autoridade competente em um processo prescrito pela ordem jurídica. Não é ao roubo como um fato em si que a ordem jurídica vincula certa punição. Apenas um leigo formula a regra de Direito dessa maneira. O jurista sabe que a ordem jurídica vincula certa punição

---

102. Como diz o Professor PAULO DE BARROS CARVALHO, "fatos jurídicos não são simplesmente os fatos do mundo social, constituídos pela linguagem de que nos servimos no dia-a-dia". *Direito tributário* – fundamentos jurídicos da incidência. *Op. cit.*, p. 105.

103. "Contribuição ao Estudo da Incidência da Norma Jurídica Tributária", *in Direito tributário moderno*. Obra coletiva sob a coordenação de José Souto Maior Borges, São Paulo, José Bushatsky Editor, 1977, p. 20.

apenas a um roubo assim estabelecido pela autoridade competente, seguindo um processo prescrito. Dizer que 'A' cometeu um roubo só pode expressar uma opinião subjetiva. No domínio do Direito, apenas a opinião autêntica, isto é, a opinião da autoridade instituída pela ordem jurídica para estabelecer um fato, é decisiva. Qualquer outra opinião à existência de um fato, tal como determinado pela ordem jurídica, é irrelevante do ponto de vista jurídico".[104] Destarte, a incidência só ocorre depois de conhecido o fato mediante as provas que o Direito prescreve. Não é o conhecimento meramente empírico, mas o conhecimento jurídico. E mais, a própria norma não incide, digamos, com a literalidade de seu texto. A norma, para que incida, necessita da construção humana, que se dá por intermédio da interpretação.[105]

Assim, construída a norma jurídica (= significação) pela interpretação dos enunciados (= suporte físico) do direito positivo, e provado o suporte fático por meio da linguagem competente das provas jurídicas, dá-se a incidência. Antes, não. A integração ao mundo dos pensamentos (psique) ocorre por meio de canal juridicamente estabelecido. O que ingressou no mundo dos pensamentos de forma meramente empírica, sem a intermediação normativa, não se constitui em incidência. A incidência, portanto, é uma construção humana. Só o homem pode atestar a incidência.

A importância das provas é referida por PONTES DE MIRANDA,[106] lembrado por PAULO DE BARROS CARVALHO: "Quem quiser relatar com precisão os fatos jurídicos, nomeando-lhes os efeitos, que use a teoria das provas, responsável pelo estilo competente para referência aos acontecimentos do mundo do direito. Anota Pontes de Miranda: 'Direitos,

---

104. *O que é Justiça. Op. cit.*, p. 246.

105. Excerto da obra de RAIMUNDO BEZERRA FALCÃO deixa clara a questão, "(...) se se deseja dar vida vivente ao Direito, não se fale em Direito. Fale-se em interpretação dele. Esta é que se aplica à existência efetiva das relações convivenciais". *Hermenêutica. Op. cit.*, p. 147.

106. *Comentários ao Código de Processo Civil*, v. 4. Rio de Janeiro: Forense, p. 209.

pretensões, ações e exceções são efeitos de fatos jurídicos: *é preciso que se provem os fatos jurídicos para que se tenham por existentes, no tempo e no espaço, esses efeitos*'(o grifo não é do original)".[107] A verificação dos fatos como fatos jurídicos também se constitui como outro momento da tarefa interpretativa. É que o procedimento da subsunção, ou incidência, também é etapa da interpretação. ALF ROSS chama esse momento da interpretação de "interpretação por referência".[108]

9. Conclusão

Em todos os momentos, a presença humana é imprescindível. No ato de vontade de aplicação, o intérprete autêntico, no sentido kelseniano; e no ato de conhecimento, de designação do sentido dos textos normativos, ou seja, na construção das normas jurídicas, o intérprete não autêntico de KELSEN.[109] E ainda, na constituição do fato jurídico. Por isso a rigorosa, como sempre, advertência de PAULO DE BARROS CARVALHO: "[...] é importante dizer que não se dará a incidência se não houver um ser humano fazendo a subsunção e promovendo a implicação que o preceito normativo determina. As normas jurídicas não incidem por força própria".[110]

Assim, do ponto de vista do intérprete não autêntico, aquele que não tem caso para solucionar, haverá tantos relatos de incidências quantas forem as normas possíveis de ser construídas em face dos suportes fácticos ocorrentes. É comum assistirmos a pessoas diversas, professores, advogados, juristas etc., discutindo como ocorrem e se ocorrem determinadas incidências.

---

107. *Direito tributário* – fundamentos jurídicos da incidência. *Op. cit.*, p. 105.

108. "Una interpretación del segundo tipo estará dirigida a decidir si un cierto curso de hechos 'satisface' el significado de la expresión, de modo que pueda afirmarse que nos hallamos en presencia de hechos que la expresión designa". *Sobre el derecho y la justicia*. Tradução de Genaro Carrió, EUDEBA, Buenos Aires, 1994, pp. 113/114.

109. Cf. HANS KELSEN, *Teoria pura do direito*. Tradução de João Baptista Machado, Arménio Amado Editora, Coimbra, 1984.

110. *Direito tributário* - Fundamentos jurídicos da incidência. *Op. cit.*, p. 9.

Agora, em relação ao intérprete autêntico, órgão do sistema aplicador do Direito, a incidência construída torna-se norma jurídica, e neste sentido, é única. Neste sentido porque pode ocorrer, em face da multiplicidade de órgãos aplicadores do Direito, que diante do mesmo texto (enunciado, suporte físico), um outro juiz ou órgão qualquer construa uma norma diferente e altere, completamente, a incidência. E ainda, a incidência pode ser alterada mediante os processos previstos no sistema, direito processual. Transitada em julgado e não havendo possibilidade de rescisão, torna-se definitiva.

O momento da aplicação não significa uma mera adequação com a incidência que ocorreu, mas a concreção da incidência. Não há uma incidência passada que seja incompatível com a aplicação. O aplicador não é um desvelador da incidência; não é, porque antes ela não existia. Ninguém sabe, ou não poderá dizer, qual a incidência correta. Ora, se não é o aplicador quem diz qual é a incidência, quem o dirá?

É a aplicação, portanto, que dá o sentido da incidência. Separar os dois momentos como se um – o da incidência – fosse algo mecânico ou mesmo divino, que nunca erra ou falha, e o outro – o da aplicação –, como algo humano, vil, sujeito ao erro, é inadequado. É pensar que nada precisa da interpretação. E mais, a incidência automática e infalível reforça a ideia de neutralidade do aplicador. Assim, a incidência terá sempre o sentido que o homem lhe der. Melhor: a incidência é realizada pelo homem. A norma não incide por força própria: é incidida.

Conforme relatamos, a teoria que afirma ser a incidência anterior à aplicação permite uma situação inusitada, especialmente quando olhamos para a finalidade do Direito – regular a conduta humana –, porquanto prescinde da participação humana. Assim, ao se inserir o homem no processo de incidência, percebe-se uma simultaneidade entre a incidência e a aplicação. Mesmo que a autoridade se reporte ao passado, para apanhar o evento. Então não se pode tomar o evento como fato. A distinção é de crucial importância.

CONSTRUCTIVISMO LÓGICO-SEMÂNTICO

A dualidade norma jurídica e suporte fáctico pede o homem. Seria engenhoso supor um automatismo. A observação de TORQUATO CASTRO JR. põe em bom termo a situação: "Ora, do ponto de vista pragmático, do qual se origina a diferença entre 'fato' e 'evento', a própria coexistência entre regra e suporte fático depende do agente, sendo irreal pensar na coisa como um mecanismo automático: a norma incide, em lugar dos homens fazerem-na incidir".[111]

Assim, a incidência, conforme sugere o título do texto, no modelo que toma o Direito como linguagem na forma apresentada, consiste numa operação linguística. Não poderia ser diferente.[112]

O homem, cravado nos enunciados prescritivos (mostrados no início do trabalho), constrói a norma geral e abstrata; e, diante da linguagem em que se põe a realidade social, já que o evento se consumiu no tempo e no espaço, e o que se tem é o fato, que consiste numa articulação linguística, identifica o fato denotativo da classe dos fatos, cujas notas estão depositadas na norma geral e abstrata. Ante as duas linguagens, promove a subsunção. Incide.

No processo de aplicação do Direito, a subsunção é inevitável. Do encontro das duas linguagens nasce outra linguagem, a qual relata no antecedente da norma o fato, e a este liga, imputa, no movimento de causalidade jurídica, a relação jurídica[113] correspondente, cujos critérios estão no consequente

---

111. A Pragmática das Nulidades e a Teoria do Ato Administrativo Inexistente. *Op. cit.*, p. 105.

112. FÉLIX F. MORALES LUNA, tratando da filosofia do direito de UBERTO SCARPELLI, traz importante observação do autor: "SCARPELLI replicaba a esta última actitud, diciendo que 'el jurista no puede evitar las questiones semánticas: las operaciones que este realiza conciernen al lenguaje y tienen como instrumento al lenguaje, y a cada paso debe determinar y forjar significados, reconocer, construir o reconstruir relaciones semánticas, sintácticas y pragmáticas. Si hay una actividad que requiere un conocimiento lingüístico, esta es la actividad del jurista'." *La filosofía del derecho de Uberto Scarpelli: análisis del lenguaje normativo y positivismo jurídico*. Marcial Pons, Madrid, 2013, p. 71.

113. "A norma é, assim, igualmente constitutiva da juridicização do fato e da juridicização da consequência que dela emana." TORQUATO CASTRO, *Teoria da Situa-*

da norma geral e abstrata, construída a partir dos enunciados prescritivos. A representação de PAULO DE BARROS CARVALHO bem demonstra a operação: "Se o fato F pertence ao conjunto da hipótese normativa (Hn), então deve ser a consequência também prevista na norma (Rj)".[114]

A incidência jurídica, portanto, consiste numa atividade composta de operações de subsunção e consequente implicação, promovida pelo ser humano. A operação se dá entre conceitos conotativos contidos na norma geral e abstrata e conceitos denotativos expressos na norma individual e concreta. Há, como podemos verificar, uma inclusão. Inclui-se o conceito de fato, identificado por meio de linguagem competente, na classe expressa no enunciado contido na norma geral e abstrata. Eis a incidência: a articulação dessas duas dimensões da linguagem.

ção Jurídica em Direito Privado Nacional. São Paulo: Editora Saraiva, 1985, p. 27.

114. *Direito tributário:* fundamentos jurídicos da incidência. *Op. cit.*, p. 11.

OS ATOS DE FALA E O DIREITO

Tárek Moysés Moussallem[1]
Yuri de Oliveira Dantas Silva[2]

Sumário: 1. Enunciados constatativos e performativos: fundamentos para uma dualidade – 2. As condições de felicidade de um enunciado performativo – 3. Ato ilocucional e proposicional – 4. Atos de fala e o direito positivo – 5. Atos de fala deônticos: quando dizer é fazer no âmbito do Direito – Referências.

1. Enunciados constatativos e performativos: fundamentos para uma dualidade

A linguagem, contemporaneamente, ganhou papel central na maneira como se desenvolvem Ciência e Filosofia. Houve uma cisão radical que ocorreu com o advento do denominado Giro Linguístico: antes, o modelo predominante era o da Filosofia da Consciência, onde o sujeito era o alvo central de investigações. Por uma revolução científica o homem se encontrou na linguagem, passou habitar o universo proposicional para ser o lugar do desvelamento do ser. A linguagem deixou de ser um *meio, instrumento*, algo entre o homem e o mundo exterior para tomar posição ativa tanto na constituição do sujeito quanto do objeto.

---

[1]. Professor da Universidade Federal do Espírito Santo. Mestre e Doutor pela PUC/SP.
[2]. Mestre em Direito Processual pela Universidade Federal do Espírito Santo.

Tal reviravolta ganha contornos evidentes nos denominados objetos culturais (institucionais), pois a linguagem é constitutiva de sua ontologia.

O direito (objeto), enquanto regulamentação de condutas humanas, manifesta-se em linguagem na sua função prescritiva. Desta perspectiva, torna-se possível vislumbrar o direito como o conjunto de atos de fala deônticos expedidos por autoridades credenciadas pelo sistema de direito positivo.

Por se manifestar em linguagem, o objeto "direito" pode ser estudado em três planos linguísticos: o sintático, o semântico e o pragmático. O primeiro direciona a atenção para a relação entre os signos linguísticos; o segundo estuda a relação entre o signo e o objeto designado; o terceiro estuda a relação entre o signo e seus usuários. A atenção, no presente trabalho, será direcionada ao plano pragmático, mais especificamente aos "atos de fala". FIORIN[3] sintetiza a guinada Pragmática iniciada com AUSTIN:

> [...] a Pragmática tal como concebemos hoje tem início quando Austin começa a desenvolver sua teoria dos atos de fala. Até então, a Linguística pensava que as afirmações serviam para descrever um estado de coisas e, portanto, eram verdadeiras ou falsas. Uma afirmação como *O céu é azul* descreve o estado do firmamento e, portanto, o falante pode verificar se ela é verdadeira ou falsa, no momento em que é usada. Austin vai mostrar que a Linguística se deixava levar por uma ilusão descritiva, pois é preciso distinguir dois tipos de afirmações: as que são descrições de estados de coisa, a que ele vai chamar constatativas, e as que não são descrições de estados de coisa. São essas que lhe interessam. Toma, então, certos enunciados na forma afirmativa, na primeira pessoa do singular do presente do indicativo da voz ativa, com as seguintes características: a) não descrevem nada e, por conseguinte, não são nem verdadeiros nem falsos; b) correspondem, quando são realizadas, à execução de uma ação. A essas afirmações vai chamar performativas.

---

3. FIORIN, José Luiz. A linguagem em uso. In: FIORIN, José Luiz (Org.). *Introdução à linguística:* objetos teóricos. V.I. Contexto: São Paulo, 2003, p. 170.

Dessa maneira, a linguagem não possui apenas a função descritiva. Ela também é utilizada para realizar ações. Como expresso mais acima: enunciados constatativos descrevem fatos; enunciados performativos realizam ações.

Há muitas situações em que realizar uma ação é proferir algumas palavras. Casar, apostar, batizar, prometer, desculpar-se, ofender, legislar, ordenar, são ações realizadas mediante emissão de palavras. Nessa senda, diz-se que foi realizado um ato de fala.[4]

Os enunciados declarativos visam a descrever "estado de coisas" e só podem ser predicados com os valores "verdadeiro/falso". São os valores aléticos bivalentes não modais.

Já os enunciados performativos, por serem utilizados para a realização de determinada ação, submetem-se aos critérios de felizes (*happy*) ou infelizes (*unhappy*), coforme classificação criada por AUSTIN.[5]

Para que a ação correspondente a um performativo seja realizada, é preciso não somente que ele seja enunciado, mas também que as circunstâncias de enunciação sejam adequadas. Um performativo pronunciado em circunstâncias inadequadas não é falso, mas "nulo", ou seja, fracassado (*unhappy*).[6]

---

4. Cumpre chamar a atenção para a plurivocidade do símbolo "atos de fala", pois o mesmo pode ser utilizado em três sentidos: (i) enunciado ou proferimento; (ii) ação e (iii) ato de produção de enunciados, ou enunciação. Ao longo do trabalho, quando não for especificado o sentido da mencionada locução, estar-se-á a usá-la na primeira acepção.

5. "A expressão 'condições de felicidade' do performativo não é uma boa denominação em português. Seria melhor dizer 'condições de sucesso'. No entanto, a partir da tradução do texto de Austin, essa expressão começou a ser usada e é encontrada em muitos textos de Pragmática." (Fiorin, p. 171)

6. FIORIN, José Luiz. A linguagem em uso. In: FIORIN, José Luiz (Org.). *Introdução à linguística:* objetos teóricos. V.I. Contexto: São Paulo, 2003, p. 170.

2. As condições de felicidade de um enunciado performativo

AUSTIN[7] arrola as condições de felicidade e fracasso dos performativos. Essas circunstâncias, ou "normas convencionais", podem ser resumidas em seis:

(A.1) deve existir um procedimento convencionalmente aceito, que apresente determinado efeito convencional e que inclua o proferimento de certas palavras por certas pessoas e em certas circunstâncias;

(A.2) as pessoas e as circunstâncias particulares, em cada caso, devem ser adequadas ao procedimento específico invocado;

(B.1) o procedimento tem de ser executado por todos os participantes de modo correto;

(B.2) o procedimento tem de ser executado por todos os participantes de modo completo;

(G.1) nos casos em que, como ocorre com frequência, o procedimento visa às pessoas com seus pensamentos e sentimentos, ou visa à instauração de uma conduta correspondente por parte de alguns participantes, então aquele que faz parte do procedimento e o invoca deve, de fato, ter tais pensamentos ou sentimentos, e os demais actantes devem ter a intenção de se conduzir de maneira adequada;

(G.2) devem realmente conduzir-se dessa maneira subsequente.

Caso haja alguma falha nas circunstâncias mencionadas, o performativo será nulo. Por exemplo: apontar uma arma para a cabeça do noivo e obrigá-lo a dizer "eu te aceito como minha mulher" é uma falha em (A.1); ou em uma sala de aula, os alunos se reunirem e declararem iniciados os trabalhos do Poder Constituinte do Estado brasileiro, eis uma falha em (A.2).

---

7. AUSTIN, J. L. *Quando dizer é fazer*: palavras e ação. Trad. Danilo Marcondes de Souza. Porto Alegre: Artes Médicas, 1992, p. 14.

Os performativos (ato de fala), ao selecionarem palavras no esquema abstrato da língua, são responsáveis pela efetivação de uma *ação*.[8]

Quando se observam enunciados como "Saia" e "Ordeno que você saia", verifica-se que os dois enunciados são performativos. O primeiro é performativo porque pode desenvolver-se ao segundo. "Saia" quer dizer "Eu ordeno que você saia"; "É proibido fumar em minha casa" significa "Eu proíbo fumar em minha casa".

Dessa maneira, um enunciado será performativo quando puder transformar-se em outro enunciado que tenha um verbo performativo na primeira pessoa do singular do presente do indicativo da voz ativa.[9]

Os enunciados que não contêm um verbo performativo na pessoa, no tempo, no modo e na voz indicados serão chamados performativos implícitos; aqueles que possuem o verbo na forma mencionada serão denominados performativos explícitos.[10] Assim, por exemplo: "Saia" é um *performativo explícito*, ao passo que "Proibido fumar" pode ser transformado em "Eu proíbo fumar", sendo, portanto, um *performativo implícito*.[11]

Para que seja eliminada a ambiguidade dos perfomativos, deve ser levada em conta a situação da enunciação, como, por exemplo, o modo verbal ou a entonação. Até mesmo os perfomativos explícitos podem conter o vício da ambiguidade. Por exemplo, no enunciado *"Eu me desculpo"*, a depender da situação da enunciação, pode-se estar pedindo desculpas ou

---

8. MOUSSALLEM, Tárek Moysés. *Revogação em matéria tributária*. 2ª ed. São Paulo: Noeses, 2011, p. 16.

9. AUSTIN, J. L. *Quando dizer é fazer:* palavras e ação. Trad. Danilo Marcondes de Souza. Porto Alegre: Artes Médicas, 1992, p. 172.

10. Idem.

11. MOUSSALLEM, Tárek Moysés. *Revogação em matéria tributária*. 2ª ed. São Paulo: Noeses, 2011. pp. 16-17.

descrevendo o que se fará num futuro próximo, *"Se ele entendeu dessa forma, quando o encontrar, eu me desculpo"*.

Em busca da distinção entre os enunciados constatativos e os performativos, AUSTIN vai discutir mais profundamente a questão e elabora a teoria dos atos locucionários, ilocucionários e perlocucionários.

O ato locucionário é o que se realiza enunciando uma frase, é o ato linguístico de dizer. O ato ilocucionário, de acordo com AUSTIN, é "a realização de um ato ao dizer algo, em oposição à realização de um ato de dizer algo".[12] O ato perlocucionário é o efeito provocado no destinatário pelo fato de dizer alguma coisa, é o resultado produzido pela ação de dizer algo. Por exemplo: ato locucionário – Ele me disse: "corra!"; ato ilocucionário – Ele me instigou, ordenou ou aconselhou a correr daquele local. Ato perlocucionário – ele me persuadiu a correr, ou obrigou-me a correr.

Os três aspectos do ato de fala permitem distinguir casos em que a mesma proposição (por exemplo: João é pai de José) seja uma mera declaração de fato (decorrente de um exame de DNA) ou uma ordem (sentença judicial) de acordo com o sujeito que a expediu e as circunstâncias envolvidas.

MANFREDO ARAÚJO DE OLIVEIRA aduz "não se tratar de três atos distintos, mas de três dimensões do mesmo ato de fala. Não se trata, pois, de três atos diversos, mas de 'três aspectos, dimensões, momentos do único ato de fala.'"[13]

A força ilocucionária do ato de fala é dada pelas circunstâncias (enunciação) em que o ato foi proferido, ou seja, é o contexto fático que determina qual a força ilocucionária do ato de fala expedido. A oração "Há um touro no campo", diante das circunstâncias em que for proferida pode indicar: (i)

---

12. AUSTIN, J. L. *Quando dizer é fazer:* palavras e ação. Trad. Danilo Marcondes de Souza. Porto Alegre: Artes Médicas, 1992, p. 89.

13. OLIVEIRA, Manfredo Araújo de. *Reviravolta linguísitico-pragmática na filosofia contemporânea.* São Paulo: Loyola. 1996, p. 160.

apenas uma asserção; (ii) uma informação; (iii) uma suspeição (conjectura); (iv) uma advertência.[14]

3. Ato ilocucional e proposicional

SEARLE, um dos sucessores de AUSTIN, retoma o seu programa e desenvolve uma série de aspectos de sua teoria. Um deles é que, ao comunicar algo, realizam-se dois atos: o ato proposicional e o ato ilocucional. O primeiro corresponde à referência e à predicação, ou seja, ao conteúdo comunicado. Já o segundo corresponde ao ato que se realiza na linguagem; ao ato que se realiza ao dizer.

Enquanto o ato ilocucionário está ligado à ação que se realiza ao expedir o ato de fala, o ato proposicional está ligado à função da ação. Para não incorrer em ambiguidade performativa, convém separar a *ação* da *função* do ato de fala.

Assim, não se confunde a *proposição* com o *ato ilocucionário*, uma vez que enunciados, os quais têm força ilocucional diferentes, podem exprimir a mesma proposição. FIORIN[15] esclarece a dualidade com o seguinte exemplo:

      (a) João estuda bastante.

      (b) João estuda bastante?

      (c) Estude bastante, João.

      (d) Ordeno que você estude bastante, João.

Os atos ilocucionais, acima, são, respectivamente, a afirmação, a interrogação, o conselho e a ordem. No entanto, o conteúdo proposicional é sempre o mesmo: João estudar bastante.

---

14. MOUSSALLEM, Tárek Moysés. *Revogação em matéria tributária*. 2ªed. São Paulo: Noeses, 2011, p. 18-19.

15. FIORIN, José Luiz. A linguagem em uso. In: FIORIN, José Luiz (Org.). *Introdução à linguística:* objetos teóricos. V.I. Contexto: São Paulo, 2003, p. 174.

Uma proposição pode ser expressa pela fórmula F(p), em que "p" é o marcador do conteúdo proposicional e "F" é o marcador da força ilocutória, que indica o ato ilocutório executado.[16]

Ao tomarmos por "p" a proposição "João estudar bastante" e por "A" a afirmação, por "I" a interrogação, por "C" o conselho e por "O" a ordem, obtemos, por meio da linguagem simbolizada, as seguintes fórmulas: "A(p)", "I(p)", "C(p)" e "O(p)".

A afirmação de SEARLE[17] deixa clara a distinção:

> "Cada vez que dois actos ilocucionais contêm a mesma referência e a mesma predicação, e, se a significação da expressão referencial é a mesma nos dois casos, diremos que é a mesma proposição que é expressa."

Ao trabalharmos com a negação, todo o exposto acima é aplicado integralmente. Negar a proposição é diferente de negar o ato ilocutório.

Tomando exemplo acima, "Ordeno que você estude bastante, João.", em linguagem simbolizada ficaria "O(p)", onde "O" é o modal ilocucionário "ordeno" e "p" é o categorema proposicional "estudar bastante, João".

Assim, ao trabalharmos com a negação, no presente exemplo, duas possibilidades surgem: "-O(p)" e "O-(p)". No primeiro caso, nega-se o ato ilocucionário e ao saturarmos a fórmula construída, ficaria: "Eu não ordeno que João estude bastante". Já no segundo caso, ficaria: "Eu ordeno que João não estude bastante".

Dessa forma, não se há confundir a negação do ato ilocucionário com a negação do ato proposicional.

---

16. FIORIN, José Luiz. A linguagem em uso. In: FIORIN, José Luiz (Org.). *Introdução à linguística:* objetos teóricos. V.I. Contexto: São Paulo, 2003, p. 174.

17. SEARLE, John. *Os actos de fala.* Trad. Carlos Vogt, Ana Cecília Maleronka, Balthazar Barbosa Filho, Maria Stela Gonçalves e Adail Ubirajara Sobral. Coimbra: Almedina, 1984, p. 42.

Ao cabo, vale dizer que, um ato de fala "x" só é eliminado (bem como seus efeitos) mediante outro ato de fala "y", apto para tal fim. Se mediante o ato de fala uma ação foi realizada, somente por outro ato de fala será desfeita.[18]

4. Atos de fala e o direito positivo

O direito se manifesta em linguagem, construindo a sua própria realidade e buscando interferir na conduta de quem está sob seus efeitos. Se o direito é linguagem ordenativa de condutas, então ele se constitui por atos de fala. Legislar, julgar, contratar, são *ações* realizadas mediante o proferimento de algumas palavras.

Dessa maneira, todas as categorias aplicadas aos atos de fala, com as devidas ponderações e adaptações, são aplicadas à linguagem do direito positivo e por consequência, às normas jurídicas.

De início, vislumbram-se três diferenças básicas entre o performativo proferido na linguagem ordinária e o performativo proferido na linguagem do direito positivo, quais sejam: (i) efeitos; (ii) procedimento; (iii) enunciação.

A primeira diferença encontra-se nos efeitos jurídicos atribuídos pelo direito ao ato de fala proferido. CARLOS FERREIRA DE ALMEIDA,[19] ao adaptar o conceito de "ato performativo" ao direito, expõe que "um enunciado será dotado de performatividade jurídica, se, e só se, ao seu significado corresponder um efeito jurídico, segundo regras juridicamente relevantes."

A declaração, na linguagem ordinária, e a declaração, na linguagem do direito positivo, são completamente diversas, se analisadas pela óptica de seus efeitos ilocucionários. No

---

18. MOUSSALLEM, Tárek Moysés. *Revogação em matéria tributária*. 2ª ed. São Paulo: Noeses, 2011, p. 23.

19. ALMEIDA, Carlos Ferreira de. *Texto e enunciado na teoria do negócio jurídico*. V.I. Coimbra: Almedina, 1992, p. 132.

primeiro caso, há o mero ato linguístico de afirmar, ao passo que no segundo, o mandamento expedido pela autoridade credenciada *constitui um novo estado legal de coisas*. Por isso que sentenças denominadas declaratórias, em rigor, nada declaram, mas sim, constituem relações jurídicas.

Neste sentido, GRZEGORCZYK[20] é enfático ao afirmar que "no primeiro caso [da linguagem ordinária] há um ato linguístico de afirmar e nada mais (ao menos em geral); no segundo [da linguagem normativa], há, adicionalmente, um efeito extralinguístico, de criação de um novo 'estado de coisas'."

Desta feita, permanecem fora do âmbito do direito os enunciados puramente declaratórios. Ato declaratório, sentença declaratória, lei interpretativa, declaração de vontade, declaração de inconstitucionalidade são "nomeclaturas" que podem levar o interlocutor a entender pela possibilidade de existir, no interior do sistema do direito positivo, enunciados de cunho meramente declaratórios em sentido ordinário.[21]

Cumpre mencionar que há enunciados prescritivos na *forma* declaratória, mas a *função* é sempre prescritiva. São os performativos deônticos implícitos. Inclusive, a própria hipótese normativa é "descritiva" nesse sentido. Assim, mesmo na forma descritiva, a hipótese normativa tem a função prescritiva.

Como observa PAULO DE BARROS CARVALHO:[22]"o dever-ser comparece disfarçado na forma apofântica, como se o legislador estivesse singelamente descrevendo situações da vida social ou eventos da natureza."

---

20. GRZEGORCZYK, Christophe. L'impact de la théorie des actes de langage dans le monde juridique: essai de bilan. In: AMSELEK, Paul (Coord.). *Théorie des actes de langage, éthique e droit*. Paris: PUF, 1986, p. 188.

21. MOUSSALLEM, Tárek Moysés. *Revogação em matéria tributária*. 2ªed. São Paulo: Noeses, 2011, p. 68.

22. CARVALHO, Paulo de Barros. *Curso de direito tributário*. 16. ed. São Paulo: Saraiva, 2004, p. 120.

JOHN AUSTIN,[23] no mesmo sentido construído até aqui, consigna:

> "era de se esperar que os juristas, mais que ninguém se apercebessem do verdadeiro estado das coisas. Talvez alguns agora já se apercebam. Contudo, tendem a sucumbir à sua própria ficção temerosa de que uma declaração "de direito" é uma declaração de fato."

A advertência de AUSTIN não pode passar despercebida. Basta verificar as desastrosas conclusões de se levar às últimas consequências a "declaração" em direito, quando se afirma, por exemplo, que a sentença em "ação declaratória" goza de caráter *ex tunc*. Graves problemas exsurgem da questão mal posta: primeiro, porque, em rigor, não se há falar em ação declaratória, já que o juiz nada descreve; segundo, porquanto o efeito ser *ex tunc* ou *ex nunc* nenhuma correlação mantém com o fato de a sentença ser ou não declaratória. Efeitos *ex nunc* e *ex tunc* nada mais são do que "temporalizações do tempo" (FRANÇOIS OST) feitas pelo direito positivo. É o direito mesmo quem outorgará eficácia retroativa ou não às normas.

Os atos de fala (produto), no direito positivo, são qualificados como válidos/inválidos, ao passo que, na linguagem ordinária, eles possuem o valor veritativo, verdade/falsidade.

Como exposto mais acima, os proferimentos performativos são qualificados como felizes/infelizes, a depender do preenchimento de certas condições da enunciação, acima enumeradas em A.1, A.2, B.1, B.2, G.1 e G.2

No presente estudo, por questão metodológica, as regras G.1 e G.2 serão abstraídas, apesar de serem importantes para o estudo do direito.

A segunda diferença entre os atos de fala proferidos na linguagem ordinária e na linguagem do direito positivo é o procedimento realizado. Enquanto na linguagem ordinária

---

23. AUSTIN, J. L. *Quando dizer é fazer*: palavras e ação. Trad. Danilo Marcondes de Souza. Porto Alegre: Artes Médicas, 1992, p. 23.

o procedimento utilizado para proferir o ato de fala é o convencionalmente estipulado, na linguagem do direito positivo o procedimento é o normativamente estipulado. É o sistema de direito positivo que confere as condições de proferimento de um ato de fala. Assim, o contexto, na linguagem ordinária, equivale ao sistema de direito positivo, na linguagem do direito positivo. Um retira normas de procedimento do convívio social, outro, saca as normas do próprio sistema de direito posto, tudo em conformidade com o agudo pensamento kelseniano do direito regulando sua própria criação.

Na linha de GRZEGORCZYK,[24] as regras jurídicas que estabelecem o procedimento para a edição do ato de fala deôntico "não estabelecem as condições de felicidade dos performativos jurídicos enquanto atos de linguagem, mas enquanto atos de direito."

A terceira diferença entre os atos de fala expedidos na linguagem ordinária e na linguagem do direito positivo reside na enunciação, uma vez que essa outorga força ilocucionária ao ato. Analiticamente, essa terceira diferença é uma variante da segunda, pois a enunciação (como *performance*) é prevista abstratamente nas normas jurídicas (como *competence*).[25]

Ao transpor as quatro regras (A.1, A.2, B.1, B.2), ou condições de felicidade do ato de fala, para o direito positivo, pode-se dizer que essas regras, com as posteriores alterações, são as condições para que o ato de fala deôntico seja criado de maneira correta.

Desta forma, as regras, cuja inobservância tornaria a norma passível de invalidação são quatro: (A.1) o procedimento de proferir certas palavras deve estar previsto normativamente; (A.2) os sujeitos e as circunstâncias devem ser normativamente

---

24. GRZEGORCZYK, Christophe. L'impact de la théorie des actes de langage dans le monde juridique: essai de bilan. In: AMSELEK, Paul (Coord.). *Théorie des actes de langage, éthique e droit*. Paris: PUF, 1986, p. 190.

25. MOUSSALLEM, Tárek Moysés. *Revogação em matéria tributária*. 2ª ed. São Paulo: Noeses, 2011, p. 72.

adequados ao procedimento invocado, conforme estipulado em sobrenormas; (B.1) o procedimento deve ser executado corretamente, de acordo com previsão em outra norma jurídica; (B.2) o procedimento deve ser executado de modo completo por todos os participantes que estiverem nele inseridos.

As regras para a expedição de atos de fala deônticos são sobrenormas jurídicas de formação e transformação do sistema de direito positivo.

5. Atos de fala deônticos: quando dizer é fazer no âmbito do Direito

As normas jurídicas (em sentido amplo) são atos de fala deônticos. Deônticos porque sobre o ato de fala incide o modal dever-ser juridicamente relevante. No ato de fala deôntico, sempre haverá a presença do dever-ser, seja explícita ou implicitamente, sendo que na maioria das vezes ele aparece implicitamente, apenas vindo à tona no plano proposicional, ou seja, ao se atribuir sentido deôntico ao texto de direito positivo é que se "encontra" o dever-ser. O dever-ser é o functor incidente sobre a totalidade daquilo dito no ato locucionário.

Da mesma forma que os "atos de fala", os "atos de fala deônticos" podem ser abordados do ponto de vista locucionário, ilocucionário ou perlocucionário. A título de exemplo:[26]

S' diz a S': "Se auferir renda, estará obrigado a pagar IR" – ato locucionário.

S' ordena a S'' – ato ilocucionário.

S''' persuade S' a pagar – ato perlocucionário.

Cumpre trazer à tona a distinção realizada entre ato ilocucionário e ato proposicional, novamente. Este está ligado à função e aquele à ação realizados ao momento em que se expede o ato de fala.

---

26. MOUSSALLEM, Tárek Moysés. *Revogação em matéria tributária*. 2ª ed. São Paulo: Noeses, 2011, p. 74.

No caso do exemplo acima, separando o ato ilocucionário deôntico do ato proposicional deôntico, tem-se "ordenar" como ato ilocucionário e "obrigar a pagar IR" como ato proposicional.

No ato proposicional, a função da ação sempre estará regulada pelo functor modalizado nos valores: obrigatório (O), proibido (Ph ou V) e permitido (P), ao passo que, no ato ilocucionário, o sincategorema incidente será sempre o dever ser em sua forma neutra.[27]

Em linguagem formalizada, o esquema é assim representado: Ds[Or(F→Op)], onde:

"Ds" equivale ao dever-ser incidente sobre o ato ilocucionário "ordenar";

"Or" significa 'ordenar' e abrange a proposição normativa em sua integralidade;

"F" indica os critérios de uso, ou conotação, de um fato jurídico (denotação). É uma conduta humana normatizada. O "F", apesar de se encontrar no interior do sistema de direito positivo, tem caráter seletor de propriedades de um suporte fático relevante e irá descrever tal conduta normatizada;

"→" é o conectivo condicional efetivador da relação de imputação;

"Op" é o ato proposicional "Obrigado a pagar imposto sobre a renda", onde "p" é a proposição "pagar IR" sobre a qual incide o functor modalizado "O" (obrigatório).

A estrutura da norma jurídica também possui a forma implicacional "se...então". Na linha de LOURIVAL VILANOVA:[28]

---

27. MOUSSALLEM, Tárek Moysés. *Revogação em matéria tributária.* 2ª ed. São Paulo: Noeses, 2011, p. 75.

28. VILANOVA, Lourival. *As estruturas lógicas e o sistema do direito positivo.* 2ª ed. São Paulo: Max Limonad, 1998, p. 97. No mesmo sentido: CARVALHO, Paulo de Barros. *Direito tributário:* fundamentos jurídicos da incidência. 8ª ed. São Paulo: Saraiva. 2010, p. 54.

> Se simbolizarmos a proposição-hipótese por *p* e a proposição-tese por *q*, e a relação implicacional por "→", a fórmula do primeiro membro da proposição jurídica seria "D(p→q)", onde D é o functor (o sincategorema que indica a operação deôntica) incidente sobre a relação interproposicional.

O dever-ser, normativamente posto, tece as relações de imputação no interior do sistema do direito positivo. O laço implicacional permeia todo o interior do sistema de direito positivo, podendo não aparecer à primeira vista (manifestação no plano sintático imediatamente), mas necessariamente se manifestará no plano proposicional, pois "A forma lógica que reveste a norma jurídica é a forma da implicação, qual seja: "se..., então..." ou "p→q"."[29]

O aspecto perlocucionário apenas ganha relevância jurídica se for inserido no interior de outro ato de fala deôntico. Por exemplo, o significado jurídico de pagamento para o direito não é o simples ato de entregar certa quantia em dinheiro aos cofres públicos, esse ato. Sem o revestimento linguístico adequado não passa de mero "evento", ou "fato",[30] localizando-se no mundo das relações sociais. O direito constrói a sua própria causalidade (ou realidade), a qual Kelsen chama imputação normativa, e o faz mediante a expedição de atos de fala deônticos. Um enunciado de dever-ser válido não é causa nem efeito de um fato.[31]

---

29. SILVA, Yuri de Oliveira Dantas. *Anulação e Controle das Normas Jurídicas*: uma análise a partir da Ação Direta de Inconstitucionalidade. 1ª ed. Campo Grande: Contemplar, 2017, p. 35.

30. Na linha de pensamento de PAULO DE BARROS CARVALHO: "A travessia do Rubicão por Cesar é um evento. Mas 'César atravessou o Rubicão' é um fato. Quando, pois, dizemos que 'é um fato que Cesar atravessou o Rubicão' conferimos realidade ao evento. 'Fato' não é pois algo concreto, sensível, mas um elemento linguístico capaz de organizar uma situação existencial como realidade."(CARVALHO, Paulo de Barros. *Direito tributário*: fundamentos jurídicos da incidência. 8ª ed. São Paulo: Saraiva, 2010, p. 140.)

31. VILANOVA, Lourival. *Causalidade e relação no direito*. 4ª ed. São Paulo: Ed. RT, 2000, p. 39.

Para que haja pagamento, deve existir um outro ato de fala: o recibo. Não se pode afirmar que houve pagamento, juridicamente, se inexistir recibo. Dessa forma, não há efeito perlocucionário juridicamente relevante que não seja colhido por outro ato locucionário.

Dessa maneira, o direito sempre requer atos de fala que sejam expedidos de acordo com as regras de formação e transformação do sistema jurídico, regras, essas que estão previstas em outras normas jurídicas. O direito positivo é linguagem. Toda a criação, transformação e extinção de normas requer a expedição de um ato de fala deôntico. Nestes termos, inexiste direito fora dos quadrantes dos performativos. No direito positivo, tudo depende da expedição de atos de fala sem os quais o direito não se recriaria em seu incessante porvir.

Referências

ALMEIDA, Carlos Ferreira de. *Texto e enunciado na teoria do negócio jurídico*. V.I. Coimbra: Almedina. 1992.

AUSTIN, J. L. *Quando dizer é fazer:* palavras e ação. Trad. Danilo Marcondes de Souza. Porto Alegre: Artes Médicas, 1992.

_____. Performative-constative. In: SEARLE, John. *The philosophy of language*. 5ª reimp. Londres: Oxford University Press, 1979.

CARVALHO, Paulo de Barros. *Curso de direito tributário*. 16. ed. São Paulo: Saraiva, 2004.

_____. *Direito tributário:* fundamentos jurídicos da incidência. 8ª ed. São Paulo: Saraiva. 2010.

_____. *Direito tributário:* linguagem e método. 4ª ed. São Paulo: Noeses. 2011.

FIORIN, José Luiz. A linguagem em uso. In: FIORIN, José Luiz (Org.). *Introdução à linguística:* objetos teóricos. V.I. Contexto: São Paulo, 2003. GRZEGORCZYK, Christophe. L'impact de la théorie des actes de langage dans le monde juridique: essai de bilan. In: AMSELEK, Paul (Coord.). *Théorie des actes de langage, éthique e droit.* Paris: PUF, 1986.

MOUSSALLEM, Tárek Moysés. *Revogação em matéria tributária.* 2ª ed. São Paulo: Noeses, 2011.

OLIVEIRA, Manfredo Araújo de. *Reviravolta linguísitico-pragmática na filosofia contemporânea.* São Paulo: Loyola, 1996.

SEARLE, John. *Os actos de fala.* Trad. Carlos Vogt, Ana Cecília Maleronka, Balthazar Barbosa Filho, Maria Stela Gonçalves e Adail Ubirajara Sobral. Coimbra: Almedina. 1984.

SILVA, Yuri de Oliveira Dantas. *Anulação e controle das normas jurídicas*: uma análise a partir da Ação Direta de Inconstitucionalidade. 1ª ed. Campo Grande: Contemplar, 2017.

VILANOVA, Lourival. *As estruturas lógicas e o sistema do direito positivo.* 2ª ed. São Paulo: Max Limonad. 1998.

_____. *Causalidade e relação no direito.* 4ª ed. São Paulo: Ed. RT, 2000.

A ENUNCIAÇÃO COMO INTERVALO ENTRE O SER E O EXISTIR: ESTUDOS À LUZ DO CONSTRUCTIVISMO LÓGICO-SEMÂNTICO

João Alves de Melo Jr.[1]

> *"De fato é dentro da, e pela, língua que o indivíduo e sociedade se determinam mutuamente. O homem sentiu sempre – e os poetas frequentemente cantaram – o poder fundador da linguagem, que instaura uma realidade imaginária, anima as coisas inertes, faz ver o que ainda não existe, traz de volta o que desapareceu. É por isso que tantas mitologias, tendo de explicar que no início dos tempos alguma coisas pôde*

---

1. Advogado tributarista em Recife (PE). Sócio-fundador da Alves de Melo Advogados Associados. Mestrando em Direito pela Universidade Católica de Pernambuco – UNICAP. Professor da pós-graduação em Planejamento Tributário da Universidade Federal de Pernambuco – UFPE. Professor Seminarista do Instituto Brasileiro de Estudos Tributários em Recife – IBET/REC. Instrutor de Direito Tributário e Financeiro da Escola da Administração Fazendária – ESAF. Membro da Associação Brasileira de Direito Financeiro – ABDF. Membro da *International Fiscal Association* – IFA. Membro da Associação Brasileira de Direito Processual – ABDPro. Procurador do Município de Arapiraca (AL). Pesquisador do Grupo Política e Tributação da UNICAP. E-mail: joao@alvesdemelo.com

CONSTRUCTIVISMO LÓGICO-SEMÂNTICO

> *nascer do nada, propuseram como princípio criador do mundo essa essência imaterial e soberana, a Palavra."[2]*
>
> *(Émile Benveniste)*

Sumário: 1. Introdução – 2. O que existe no direito antes das palavras?: 2.1 O mundo e seu espelho: A Teoria da Afiguração; 2.2 Sentido de organização dos conceitos: a existência ideal – 3. Entre o Ser e o Existir: A Enunciação – 4. Síntese conclusiva – Referências bibliográficas.

1. Introdução

Em tempos de crise do sistema de direito posto (ou imposto),[3] na era da hegemonia normativa dos princípios[4] e do atabalhoado pragmatismo jurídico, soa quase como anacronismo científico defender o conhecimento do direito a partir

---

2. BENVENISTE, Émile. *Problemas de linguística geral.* Tradução de Maria da Glória Novak e Luiza Neri; revisão do Prof. Isaac Nicolau Salum. São Paulo: Ed. Nacional, Ed. da Universidade de São Paulo. 1976, p. 27.

3. "O conceito do direito como problema gnosiológico é relativamente recente na história do pensamento jurídico. Tem sua origem ao tempo em que o positivismo entra em crise, crise que vem em consequência da reflexão transcendental, aplicada ao domínio da ciência jurídica." VILANOVA, Lourival. Sobre o conceito de direito. In: *Escritos jurídicos e filosóficos.* Vol.1. São Paulo: IBET, 2003, p. 03. Parece, ainda, que tal fato está entrelinhado na conclusão geral do livro do filósofo de Turim, confira-se: "Concluindo: dos três aspectos nos quais se pode distinguir o positivismo jurídico, me disponho a acolher totalmente o método; no que diz respeito à teoria, aceitarei o positivismo em sentido amplo e repelirei o positivismo em sentido estrito; no que concerne à ideologia, embora seja contrário à versão forte do positivismo ético, sou favorável, em tempos normais, à versão fraca, ou positivismo moderado". BOBBIO, Norberto. *O positivismo jurídico:* lições de filosofia do direito. Compiladas por Nello Morra; tradução e notas Márcio Pugliesi, Edson Bini, Carlos E. Rodrigues. São Paulo: Ícone, 1995, p. 238.

4. Movimento contemporâneo influenciado principalmente pelas obras publicadas em 1977 e 1983, respectivamente, por Ronald Dworkin (*Taking Rights Seriously* – Levando os direitos a sério) e por Robert Alexy (*Theorie der juristischen Argumentation. Die Theorie des rationalen Diskurses als Theorie der juristischen Begründung* – Teoria da argumentação jurídica. A teoria do discurso racional como teoria da argumentação jurídica).

de expedientes lógicos.[5] Dom Quixote, Caturra, Nazista[6] ou outros mais carinhosos predicados são costumeiramente atribuídos aos interessados pela aplicação da lógica no campo direito, inclusive, há quem recomende o distanciamento social, tal como se fosse a lógica jurídica nocivamente contagiosa.

Absurda é a negação pertinaz das valiosas e volumosas contribuições à Ciência do Direito proporcionadas pelo desenvolvimento da Teoria da Argumentação, da Força Normativa da Constituição e do Construir por Precedentes, em verdade, o que se questiona, neste trabalho, é o cisma da aplicação de esquemas lógicos pelas novas construções dos cientistas jurídicos,[7] principalmente, quando elas, em boa medida, bebem da fonte da Filosofia da Linguagem e da Teoria Comunicacional do Direito, sendo assim, haja vista a proximidade do referencial, será que as linhas teóricas não se encontram (e bem antes do infinito)?

---

5. Sobre o debate da Lógica Jurídica, oportunas são as lições de PERELMAN, Chaím. *Considerações sobre uma Lógica Jurídica*. Tradução de Cássio Scarpinella Bueno. Extraído de Ethique et Droit, Editions de l'Universite de Bruxelles, 1990, p. 636 a 648. Disponível em: <https://goo.gl/o7d2pC>. Acesso em: 25 jan. 2018.

6. Cf. GARCÍA AMADO, Juan Antonio. *Nazismo, derecho y filosofía del derecho*. Anuário de filosofía del Derecho, Valência: Sociedad Española de Filosofía Jurídica y Política, n. 8, 1991, p. 341-364.

7. "A superação histórica do jusnaturalismo e o fracasso político do positivismo abriram caminho para um conjunto amplo e ainda inacabado de reflexões acerca do Direito, sua função social e sua interpretação. O pós-positivismo busca ir além da legalidade estrita, mas não despreza o direito posto; procura empreender uma leitura moral do Direito, mas sem recorrer a categorias metafísicas. A interpretação e aplicação do ordenamento jurídico hão de ser inspiradas por uma teoria de justiça, mas não podem comportar voluntarismos ou personalismos, sobretudo os judiciais. No conjunto de ideias ricas e heterogêneas que procuram abrigo neste paradigma em construção incluem-se a atribuição de normatividade aos princípios e a definição de suas relações com valores e regras; a reabilitação da razão prática e da argumentação jurídica; a formação de uma nova hermenêutica constitucional; e o desenvolvimento de uma teoria dos direitos fundamentais edificada sobre o fundamento da dignidade humana. Nesse ambiente, promove-se uma reaproximação entre o Direito e a filosofia." BARROSO, Luís Roberto. Neoconstitucionalismo e constitucionalização do direito (o triunfo tardio do direito constitucional no Brasil. In: *Boletim de Direito Administrativo - BDA*. São Paulo: ano 23, v. 1, p. 22-23.

CONSTRUCTIVISMO LÓGICO-SEMÂNTICO

E, não como oposição, mas, sim, em contraponto teórico,[8] o modelo do Constructivismo Lógico-Semântico se apresenta como contranota de regresso ao texto e à filosofia e, como método, busca demarcar, estruturar logicamente e expor o campo de irradiação semântica dos conceitos utilizados em suas formulações.[9]

Em meio às grandes transformações pelas quais atravessam o Direito[10] e seu objeto,[11] muito pelo reclamo mundial de transparência e objetividade, a perspectiva do pensar constructivista chega bem (e em boa hora) para defender, em voz mansa, o franco e universal compartilhamento do método de trabalho na elaboração jurídica.[12]

---

8. Expressão aqui utilizada no sentido de contraponto musical, onde as vozes melódicas (aqui teóricas) se sobrepõem para gerar incomparável qualidade intervalar e harmônica, registre-se, todavia, que, em tal construção, sempre se respeita o perfil melódico de cada uma delas e se ouve, na dissonância, uma fascinante complementação musical.

9. "O modelo constructivista se propõe amarrar os termos da linguagem, segundo esquemas lógicos que deem firmeza à mensagem, pelo cuidado especial com o arranjo sintático da frase, sem deixar de preocupar-se com o plano do conteúdo, escolhendo as significações mais adequadas à fidelidade da enunciação." CARVALHO, Paulo de Barros, Coord. *Constructivismo lógico-semântico*. São Paulo: Noeses, 2014, p. 04.

10. Utilizar-se-á neste texto a palavra Direito (grafada com a inicial maiúscula) para significar a Ciência do Direito e, por outro lado, a palavra direito (como todas as letras minúsculas) significando o direito positivo.

11. Dentre tantas, cite-se, por exemplo, o movimento pendular do direito e da legalidade no campo do planejamento tributário que é descrito pela Professora Mary Elbe Queiroz nos seguintes termos: "Na seara tributária, os princípios básicos de cada sistema originam-se da jurisprudência no *common law* (*leading case* ou *case law*) e da produção normativa no civil *law*. Não há um sistema puro. No *common law*, existem leis tributárias, regulamentos e princípios constantes em precedentes judiciais, os quais funcionam como normas jurídicas que devem ser obedecidas. Nesses há uma maior intervenção judicial na decisão sobre os limites do lícito e do ilícito tendo predominado a *substance over form* e o *business purpose test* nos E.U.A., hoje, inclusive, constante em lei; e o *step transaction doctrine* no Reino Unido. Já nos países do civil *law*, que apesar de estar fundado em normas escritas, está-se desenvolvendo uma abertura maior à construção jurisprudencial e a opção foi transportar e tipificar no Direito Tributário figuras do direito civil. Como abuso de forma, abuso de direito, a fraude à lei (*fraus legis*) e a simulação." RIBEIRO, Maria de Fatima; GRUPENMACHER, Betina T.; CAVALCANTE, Denise Lucena e QUEIROZ, Mary Elbe. *Novos horizontes da tributação* – Um diálogo luso-brasileiro. Coimbra: Almedina, 2012, p. 419.

12. Ideia lançada pela Professora Aurora Tomazini de Carvalho: "Poder, também, visualizar na teoria todas as etapas da construção de seu objeto e não só as conclusões

Nessa senda de compreensão do direito, parece que se caminha por um solo de palavras, e, neste brevíssimo ensaio, o que se defende é o movimento pela enunciação (atividade produtora de enunciados). Afinal, se o documento normativo, a norma jurídica, o fato jurídico e a proposição científica são logicamente enunciados, por óbvio, todos têm pressuposta a enunciação[13] e, daí, o porquê de nada existir antes dela (ao menos no mundo do dever-ser).

2. O que existe no direito antes das palavras?[14]

Nos dias correntes da ciência do pensar, a linguagem parece ser o ponto de intersecção das linhas de todas as escolas e disciplinas filosóficas,[15] mas, passados quase cem anos após

---

que o constitui é um ato de generosidade. O Constructivismo viabiliza esta franqueza cognitiva ao compartilhar com o leitor e seus adeptos a construção de seu objetivo deste o início". Cf. CARVALHO, Aurora Tomazini de. Constructivismo Lógico-Semântico como método de trabalho na elaboração jurídica. In: CARVALHO, Paulo de Barros, Coord. *Constructivismo lógico-semântico*. São Paulo: Noeses, 2014, p. 19.

13. A enunciação aqui deve ser entendida como uma instância intervalar de mediação entre as categorias fundamentais internalizadas no ordenamento e a produção do discurso jurídico, isto é, adaptando para o mundo jurídico o conceito de enunciação proposto por Émilie Benveniste, que é citado pelo Professor José Luiz Fiorin: "A enunciação é vista, como aliás já o tinha feito Benveniste, como instância de mediação, que assegura a discursivização da língua, que permite a passagem da competência à performance, das estruturas semióticas virtuais às estruturas realizadas sob a forma de discurso." FIORIN, José Luiz. Categorias da Enunciação e efeitos de *sentido*. In: BRAIT, Beth (org.). *Estudos enunciativos no Brasil*: histórias e perspectivas. Campinas, SP: Pontes; São Paulo: Fapesp, 2001, p. 107-129.

14. Provocação em sentido afirmativo ofertada à insubmissão das palavras pelo Professor José Souto Maior Borges: "O gênio encontra sempre seu "sistema" de linguagem, as palavras de que necessita para expressar-se, normalmente tão insubmissas e que por isso mesmo não são dadas ao comum dos homens. E, com a invenção (descoberta) da palavra, penetram num território até então inexistente." BORGES, José Souto Maior. *Ciência feliz*. 3ª ed. São Paulo: Quartier Latin, 2007, p. 113.

15. Embora os historiadores já revelem que o debate sobre linguagem remonta à época de Platão: "O escrito mais tardio que a Tradição nos legou em nossa cultura ocidental como reflexão sobre a linguagem ou, para usar uma expressão de hoje, como crítica da linguagem precisamente o Crátilo de Platão, escrito presumivelmente no ano 388 a.C." OLIVEIRA, Manfredo Araújo de. *Reviravolta linguístico-pragmática na filosofia contemporânea*. 2ª ed. São Paulo: Edições Loyola, 2001, p. 11 e 17.

a publicação do *Tractatus Logico-Philosophicus* – TLP, surge como auspiciosa a indagação sobre o motivo de tal obra ainda despertar tanto interesse aos mais diversos ramos do conhecimento, notadamente na seara das ciências jurídicas e, em especial, no campo da lógica aplicada ao direito.

Apesar de não ser jurista, os aforismos wittgensteinianos são frequentemente invocados para legitimar a aceitação da linguagem como autorreferência do discurso jurídico, e, de fato, a ele muito se deve à ideia de que a apreensão humana da realidade é constituída por intermédio da linguagem.[16]

Uma aposta inicial do referido sucesso está no contato com o horizonte do Direito e seu objeto, onde, seja pela perspectiva dos participantes ou dos observadores,[17] sempre estará o operador cercado por palavras.

Talvez seja essa intuição do "jurista" que o faça, de pronto, acolher como correto o mais famoso de todos os aforismos wittgensteinianos, qual seja, aquele que reside no item 5.6 do *Tractatus Logico-Philosophicus* – TLP: "*os limites de minha linguagem denotam os limites de meu mundo*".[18]

Todavia, desde já, afirme-se que pensamento do filósofo está incompleto. Efetivamente, seu fechamento ocorre exatamente no aforismo imediatamente posterior, isto é, no subitem 5.6.1: "*a lógica preenche o mundo, os limites do mundo são também seus limites.*"[19]

As frases têm um efeito impactante e são desferidas no melhor estilo fragmentário, entretanto, para a perfeita compreensão

---

16. Cf. MENDES, Sônia Maria Broglia. *A validade jurídica pré e pós o giro linguístico*. São Paulo: Noeses, 2007, p. 04.

17. A questão da perspectiva está disposta em GAMA, Tácio Lacerda. *Competência tributária:* fundamentos para uma teoria da nulidade. São Paulo: Noeses, 2009, 317.

18. WITTGENSTEIN, Ludwig. *Tractatus Logico-Philosophicus*. Tradução e apresentação de José Arthur Giannotti. São Paulo: Edusp, 1968, p. 111.

19. Idem.

das ideias tractatianas, é fundamental previamente entender as noções de Mundo, seus limites e seu preenchimento, propostas por Wittgenstein, tal como se verá em linhas seguintes.

Antes, porém, neste particular, algumas observações são necessárias.

A primeira é que o próprio autor do TLP adverte que os números decimais são ordenadores das proposições individuais e indicam não só o peso lógico das proposições, mas como também a ênfase que lhe é dada no decorrer da exposição tractatiana.[20]

A próxima dá-se para a infelicidade dos amantes da lógica e para a oportuna problematização deste trabalho: a constatação de que a primeira sentença wittgensteiniana é muito mais conhecida do que a segunda, fato esse que talvez contribua para o afastamento de seu estudo do mundo pela linguagem e seu preenchimento pela "lógica proposicional".

E a última observação é que neste ensaio não se desconhece a apostasia cometida pelo paladino da linguagem em sua obra póstuma intitulada *Investigações Filosóficas*, aqui, exemplificativamente, referida nas seguintes passagens:

> 108. Reconhecemos que o que chamamos "proposição", "linguagem", não é a unidade formal imaginada por mim, mas a família de estruturas mais ou menos aparentados entre si. – Mas o que será então da lógica? Seu rigor parece aqui desfazer-se. Mas com isso ela não desaparece por completo?–Como é que pode a lógica perder o seu rigor? Naturalmente, não pelo fato de abatermos um pouco do seu rigor. § O *preconceito* de pureza cristalina só pode ser eliminado dando uma guinada em nossa reflexão. (Poder-se-ia dizer: é preciso dar uma guinada em nossa reflexão, mas em volta de nossa verdadeira necessidade como ponto axial.) A filosofia da lógica não fala de proposições e de palavras em sentido diferente do que o fazemos no dia a dia, quando

---

20. "Os algarismos que enumeram as proposições isoladas indicam o peso lógico dessas proposições, a importância que adquirem em minha exposição. As proposições n.1, n.2, n.3, etc. constituem observações, à proposição n.° n; es proposições n. fnl, n.m2, etc., observações à proposição n.° n.m, e assim por diante." WITTGENSTEIN, Ludwig. *Tractatus Logico-Philosophicus*. Tradução e apresentação de José Arthur Giannotti. São Paulo: Edusp, 1968, p. 55.

dizemos, p. ex., "aqui está escrita uma frase em chinês", ou "não, isto apenas se parece com caracteres, mas é um ornamento" etc.

115. Uma imagem mantinha-nos prisioneiros. E não podíamos escapar, pois ela residia em nossa linguagem, e esta parecia repeti-la para nós, inexoravelmente.

116. Quando os filósofos usam uma palavra – "saber", "ser", "objeto", "eu", "proposição", "nome" – e almejam apreender a essência da coisa, devem sempre se perguntar: esta palavra é realmente sempre usada assim na linguagem na qual tem o seu torrão natal? – Nós conduzimos as palavras do seu emprego metafísico de volta ao seu emprego cotidiano.[21]

Tal como se percebe, a possibilidade de alternância da regra de uso do sentido de um termo em determinado contexto de linguagem, *in casu*, a linguagem cotidiana do torrão natal, apresenta-se, consoante o Wittgenstein Tardio, como ponto de ruína de sua anterior concepção de edificar o conhecer do mundo pela linguagem e, também, do isomorfismo lógico,[22] expressão que traduz a ideia de que é possível estruturar, através das fórmulas logicas, o mundo dos pensamentos em igual estrutura do mundo real.

Desde já, sobre o tema, inobstante não seja este o objetivo central do trabalho, aqui não se resiste à tentação de apontar a diferenciação linguística apresentada por Benveniste, apoiado nas lições de Malinowski, sobre a concepção de um novo tipo de uso linguístico – por ele denominado de comunhão fática *(phatic communion)* – onde se aparta a linguagem das proposições científicas daquela do discurso livre e fortuito de uma conversação havida entre dois amigos à fogueira em belo plenilúnio, pois, em verdade, são simples troca de frases sem finalidade de informar ou coordenar ações nem tampouco expressa qualquer pensamento:

---

21. WITTGENSTEIN, Ludwig. *Investigações Filosóficas*. Tradução Marcos G. Montagnoli; revisão da tradução e apresentação de Emmanuel Carneiro Leão. Petrópolis: Vozes, 6ª ed. Edição, 2009, p. 70/72.

22. OLIVEIRA, Manfredo Araújo de. *Reviravolta linguístico-pragmática na filosofia contemporânea*. 2ª ed., São Paulo: Edições Loyola, 2001, p. 112.

> Não há dúvida de que temos aqui um novo tipo linguístico – que estou tentado a chamar comunhão fática, instigado pelo demônio da invenção terminológica – um tipo de discurso em que os laços de união são criados pela mera troca de palavras... As palavras, na comunhão fática, são usadas, principalmente, para transmitir uma significação, a significação que é, simbolicamente, a delas? Certamente que não. Elas preenchem uma função social e esse é o seu principal objetivo, mas não são o resultado de reflexão intelectual nem despertam, necessariamente, qualquer espécie de reflexão no ouvinte. Mais uma vez podemos dizer que a linguagem não funciona, neste caso, como um meio de transmissão do pensamento.[23-24]

Destarte, parece certo que, para fins de construção do conhecimento, linguagem a ser considerada é exatamente aquela que se destina a tal fim e não qualquer emaranhado sem sentido de palavras, talvez, o filósofo de Viena ainda se mantivesse enfeitiçado pelo canto das mutações da linguagem quando da escrita de sua póstuma publicação.

Daí, nesse contexto, emerge a inevitável questão fundamental: a variação da regra de uso pelo contexto da linguagem privada (como a do torrão natal) impede sua redução à estrutura lógica-semântica em sistemas cujos núcleos de significação são preordenados? Ou, em outros termos, há campos do conhecimento onde as fundações teóricas do TLP podem ser razoavelmente admitidas?

---

23. Citação realizada em BENVENISTE, Émile. *O aparelho formal da enunciação*. Tradução de Marco Antonio Escobar. Problemas de linguística geral. Vol. II. São Paulo: Cortez, 1989, p. 89.

24. Aos que desejarem o original em Malinowski: *There can be no doubt that we have here a new type of linguistic Use - phatic communion I am tempted to call it, actuated by the demon of terminological invention-a type of speech in which ties of union are created by a mere exchange of words. Let us look at it from the special point of view with which we are here concerned; let us ask what light it throws on the function or nature of language Are words in Phatic Communion used primarily to convey meaning, the meaning which is symbolically theirs? Certainly not1 They fulfil a social function and that is their principal aim, but they are neither the result of intellectual reflection, nor do they necessarily arouse reflection in the listener. Once again we may say that language does not function here as a means of transmission of thought.*" MALINOWSKI, Bronisław Kasper. *The meaning of meaning*. New York: Haverst Book, 1923, p. 313.

Bem, para responder, necessário explicar dois pontos fundamentais.

2.1 O mundo e seu espelho: A Teoria da Afiguração

O primeiro está na compreensão de mundo apresentada por Wittgenstein, inclusive, é sobre ela que versam os aforismos iniciais do *Tractatus*, quais sejam:

> 1. O mundo é tudo o que ocorre.
>
> 1.1 O mundo é a totalidade dos fatos, não das coisas.
>
> 1.11 O mundo é determinado pelos fatos e por isto consistir em *todos* os fatos.
>
> 1.12 A totalidade dos fatos determina, pois, o que ocorre e também tudo que não ocorre.
>
> 1.13 Os fatos, no espaço lógico, são o mundo.
>
> 1.2 O mundo se resolve em fatos.
>
> 1.21 Algo pode ocorrer ou não ocorrer e todo o resto permanecer na mesma.
>
> 2 O que ocorre, o fato, é o subsistir dos estados de coisas.
>
> 2.01 O estado de coisas é uma ligação de objetos (coisas).
>
> 2.011 *E* essencial para a coisa poder ser parte constituinte de estado de coisas.
>
> 2.012 *Nada* é acidental na lógica: se uma coisa *puder* aparecer num estado de coisas, a possibilidade do estado de coisas já deve estar antecipada nela.

O ponto fundante da concepção tractatiana de mundo é no sentido de que, para compreender, o sujeito cognoscente faz figurações do mundo e, curiosamente, este ponto do TLP o aproxima da Ciência Jurídica, pois, a concepção de sua Teoria Afigurativa da Linguagem, segundo sua biografia,[25] deu-se

---

25. "No hay comentarios en clave en los cuadernos de Wittgenstein durante la segunda mitad de septiembre, la época de la retirada austríaca. Fue durante esa época, sin embargo, cuando hizo el gran descubrimiento que sentía como inminente.

CONSTRUCTIVISMO LÓGICO-SEMÂNTICO

quando Wittgenstein leu uma reportagem narrando um acidente automobilístico que tramitara na Corte de Paris, onde ali lhe ocorreu o modelo de representar as partes do acidente (casas, carros, pessoas em miniatura) e as coisas reais (casas, carros, pessoas), sobre a temática são preciosos os comentários do Professor Manfredo Araújo de Oliveira:

> Em primeiro lugar, há constatação de Wittgenstein de que fazemos figurações do mundo. Aqui podemos distinguir dois momentos: em primeiro lugar, há a transformação do mundo em pensamento e depois sua expressão linguística. Essa distinção tem apenas valor pedagógico, pois, de fato, esses dois momentos não se seguem um ao outro, mas estão intimamente associados. "A expressão linguística não é algo acidental ao pensamento, mas a expressividade de algo essencial para o pensamento. (...) Wittgenstein afirma uma identidade estrutural entre o mundo dos fatos e o mundo do pensamento, isto é, a estrutura do pensamento corresponde à estrutura do mundo. Só quando se realiza tal condição, podemos dizer que alguém tem pensamentos sobre o mundo, e com isso Wittgenstein encontra sua resposta ao problema da verdade. (...) Verdade nada mais é do que a identidade entre as estruturas das coisas e do pensamento. É nesse sentido que Wittgenstein fala de figurações verdadeiras e falsas (2.17). As figurações verdadeiras, como vimos, são isomórficas.[26]

Consistía en lo que ahora se conoce como «teoría figurativa del lenguaje»: la idea de que las proposiciones son una imagen de la realidad que describen. La historia de cómo se le ocurrió esta idea fue contada por Wittgenstein a su amigo G. H. von Wright en una época posterior de su vida, y desde entonces se ha narrado muchas veces. Mientras servía en el Frente Oriental, dice la historia, Wittgenstein leyó en una revista la crónica de un pleito que tuvo lugar en París referente a un accidente de coche, en el que un modelo a escala del accidente se presentó ante la corte. Se le ocurrió que el modelo podía representar el accidente debido a la correspondencia entre las partes del modelo (las casas, los coches, la gente en miniatura) y las cosas reales (casas, coches, gente). Se le ocurrió también que, según esta analogía, uno podía decir que una proposición servía como modelo, o imagen de un estado de cosas, en virtud de la correspondencia similar entre sus partes y el mundo. La manera en que se combinan las partes de la proposición —la estructura de la proposición— representa una combinación posible de elementos de la realidad, un estado de cosas posible." MONK, Ray. *Ludwig Wittgenstein: el deber de un genio*. Barcelona: Editorial Anagrama, 1990, p. 123.

26. OLIVEIRA, Manfredo Araújo de. *Reviravolta linguístico-pragmática na filosofia contemporânea*. São Paulo: Edições Loyola, 2ª Edição, 2001, p. 101/108.

CONSTRUCTIVISMO LÓGICO-SEMÂNTICO

Particularmente, acredita-se que é a Teoria da Afiguração pela linguagem que transforma o Tractatus[27] em verdadeiro monumento da compreensão do pensar humano, posto que as ideias têm, como timbre, a fugacidade e a única forma de detê-las é por palavras.[28] Permita-se aqui uma afirmação audaciosa: A representação do mundo pela linguagem parece algo extremamente precioso tanto para o conhecimento quanto para o desenvolvimento de qualquer ciência, pois, tanto as verificações quanto os registros científicos são sempre vertidos em linguagem e, em última análise, erigidos em expedientes da lógica proposicional.

Mas o certo é que a afiguração para expressar a percepção sensorial dá-se a todo instante, seja na formação inicial do pensamento, seja proposição posterior, e está presente em várias searas do conhecimento; a título ilustrativo, invoque-se um exemplo na percepção musical apresentado pelo próprio Wittgenstein:[29]

---

27. Pedagogicamente, saliente-se que, apesar da obra ser intitulada de *Tractatus Logico-Philosophicus* (sugestão de título latino, ofertada por George Edward Morre à publicação em alemão Logisch-Philosophische Abhandlung), na verdade, a única publicação em vida de Wittgenstein não tem mais do que 170 (cento e setenta) páginas, cuja leitura demorada ora se recomenda.

28. "Ora, as ideias pensam-se, mas não se moldam, nem se transformam, nem se visualizam. A única possibilidade de reter, de deter, a ideia, é-nos oferecida pelas palavras, as quais, embora possam deter a ideia por instantes, logo a deixam escapar-se, tão certo é o facto de as palavras exprimirem ideias, muito embora as ideias não se sintam à vontade dentro delas." PINHARANDA GOMES, Jesué. *Pensamento e Movimento*. Porto: Lello & Irmão Editores, 1974, p. 42.

29. Os biógrafos registram que a família Wittgenstein possuía dons musicais incomuns (também o próprio Ludwig), inclusive o emocionante "Concerto para Piano para Mão Esquerda em Ré Maior" foi composto especialmente por Maurice Ravel a pedido do seu irmão de idade mais próxima – Paul Wittgenstein – que era um grande e reconhecido pianista e que havia perdido seu braço direito durante a Primeira Guerra Mundial. "El nivel musical de la familia era verdaderamente extraordinario. Paul, el hermano más próximo en edad a Ludwig, se convirtió un concertista de piano de gran éxito y muy conocido. En la Primera Guerra Mundial perdió el brazo derecho, pero, con extraordinaria determinación, se adiestró en tocar sólo con la mano izquierda, y consiguió tal pericia que pudo continuar su carrera de concertista. Para él, en 1931, Ravel escribió su famoso Concierto para la mano izquierda." MONK, Ray. *Ludwig Wittgenstein:* el deber de un genio. Barcelona: Editorial Anagrama, 1990, p. 30.

CONSTRUCTIVISMO LÓGICO-SEMÂNTICO

4.01 A proposição é figuração da realidade.

A proposição é modelo da realidade tal como apensamos.

4.011 À primeira vista, a proposição — em particular tal como está impressa no papel — não parece ser figuração da realidade de que trata. Mas tampouco a escrita musical parece à primeira vista ser figuração da música, e nossa escrita fonética (letras), figuração da linguagem falada. No entanto, essas linguagens simbólicas se manifestam, também no sentido comum, como figurações do que representam.

(...)

4.014 O disco da vitrola, o pensamento e a escrita musicais, as ondas sonoras estão uns em relação aos outros no mesmo relacionamento existente entre a linguagem e o mundo.

A todos é comum a construção lógica.

A música toca aos ouvidos[30-31] e, quando internalizados os conceitos da teoria musical, o desenho melódico se revela ao ponto do sujeito ouvinte ser capaz de enunciar a proposição sobre aquilo que ora se lhe oferta a audição.

Por extremamente relevante, saliente-se que, tal como a afiguração no direito, a percepção musical pode ser reduzida

---

30. Sobre a relatividade da experiência sensorial, importante é a observação da Professora Aurora Tomazini de Carvalho: "Até a experiência sensorial, que nos parece tão certa e precisa, é uma interpretação. Vejamos o caso do som, por exemplo: tudo que escutamos não passa, fisicamente, de ondas interpretadas por nosso sistema auditivo. O som (como algo construído mentalmente) não está no mundo, que é silencioso, ele está dentro de nós, é o sentido que atribuímos às modificações físicas, percebidas por nossos ouvidos, decorrentes da propagação de uma onda. O mesmo acontece com a visão, por meio da qual interpretamos as ondas de luz, com o paladar, o olfato e tato. E, nestes termos, tudo é relativo." CARVALHO, Aurora Tomazini de. *Curso de teoria geral do direito*: o constructivismo lógico-semântico. São Paulo: Noeses, 2010, p. 25.

31. E chega limitado a sete oitavas, tal como pensa e adverte o Professor Lucas Galvão de Britto ao comentar o corte operado pelo sujeito cognoscente: "Tudo aquilo que nos chega aos sentidos é limitado: não importa a imensa gama de sons que 'exista' no mundo natural, aos nossos ouvidos chega, apenas sete oitavas; igualmente, sem o apelo a maquinário avançado, nossos olhos não percebem a luz emitida a certas frequências, nem nos permitem olhar em todas as direções, ver mais distante do que alguns quilômetros ou coisas menores do que alguns milímetros." BRITTO, Lucas Galvão de. *O lugar e o tributo*. São Paulo: Noeses, 2014, p. 01.

aos enunciados afigurativos, que erigidos na forma lógico-propositiva, pode-se ver a relação entre a sua linguagem (afiguração) e o mundo (percepção):[32]

À semelhança da afiguração jurídica, a linguagem musical constrói as noções de tempo, ritmo, melodia, existência, células, valores, harmonia, desarmonia, inclusive, tudo isso será objeto de uma interpretação musical. Sim, também é ponto comum, na teoria musical, que é o intérprete que dá concretização à música.

---

32. Por cortesia acadêmica, não se deve alongar o comentário, mas aqui se registre que o afigurar do mundo não para por aí. No campo das Ciências Biológicas, tem-se vida pela linguagem na estruturação primária do DNA (Adenina, Citosina, Guanina e Timina), inclusive, é sobre tal código genético (códon) que se realizam os fenômenos da replicação, transcrição e tradução por parte do RNA. Citem-se também os sistemas de computação, que são absolutamente autorreferenciais, e onde a linguagem é veículo e, ambiente, mas, principalmente, a linguagem é limite de mundo. Comumente, os programadores são classificados consoante o "mundo" em que trabalham. Por exemplo, há quem programa em linguagem Java (aquela que é representada por uma xícara de café em referência ao precioso café produzido na ilha de Java). Tudo o que existe em tal ambiente computacional somente existe se for enunciado através da "linguagem competente". E parafraseando Wittgenstein: a todos é comum a construção lógica.

CONSTRUCTIVISMO LÓGICO-SEMÂNTICO

Outro ponto relevante para este trabalho está na percepção de que a melodia somente se dá através das combinações das notas musicais, pois, nenhuma nota isolada compõe uma música. E mais: a identificação da tonalidade musical somente pode ser compreendida a partir da percepção conjunta do sequencial das notas.[33]

Daí a conclusão de que o afigurar por si só não é suficiente. O edificar de mundo se dá pela soma do afigurar com os expedientes lógicos, tal como quis intuir o próprio Wittgenstein ao afirmar que "a proposição constrói o mundo com a ajuda dos andaimes lógicos", e, por demasiadamente oportuno, leia-se o contexto do pensamento:

> 4.023 Por meio da proposição a realidade deve ser fixada enquanto sim ou enquanto não. Por isso deve ser completamente descrita por ela. A proposição é a descrição de um estado de coisas. Assim como a descrição de um objeto se dá segundo suas propriedades externas, a proposição descreve a realidade segundo suas propriedades internas. A proposição constrói o mundo com a ajuda dos andaimes lógicos, e por isso é possível, na proposição, também se ver, caso ela for verdadeira, como tudo que é lógico está.[34]

Eis que se chega ao ponto crucial central, o isomorfismo, isto é, o reflexo entre as estruturas das coisas e do pensamento que pretensamente é quebrado após a reviravolta do pensamento wittgensteiniano, cuja aplicabilidade tractatiana ora se defende no campo da experiência jurídica.

Não se pode perder no horizonte, tal como ensinado pela Professora Judith Martins-Costa, que o direito é espelho e geômetra do mundo,[35] onde o antecedente de espelhar

---

33. Permita-se aqui uma brevíssima explicação: a nota Mi (posição natural) isoladamente não permite compreender o contexto musical, por exemplo, pode ser a terça maior do acorde de Dó Maior (Dó-Mi-Sol), pode também ser a quinta nota do acorde de Lá Menor (Lá-Dó-Mi) ou, ainda, a prima do próprio acorde de Mi Maior (Mi-Sol#-Si).

34. WITTGENSTEIN, Ludwig. *Tractatus Logico-Philosophicus*. Tradução e apresentação de José Arthur Giannotti. São Paulo: Edusp, 1968, p. 72.

35. ADEODATO, João Maurício; BITTAR, Eduardo C. B. (org.). *Filosofia e teoria geral do direito*: estudos em homenagem a Tercio Sampaio Ferraz Junior por seu

é pressuposto da função do direito de enquadrar e reger a conduta humana, pois, a verificação da incidência é revelação primeira da estrutura afigurativa. Daí parecer que a teoria da figuração é imanente ao Direito e ao seu objeto.

E, para ir além, alterne-se o ângulo da análise: o que há antes de linguagem?

Há forte tentação em afirmar apenas que "nada existe", porém, como ensina o Professor Torquato de Castro Jr., apoiado em Heidegger e Eco, o nada se duplica no Ser ou o Ser duplica-se como nada, a ordem não altera, tanto faz, afinal, é nada.[36]

Então, antes da linguagem resta o Ser (ou o nada).

Ora, mas o verbo *ser* e o *existir* não são sinônimos?

Embora seja bem comum a confusão, há muito sua diferenciação foi apresentada pelo Filólogo Português Pinharanda Gomes, ao explicar que o verbo *ser* (do latim *sum, es, esse*) constitui verbo próprio da essência, destarte, o ser e a essência podem ser enquadrados na mesma categoria substantiva. O *existir*, porém, corresponde ao "facto de ser", onde se afirmar que "o *Ser* existe" implica a instalação prévia da noção do que "o *Ser* é",[37] ou seja, o enfrentamento do *Ser* pelo sujeito

---

septuagésimo aniversário. São Paulo: Quartier Latin, 2011, p. 705.

36. Não há definição do Ser, tal como afirma o Professor Torquato da Silva Castro Jr.: "Mas não há definição do Ser. O Ser não é um gênero. O Ser é o que permite falar de tudo, mas não permite que se fale dele diretamente. Esse o paradoxo inicial com que se depara a ontologia. Esse é seu drama como diz Umberto Eco (1998). Essa situação levará, em Heidegger, ao que Umberto Eco (1998:30) designa a 'duplicação do ser'. O Ser duplica-se como ser e como nada." CASTRO JR., Torquato da Silva. *A pragmática das nulidades e a teoria do ato jurídico inexistente*. São Paulo: Noeses, 2009, p. 60.

37. E sobre o "é nada" ou sobre o que "o Ser é", magnificentes são as lições proferidas pelo Professor Karl-Otto Apel: " El ser, empero, no 'es'. Sólo un determinado ente que se halla en el mundo "es". Por eso el ser no puede tampoco decirse en proposiciones verificables empíricamente. Sólo un "ente" que se encuentra dentro del mundo puede ser objeto de proposiciones verificables empíricamente. El "ser", por el contrario, 'se temporaliza' en el 'proyecto mundano', el cual nos hace entrega siempre (a priori) de todo ente, que debe podernos encontrar dentro del mundo, en la forma categorial de lo que es afirmado de él en el decir-'es'. APEL, Karl-Otto.

cognoscente.[38] E, assim, ao conhecer o *Ser*, ao estruturá-lo na linguagem-conhecimento, o *Ser* se transfigura no *Existir*, tal como acontece no conto budista da boneca de sal.[39]

Neste ponto, fundamental aqui destacar o pensamento da Professora Fabiana Del Padre Tomé para quem "A existência prescinde da essência, mas não prescinde da linguagem. E o que conhecemos, o que nos é real, reside na existência: a forma pelo qual algo nos é apresentado, em dado instante, mediante linguagem".[40]

Daí se afirme que toda existência é circunstanciada pela linguagem. Por outro giro de palavras, para que "o Ser exista", ele deve ser enunciado linguisticamente e, daí, desde já, evidencia-se a relação intervalar entre o ser – o enunciar – o existir. A enunciação revela o Ser e determina sua existência. E, para melhor se explicar tal relação, recorra-se, mais uma vez, às lições do Professor Pinharanda Gomes:

> Rememorando a distinção clássica, teremos que a essência é a potência, o ser enquanto ser, substancial e substante, e que a existência e o acto, o ser manifestado nos modos contingentes de quanto existe. Postular uma oposição entre os dois conceitos corresponde a estabelecer equívoco dilema, segundo o qual o ser é,

---

Wittgenstein y Heidegger: *La pregunta por el sentido del ser y la sospecha de falta de sentido contra toda metafísica*. México: Diánoia, Anuario de filosofia, 1967, p. 122.

38. PINHARANDA GOMES, Jesué. *Pensamento e Movimento*. Porto: Lello & Irmão Editores, 1974, p. 12

39. O conto a seguir está descrito na parte final (logogramas) do supramencionado livro do Filólogo Português Jesué Pinharanda Gomes: "Uma boneca de sal chegou junto ao mar e perguntou-lhe: o que és? O mar respondeu: sou o mar. A boneca não entendeu, e o mar disse-lhe que, se queira saber o que era o mar, mergulhasse um dedo nele. A boneca assim procedeu. E viu que o dedo se dissolvera nas águas. Assustada, perplexa, gritou pelo seu dedo. O mar comentou: deste qualquer coisa para poderes compreender. Conhecer por inteiro é dissolvermo-nos no que conhecemos." PINHARANDA GOMES, Jesué. *Pensamento e movimento*. Porto: Lello & Irmão Editores, 1974, p. 201.

40. TOMÉ. Fabiana Del Padre.O direito como linguagem criadora da Realidade Jurídica: a importância das provas no sistema comunicacional do direito. In: Carvalho, Paulo de Barros/ Morchón, Gregorio Robles, *Teoria comunicacional do direito: diálogo entre Brasil e Espanha*. São Paulo: Noeses, 2011, p. 110.

mas não existe, e que o acto existe mas não é, quando, os termos necessários para compreender são os da contiguidade, da simultaneidade e da emergência. O ser, que é, emerge de si mesmo para fora (*ex-istir*), originando a existência que está, mas não é. A existência existe, mas não é, revela o ser, mas o ser, ou essência, esconde-se e continua oculto, sob a existência.

A esta altura, sendo certo que nem o Direito nem seu objeto existem sem linguagem e tampouco se movimentam sem a lógica proposicional, permanece rígida a força teórica de que "os limites da linguagem denotam os limites" do mundo jurídico, ao menos. Então, nada se conhece do direito e no Direito que não sejam palavras.

2.2 Sentido e a organização dos conceitos: a existência ideal

Para a concepção primeira wittgensteiniana, como já referido na comparação musical, os objetos ou coisas, isoladamente, não têm sentido, não dizem nada, pois, somente quando estão relacionados entre si é que emerge o sentido. Tal combinação é chamada de estado de coisas e indicam possibilidades lógicas e, também, é a própria natureza do objeto que vai dizer o que é uma possibilidade lógica e o que não é.[41]

Quando um estado de coisas coincide com o que acontece no mundo, diz-se que este estado representa um fato, isto é, um estado de coisas existente, mas aqui, desde já, registre-se que o fato também é enunciado, é produto de construção da linguagem. Sobre a separação – intervalo entre o termo e a coisa – preciosa é a observação da Professora Aurora Tomazini de Carvalho:

> O Conhecimento nos dá acesso às definições. Não conhecemos as coisas em si, mas o significado das palavras dentro do contexto de uma língua e o significado já não depende da relação com a coisa, mas do vínculo com outras palavras. Exemplo disso

---

[41]. "2 - O que ocorre, o fato, é o subsistir dos estados de coisas. 2.01 - O estado de coisas é uma ligação de objetos (coisas)." WITTGENSTEIN, Ludwig. *Tractatus Logico-Philosophicus*. Tradução e apresentação de José Arthur Giannotti. São Paulo: Edusp, 1968, p. 55.

pode ser observado quando buscamos o sentido de um termo no dicionário, não encontramos a coisas em si (referente), mas outras palavras. Deste modo, podemos afirmar que a correspondência não se dá entre um termo e a coisa, mas entre um termo e outros, ou seja, entre linguagem.[42]

Perceba-se, então, que o sentido não se dá pela correspondência do termo à coisa, mas, sim, e sempre, pela coerência na estruturação linguística dos termos. Para ilustrar o pensamento, aqui se vale de um exemplo inspirado na ideia central apresentada pela Professora Sônia Broglia.[43]

A frase "O Professor Paulo de Barros Carvalho é Calvo", apesar de não ser verdadeira, visto que todos sabem que cabelos não faltam ao querido Professor, é uma frase com sentido, pois, tal estado de coisas está dentro das possibilidades lógicas de ocorrência no mundo por ela representada.

Já a frase "O Professor Paulo de Barros Carvalho tem asas"[44] não tem sentido lógico, já que impossível ver sua ma-

---

42. CARVALHO, Aurora Tomazini de. *Curso de teoria geral do direito:* o constructivismo lógico-semântico. São Paulo: Noeses, 2010, p. 15.

43. Cf. MENDES, Sônia Maria Broglia. *A validade jurídica pré e pós o giro linguístico.* São Paulo: Noeses, 2007, p. 41.

44. Por oportuno, a fim de evitar uma frequente confusão mental para os conhecedores à distância dos esquemas lógicos, advirta-se que a proposição traduzirá a ocorrência do "mundo" quando suas premissas também o traduzam, sob pena de se chegar a conclusões absurdas baseadas em premissas falsas. Cabe bem aqui, apesar de relativamente extenso, um espirituoso e bastante didático exemplo ofertado pelos Professores argentinos Ricardo Guibourg, María Urquijo e Delia Echave: "En otras palabras, la lógica es un sistema que – entre otras cosas – permite verificar la correcctión de los razonamientos. Qué es esto de la correccíon de los razonamientos? Lo entenderemos mejor a través de algunos ejemplos. Ejemplo 1: Toda música se compone de sonidos. El tango es música. Por lo tanto, el tango se compone de sonidos. Ejemplo 2: Como el cielo es azul y las nubes son blancas, me siento alegre y optimista. Ejemplo 3: Como todas las cucarachas tienen alas y yo soy una cucaracha, yo tengo alas. A primera vista los dos primeros ejemplos parecen muy 'razonables', en tanto el tercero parece ridículo. Pero si nos quedamos con esta impresión no iremos muy lejos en nuestra capacidad de raciocinio y seremos facilmente engañados por una retórica falaz. Examinemos los ejemplos uno por uno, con más cuidado. El ejemplo 1 propone dos premisas y una conclusión. Y cualquiera que lo lea advertirá que la conclusón es una consecuencia necesaria de las premisas. En efecto, podemos no saber gran cosa de música, y podemos ignorar por completo la existencia del tango;

nifestação no plano dos fatos, embora se possa perfeitamente compreender o que nela está enunciado.

Por sua vez, a frase "O Professor Paulo de Barros Carvalho torce para o São Paulo Futebol Clube" tanto tem sentido como também é igualmente verdadeira por corresponder à facticidade da notória paixão em três cores do Professor.

A síntese do aqui exposto é oferecida pelo próprio Wittgenstein em seu aforismo 4.024: *"Compreender uma proposição é saber o que ocorre, caso ela fôr verdadeira. (É possível, pois, compreendê-la sem saber se é verdadeira.) Ela será compreendida, caso se compreenda suas partes constituintes."*[45]

Sendo assim, a qualificadora do sentido de uma frase está na disposição dos termos por estrutura cognoscível e coerente, ou seja, se a frase não permite sua afiguração, a frase está fora da lógica.[46]

---

pero si nos informan que la música se compone de sonidos y que el tango es una forma de música, en esos datos se encuentra contenido, implícitamente, el resultado que aquel razonamiento hace explícito: que el tango se compone de sonidos. El ejemplo 2 tambien contiene dos premisas y una conclusión, pero ésta no se desprende necesariamente de aquéllas. Puede ocurrir, por cierto, que una persona de talante contemplativo se sienta impulsada a un irresistible optimismo por la mera comprobación del color del cielo y de las nubes; pero tambien sucede que a veces uno tiene un dolor de muelas, y entonces el cielo y las nubes carecen de toda eficacia como talismanes del buen humor. Y aquí parece – entonces – un importante dato sobre la lógica: una deducción válida no es la que eventualmente lleva a un resultado verdadero, sino la que necesariamente lleva a un resultado verdadero siempre que las premisas tambien lo sean. Esto podrá comprenderse mejor a partir del ejemplo 3 que, contra lo que podría suponerse a primera vista, es absolutamente válido. No, por cierto, porque quienes esto escriben hayan sufrido alguna metamorfosis kafkiana y se dediquen a revolotear por las ocinas, sino porque la conclusión se desprende necesariamente de las premisas. En efecto, si fuera verdad que todas las cucarachas tienes alas, y si fuera exacto que yo pertenezco a tan poco apreciada especie, entonces tambien sería cierto que tengo alas. Nótese que no existe otra posibilidad lógica: si yo no tengo alas no puedo ser una cucaracha (porque hemos supuesto que todas las cucarachas las tienen); y si no tengo alas y a pesar de eso sigo siendo una cucaracha, entonces no puede ser verdad la hipótesis general sobre el vuelo cucarachil. De modo que el ejemplo 3 es una deducción correcta, a pesar de tanto sus premisas como su conclusión son obviamente falsas." ECHAVE, Delia Teresa *Et ali*. *Lógica, proposición y norma*. 7ª reimpresión. Buenos Aires: Astrea, 2008, p. 20-22.

45. WITTGENSTEIN, Ludwig. *Tractatus Logico-Philosophicus*. Tradução e apresentação de José Arthur Giannotti. São Paulo: Edusp, 1968, p. 111.

46. "A proposição mostra, se verdadeira, como algo está. E diz que isso está assim

CONSTRUCTIVISMO LÓGICO-SEMÂNTICO

Tal noção de estruturação de sentido do plano da linguagem é fundamental para a concepção da forma específica de existência dos objetos, ideias tais como os objetos matemáticos (números e figuras geométricas etc.) e os objetos lógicos (conceitos e proposições), cujo pensamento aqui desenvolvido é sintetizado em boa parte nas palavras do Professor Alaôr Caffé Alves:

> Nesta linha, pode-se distinguir claramente essência de existência. A existência pressupõe sempre a essência, pois é existência de algo determinado; porém, a essência não pressupõe a existência, pelo menos a existência real. Por isso, pode-se ter um sentido, uma significação (compreensão, conotação), sem o objeto a ele correspondente (extensão, denotação). O exemplo vem de Bertrand Russell: "o atual rei da França". Esta frase tem sentido determinado, mas o seu objeto não existe. Neste caso, como a essência de certo modo "existe", ao menos como essência precisamente, como estrutura de sentido, há que ter uma forma específica de existência. Esta existência difere da existência real; é chamada existência ideal. Assim, tudo que tem sentido mediante conceitos tem uma existência ideal, enquanto conceitos.[47]

A compreensão das lições supramencionadas revela que a existência de que se trata neste artigo é inevitavelmente criada a partir da estruturação da linguagem dos enunciados.

E mais: todo ato de tornar a essência (o Ser) existente é sempre mediado pelo processo intelectivo da linguagem-conhecimento (enunciação). Então, se para existir, dever ser enunciado, a enunciação é o movimento pressuposto da existência.[48]

(4.022). Ela é falsa se exprime um estado de coisas que não é o fato. O sentido de uma proposição é a possibilidade que ela tem de poder ser reconhecida como verdadeira ou falsa, isto é, um sentido de uma sentença são as circunstâncias que permitem decidir sobre sua verdade ou falsidade, ou seja, as condições de sua verificação, pois 'cada proposição já deve possuir um sentido. A afirmação não lhe pode dar porque afirma precisamente o sentido. E o mesmo vale para a negação etc. (4.064)." OLIVEIRA, Manfredo Araújo de. *Reviravolta linguístico-pragmática na filosofia contemporânea*. São Paulo: Edições Loyola, 2ª Edição, 2001, p. 112.

47. ALVES, Alaôr Caffé. *Lógica:* pensamento formal e argumentação: elementos para o discurso jurídico. 5ª Edição. São Paulo: Quartier Latin, 2011, p. 51.

48. Sobre tal movimento, merece aqui também a crítica feita por Pinharanda Gomes ao entimema "Penso, logo existo" do Filósofo Francês René Descartes: "A

3. Entre o Ser e o Existir: A Enunciação[49]

Embora o início da análise estrutural da linguagem, tanto em seu lado social (língua) como também em seu lado individual (fala), seja ofertada pelo Professor Ferdinand de Saussure,[50] o estudo da passagem da língua à fala ganha relevo a partir dos estudos empreendidos por Émile Benveniste, na Teoria da Enunciação, sendo digna de nota a ideia posta nas linhas iniciais da obra *Problemas de Linguística Geral* onde o linguista estruturalista francês (nascido no Egito) também aponta que o descobrimento da realidade é mediado pela linguagem:

> A linguagem reproduz a realidade. Isso deve entender-se da maneira mais literal: a realidade é produzida novamente por intermédio da linguagem. Aquele que fala faz renascer pelo seu discurso o acontecimento e a sua experiência do acontecimento. Aquele que o ouve apreende primeiro o discurso e através desse discurso, o acontecimento reproduzido. Assim, a situação inerente ao exercício da linguagem, que é a da troca e do diálogo, confere ao ato de discurso dupla função: para o locutor, representa a realidade; para o ouvinte, recria a realidade. Isso faz da linguagem o próprio instrumento da comunicação intersubjetiva.[51]

---

dar-se crédito de validade a essa corrente de tradução do entimema, teremos de postular que, sendo o existir o acto de actuar, ou de tornar a essência existente, factual, pensar é apenas actuar, ou pior, não há pensamento sem movimento. De outra forma: que quem pensa em nós é o extrínseco existente e não o intrínseco essente, de onde devir o óbvio que a tradução autêntica do entimema cartesiano deve consistir no seguinte: penso, logo sou, o que significa que, se penso, é porque sou, não necessariamente porque exista." PINHARANDA GOMES, Jesué. *Pensamento e movimento*. Porto: Lello & Irmão Editores, 1974, p. 12

49. Segue-se o direcionamento ofertado pela Professora Fabiana Del Padre Tomé: "Por tudo que se expôs, sugerimos que o intérprete direcione sua atenção aos enunciados linguísticos, especialmente, porque deles decorre a própria existência dos objetos." TOMÉ, Fabiana del Padre. *A prova no direito tributário*. São Paulo: Noeses, 2011, p. 7.

50. "A linguagem tem um lado individual e um lado social, sendo impossível conceber um sem o outro." SAUSURRE, Ferdinand de. *Curso de linguística geral*. Organizado por Charles Bally, Albert Sechehaye com a colaboração de Albert Riedlinger. Prefácio à edição brasileira Isaac Nicolau Salum. Tradução de Antônio Chelini, José Paulo Paes, Izidoro Blikstein. 27ª ed. São Paulo: Cultrix, 2006, p. 16.

51. BENVENISTE, Émile. *Problemas de linguística geral*; Tradução de Maria da Glória Novak e Luiza Neri; revisão do Prof. Isaac Nicolau Salum. São Paulo: Ed.

CONSTRUCTIVISMO LÓGICO-SEMÂNTICO

O primeiro sentido da enunciação é o ato de produzir enunciados, mas a Teoria da Enunciação benvenistiana vai muito além de tal obviedade. Benveniste enxerga a enunciação como instância pressuposta de mediação entre a língua e a fala, ou, na expressão do Professor Fiorin, "como instância de mediação que assegura a discursivização da língua, que permite a passagem da competência à performance, das estruturas semióticas virtuais às estruturas realizadas sob a forma de discurso".[52]

E, sendo instância,[53] a enunciação assim reúne as categorias deícticas do *Ego-Hic-Nunc* (eu-aqui-agora), cujos termos são grafados propositadamente em latim por Benveniste para evidenciar que os aspectos dêiticos são inerentes à linguagem e não a uma língua específica, haja vista que todas as línguas – de certo modo – manifestam-se temporal, espacial e subjetivamente; daí a tese do Professor José Luiz Fiorin em defender que todas as categorias enunciativas são regidas pelos mesmos princípios.

> A posição de Benveniste de que a enunciação é a instância do *ego-hic-nunc* e é o mecanismo com que se opera a passagem da língua ao discurso levou-o a demonstrar que as categorias da enunciação pertencem não à língua, mas à linguagem, o que significa que todas as línguas devem, de uma forma ou de outra manifestar temporalidade, espacialidade e actorialidade. O que pode diferir de uma língua para outra é a forma de organizar cada uma

---

Nacional, Ed. da Universidade de São Paulo. 1976, p. 26.

52. "A enunciação é vista, como aliás já o tinha feito Benveniste, como instância de mediação, que assegura a discursivização da língua, que permite a passagem da competência à performance, das estruturas semióticas virtuais às estruturas realizadas sob a forma de discurso." FIORIN, José Luiz. *Categorias da enunciação e efeitos de sentido*. In: BRAIT, Beth (org.). *Estudos enunciativos no Brasil: histórias e perspectivas*. Campinas, SP: Pontes; São Paulo: Fapesp, 2001, p. 108.

53. "O essencial é, portanto, a relação entre o indicador (de pessoa, de tempo, de lugar, de objeto mostrado, etc.) e a presente instância de discurso. De fato, desde que não se visa mais, pela própria expressão, essa relação do indicador à instância única que o manifesta, a língua recorre a uma série de termos distintos que correspondem um a um aos primeiros, e que se referem não mais à instância de discurso, mas aos objetos "reais", aos tempos e lugares "históricos". BENVENISTE, Émile. *Problemas de Linguística Geral*; Tradução de Maria da Glória Novak e Luiza Neri; revisão do Prof. Isaac Nicolau Salum. São Paulo: Ed. Nacional, Ed. da Universidade de São Paulo. 1976, p. 22.

dessas categorias. Pensamos que se pode ir um pouco além, formulando o que parecer ser um corolário dessa tese: todas as categorias enunciativas são regidas pelos mesmos princípios.[54]

Eis que se chega a um ponto caro deste trabalho, pois, a universalização pretendida pelo linguista brasileiro parece irromper as fronteiras da linguística para se encaixar perfeitamente à compreensão da experiência jurídica, visto que se harmoniza à produção de enunciados jurídicos, pois, o direito é texto,[55] linguagem, comunicação.[56]

Visto o direito como linguagem, as coordenadas enunciativas de tempo, espaço e subjetividade estão presentes (ainda que implicitamente) em todas as enunciações jurídicas. Note-se que o documento normativo é enunciado segundo compreensões do ordenamento, ainda que seja para infirmá-las, mas sempre vem a partir delas.[57] Igual fenômeno ocorre com a norma jurídica, o fato jurídico e a proposição científica, pois, uma vez enunciados, todos têm pressuposta a enunciação, afinal, o dito, por óbvio, tem por pressuposto lógico o ato de dizer. Acerca da constatação de que há sempre uma enunciação pressuposta, valiosas são as lições do Professor Paulo de Barros Carvalho:

---

54. FIORIN, José Luiz. *As astúcias da enunciação:* as categorias de pessoa, espaço e tempo. São Paulo: Ática, 1996, p. 22.

55. Em relação às consequências de se tomar o direito como texto, relevantes são as ideias desenvolvidas em CARVALHO, Aurora Tomazini de. A ideia de texto e sua potencialidade analítica para a teoria comunicacional do direito. In: Carvalho, Paulo de Barros/ Morchon, Gregorio Robles, *Teoria Comunicacional do direito:* diálogo entre Brasil e Espanha. São Paulo: Noeses, 2011, p. 207.

56. MORCHÓN, Gregorio Robles. *O direito como texto:* quatro estudos de teoria comunicacional do direito. Tradução de Roberto Barbosa Alves. São Paulo: Manole, 2005, p. 21.

57. Inclusive, há casos onde a própria enunciação estará limitada, pois, a produção dos textos pressupõe a intertextualidade, sendo inegável a influência dos textos já enunciados sobre aqueles vindouros. "A construção de um texto sempre será a consequência da soma de vários outros textos, de modo que o dialogismo se apresenta entre os discursos, mesmo que o locutor seja o mesmo nos dois textos. Importante ressaltar que no direito essa sobreposição de textos é limitada pelo próprio sistema, como é estabelecida, por exemplo, na regra do artigo 110 do CTN". Cf. SOUZA, Priscila de. *Intertextualidade na linguagem jurídica: conceito, definição e aplicação*. In: CARVALHO, Paulo de Barros, Coord. *Constructivismo lógico-semântico*. São Paulo: Noeses, 2014, p. 93/120.

CONSTRUCTIVISMO LÓGICO-SEMÂNTICO

> A verdade é que o material bruto dos comandos legislados, mesmo antes de receber o tratamento hermenêutico do cientista dogmático, já se afirma como expressão linguística de um acto de fala, inserido no contexto comunicacional que se instaura entre enunciador e enunciatário. E o asserto se confirma quando pensamos que o trabalho sistematizado que a doutrina elabora, em nível de sobrelinguagem, pode, perfeitamente, ser objeto de sucessivas construções hermenêuticas porque a compreensão é inesgotável. Ali onde houver um texto, haverá sempre a possibilidade de interpretá-lo, de reorganizá-lo, de repensá-lo, dando origem a novos textos de nível linguístico superior.[58]

Merece destaque a nuance de que a enunciação somente é possível a partir do domínio de mínima compreensão das categorias fundamentais de uma linguagem sob pena de se cair no ininteligível, neste contexto, apresenta-se como oportuno um pensamento do segundo Wittgenstein que reflete a relação frase – linguagem – técnica: "Compreender uma frase significa compreender uma língua. Compreender uma língua significa dominar uma técnica".[59]

Com isso, o olhar da técnica da enunciação jurídica revela que o enunciado é sempre circunstanciado por alguém, em determinado espaço e num dado tempo histórico. Nesse pensar, as diretrizes enunciativas de temporalidade, espacialidade e actorialidade permitem retroceder ao ambiente da enunciação, inclusive, tal retrospectiva foi objeto de refinada percepção do Professor Lourival Vilanova, onde se alerta a importância de fazer o percurso inverso da enunciação[60] –

---

58. CARVALHO, Paulo de Barros. *Curso de direito tributário*. 23ª ed. São Paulo: Saraiva, 2011, p. 175.

59. WITTGENSTEIN, Ludwig. *Investigações filosóficas*. Tradução Marcos G. Montagnoli; revisão da tradução e apresentação de Emmanuel Carneiro Leão. 6ª ed. Petrópolis: Vozes, 2009, p. 113.

60. Sobre a reconstrução da enunciação pela Semiótica: "A teoria semiótica examina a enunciação enquanto instância pressuposta pelo discurso, em que deixa marcas ou pistas que permitem recuperá-la. Chega-se ao sujeito pelo caminho do discurso, reconstrói-se a enunciação por meio da análise interna do texto: certos procedimentos do texto marcam, nos diferentes patamares do percurso gerativo, a relação entre o discurso e a enunciação pressuposta." BARROS, Daniela Luz Pessoa de. *Teoria semiótica do texto*. São Paulo: Editora Parma, 2005, p. 78.

para na nova perspectiva – buscar o estruturar em *logos* do pensamento já desenvolvido. Desse modo, se na jusante temos a marcha do discurso,[61] na montante[62] temos a trajetória da estruturação lógica:

> A análise lógica vem, historicamente, depois do conhecimento de objetos (especialmente o conhecimento científico). E significa uma reconstrução dos passos dados, numa direção por assim dizer retrocessiva e recompositiva do já feito. Mas, uma vez encontradas as estruturas lógicas, vemos que elas valem antes de todo conhecimento, como condição formal *a priori* da possibilidade de qualquer conhecimento de objetos. Por aí está se vendo que a proposição (como estrutura lógica fundamental) coloca-se em outro nível, mais alto, que o é nível da linguagem com que formulamos o conhecimento dos objetos em suas várias espécies.[63]

Por demasiadamente oportuna, registre-se que a estruturação lógica como condição de possibilidade para apreensão de qualquer conhecimento também foi sentida pelo Professor Lourival Vilanova, onde para ele, "na relação do homem com o mundo que o contorna", o conhecer é textual:

> O conhecimento é um fato complexo. Simplificativamente, diz-se que é relação do sujeito com o objeto. E se tivermos em conta o conhecimento do mundo físico exterior, sua origem é a experiência sensorial. Percebo a árvore verde e enuncio: esta árvore é verde. O ser-verde-da-árvore, que se me dá num ato de apreensão sensorial, é a base para outro ato, o de revestir esse dado numa estrutura de linguagem, na qual se exprime a relação conceptual denominada proposição (juízo, na terminologia clássica).[64]

---

61. FIORIN, José Luiz. *Categorias da Enunciação e efeitos de sentido*. In: BRAIT, Beth (org.). *Estudos enunciativos no Brasil:* histórias e perspectivas. Campinas, SP: Pontes; São Paulo: Fapesp, 2001, p. 108.

62. Jusante e montante são lugares referenciais de um rio pela visão de um observador. Jusante é o fluxo normal da água, de um ponto mais alto para um ponto mais baixo. Montante é a direção de um ponto mais baixo para o mais alto.

63. VILANOVA, Lourival. *As estruturas lógicas e o sistema do direito positivo*. São Paulo: Noeses, 2005, p. 43.

64. Idem, p. 39.

CONSTRUCTIVISMO LÓGICO-SEMÂNTICO

Curiosamente, parece que o enquadrar-de-mundo pela linguagem também foi percebido pelo Professor Émile Benventiste, ao sustentar que o conhecimento do mundo se submete à classificação formal de objetos:

> A linguagem reproduz o mundo, mas submetendo-o a sua própria organização. Ela é *logos*, discurso e razão juntos como o viram os gregos. E isso pelo próprio fato de ser linguagem articulada, consistindo de um arranjo orgânico de partes de uma classificação formal de objetos e dos processos. O conteúdo deve ser transmitido (ou se se quiser, o "pensamento") é decomposto, assim, segundo um esquema linguístico.[65]

Embora se apresente como fato complexo, o processo pode ser fragmentado para uma análise demorada de suas partes constituintes. Por sua vez, a enunciação como atividade criadora do direito[66] pode ser estruturada em planos diferentes para que a experiência sensorial se transforme em conhecimento, inclusive, a decomposição do percurso por também foi tratada pelo Jusfilósofo de Recife:

> A lógica é um ponto de vista sobre o conhecimento. Tomando-se o conhecimento da realidade (exterior ou interior) como ponto de partida da investigação, temos que distinguir os seguintes planos:
>
> I. o *sujeito cognoscente*, foco de diversos atos (querer, sentir e pensar);
>
> II. o *ato* mesmo de conhecer, como ocorrência subjetiva ou psíquica;
>
> III. o *dado-de-fato*, objeto do conhecimento;
>
> IV. a *linguagem*, natural ou técnica (científica) em que se fixa e se comunica o conhecimento;

---

65. BENVENISTE, Émile. *Problemas de linguística geral*; Tradução de Maria da Glória Novak e Luiza Neri; revisão do Prof. Isaac Nicolau Salum. São Paulo: Ed. Nacional, Ed. da Universidade de São Paulo, 1976, p. 26.

66. Expressão utilizada pelo Professor Tárek Moussallem: MOUSSALLEM, Tárek Moysés. *Fontes no direito tributário*. São Paulo: Noeses, 2006, p. 133.

> V. a *proposição* como uma estrutura que declara que o conceito-predicado vale para o conceito-sujeito (para dizê-lo simplificadamente). Há conhecimento na percepção, mas o conhecimento adquire plenitude no plano proposicional. Entre simplesmente ver que um livro é verdade e formular a proposição "este livro é verde" há uma distância considerável. O fato íntegro, total do conhecimento, abrange todos esses planos. Recolhendo o que se oferece na experiência, o conhecimento é um fato complexo, cujos componentes se inter-relacionam intimamente.[67]

Vê-se, então, que todo conhecimento é perspectivista e sua construção se dá através de planos distintos que são unificados pela intencionalidade do sujeito cognoscente, pois, ele demarca o ponto de partida da investigação e se propõe a realizar o ato de conhecer diante do objeto do conhecimento.[68] No instante seguinte, o conhecimento se fixa e se comunica em estrutura linguística para, ao final, surgir o produto da enunciação que é o enunciado (ato de apropriação individual da linguagem).

Então, também o enunciar jurídico se dá após e por apreensão dos conceitos fundamentais e transpõe a experiência sensorial para a perspectiva do enunciado. Daí, a inevitável questão: é possível enunciar ou compreender o enunciado sem o conhecimento das categorias fundamentais mediadas pelo intervalo da enunciação?

E é neste particular que reside a magnitude método do Constructivimo Lógico-Semântico, posto que sua premissa primeira seja justamente amarrar lógica e semanticamente

---

67. VILANOVA, Lourival *Escritos jurídicos e filosóficos*. Vol.2. São Paulo: IBET, 2003, 158.

68. Sobre o Conhecimento e a Perspectiva, invoque-se o magistério do Professor Gregorio Robles: "Esa verdad es que el conocimiento nunca proporciona uma percepción sensorial o intelectual de la realidad toda, sino que por sua naturaliza es perspectivista. Siempre accedemos a la realidad desde una perspectiva. Así sucede paradigmáticamente en las ciencias, las cuales se construyen desde acendradas perspectivas llamadas métodos, cada uno de los cuales no es sino un instrumento afinado para aproximarse al conocimiento de una materia." MORCHON, Gregorio Robles. *Perspectivismo textual y principio de relatividad sistémica en la teoría comunicacional del derecho*. In: Carvalho, Paulo de Barros/ Morchon, Gregorio Robles, *Teoria comunicacional do direito:* diálogo entre Brasil e Espanha. São Paulo: Noeses, 2011, p. 06.

suas proposições para a construção de seu objeto, onde se constrói a enunciação a partir da ordenação lógica-semântica dos conceitos utilizados.[69]

Todavia, cumpre aqui registrar que o edificar de sentido não é realizado de modo indiscriminado e/ou descompromissado, ao contrário, busca-se a elaboração de um discurso responsável, comprometido com as premissas expostas e os sentidos anteriormente fixados aos termos. No Constructivismo Lógico-Semântico, a análise está voltada à linguagem, a qual se pretende reduzir a uma estruturação formal e cuja lógica dos procedimentos enunciativos sejam controláveis.[70]

É ponto distintivo do Constructivismo que o cientista do direito não busque desvendar o plano da legalidade, mas, sim, que ele efetivamente construa os sentidos dos enunciados postos à sua frente e enuncie a sua experiência jurídica.[71]

No mesmo caminho de definição dos planos cognoscentes, o Professor Paulo de Barros Carvalho aponta o trajeto percurso gerativo através do trânsito entre os subdomínios S1 (plano dos enunciados); S2 (plano das proposições), S3 (planos da norma jurídica) e S4 (plano da sistematização),[72] que a seguir são sinteticamente apresentados.

---

[69]. Cf. CARVALHO, Aurora Tomazini de. Constructivismo lógico-semântico como método de trabalho na elaboração jurídica. In: CARVALHO, Paulo de Barros, Coord. *Constructivismo lógico-Semântico*. São Paulo: Noeses, 2014, p. 15.

[70]. Ideias em Cf. TOMÉ, Fabiana del Padre. Vilém Flusser e o Constructivismo Lógico-Semântico. In: Carneiro, Jerson/Haret, Florence (orgs.): *Vilém Flusser e juristas*: comemoração dos 25 anos do grupo de estudos Paulo de Barros Carvalho, São Paulo: Noeses, 2009, p. 325.

[71]. Cf. CARVALHO, Paulo de Barros. *Direito tributário:* linguagem e método. São Paulo: Noeses, 2011, p. 131.

[72]. A referência aos planos de construção do sentido está permeada na obra do Professor Paulo de Barros Carvalho, então, aqui se refere à sua passagem em: CARVALHO, Paulo de Barros. *Fundamentos jurídicos da incidência*. São Paulo: Saraiva, 2007, p. 65/88. Para fins desta remissão autoral, utilizou-se aqui o mesmo raciocínio empreendido pelo Professor Lucas Galvão de Britto sobre a Regra-Matriz de Incidência Tributária – RMIT em seu livro: BRITTO, Lucas Galvão de. *O lugar e o tributo*. São Paulo: Noeses, 2014, 32.

CONSTRUCTIVISMO LÓGICO-SEMÂNTICO

O percurso gerador de sentido tem como ponto de partida a instância do plano dos enunciados (S1), cuja apresentação se dá da mesma maneira a todos os cognoscentes e é plano, por excelência, das modificações introduzidas no sistema total. É também neste plano que se tem contato com o suporte físico dos textos jurídicos. De seguida, o sujeito imite-se na dimensão semântica dos comandos legislados, que é chamada de plano das proposições (S2). Já neste patamar, o próprio Professor Paulo de Barros Carvalho adverte a relação intervalar ao afirmar "aqui também o labor não se perfaz de um eito, mas requer o exaurimento de vários intervalos".[73] A próxima estação está no plano das normas jurídicas (S3), onde o sujeito cognocente passa a estruturar as proposições em sua mente na forma hipotético-condicional para que desta maneira prescreva condutas (dever-ser) e, por derradeiro, chega-se ao plano da sistematização (S4) onde a proposição da norma jurídica se junta com outras normas jurídicas a fim de estabelecer vínculos de coordenação e subordinação.

O destaque à noção perspectivista do conhecimento, a submissão deste à estrutura da linguagem e, principalmente, o seu movimento por diferentes planos parecem ser a intersecção das linhas de pensamento de Émile Benveniste, Lourival Vilanova e Paulo de Barros Carvalho na medida em que todos instanciam as categorias da enunciação – embora cheguem a lugares distintos ao entardecer[74] – para

---

73. "Aparecerão nesse subconjunto as significações de enunciados que realizam o antecedente da regra jurídica, bem como aqueles que prescrevem condutas intersubjetivas, contidas no consequente. Mas, também nele, a tarefa se desenvolve em intervalos sequenciais, porque o contacto inicial com o sentido da entidade normativa é insuficiente para a outorga derradeira de sua significação." CARVALHO, Paulo de Barros. *Fundamentos jurídicos da incidência*. São Paulo: Saraiva, 2007, p. 86.

74. Trata-se de metáfora inspirada na charada apresentada Leonard Mlodinow: "Existe uma antiga charada sobre um monge que um dia sai de seu mosteiro ao nascer do sol para subir até um templo no alto de uma montanha. A montanha só tem um caminho, estreito e sinuoso, e o monge às vezes sobe devagar, quando o trecho é mais inclinado, mas chega ao templo pouco antes do pôr do sol. Na manhã seguinte, ele desce pelo mesmo caminho, mais uma vez começando ao nascer do sol e chegando ao mosteiro ao pôr do sol. A pergunta é: existe um ponto no caminho onde o monge vai passar exatamente na mesma hora do dia? A questão não é

instaurar uma relação intervalar entre a língua/fala; objeto/proposição e texto/norma.

4. Síntese conclusiva

O presente ensaio é mais do que um ato de filiação ao modelo do Constructivismo Lógico-Semântico, em verdade, é a percepção de que o direito é um Sistema onde a linguagem é autorreferente e suas fronteiras representam o marco do que existe dentro de um ordenamento jurídico e, assim, a linguagem para o direito tanto é veículo de introdução como também ambiente, pois todo existir é textual.

E não é qualquer texto! É texto formalmente estruturado nas bases das categorias fundamentais de enunciação cujos campos de irradiação semântica devem ser expostos e minuciosamente demarcados, servindo o método do Constructivismo Lógico-Semântico como importantíssimo ferramental teórico para tal finalidade.

Por seu turno, advirta-se que realidade prática é meta dessa Escola[75] e a imensa recepção da Teoria da Regra-Matriz de Incidência Tributária, desenvolvida pelo Professor Paulo de Barros Carvalho, serve tanto como evidência científica da importância da aplicabilidade de expedientes lógicos ao Direito, como também de grande estímulo à continuidade da jornada do pensar constructivista.

Obviamente, não se pretende aqui se assenhorar "do que é direito", seja porque não são todas ideias inéditas seja porque são ideias de juventude.[76]

---

identificar o ponto, é só responder se esse ponto existe ou não." MLODINOW, Leonard. *De primatas a astronautas*: a jornada do homem em busca do conhecimento. Tradução Claudio Carina. 1ª Ed. Rio de Janeiro: Zahar, 2015, p. 347.

75. Frase utilizada pelo Professor Eurico Marcos Diniz de Santi. Cf. SANTI, Eurico Marcos de, Coord. *Curso de especialização em direito tributário*: estudos em homenagem a Paulo de Barros Carvalho. Rio de Janeiro: Forense, 2007, p. XXX.

76. "Se um sistema filosófico ou econômico, social, um sistema qualquer, for erro de

O que se quer aqui é caminhar. Aonde se quer chegar? Talvez, agradecidamente, em algum lugar com palavras.[77]

Referências bibliográficas

ADEODATO, João Maurício; BITTAR, Eduardo C. B. (org.). *Filosofia e teoria geral do direito*: estudos em homenagem a Tercio Sampaio Ferraz Junior por seu septuagésimo aniversário. São Paulo: Quartier Latin, 2011.

ALVES, Alaôr Caffé. *Lógica: pensamento formal e argumentação:* elementos para o discurso jurídico. 5ª ed. São Paulo: Quartier Latin, 2011.

APEL, Karl-Otto. Wittgenstein y Heidegger: *La pregunta por el sentido del ser y la sospecha de falta de sentido contra toda metafísica*. México: Diánoia, Anuario de filosofía, 1967.

---

cima a baixo e de lado a lado, não há nem perigo de que a inteligência do homem parta para o erro total. Se a inteligência avança, podes ter certeza de que, no meio dos erros, há verdades prisioneiras. Ora, quem sabe, quem discorda de mim pode ter descoberto sementes de verdade que me escaparam. Quem pode pretender ser dono da verdade e ter o monopólio do Espírito Santo? Feliz de quem se acostuma a ouvir com ouvidos de ouvir porque também é um perigo não ter ideias firmes, ser um cabeça de vento que gira pra onde o vento sopra. Ótimo é ter ideias, ter princípios, ter opções, prioridades. Mas permanecer de verdade e não só de faz de conta aberto a ouvir e a aceitar tudo o que é válido. Atenção, amigos, nós todos precisamos de matricular-nos na escola do diálogo e começar aprendendo de verdade a ouvir. E fiquemos alertas para a tentação de achar formidáveis, geniais, os que falam de acordo com o que nós pensamos. E de queimar como quadrados, caretas, os que têm a ousadia de discordar de nós. Adotemos como um de nossos lemas, queridos: se discordas de mim, tu me enriqueces." Meditações do único brasileiro indicado três vezes ao prêmio Nobel da Paz (Dom Helder Câmara), lidas no programa matutino denominado "Um Olhar sobre a Cidade" que era exibido na Rádio Olinda do Estado de Pernambuco. Disponíveis em: <https://goo.gl/4tN8B8>. Acesso em: 25 jan. 2018.

77. "Todo descobrimento pela palavra (logos, no sentido mais originário) é no fundo uma ação de graças. Manifesta a gratidão do conhecimento pela coisa que se deu a conhecer. Quem não vê aí a ocasião para o advento do sagrado? Como ensinam os evangelhos, 'no princípio era o Verbo'." BORGES, José Souto Maior. *Ciência feliz*. 3ª ed. São Paulo: Quartier Latin, 2007, p. 113.

BARROSO, Luís Roberto. Neoconstitucionalismo e constitucionalização do direito (o triunfo tardio do direito constitucional no Brasil. In: *Boletim de Direito Administrativo - BDA*. São Paulo: ano 23, v. 1.

BENVENISTE, Émile. *Problemas de linguística geral*. Tradução de Maria da Glória Novak e Luiza Neri; revisão do Prof. Isaac Nicolau Salum. São Paulo: Ed. Nacional, Ed. da Universidade de São Paulo. 1976.

_____. *O aparelho formal da enunciação*. Tradução de Marco Antônio Escobar. Problemas de linguística geral. Vol. II. São Paulo: Cortez. 1989.

BOBBIO, Norberto. *O positivismo jurídico*: lições de filosofia do direito. Compiladas por Nello Morra; tradução e notas Márcio Pugliesi, Edson Bini, Carlos E. Rodrigues. São Paulo: Ícone, 1995.

BARROS, Daniela Luz Pessoa de. *Teoria semiótica do texto*. São Paulo: Editora Parma, 2005.

BARROSO, Luís Roberto. Neoconstitucionalismo e constitucionalização do direito (o triunfo tardio do direito constitucional no Brasil. In: *Boletim de Direito Administrativo - BDA*. São Paulo: ano 23, v. 1, p. 22-23.

BORGES, José Souto Maior. *Ciência feliz*. 3ª ed. São Paulo: Quartier Latin, 2007.

BRITTO, Lucas Galvão de. *O lugar e o tributo*. São Paulo: Noeses, 2014.

CASTRO JR., Torquato da Silva. *A pragmática das nulidades e a teoria do ato jurídico inexistente*. São Paulo: Noeses, 2009.

CARVALHO, Paulo de Barros. *Fundamentos jurídicos da incidência*. São Paulo: Saraiva, 2007.

_____. *Curso de Direito Tributário*. 23. ed. São Paulo: Saraiva, 2011.

_____. *Direito tributário, linguagem e método*. São Paulo: Noeses, 2011.

_____. *Constructivismo Lógico-Semântico*. São Paulo: Noeses, 2014.

CARVALHO, Aurora Tomazini de. *Curso de teoria geral do direito:* o constructivismo lógico-Semântico. São Paulo: Noeses, 2010.

_____. A ideia de texto e sua potencialidade analítica para a teoria comunicacional do direito. In: Carvalho, Paulo de Barros/ Morchon, Gregorio Robles, *Teoria Comunicacional do direito:* diálogo entre Brasil e Espanha. São Paulo: Noeses, 2011.

_____. Constructivismo Lógico-Semântico como método de trabalho na elaboração jurídica. In: CARVALHO, Paulo de Barros, Coord. *Constructivismo Lógico-Semântico*. São Paulo: Noeses, 2014.

ECHAVE, Delia Teresa *Et ali*. *Lógica, proposición y norma*. 7ª reimpresión. Buenos Aires: Astrea, 2008.

FERRAZ JÚNIOR, Tercio Sampaio. *Introdução ao estudo do direito*: técnica, decisão, dominação. 6ª. ed. São Paulo: Atlas, 2008.

FIORIN, José Luiz. *As astúcias da enunciação: as categorias de pessoa, espaço e tempo*. São Paulo: Ática, 1996.

_____. Categorias da Enunciação e efeitos de sentido. In: BRAIT, Beth (org.). *Estudos enunciativos no Brasil: histórias e perspectivas*. Campinas, SP: Pontes; São Paulo: Fapesp, 2001.

GAMA, Tácio Lacerda. *Competência tributária:* fundamentos para uma teoria da nulidade. São Paulo: Noeses, 2009.

GARCÍA AMADO, Juan Antonio. *Nazismo, derecho y filosofía del derecho*. Anuário de filosofía del Derecho, Valência: Sociedad Española de Filosofía Jurídica y Política, n. 8, 1991.

IVO, GABRIEL. *Norma Jurídica:* produção e controle. São Paulo: Noeses, 2006.

MALINOWSKI, Bronisław Kasper. *The meaning of meaning*. New York: Haverst Book, 1923.

MENDES, Sônia Maria Broglia. *A validade jurídica pré e pós o giro linguístico*. São Paulo: Noeses, 2007.

MLODINOW, Leonard. *De primatas a astronautas:* a jornada do homem em busca do conhecimento. Tradução Claudio Carina. 1ª Ed. Rio de Janeiro: Zahar, 2015.

MONK, Ray. *Ludwig Wittgenstein: el deber de um gênio*. Barcelona: Editorial Anagrama, 1990.

MORCHÓN, Gregorio Robles. *O direito como texto:* quatro estudos de teoria comunicacional do direito. Tradução de Roberto Barbosa Alves. São Paulo: Manole, 2005.

_____. Perspectivismo textual y principio de relatividade sistémica en la teoría comunicacional del derecho. In: Carvalho, Paulo de Barros/ Morchón, Gregorio Robles, *Teoria Comunicacional do direito: diálogo entre Brasil e Espanha*. São Paulo: Noeses, 2011.

MOUSSALLEM, Tárek Moysés. *Fontes no direito tributário*. São Paulo: Noeses, 2006.

OLIVEIRA, Manfredo Araújo de. *Reviravolta Linguístico-pragmática na filosofia contemporânea*. São Paulo: Edições Loyola, 2ª Edição, 2001.

PINHARANDA GOMES, Jesué. *Pensamento e movimento*. Porto: Lello & Irmão Editores, 1974.

PERELMAN, Chaím. *Considerações sobre uma Lógica Jurídica*. Tradução de Cássio Scarpinella Bueno. Extraído de Ethique et Droit, Editions de l'Universite de Bruxelles, 1990, p. 636 a 648. Disponível em: <https://goo.gl/o7d2pC>. Acesso em: 25 jan. 2018.

RIBEIRO, Maria de Fatima; GRUPENMACHER, Betina T.; CAVALCANTE, Denise Lucena e QUEIROZ, Mary Elbe. *Novos horizontes da tributação* – Um diálogo luso-brasileiro. Coimbra: Almedina, 2012.

SANTI, Eurico Marcos de, Coord. *Curso de especialização em direito tributário:* estudos em homenagem a Paulo de Barros Carvalho. Rio de Janeiro: Forense, 2007.

SAUSURRE, Ferdinand de. *Curso de Linguística Geral.* Organizado por Charles Bally, Albert Sechehaye com a colaboração de Albert Riedlinger. Prefácio à edição brasileira Isaac Nicolau Salum. Tradução de Antônio Chelini, José Paulo Paes, Izidoro Blikstein. 27ª ed. São Paulo: Cultrix, 2006.

SOUZA, Priscila de. Intertextualidade na linguagem jurídica: conceito, definição e aplicação. In: CARVALHO, Paulo de Barros, Coord. *Constructivismo Lógico-Semântico.* São Paulo: Noeses, 2014.

TOMÉ, Fabiana del Padre. *A prova no direito tributário.* São Paulo: Noeses, 2011.

_____. *Vilém Flusser e o Constructivismo Lógico-Semântico.* In: Carneiro, Jerson/ Haret, Florence (orgs.) *Vilém Flusser e juristas:* comemoração dos 25 anos do grupo de estudos Paulo de Barros Carvalho, São Paulo: Noeses, 2009.

_____. O direito como linguagem criadora da Realidade Jurídica: a importância das provas no sistema comunicacional do direito. In: Carvalho, Paulo de Barros/ Morchon, Gregorio

Robles, *Teoria Comunicacional do direito: diálogo entre Brasil e Espanha*. São Paulo: Noeses, 2011.

VILANOVA, Lourival. Sobre o conceito de direito. *In: Escritos jurídicos e filosóficos*. Vol.1. São Paulo: IBET, 2003.

_____. *As estruturas lógicas e o sistema do direito positivo*. São Paulo: Noeses, 2005.

WITTGENSTEIN, Ludwig. *Tractatus Logico-Philosophicus*. Tradução e apresentação de José Arthur Giannotti. São Paulo: Edusp, 1968.

_____. *Investigações Filosóficas*. Tradução Marcos G. Montagnoli; revisão da tradução e apresentação de Emmanuel Carneiro Leão. Petrópolis: Vozes, 6ª ed. Edição, 2009.

ENSAIO SOBRE O CONSTRUCTIVISMO LÓGICO-SEMÂNTICO E A RETÓRICA NO DIREITO

Cristiane Pires[1]
Diógenes Teófilo[2]

Sumário: 1. Introdução – 2. Algo sobre a argumentação – 3. Retórica: da arte à carência antropológica – 4. Constructivismo lógico-semântico e retórica estratégica: um diálogo – 5. A retórica nos corpos de linguagem do direito – 6. Silogismo retórico e direito: encontro com a técnica e a Ciência do Direito – 7. Conclusão.

1. Introdução

Os avanços nos estudos da Filosofia da Linguagem, da Teoria Comunicacional, da Dialética, da Retórica, da Argumentação, da Lógica e da Semiótica, promovidos, especialmente, por aqueles que estão seriamente comprometidos com a investigação da relação entre a linguagem e o homem em sociedade, nos mais diversos ambientes, contextos históricos-sociais e sistemas, têm permitido resultados auspiciosos em diversas searas.

---

[1]. Mestre em Direito Tributário pela USP, Professora dos Cursos de Especialização do Instituto Brasileiro de Estudos Tributários – IBET, Advogada.

[2]. Mestrando em Direito Tributário pela PUC/SP, Professor dos Cursos de Especialização do Instituto Brasileiro de Estudos Tributários – IBET, Advogado.

No direito, o mergulho nestas águas é de inarredável importância. Isto porque o direito se constitui pela linguagem e, por ela, se propõe a regular condutas, disciplinando o comportamento dos indivíduos para com seus semelhantes, contribuindo para a instituição do social. O direito é um fenômeno linguístico e como tal deve ser examinado.

Conhecer a linguagem jurídica, os dinamismos de autocomposição e de autorregulação que a qualificam, seus signos, a estrutura de seus enunciados, as formas de articulá-los, os caminhos para a atribuição de sentidos, a relação entre as proposições, considerando todo um contexto, faz toda a diferença para o seu manuseio e aplicação.

O Constructivismo Lógico-Semântico que é, antes de tudo, um expediente metodológico que se volta à finalidade de alcançar a precisão da forma, à pureza e à nitidez do pensamento; *meio e processo para a construção rigorosa do discurso*,[3] vem para satisfazer a necessidade de uma investigação mais profunda da linguagem, atendendo a um dos principais requisitos do saber científico.

Como nos ensina Paulo de Barros Carvalho,

> o modelo constructivista se propõe amarrar os termos da linguagem, segundo esquemas lógicos que deem firmeza à mensagem, pelo cuidado especial com o arranjo sintático da frase, sem deixar de preocupar-se com o plano do conteúdo, escolhendo as significações mais adequadas à fidelidade da enunciação.[4]

Rumo ao encontro desta profunda investigação linguística, o Constructivismo também se preocupa em examinar o texto enquanto *factum* comunicacional, perscrutando não

---

3. CARVALHO, Paulo de Barros. Algo sobre o constructivismo lógico-semântico. In: CARVALHO, Paulo de Barros (coord.). *Constructivismo* lógico semântico. vol. I. São Paulo: Noeses, 2014, p. 4

4. CARVALHO, Paulo de Barros. Algo sobre o constructivismo lógico-semântico. In: CARVALHO, Paulo de Barros (coord.). *Constructivismo* Lógico-Semântico. vol.1. São Paulo: Noeses, 2014, p. 4.

apenas a mensagem, mas o seu autor, o canal pelo qual ela transita, o destinatário, o código comum, a conexão psicológica e o contexto em que a comunicação se dá.

Como enfatiza Paulo de Barros Carvalho:

> O direito estudado como fenômeno comunicacional proporciona elementos valiosos para a construção de sentido e a compreensão do texto, associado, aqui e ali, com os poderosos recursos da *retórica estratégica*, segundo as categorias pesquisadas e desenvolvidas por João Maurício Adeodato e a Escola Retórica do Recife.[5]

Os recursos da retórica, como evidenciado pelo Professor Titular da Universidade de São Paulo e da Pontifícia Universidade Católica são de nodal importância para as relações comunicacionais, notadamente naquelas em que o direito se insere e se desenvolve, dentre outras razões pelo simples motivo de que o direito é construído e conduzido dentro de um jogo linguístico-argumentativo.

Neste breve ensaio, pretendemos problematizar o modo de ser da argumentação no direito positivo e na Ciência do Direito a partir do silogismo retórico – entimema – enquanto técnica da argumentação jurídica, contrapondo-o ao silogismo apodítico, atribuível ao discurso científico, examinando até que ponto pode este daquele dissociar.

Por referenciais, adotam-se os enunciados conversantes Paulo de Barros Carvalho e João Maurício Adeodato, respectivamente, pelo Constructivismo Lógico-Semântico e Filosofia Retórica, ocasião na qual reencontram-se as origens do pensamento jurídico brasileiro, por suas escolas de São Paulo e do Recife.

---

5. CARVALHO, Paulo de Barros. Algo sobre o constructivismo lógico-semântico. In: CARVALHO, Paulo de Barros (coord.). *Constructivismo* Lógico-Semântico. vol.1. São Paulo: Noeses, 2014, p. 8.

2. Algo sobre a argumentação

O argumento é o conjunto de proposições estruturadas que dispõe de premissas, discussão e conclusão. Por via do argumento, o emissor realiza a comunicação conjugando a variedade de suportes físicos disponíveis no contexto.

Não se pode tomar o argumento por qualquer construção frasal, isoladamente. Por exemplo, a polissemia do silêncio: que ora reporta à anuência, ou discordância, ou ainda, à indiferença. Decisivo será para sua adequada interpretação a apuração do contexto no qual é inserido.

Assim, para distinguir argumento de período frasal, enquanto este tão somente dispõe de obrigatoriedade de adequação sintática às regras gramaticais referentes à predicação, aquele é a construção proposicional, obtida por meio da realidade simbólica: das palavras, gestos, posturas, ambientes – em última instância, linguísticas – suficientes à formulação de uma conclusão.

O argumento é o ato de fala qualificado. Sua finalidade é a comunicação. Seu efeito ativo, no ouvinte, é o *heurisma*, que significa a sensação de descobrimento, de entendimento – no plano do conhecimento – e, de concordância, discordância ou indiferença – no plano ético.

Contudo, não se pode descuidar que a comunicação é realizada em razão dos motivos humanos, os quais são informados pelas necessidades e intenções dos comunicantes, simultânea e reciprocamente. Isto para dizer que é possível que, diante de repertório e contexto comuns, o receptor alcance a conclusão no curso da discussão e, até mesmo, na ocasião da enunciação das premissas. Neste momento, apesar de argumento não ter-se completado – do ponto de vista estrutural – pois a conclusão não foi exposta, houve o surtimento do efeito heurístico, ou efeito ativo.

Para Jakobson,[6] tem parte, na comunicação, a conexão psicológica mantida entre os comunicantes – como premissa decorrente do contexto. Desse modo, não soa disforme que certos períodos ou palavras sejam administrados em vistas do efeito heurístico de modo aleatório, sem a qualificação decorrente da estruturação. Afora o risco da ambiguidade, que dispõe de mecanismos próprios à sua resolução, torna-se possível dizer que frente aos usos, conexões e contextos, exista o efeito ativo da argumentação dissociado da estruturação (premissa – discussão – conclusão).

Em situações como a presente, o entendimento pode sofrer contradições, ambiguidades e omissões cobrando efeitos declaratórios, devolvendo à apreciação do emissor a ideia, para que tenha a oportunidade de concluir.

Desta forma, pode-se dizer que todo ato de comunicação é precedido da aspiração ao efeito ativo, que é o entendimento, daí porque afirmar-se a argumentatividade ínsita aos discursos e aos símbolos.

É por isso que José Luiz Fiorin classifica os discursos em explicitamente argumentativos, a exemplo dos discursos publicitários e políticos, e em implicitamente argumentativos, como os discursos didáticos e líricos.[7]

Argumentar é construir e administrar os argumentos, é valer-se do contexto e das condicionantes pessoais, emocionais e intelectuais próprias e do ouvinte conforme os horizontes da cultura.

Os horizontes culturais determinarão os pontos de partida – *tekmerion*, segundo Aristóteles –, informarão quem argumenta quanto ao *status* pessoal do receptor, suas propensões e valores.

---

6. JAKOBSON, Roman. *Linguística e comunicação*. Tradução de Izidoro Blikstein e José Paulo Paes. São Paulo: Cultrix, 2007, p. 123.

7. FIORIN, José Luiz Fiorin. *Argumentação*. 1ª ed. 3ª reimp. São Paulo: Contexto, 2017, p. 9.

Os limites são dados cognitivos, epistemológicos e morais. Com efeito, se o desenvolvimento mental não se completou em um dos comunicantes; se repertório não é comum a ambos; a cadeia de ideias clama sofisticação de raciocínio, domínio articulado de linguagem técnica ou acuidade sensorial, é possível que não alcance a conclusão; igualmente sucede com as crenças, e aqueles outros fatores decorrentes da condição do homem em sociedade, suas funções, encargos, valores, sua moral.

Toda argumentação se desenvolve no plano dos raciocínios, conjugando juízos, que por seu turno são decompostos em conceitos. Os conceitos são objeto de convenção; os juízos, de dedução dos conceitos; os raciocínios, de indução dos juízos. Ao fim do processo dialético, os comunicantes firmam – frente os controles públicos da linguagem – raciocínios que dão início a um novo processo interpretativo, no qual serão novas convenções, conceitos.

Argumentar, como já se disse, está além do enunciar conceitos, e cobra do seu agente instrumentos suficientes e calibrados a criar o efeito ativo no receptor. O estudo dos instrumentos enunciados cabe à retórica.

3. Retórica: da arte à carência antropológica

A retórica, segundo a tradição aristotélica, aparece como a "arte da persuasão", "a arte do discurso eficaz".[8] Retórica vem do grego *rhéseis*, que significa "ação de falar", donde "discurso". Rhetoriké é a nobre arte[9] de pensar e transmitir o

---

8. FIORIN, José Luiz. *Argumentação*. 1ª ed. 3ª reimp. São Paulo: Contexto, 2017, p. 19.

9. Aristóteles usa o termo arte tanto para definir a retórica como a dialética, pois afirma que "nenhuma das duas é ciência de definição de um assunto específico, mas mera faculdade de proporcionar razões para os argumentos." Aristóteles. Retórica. Tradução de Manuel Alexandre Junior [et al]. In: *Obras completas de Aristóteles*. Volume VIII, Tomo I. Lisboa: Centro de Filosofia da Universidade de Lisboa – Imprensa Nacional – Casa da Moeda, 2005, 1356a, p. 97.

pensamento, a arte da oratória.[10] Seu exercício ratifica a condição humana. Daí a atenção que o filósofo grego lhe dedicou em seus estudos.

Cumpre a esta altura distinguir as retóricas dos sofistas, daquela de Aristóteles e, por último, da retórica trabalhada neste ensaio, identificando a retórica como técnica e filosofia.

A retórica é anterior ao Direito e, mesmo à filosofia, tal como compreendida na contemporaneidade. Tratava-se de estratégia discursiva administrada com o fim de vencer debates, de aplacar e de exercer poder. Em razão do clamor público nos casos-objeto de debate e da intensa atração das pessoas por aquele contexto, a retórica passou a ser ensinada e remunerada em descompasso com as outras modalidades de ensino – até então voluntárias e vinculadas a valores morais – em última instância, à virtude.

A retórica dos Sofistas, não se confunde com oratória, que é a capacidade de falar bem; pois seus objetivos estão além da estética. São políticos: vencer. Assim, a primeira retórica já não é arte, é técnica, estratégia para vencer.

A retórica de Aristóteles está conformada nesta teia de virtudes, razão pela qual abstrai toda valoração das estratégias, classificando-as de modo sistematizado, aos moldes da análise científica dos objetos naturais. Aristóteles decompõe, conceitua, define, classifica e, no contexto de sua obra, suscita à administração desses conhecimentos no interior da virtude e não fora ou indiferente a ela.

A retórica aristotélica é descrição, pretende ser ciência abstraída de conteúdos éticos. Sua finalidade não é vencer, é sistematizar aquele jeito de agir técnico e operativo criticando sua indiferença à verdade e o interesse pecuniário dos seus operadores.

---

10. FIORIN, José Luiz. *Argumentação*. 1ª ed. 3ª reimp. São Paulo: Contexto, 2017, p. 22.

A retórica trabalhada neste ensaio, pós-giro linguístico, pretende pensar o ato de conhecer, nisso desenvolvendo um problema gnosiológico; um método de conhecer, tratando do problema epistemológico; da natureza dos objetos de conhecimento, pelo qual trabalha a ontologia e, ao fim, orienta-se à perspectiva ética.

Esta retórica é filosofia, pois desenvolve soluções para problemas que são objeto desta ciência. Seu expoente nacional é João Maurício Adeodato, da Escola do Recife, que parte da perspectiva do homem no centro do universo, em condição de carência,[11] que dispõe da linguagem como único meio de perceber as coisas, de constituir a realidade.

Dado que a intuição intelectual tão somente se abre a proposições, é que tão somente estas são os objetos do ato de aproximação e de sua postura de conhecimento. Não por outro motivo, senão pela impossibilidade de se alcançar a inteligibilidade das coisas independetemente das vias biológicas de acesso ao mundo é que Tomás de Aquino afirmou: *nihil est in intellectu quod prius non fuerit in sensu.*[12]

No particular mundo do homem, só há proposições. Desse modo, precisa a sentença: "conhecer é saber emitir proposições sobre determinadas situações, pessoas ou coisas".[13]

Não obstante, é preciso mencionar que o conhecimento sempre é intersubjetivo, social; até mesmo quando das reflexões íntimas e inconfessáveis (pensamento), porquanto decorram da representação intelectual de um "outro-eu"[14] com o

---

11. ADEODATO, João Maurício. *Filosofia do direito* – Uma crítica à verdade na ética e na ciência (em contraposição à ontologia de Nicolai Hartmann). São Paulo: Saraiva, 1996 (1ª. ed.) e 2009 (4ª. ed.), p. 1.

12. Tradução livre: Nada há no intelecto que primeiramente não tenha passado nos sentidos.

13. CARVALHO, Paulo de Barros. *Direito tributário:* linguagem e método. 6ª ed. São Paulo: Noeses, 2015, p. 265.

14. "A linguagem intrassubjetiva, o diálogo consigo mesmo que caracteriza o pensamento, na precisa definição de Hannah Arendt, consiste em um "dois-em-um" do

qual se pode dialogar. A própria etimologia da palavra conhecimento, produto de hibridismo da preposição latina *con-* e do verbo *-gnoscere*, que enunciam, respectivamente, companhia e saber, enseja concluir: ninguém pode conhecer sozinho.

Por via dessas premissas estrutura-se a filosofia retórica, tripartindo-se em material, estratégica e analítica, que será devidamente trabalhada no item a seguir.

4. Constructivismo lógico-semântico e a retórica estratégica: um diálogo

Em suas diversas aplicações, a linguagem cumpre a missão de constituir, para o homem, o mundo: seja descrevendo, exprimindo situações subjetivas; prescrevendo condutas ou interrogando; introduzindo a comunicação ou persuadindo. Em todas estas funções a retórica está presente, assumindo seu papel de alcançar a aceitação do ouvinte.

Como esclarece Paulo de Barros Carvalho

> *a função linguística exige o tom retórico*, sem o qual a mensagem não se transmite do enunciador ao enunciatário. Enganam-se aqueles que admitem a retórica apenas como expediente da função persuasiva, estruturada para facilitar o convencimento de quem recebe o impacto da enunciação. Inexiste a "não retórica". E a contrarretórica é retórica também.[15]

A retórica estratégica comparece com grande força no desenvolvimento das relações comunicacionais, vez que se preocupa

---

pensamento, ou seja, só porque o ser humano é dotado de consciência (*consciousness, self-awareness*, saber que ele é só ele e distinto dos demais) e da capacidade de imaginar "outro eu" com quem dialogar é que o pensar se torna possível". ARENDT, Hannah. The life of the mind - Thinking/Willing. New York-London: Harvest-HJB, 1978. p. 187. *Apud.* ADEODATO, João Maurício. As retóricas na história das ideias jurídicas no Brasil – originalidade e continuidade como questões de um pensamento periférico. Recife: *Revista da Esmape*, v. 14, n. 29, jan./jun. 2009, p. 243-278.

15. CARVALHO, Paulo de Barros. *Direito tributário*: linguagem e método. 6ª ed. São Paulo: Noeses, 2015, p. 48.

com aquilo que sustenta o discurso, os acordos linguísticos que o permeiam, além das qualidades do orador e dos ouvintes, o que, no mundo jurídico, representa relevância manifesta.

Por via de uma antropologia carente, de um ceticismo gnosiológico, alheio a ontologias e metafísicas, eleva-se o discurso da teoria retórica *do* direito.

A ideia comum de retórica, enquanto mero adereço argumentativo e de aformoseamento do discurso cede lugar a uma teoria realista que parte da placidez do conhecedor – *ataraxia* – que se debruça diante do conflito e seus elementos, avaliando-os com igual peso independente de sua natureza (ex. de se tratarem de lei, precedentes, costumes sociais, etiqueta ou de elementos denotativos do evento/fato) – *isostenia* –, para a constituição de um relato oponível aos demais, de modo estruturado e tolerante, com vistas à constituição de um último relato vencedor sobre fatos sempre inéditos, irrepetíveis, tendo por meio ambiente a linguagem sempre ambígua, vaga e porosa, submetida aos controles públicos de uma sociedade em tempo e espaço que, por meio de acordos, fixa antecipadamente, os conceitos enquanto pontos de partida discursivos.

A "Teoria Retórica da Norma Jurídica e do Direito Subjetivo",[16] de João Maurício Adeodato, tem por objeto uma teoria do conhecimento e uma teoria sobre os valores do Direito.

Assim, dispõe sobre os três níveis retóricos: material, estratégico e analítico.

O primeiro nível aduz à constituição da realidade pela linguagem, por via da qual se supera o axioma *contra fatos não há argumento*.

Aqui, a conversa com o Constructivismo comparece com relevo substancial ao se aproximar da linguagem como único caminho para a construção e desconstrução dos fatos, e, assim, das verdades, uma vez que a chamada

---

16. ADEODATO, João Maurício. *Uma teoria retórica da norma jurídica e do direito subjetivo*. São Paulo: Noeses, 2011.

dimensão material da retórica corresponde "ao método, literal e etimologicamente ao caminho (ὁδός, odos) que as pessoas tomam, sua conduta "real", no sentido de que constitui a realidade, os relatos que compõem os "fatos" da vida, os discursos retoricamente regulados, ou seja, ações e reações linguísticas a estímulos também linguísticos.[17]

No estudo da linguagem jurídica, o recurso metodológico do Contructivismo Lógico-Semântico vem nos guarnecer de ferramentas ímpares para a interpretação da mensagem legislativa, como o *percurso gerador de sentido* pelo qual se investigam os textos jurídicos, em todos em seus planos, desde o suporte físico, no primeiro contato que se tem com os enunciados prescritivos do direito, até a dimensão do sistema, em que o intérprete examina o direito observando suas diversas normas jurídicas, de forma contextualizada.[18]

Outro importante expediente do Constructivismo é regra-matriz de incidência tributária, estrutura lógica da norma tributária em sentido estrito, constituída pelos elementos necessários e suficientes para a aplicação da referida norma sobre as movimentações do plano social.

O segundo nível cuida das estratégias, toma a retórica material como objeto, com fito de influir sobre aqueles relatos, ações e reações linguísticas a estímulos, também linguísticos, observados, modificando-os, conformando-os para alcançar a direção escolhida, servindo-se para tanto dos meios de persuasão, técnicos e morais: silogismo retórico e das figuras de linguagem.[19]

---

17. "A retórica material é um conceito que busca abranger esse conjunto de escolhas de orientação dos seres humanos, seus métodos, os relatos linguísticos escolhidos a cada momento em detrimento de outros relatos possíveis." ADEODATO, João Maurício. As retóricas na história das ideias jurídicas no Brasil – originalidade e continuidade como questões de um pensamento periférico. Recife: Revista da Esmape. V. 14, n. 29, p. 243-278, jan./jun. 2009, p. 251.

18. CARVALHO, Paulo de Barros. *Direito Tributário*: fundamentos jurídicos da incidência. 7ª ed. São Paulo: Saraiva, 2009, p. 83 e segs.

19. ADEODATO, João Maurício. As retóricas na história das ideias jurídicas no Brasil – originalidade e continuidade como questões de um pensamento periférico. Recife: *Revista da Esmape*. V. 14, n. 29, p. 243-278, jan./jun. 2009, p. 251-252.

CONSTRUCTIVISMO LÓGICO-SEMÂNTICO

O Contructivismo lógico-semântico ao estudar os três planos da linguagem: sintático, semântico e pragmático, vai potencializar a precisão na escolha das estratégias utilizadas pelo enunciador, vez que permite investigar não só a forma como a linguagem-objeto está estruturada e os sentidos que lhe são atribuídos, mas também a forma como seus utentes têm com ela lidado, permitindo uma escolha mais acertada da direção que se vai seguir.

O terceiro nível da retórica, o analítico, lança olhares sobre suas duas antecedentes, é o que mais se aproxima da postura "científica", vez que busca descrever o seu objeto, "abstraindo-se de atitudes valorativas [...], caracteriza-se pela atitude descritiva e pela correspondente tentativa de neutralidade, por isso nunca é normativa, ao contrário dos outros dois níveis."[20]

A metodologia constructivista oferta campo para o desenvolvimento de uma ciência que exige uma postura comprometida do exegeta, a qual deve fixar premissas claras e objetivas, amarrar conceitos, demarcando com precisão o campo especulativo, por isso no terceiro nível analítico da retórica sua presença deve ser sempre desejada.

Enquanto técnica *no* direito, a retórica exerce papel fundamental para revestir de convencibilidade o discurso, imunizando-o, como o faz com os gêneros linguísticos não prescritivos. Por um outro lado, a relação entre direito, retórica e argumentação está para além disso: "retórica, não como singelo domínio de técnicas de persuasão, mas, fundamentalmente, como o modelo filosófico adequado para a compreensão do mundo".[21]

Cumpre aqui destacar, mais uma vez, o relevante papel desempenhado pelo Constructivismo Lógico-Semântico frente

---

20. ADEODATO, João Maurício. As retóricas na história das ideias jurídicas no Brasil – originalidade e continuidade como questões de um pensamento periférico. Recife: *Revista da Esmape*. V. 14, n. 29, p. 243-278, jan./jun. 2009, p. 251-252.

21. CARVALHO, Paulo de Barros. *Direito tributário:* linguagem e método. 6ª ed. São Paulo: Noeses, 2015, p. 166.

às teorias tradicionais em favor de quem lida com os discursos jurídicos, tanto no plano da doutrina quanto da positivação.

Além de operar com categorias lógicas, semióticas, linguísticas e epistemológicas na conformação dos discursos na Ciência ou na técnica, este recurso metodológico leva àqueles que dele fazem uso a fixar seus fundamentos e premissas, antes de iniciar o desenvolvimento do tema proposto, ensejando ao operador o controle e a adstrição para a adequada apreciação da matéria sob exame, prestigiando o valor da coerência. Com isso, o Constructivismo Lógico-Semântico mudou o tom da retórica jurídica tradicional, para colocá-la em bases mais sólidas e consistentes alcançando resultados exitosos para gerações de profissionais e investigadores.

Sem embargo, um conjunto de conhecimentos e técnicas assim bem estruturado e coeso é um argumento retórico, na acepção filosófica do termo, porquanto confere subsídios à constituição de relatos imunizados pelas ferramentas científicas e técnicas, impondo dificuldades à sua desconstrução, pelos relatos contendores.

Nota-se que a conversação da Retórica trabalhada pela Escola do Recife com o Constructitvismo Lógico-Semântico é constante e intensa, vez que uma e outra tomam a linguagem como objeto e maior preocupação para sua atuação. Confirmam esta conclusão, as palavras de Paulo de Barros Carvalho:

> A conversação tecida entre o constructivismo, a teoria comunicacional e a filosofia retórica, mencionada acima, flui, como se vê, de maneira natural e produtiva. Seus resultados são auspiciosos e percebe-se enorme entusiasmo entre todos aqueles que superam os obstáculos convencionais e alimentam as expectativas de implantar o diálogo.[22]

É esse entusiasmo que ora nos move.

---

22. CARVALHO, Paulo de Barros. Algo sobre o constructivismo lógico-semântico. In: CARVALHO, Paulo de Barros (coord.). Constructivismo lógico-semântico. vol. I. São Paulo: Noeses, 2014, p. 8.

5. A retórica nos corpos de linguagem do direito

O direito tem aptidão de comparecer na comunicação humana como ser e como dever-ser. Como linguagem técnica que prescreve, e como linguagem que descreve seu objeto.

Por isso, falamos em dois planos ou em dois corpos de linguagem. Como pontua Charles William McNaughton, trata-se de diferenciação de cunho lógico: "relação de metalinguagem e linguagem-objeto entre dois corpos discursivos, tal que um toma o outro como núcleo temático."[23]

Cuida-se, em primeiro lugar, de uma distinção funcional. O direito positivo, por sua linguagem técnica e prescritiva, visa a transformar o mundo, performando[24] na ambiência da conduta humana, por meio de disciplinamento tríplice entre os modais permitido, proibido e obrigatório, regido pelos valores de validade e não validade. Lourival Vilanova acrescenta: "O direito positivo é linguagem e não somente linguagem: é fato do mundo da cultura, fato valioso (do desvaloroso ao domínio do valor)."[25]

A Ciência do Direito, por seu turno, visa a observar e decompor as estruturas estatuídas pelo direito positivo (sua linguagem-objeto), investigando-as, descrevendo-as, interpretando-as, livrando-as de ambiguidades e vaguidades, face o anelo de emitir juízos sobre proposições verdadeiras ou falsas.

---

23. MCNAUGHTON, Charles William. *Sistema jurídico e ciência do direito*. CARVALHO, Paulo de Barros (coord). In: Constructivismo lógico-semântico. São Paulo: Noeses, 2014, p. 42.

24. "Objetos, em tal sentido amplo, nascem com o discurso, surgem com o exercício de atos de fala, ou seja, não o precedem, muito ao contrário do que comumente se pensa. Os objetos nascem quando deles se fala: o discurso, na sua amplitude, lhes dá as condições de sentido mediante as quais os recebemos e os processamos" (CARVALHO, Paulo de Barros. *Direito tributário:* linguagem e método. 6ª ed. São Paulo: Noeses, 2015, p. 14).

25. VILANOVA, Lourival. Lógica, ciência do direito e direito. In: CARVALHO, Paulo de Barros (Coord.). *Lógica e direito*. São Paulo, Noeses, 2016, p. 138.

CONSTRUCTIVISMO LÓGICO-SEMÂNTICO

A reflexão epistemológica a respeito da diferença do direito positivo e da Ciência do Direito contribui para o homem demarcar o campo, identificar os instrumentos e aplicar os métodos hábeis para operar e, portanto, desenvolver por meio das proposições, seu discurso. Por isso, a significância da adoção de um método como o ofertado pelo Constructivismo Lógico-Semântico.

A essa altura, considerando que em ambos os corpos de linguagem consta inapelavelmente o processo discursivo é que se pode examinar em uma e em outra o tom retórico que lhes é imanente.

A retórica insinua-se tanto no direito positivo como na Ciência do Direito, pois em ambas está presente a linguagem, como declinado acima.

No plano da técnica, os sujeitos autorizados pelo sistema aplicam as figuras de linguagem, utilizando-se de diversos recursos retóricos para performar; isto é, criar a realidade oponível ao homem, segundo as regras do sistema de referência. Essa realidade não passa alheia à sociedade contemporânea, compondo o imaginário e folclórico das relações nos ambientes jurídicos e administrativos.

Um importante recurso são os silogismos retóricos no todo ou em parte, que, por meio de sua estruturação primam por levar o leitor a uma determinada conclusão, como será exposto no tópico seguinte.

Outro recurso são as figuras de linguagem, como a anáfora que faz uso da repetição de palavras ou grupo de palavras para enfatizar o termo repetido. Verificamos sua utilização em vários textos legislativos para dar ênfase a determinada prescrição.[26] Como exemplo, podemos mencionar o princípio da legalidade. A Constituição Federal de 1988 traz expressamente em seu art. 150, inciso I a vedação à instituição ou aumento

---

26. Não se olvide que, por diversas vezes, as repetições nos textos jurídicos são mero resultado da atecnia do legislador.

de tributo sem lei que o estabeleça – repetindo de certa forma o que já dissera o seu art. 5º, no seu inciso II. Não bastasse o enunciado magno, o legislador do Código Tributário Nacional fez questão de repetir o mandamento no seu art. 9, inciso I, assim como tantas outras legislações infraconstitucionais também o fazem, denotando a importância do instituto.

A questão interessante refere ao plano da Ciência, pois supor a retórica – em sua acepção vulgar – vulneraria a seriedade dos componentes subjetivos e objetivos do sistema. Em verdade, a retórica em sua feição filosófica é condição imanente à linguagem também no plano da Ciência. Não é sem intenções que os discentes se dirigem às aulas, à biblioteca, consomem tempo e energias em favor de obtenção de saber. Igualmente aos docentes que desenham o curso de sua existência em favor do ensino, da pesquisa e da extensão.

Estes sujeitos não brotam espontaneamente, como um fenômeno da natureza uns frente aos outros. Um acordo de linguagens, antes de tudo, os uniu.

A democracia, para surgir, serviu-se da retórica; a retórica também se serviu da democracia e, neste ambiente, é que os comunicantes encontram o campo fértil para a realização da experiência, onde se consolidam teorias e práticas não infirmadas.

O *status* acadêmico e a coerência interna dos argumentos são determinantes no plano da construção do saber e da cidadania. Contudo, pouco podem operar, quanto à transformação do mundo e do outro se, desacompanhados da didática, que é o grande veículo para alcançar o ouvinte leitor.

Por meio do *Pathos*, no plano da Ciência, é que são articulados e graduados os meios e instrumentos propícios à aderência do discurso científico. Daí a relevância de que o texto da Ciência se estruture de um tal modo a promover no receptor dúvidas autênticas e sucessivos *heurismas,* por via dos quais se lhe comunica o entusiasmo por sentir-se partícipe de uma relação de conhecimento.

A partir deste momento, é possível enfrentar os silogismos apodítico e retórico, para relacioná-los na análise retórica no direito.

6. Silogismo retórico e direito: encontro com a técnica e a Ciência do Direito

Retomando o tema da argumentação, enquanto discurso estruturado, emerge a necessidade de conhecer a sua composição, bem como de descrever algumas das principais técnicas para alcançar o heurisma, tanto nos discursos da técnica como da Ciência do Direito.

Este objetivo justifica o título do item, pois a sensação heurística, isto é, de descoberta e de contágio intelectual – apesar de poder decorrer de processos comunicativos acidentais – dispõe, mesmo que não se deseje, de um importante componente lógico que lhe é indissociável. Portanto, há uma lógica por trás da sedução.

O argumento, qualquer argumento, é composto de premissas, discussão e conclusão. A esta conjugação de premissas, chama-se silogismo.[27] Por silogismo adota-se a seguinte estrutura:[28]

Premissa Maior: Todo homem é mortal.

Premissa menor: Sócrates é homem.

Conclusão: Logo, Sócrates é mortal.

---

27. "Silogismo é uma locução em que, uma vez certas suposições sejam feitas, alguma coisa distinta delas se segue necessariamente devido à mera presença das suposições como tais. Por "devido à mera presença das suposições como tais" entendo que é por causa delas que resulta a conclusão, e por isso quero dizer que não há necessidade de qualquer termo adicional para tornar a conclusão necessária". (*Aristóteles*. Órganon: categorias, da interpretação, analíticos anteriores, analíticos posteriores, tópicos, refutações sofísticas; tradução, textos adicionais e notas de Edson Bini. Bauru: Edipro. 2ª edição, 2010, p. 112).

28. Com base no argumento silogístico é que se estruturam os princípios lógicos do conhecimento científico, em distinção ao conhecimento opinativo, sensível e por crença: identidade, não contradição, terceiro excluído e ambivalência.

O silogismo tem lugar de destaque no direito. Kelsen a ele referiu ao dispor acerca do fundamento de validade das normas, em virtude do que convém citar:

> A fundamentação da validade de uma norma positiva (isto é, estabelecida através de um ato de vontade) que prescreve uma determinada conduta realiza-se através de um processo silogístico. Neste silogismo a premissa maior é uma norma considerada como objetivamente válida (melhor, a afirmação de uma tal norma), por força da qual devemos obedecer aos comandos de uma determinada pessoa, quer dizer, nos devemos conduzir de harmonia com o sentido subjetivo destes atos de comando; a premissa menor é a afirmação do fato de que essa pessoa ordenou que nos devemos conduzir de determinada maneira; e a conclusão, a afirmação da validade da norma: que nos devemos conduzir de determinada maneira. A norma cuja validade é afirmada na premissa maior legitima, assim, o sentido subjetivo do ato de comando, cuja existência é afirmada na premissa menor, como seu sentido objetivo. Por exemplo: devemos obedecer às ordens de Deus. Deus ordenou que obedeçamos às ordens dos nossos pais. Logo, devemos obedecer às ordens de nossos pais.[29]

Desse modo, a Lei abstrata compõe a premissa maior; o fato concreto, a premissa menor. A conclusão será, segundo Kelsen, a norma, o comando.

O silogismo, segundo Aristóteles, poderá ser *perfeito*, quando não necessita de outros elementos ou premissas ou *imperfeito*, quando destes necessitar para que se disponha da conclusão.

Já nesta definição observa-se a importância conferida pelo autor ao fator lógico do argumento, como que por si mesmo bastasse para impingir a ideia na consciência do ouvinte, independentemente dos atributos do orador e das sensações a que estariam passíveis os ouvintes em face do discurso. Com efeito, a premissa não atua por si só, ela necessita de uma energia humana para se implantar por meio da comunicação. Aristóteles define os silogismos com base em critérios finalistas e éticos em: apodíticos, dialéticos, erísticos e retóricos (o

---

29. KELSEN, Hans. *Teoria pura do direito*. Tradução João Baptista Machado. 6ª ed. São Paulo: Martins Fontes, 1998, p. 142.

entimema).

O argumentador se serve do silogismo apodítico para demonstrar a verdade das coisas, a universalidade das proposições e a necessidade em função do que se encadeiam as conclusões.

Exemplo.

Tributo é toda prestação pecuniária compulsória.

Os impostos são prestações pecuniárias compulsórias.

Logo, os impostos são tributos.

Os silogismos dialéticos são raciocínios realizados sobre juízos hipotéticos, possíveis, obtidos pela opinião. Destinam-se a conclusões não necessárias, descompromissadas com o juízo de verdade e falsidade; tratam de possibilidades.

Exemplo.

A energia elétrica é essencial.

Bens essenciais são sempre tributados a menor.

Logo, a energia elétrica é tributada a menor.

Nesse caso, é possível, é provável, mas não é logicamente necessário, uma vez que a legislação de muitos Estados brasileiros preveem alíquotas do ICMS sobre a energia elétrica em patamares elevados em comparação a bens considerados menos essenciais, conforme a comunidade do discurso.

Observa-se que até aqui há uma preocupação com que os juízos-premissas, tanto opinativos quanto colhidos da ciência ou da descrição, tenham o verniz da veracidade. Para a composição dos silogismos erísticos[30] e entimemáticos, inexiste este compromisso.

---

30. Éris, divindade, cuja estória é colhida da mitologia grega, que empresta o nome ao predicativo desta espécie de silogismo, é atribuída ao litígio, à guerra, ao conflito. Pende conflito, inclusive, acerca da sua filiação atribuída por Homero a Zeus e Hera e por Hesíodo exclusivamente à Nyx, a deusa da noite. Deserdada, casou-se com um titã, com quem teve 14 filhos, cada um correspondente a um mal, daí ser chamada de *mãe de todos os males*.

O argumento erístico parte de premissas falsas. Daí uma complexidade, pois desde a origem, trata-se de juízo derivado de um outro raciocínio que lhe predica identidade e a falsidade.

Exemplo:

O ISS incide sobre serviços de qualquer natureza.

O transporte interestadual de cargas é um serviço.

Logo, o transporte interestadual de cargas sofre a incidência do ISS.

Apesar de o silogismo ser verossímil, à primeira vista, não resistirá aos primeiros testes e confrontos, pois é subliminar a omissão intencional da prescrição constitucional de competência outorgada aos Estados para a instituição do tributo sobre a referida materialidade,[31] induzindo a erro o observador menos atento.

O silogismo retórico tem por finalidade a persuasão, sua manifestação se dá por meio do *paradigma* – indução retórica – e pelo *entimema* – silogismo retórico, *stricto sensu*.[32]

Aristóteles classifica os entimemas em três grupos: o grupo do contingente, compõem as premissas aquilo que não é necessário, mas provável e possível, por isso alcança aceitabilidade por sua verossimilhança. Aqui constam como bons exemplos os paradoxos. No dizer de Adeodato: "duas sentenças – antecedente e consequente – são unidas em um todo por um terceiro elemento – o *topos* – que fundamenta e dá sentido ao todo".[33]

---

31. Constituição Federal de 1988. "Art. 156. Compete aos Municípios instituir impostos sobre:
[...]
III – serviços de qualquer natureza, não compreendidos no art. 155, II, definidos em lei complementar."

32. ADEODATO, João Maurício. *Ética e retórica* - Para uma teoria da dogmática jurídica. 4ª ed. São Paulo: Saraiva, 2009, p. 340.

33. Idem, p. 341.

Exemplo.

O vício de forma anula o negócio jurídico.

Neste negócio jurídico há vício de forma.

Logo, a. este negócio jurídico está nulo; ou b. prepondera a matéria sobre a forma; ou c. prepondera o interesse público; ou d. prepondera o princípio da publicidade/informação; ou e. prepondera a primazia da realidade; ou f. prepondera o propósito negocial.

Diante de um paradoxo, o orador pode-se servir desta técnica conforme sua conveniência, complementando-a com informações a respeito da circunstância que deseja defender. Por isso podem se prestar tanto para um lado quanto para o outro.

A segunda classe de silogismos retóricos tem por característica a indução, é o *paradigma*. Por meio deste método, são selecionadas circunstâncias colaterais ao fato passado (com o perdão do pleonasmo) – aceito pela comunidade da linguagem –, aparentemente semelhante a um caso presente ou futuro, sugerindo a repetição mecânica das consequências do primeiro, no segundo. O que é possível, porém não necessário. Trata-se de uma generalização, porque não se está no âmbito das relações de causa e efeito.

Exemplo.

O STJ decidiu que na revenda de produtos importados não incide IPI.

XPTO revende produtos importados.

Logo, XPTO não pagará IPI na revenda de produtos importados.

O exemplo nos mostra o problema do raciocínio de que os acontecimentos passados necessariamente se repetirão no futuro, uma vez que, a despeito de o STJ ter-se pronunciado reiteradas vezes no sentido de não haver incidência do IPI na revenda de produtos industrializados, no ano de 2015, o Tribunal alterou radicalmente o seu entendimento sobre a matéria.

A terceira classe de entimemas – abdutivos – referem-se a indícios por via dos quais é possível formular hipóteses acerca de um fato. Trata-se de uma metonímia, pela parte se afirma o todo: pela fumaça, o fogo; palidez, doença; nuvens, chuva; choro, tristeza; cabelos brancos, senilidade. No direito, este raciocínio é próprio das presunções e ficções.

Exemplo.

A empresa XPTO movimentou recursos em sua conta corrente.

Os recursos não foram declarados.

Logo, a empresa XPTO omitiu recursos.

Não necessariamente. Considerando que os recursos podem ser objeto de mero ingresso, reembolso ou voltados à aquisição de insumos para a prestação de serviços, não teria havido no caso em tela qualquer infração.

Aristóteles distinguiu dos discursos relativos às coisas judiciais, daqueles próprios da utilidade política e, ainda, dos que visavam à sistematização dos objetos da experiência. Para tanto, descreveu os elementos constitutivos dos discursos, em virtude dos quais, alocaria a ênfase discursiva conforme as contingências possíveis: sintática, semântica e pragmaticamente.

Desse modo observou que o discurso poderia se sustentar em razão de três elementos técnicos-persuasivos: em virtude dos atributos pessoais do orador, ao que chamou de *ethos*; pelo estado comocional impingido na plateia, *pathos*; e, pela autossuficiência dos elementos componentes do discurso, *logos*.

Os argumentos de *Ethos* tendem a invocar a autoridade, a buscar fundamentos em fontes (pessoas) e textos de aceitação. Suas figuras de linguagem referem à ampliação ou atenuação, segundo a estratégia predeterminada, destacando o eufemismo, a hipérbole e a onomatopeia, por exemplo.

Quanto ao *Logos*, os argumentos retóricos que lhe contemplam aduzem às leis, princípios, brocardos e provérbios em idioma nacional ou não, frequentando ainda os argumentos dedutivos. Suas figuras típicas são o anacoluto, a diácope, a anáfora, o pleonasmo, além das expressões latinas, gregas dentre outras.

Por fim, referem ao *Pathos* os argumentos pelo orador e pela plateia, seus sentimentos e opiniões imediatas, além da pergunta retórica e o silêncio retórico. As figuras de estilo, de significação e de alteração frasal lhe informam: a gradação e apóstrofe; metáfora, comparação, ironia, sátira, oximoro; reticências, parênteses, antítese, inversão, dentre outros.

Essas são algumas das ferramentas discursivas disponíveis aos argumentadores em ambos os corpos da linguagem do Direito.

O que se deve sublinhar é que a tríade é sempre presente e determinante, independentemente das circunstâncias e pré-conceitos, fazendo caminhos mais largos aqueles que pretendam caminham pelas estradas da linguagem jurídica.

7. Conclusão

O presente ensaio teve por objetivo problematizar a presença e o modo de ser da argumentação no direito, a partir das categorias da retórica, perpassando desde as ideias clássicas à perspectiva da escola Retórica do Recife.

Buscou-se manter uma comunicação constante com o Constructivismo Lógico-Semântico, tendo em vista a íntima relação e nodal relevância que sua metodologia apresenta com a retórica na articulação da linguagem jurídica.

Partiu-se da premissa de que o argumento é o ato de fala qualificado por uma estruturação proposicional, obtido por meio da realidade simbólica suficiente à formulação de uma conclusão.

Assim, foi possível identificar o tom retórico no direito tanto no plano da técnica como na Ciência. Preponderam no plano da técnica as estratégias administradas para regular as condutas intersubjetivas por via de uma linguagem imperativa e de ordem direta e, ainda assim, neutralizar os argumentos adversos e vencer; no plano da Ciência, sua manifestação se dá por meio da didática, enquanto conjunto de técnicas articuladas em favor do entendimento – efeito ativo – acerca da matéria apresentada e descrita por meio de comparações, metáforas, paralelismos, decomposições e assim por diante. Da retórica nenhum direito está isento.

Quanto à administração dos recursos da retórica na argumentação jurídica, foram classificados os silogismos retóricos e ofertados exemplares argumentativos e de figuras de linguagem que se referem, em última instância, à entidade lógica que está por trás do efeito ativo presente em todo e qualquer discurso que se pretenda vencedor.

Ao leitor, que estas breves análises possam ser-lhe úteis como ponto de partida para o seu caminho de reflexão e crítica sobre a temática.

CONSTRUÇÃO E JUSTIFICAÇÃO DA DECISÃO JUDICIAL
Roteiro e Contribuições do Constructivismo Lógico-Semântico

Bianor Arruda Bezerra Neto[1]

"Think Thousand times before taking a decision. But - after taking decision never turn back even if you get Thousand difficulties!!"

(Adolf Hitler)

"Berlin Falls to Russians, 70,000 Give Up; 1,000,000 Surrender in Italy and Austria; Denmark Is Cut Off; Hamburg Gives Up."

(Headline in the NYT on May 3, 1945)

Sumário: 1. Introdução – 2. Teoria da decisão – 3. Teoria da norma válida – 4. Hermenêutica jurídica – 5. Argumentação jurídica – 6. Decisão judicial – Referências bibliográficas.

---

1. Doutor em Direito pela PUC/SP e Mestre pela UFPB. Juiz Federal na 5.ª Região.

1. Introdução

No presente texto, a pretensão é apresentar, em linhas gerais, a contribuição do construtivismo lógico-semântico para a teoria e a prática da decisão judicial no sistema jurídico brasileiro, especialmente diante das novas regras constantes do art. 1.º e do art. 489 do novo Código de Processo Civil.

O construtivismo lógico-semântico é uma **postura filosófica** diante do fenômeno jurídico. Não é um **sistema filosófico**, porque este pressupõe uma teoria sobre o conhecimento e o comportamento humanos, envolvendo a ontologia, a gnosiologia, a epistemologia, a metafísica, a ética e a estética. Não é apenas um **método**, porque este se constitui em uma técnica particular de pesquisa, ou seja, em um "procedimento de investigação organizado, repetível e autocorrigível, que garanta a obtenção de resultados válidos" (ABBAGNANO, 1998, p. 668).

O que o construtivismo lógico-semântico oferece é a aplicação de um **sistema filosófico de base** para (i) a construção dos conceitos fundamentais da Teoria do Direito, para (ii) a reflexão e construção de soluções para os problemas postos pela Filosofia do Direito, para (iii) a compreensão do fenômeno jurídico e a interpretação dos seus enunciados e para (iv) o processo de argumentação e conclusões jurídicas, teóricas e práticas e, especialmente, (v) para a **justificação das decisões judiciais**. Dessa forma, se utilizarmos o termo **método como sinônimo de doutrina**, então pode-se dizer que o construtivismo lógico-semântico se trata, sim, de um método.[2]

Nessa linha, pode-se dizer que o construtivismo lógico--semântico, à medida que se desenvolveu, se tornou, ele próprio, uma teoria do direito, uma filosofia do direito, uma teoria hermenêutica, uma teoria da argumentação. Todavia, é o

---

2. A condição de método é reivindicada pelo próprio professor Paulo de Barros Carvalho, porém, a nosso sentir, com sentido de doutrina. Acerca do tema, cf.: CARVALHO, Paulo de Barros. Algo sobre o Constructivismo lógico-semântico. *In*: CARVALHO, Paulo de Barros, Coordenador. *Constructivismo lógico-semântico*, Vol. 1. São Paulo: Noeses, 2014.

próprio estudioso do direito que terá que fazer esta conclusão, justamente porque a **aceitação** de certo modo de pensar e vivenciar determinada realidade, no caso o fenômeno jurídico, é etapa necessária para que a doutrina que lhe subjaz passe a ser o **recurso intelectual** para explicá-la, justamente porque por ela construída. A **regra-matriz de incidência tributária** – RMIT, por exemplo, produto do construtivismo lógico-semântico já faz parte da cultura e da tradição do Direito Tributário brasileiro, sendo este um exemplo de que o construtivismo lógico-semântico é também uma teoria do Direito Tributário.

Na visão que aqui será exposta, uma **"teoria da decisão judicial"** representa a **descrição**, a **sistematização** e a **articulação** de bases teóricas alusivas a determinadas categorias da **teoria do direito**, da **filosofia do direito**, do **processo civil**, da **hermenêutica jurídica** e da **teoria da argumentação**, todas elas voltadas para a prática da tomada de decisões judiciais.

De acordo com a visão do fenômeno jurídico que será apresentada doravante, para **construir a decisão judicial**, o magistrado necessita, pelo menos, de: (i) um **enunciado normativo válido** que funcionará como o **critério central** de suas sucessivas e encadeadas conclusões; (ii) um processo de **construção interpretativo da norma jurídica válida,** a partir do enunciado mencionado no item anterior; (iii) um processo de **reconstrução dos fatos,** a partir das provas constantes dos autos; (iv) um **procedimento dialético** que assegure a participação das partes em conflito; (v) a **qualificação jurídica** dos fatos com base na norma jurídica construída e nos fatos tidos como provados; (vi) a elaboração da **norma jurídica de decisão**; (vii) um texto argumentativo válido capaz de **justificar todas as conclusões parciais condutoras da conclusão final da decisão judicial**.

Para cumprir seu objetivo, neste texto far-se-á a abordagem de todos os elementos acima. Todavia, devido às limitações relacionadas à extensão deste trabalho, será dada ênfase a alguns itens: (i) na **primeira parte**, trataremos da importância de se perguntar sobre a validade da "norma jurídica em sentido amplo" (texto/enunciado) para construção da decisão judicial; (ii) na **segunda parte**, a ênfase será no processo de construção interpretativa da "norma jurídica em sentido estrito", construção esta que é feita sobre o texto ou enunciado normativo ("norma jurídica em sentido amplo"); (iii) na **terceira parte**, o foco será na justificação da decisão judicial, o que é feito, essencialmente, pela teoria da argumentação; (iv) finalmente, na **quarta parte**, serão consolidados os pontos relevantes para a construção da decisão judicial, com destaque para a contribuição do construtivismo lógico-semântico, ao qual, doravante, far-se-á referência apenas pelo acrônimo CLS.

2. Teoria da decisão

Toda decisão é caracterizada pela escolha entre **duas ou mais possibilidades** de ação ou omissão. Etimologicamente, a palavra decisão vem do latim, "decidere" ("de" → fora + "caedere" → cortar), tendo como significado o ato de escolher ou optar por uma dentre duas ou mais possibilidades, cortando, ou eliminando as demais, o que pode implicar renúncia ou perda ("trade off"). No inglês, o vocábulo "de" + "cide", ajuda a entender a forma etimológica dos vocábulos "homicide" e "suicide", reforçando a ideia de escolha que implica a eliminação e a perda.[3] Essa escolha é realizada através do **ato de julgar** ou, em outras palavras, de um **juízo**. Julga-se qual das opções será encampada ou **escolhida**.

O ato de julgar, por sua vez, requer para sua consecução, necessariamente, a adoção de um **critério**, que funciona como **parâmetro de avaliação das opções** do agente do juízo. Sem um critério, não há julgamento. Pode haver **escolha**, porém ela será **aleatória**. Somente o **critério** permite que a escolha seja resultado de um julgamento.

---

[3]. Acerca do tema, consultar o dicionário eletrônico "Dictionary.com", disponível em forma de aplicativo em "Appstore".

Quando, contudo, a eleição do critério é de **livre escolha do julgador**, há julgamento, porém diz-se que ele é **arbitrário**, caprichoso.

Além do critério, de livre eleição ou não, para se fazer escolhas, faz-se necessário ainda o seguinte: a) a posse de **informações** prévias sobre as **possibilidades** e sobre o **contexto** da decisão; b) a posse de ferramentas que possibilitem a **previsibilidade** das suas **consequências** imediatas e mediatas.

Finalmente, a escolha requer certo grau de **liberdade** e de **consciência** acerca dos elementos envolvidos no juízo, sem o qual o processo decisório não ocorre, passando a escolha a ser meramente **instintiva** ou até mesmo **impossível**.

Após esta breve descrição, é possível concluir que decidir implica a **observância** de, pelo menos, uma **norma**, aquela que determina que, diante de certas opções e em determinado contexto, deve-se decidir segundo um critério "c". Quando a eleição do critério é livre, como dito antes, tem-se uma decisão arbitrária.

O critério para a decisão pode ser **econômico, moral** ou **jurídico**. Quando o critério é **econômico**,[4] a teoria da decisão pode trabalhar a partir de métodos **matemáticos** (a "utilidade esperada", de Blaise Pascal, o "cálculo infinitesimal", de Leibniz e Newton, o "desvio padrão", de Abraham de Moivre, a "utilidade marginal descendente", de Daniel Bernoulli, o "teorema de Bayes", de Thomas Bayes, o "teorema minimax", de John Von Neumann), teorias **filosóficas** ("teoria da escolha racional", de David Hume, "filosofia das probabilidades", do Marquês de Laplace, a "natureza autointeressada dos indivíduos", de Adam Smith, o "utilitarismo", de Jeremy Bentham) e teorias sofisticadas que, com o desenvolvimento da economia enquanto ciência, passaram a combinar certa **doutrina**, como a moral ou a psicologia, e a **matemática** ("utilidade marginal",

---

4. Sobre um apanhado da história das ideias neste tema, consultar: CARVALHO, Cristiano. *Teoria da decisão tributária*. São Paulo: Saraiva, 2013.

"equilíbrio entre oferta e demanda" e "teoria dos preços", de Carl Menger e Alfred Marshall, a "teoria objetiva do valor" e a "teoria do valor trabalho", de Karl Max, a "teoria dos jogos", de John Von Neumann, o "equilíbrio de Pareto", de Vilfredo Pareto, a "eficiência de Kaldor-Hicks", de Nicholas Kaldor e John Hicks, o "equilíbrio de Nash", de John Nash, o "Teorema de Coase", de Ronald Coase, a "teoria das escolhas racionais", de Cooter e Ulen, ou a heurística: estimativas e viéses). Quando o critério é **moral**, a teoria da decisão pode trabalhar a partir de um modelo **não consequencialista**, como a ética deontológica de Kant ("imperativo categórico") ou uma das diversas éticas da virtude (o budismo, o eudemonismo aristotélico, o platonismo, o estoicismo, o cristianismo, o comunismo, de Karl Marx, o existencialismo, de Jean Paul Sartre), ou a partir das diversas filosofias morais consequencialista, como o utilitarismo de Bentham e Mill, o pragmatismo, de William James e Charles Sanders Peirce, o egoísmo, de Thomas Hobbes.

Por fim, quando o critério da decisão é **jurídico**, a teoria da decisão tem como elemento central a norma jurídica válida. O desenvolvimento desse critério, contudo, será desenvolvido ao longo deste texto.

3. Teoria da norma válida

Do quanto exposto, já é possível concluir no sentido de que uma **teoria da decisão judicial**, necessariamente, deve partir da resposta para a pergunta acerca da **norma jurídica válida**, para, somente em seguida, perguntar pela **hermenêutica** adequada à construção do sentido dessa norma e pela **teoria da argumentação** apropriada para a expressão do sentido construído e, sobretudo, para a justificação da resolução da controvérsia empreendida.

Apesar da multiplicidade teórica, pode-se dizer que **dois** são os **critérios básicos** para se encontrar a norma jurídica válida: o **critério do conteúdo** e o **critério do emissor** (ALEXY, 2009, p. 101/104).[5]

De acordo com o primeiro critério, a norma é válida se **ostentar determinado conteúdo**. Não importa o emissor. Desde que ela conduza o comportamento humano em **dado sentido**, segundo certos valores, será válida. Evidentemente que, para que isso ocorra, é necessária a existência de **paradigmas de verificação e aferição** desse conteúdo. Esses paradigmas, por óbvio, não podem provir de outras normas postas por autoridades de qualquer ordem terrena, mas **transcendente** a ela, do contrário, o critério ficaria desfigurado. Trata-se do **direito natural** em sua forma pura. A fonte do paradigma pode ser **(i)** Deus e suas diversas formas de manifestação e compreensão cultural, mas também pode ser **(ii)** a natureza das coisas, **(iii)** a reta razão ou razão lógica ou ainda a **(iv)** natureza humana. (BOBBIO, 2006, p. 15/130).

Na **maioria** dos sistemas e épocas em que esta maneira de pensar vigorou, não se fazia ainda a **distinção** entre a norma jurídica e a norma ética ou moral, de maneira que a autoridade encarregada de solucionar conflitos, seja ela quem fosse, apresentava-se como uma espécie de **vigário de Deus** ou de **profundo conhecedor** da natureza, vindo daí sua legitimidade.

Pelo segundo critério, a validade da norma é encontrada a partir da pergunta pelo seu **emissor**. Assim, se a norma foi emitida pelo Estado, por meio de algum órgão ou instituição politicamente encarregado de legislar, ela é válida, de modo que a **legitimidade** para atuar vem dessa **investidura política**. Nesses sistemas, o conteúdo da norma não importa tanto para o reconhecimento de sua validade, mas sua **origem**. O "**positivismo legalista**" operava segundo esse marco. Importava que a norma tivesse sido emitida pelo legislador, pois este era legítimo representante do cidadão, de maneira que o que ele estatuísse através das constituições e códigos, era a norma válida.

---

5. O professor Robert Alexy, na obra "Conceito e validade do direito" alude ainda um critério sociológico. A referência a esse critério também é feita por Aurora Tomazini de Carvalho de, em sua obra *Teoria geral do direito tributário*.

Ao longo da história, ambos os critérios se desenvolveram e, sobretudo, se **combinaram**, dando origem a uma **grande quantidade de sistemas jurídicos**. A partir dessa compreensão, percebe-se que o **problema** da norma jurídica válida, em sua essência, é um problema que envolve a **crença** de que há um tipo de norma **transcendente** ao homem e outro tipo de norma **posto por ele**, e também a necessidade de se definir se a norma jurídica válida **depende**, ou não, da conformação entre umas e outras e em que medida.

O problema é **persistente**, pois a crença de que existem normas transcendentes à experiência ou à razão humana, em um sentido forte, ou transcendentes ao consenso social possível, em um sentido fraco, é bastante **atual** e se revela, nos dias hoje, por exemplo, na ética dos "**direitos humanos**", bem como na própria cultura rotulada "neoconstitucionalista", os quais se apoiam em **ideias** como **igualdade, dignidade da pessoa humana, liberdade, bem comum** (bem público, bem do povo, interesse público), **vontade do povo** (vontade geral, espírito do povo), **justiça social, felicidade**, entre muitas outras, todas elas provenientes e variantes, em maior ou menor medida, das antigas ideias de **Deus**, da **natureza das coisas**, da **reta razão** e da **natureza humana**. Em última análise, trata-se de problema alusivo à separação entre a norma jurídica e a norma não jurídica, apresentando-se tanto como um **problema jurídico**, na medida em que influi na definição do que é a norma jurídica válida, quanto como um **problema político-ideológico**.

O fato é que, em certos momentos, a norma jurídica seria validada em razão de sua conformidade com normas que se acreditavam transcendentes ao humano e, em outros, ela seria validada se emitida ou proveniente de certo órgão ou instituição de legitimidade política reconhecida para criá-la.

Na atualidade, vive-se um sistema que, mesmo sem admitir expressamente, **combina os dois critérios**. É válida a norma emitida pelas instituições de Estado competentes, desde que: a) obedeça ao **procedimento** legislativo fixado em uma norma de hierarquia superior, normalmente a constituição; b) seu **conteúdo** esteja de conformidade com essa norma de hierarquia superior.

E como as constituições estão repletas de normas jurídicas de conteúdo eminentemente **abertos**, **fluidos** e **indefinidos** e estes conteúdos serão preenchidos pelos intérpretes da Constituição mediante o **recurso a normas sociais ou éticas** de cunho religioso, político, econômico, filosófico e até esotérico, não há duvida de que vivemos, mais do que nunca, um tempo em que a norma válida depende da combinação de dois critérios: o do **conteúdo** e do **emissor**, nos termos em que acima posto.

Por essas razões, o construtivismo lógico-semântico, compreendendo que a pergunta pela validade da norma jurídica, apesar de ser respondida pela **Teoria do Direito**, somente se completa na etapa hermenêutica de **construção do sentido** e de sua respectiva **justificação**, após dividir a ideia de norma jurídica em "**norma jurídica em sentido amplo**", representada pelo texto normativo bruto, gravado no suporte físico, e "**norma jurídica em sentido estrito**" (CARVALHO, 2013, p. 128), representada pela construção interpretativa que se faz sobre o referido texto, adotando o critério do emissor, apresenta a compreensão de que norma jurídica válida **é aquela que está no ordenamento jurídico**.

Não adianta, portanto, oferecer um **critério** prévio de validade da norma que se funde em sua conformidade com o conteúdo das normas que lhe são superiores, especialmente a Constituição, porque o Direito, enquanto ordenamento jurídico, é, em verdade, composto por um conjunto de "**normas jurídicas em sentido estrito**", ou seja, cujo sentido é permanentemente construído, desde o legislador, que produz a norma geral e abstrata, até o julgador que emite a norma individual e concreta, passando pelo doutrinador que constrói a norma jurídica em sentido estrito para casos hipotéticos ou concretos.

Assim, se o "**jusnaturalismo oitocentista**" combinou o critério de validade da norma jurídica pelo órgão **emissor** da mesma, especialmente no que diz respeito às declarações de direitos revolucionárias na América do Norte e na França, bem como às primeiras constituições, tanto dos Estados Unidos, quanto da França, com o critério do **conteúdo** da norma, tendo como paradigma as normas de direito natural, emanadas da natureza humana, o "**positivismo legalista**" do século XIX, representado pela **Escola da Exegese**, pela **Escola Analítica** e pela **Jurisprudência dos Conceitos**, pareceu isolar o critério do emissor da norma como praticamente absoluto.

Interessante é observar como a radicalização em torno de um dos dois critérios parece sempre gerar **reações**, e isso ocorre, a nosso sentir, justamente porque é **enganosa** a crença de que há um mundo onde existem as normas transcendentes e outros onde existem as normas jurídicas.

Assim, diante da radicalização das três principais escolas que marcaram o "positivismo legalista", foram produzidas, como contracultura, por exemplo, a "**jurisprudência sentimental**" do bom juiz Magnaud, a escola da "**livre investigação científica**", de François Geny, o "**movimento do direito livre**", de Ehrlich e Kantarowicz, que acreditava na necessidade de se combinar normas jurídicas validadas pelo critério do emissor, com normas jurídicas assim não validadas, mas presentes e aceitas como justas na sociedade. Reação semelhante se verificou no âmbito da "**Escola Histórica**" e no seio do "**sociologismo jurídico**", bem como do "culturalismo jurídico" da "**Escola de Baden**". (BOBBIO, 2006, p. 15/130).

O movimento parece cíclico. Quando o critério da norma jurídica válida pelo emissor estatal parecia minado pela invasão das normas não jurídicas, uma vez que utilizadas como paradigma de conteúdo para a norma jurídica válida, o **neopositivismo** do início do século XX repensou o direito através do expurgo delas, alegando a necessidade de se conferir "status" científico ao direito (Ciência do Direito). Tanto Kelsen quanto Hart trabalharam nesse sentido, este através do **neopositivismo sociológico**, aquele por meio do **neopositivismo lógico**.

Como reação, o professor Ronald Dworkin, sucessor do professor Herbert Hart na cadeira de jurisprudência da Universidade de Oxford, criticando seu antecessor por trabalhar o direito a partir do "positivismo semântico" ou "positivismo dos simples fatos" e através de um "**modelo de regras**", com ignorância dos princípios, pregou **nova combinação** entre o "critério do emissor" e o "critério do conteúdo", exaltando a **cooriginariedade** entre norma jurídica e norma ética, a partir da compreensão de que **ambas deveriam se completar**, não se excluir. Não se tratava, é bom observar, de uma volta à ideia de que a norma ética corrigiria a norma jurídica, como nas escolas de matriz sociológica do século XIX ou no "culturalismo jurídico" do século XX. O que se propugnou foi a **interação** entre ambas, as quais seriam cooriginárias e dividiriam espaço no **interior do ordenamento jurídico**, de maneira que as normas jurídicas seriam construídas a partir dos textos normativos de maneira entrelaçada com as normas éticas a eles **relativas** ou com eles **contextualizadas**.

Nesse ponto, volto ao **construtivismo lógico-semântico**, para acentuar que, para essa doutrina, a "norma não jurídica" fará parte da **construção** da "norma jurídica em sentido estrito", como adiante será posto, mas essa doutrina **não tem a pretensão** de apresentar um mecanismo de controle por meio do qual **apenas uma** construção seja legitimada a partir de ambos os critérios, de maneira que não prega a existência de **única resposta correta**, como faz o professor Dworkin. Muito ao contrário, sem adentrar na polêmica se a "norma não jurídica" serve para corrigir a "norma jurídica", nem se são, ou não cooriginárias, limita-se a **compreender seu entrelaçamento** e seu **controle** através de um processo hermenêutico, fundado em uma **analítica semiótica** da linguagem, com suas dimensões **sintática, semântica** e **pragmática**, alinhada por um **processo comunicativo**, que seria elemento apto a dar coesão ao sistema, bem como **justificada** por esquema argumentativo fundado tanto na **lógica**, quanto na **retórica**, como adiante será exposto.

4. Hermenêutica jurídica

Tendo encontrado a "norma jurídica, em sentido amplo, válida" (enunciado, texto normativo), o magistrado, então, possui o **critério maior** (STRECK, 2012, p. 219) para construir sua decisão com a finalidade de **solucionar** a demanda apresentada e, assim, **concluir** a prestação do serviço jurisdicional. Antes, contudo, através do **processo interpretativo**, ele precisa **compreender** e **interpretar** (STRECK, 2009, p. 309) o enunciado normativo.

Ao desempenhar essa tarefa de compreensão e interpretação, o magistrado estará construindo o sentido da "norma jurídica em sentido estrito". A **pergunta** básica que o **magistrado** deve fazer com a pretensão de utilizá-la para a solução de uma demanda são as seguintes: a) qual o **conteúdo** dessa norma? b) qual é o seu **sentido**? c) qual é o **comando** que dela se extrai? d) qual é a **conclusão** da norma? e) é uma norma **justa**?

Durante muito tempo, acreditou-se que proferir uma decisão com base em uma norma jurídica seria uma tarefa bastante **simples**, a qual **dispensaria** o processo interpretativo e consistiria apenas na operação de **subsunção** dos fatos componentes da disputa judicial à previsão geral e abstrata apresentada pela **norma válida** (MAXIMILIANO, 1996, p. 6). Ao juiz competia apenas **encontrar** a norma jurídica certa para cada caso, aplicando-a através de uma **operação lógica simples**, pautada no **silogismo** e suas variantes: "modus ponens" e "lógica dos predicados".

Sob a influência das escolas que hoje classificamos como representantes do modo de pensar que chamamos de "**positivismo legalista**", as quais acreditavam que a norma jurídica emanada do Poder Legislativo seria a **expressão máxima** da **democracia**, que a "**vontade da lei**" era suprema e que o direito se constituía em um sistema **perfeito**[6] de normas jurídicas,

---

6. Importante lembrar que, embora se vincule o "positivismo legalista" à era dos códigos, especialmente o Código Napoleônico de 1804, essa ideia de completude do

capaz de solucionar toda e qualquer demanda de forma justa, qualquer operação que demandasse do juiz alguma **atividade intelectual** além do ato silogístico de subsunção, era considerada **desnecessária**. A atividade hermenêutica era uma delas.

Se a norma era **perfeita**, não havia que se falar em sua interpretação. Ela era, por si e em si, a **expressão da justiça** e da "**vontade do legislador**". Seus termos eram claros e sua interpretação, portanto, **despicienda** e, alguns casos, até mesmo **proibida** (PAULA BATISTA, 1984, p. 4).

O ato de interpretar presumia a existência de **dúvida** sobre o sentido de um termo ou de uma expressão contida na norma e isso não era possível, pois o trabalho do legislador **não continha imperfeições**. Deixar que um juiz indicasse qual era, dentre dois ou mais possíveis, o sentido da norma jurídica seria **transformá-lo** também em **legislador**,[7] o que subverteria o princípio democrático, outorgando-lhe poderes que ele não tinha (**discricionariedade**). Por isso, o famoso **dogma**: "O juiz é a boca da lei."

Em tais termos, diante da norma jurídica válida, o juiz **já tinha pronta** a decisão judicial. Sob esse ponto de vista, a norma, portanto, não era apenas o critério maior da decisão, ela era a "**própria decisão**" e também a própria "**expressão da justiça**". (BARÃO DE RAMALHO, 1984, p. 97).

Não havia que se falar na **discricionariedade judicial**. Era uma questão que se **acreditava** inexistente (PAULA BATISTA, 1984, p. 37).

---

sistema estava muito mais nos primeiros comentadores desse Código do que na própria ideia de sistema jurídico nele plasmada. A prova disso é o artigo 4.º do referido Código: "*Le juge qui refusera de juger, sous prétexte du silence, de l'obscurité ou de l'insuffisance de la loi, pourra être poursuivi comme coupable de déni de justice.*" Disponível em: <http://www.justice.gov.bf>. Acesso em: 01 jul. 2015.

7. O Código de Napoleão de 1804 continha, no seu art. 5.º, norma que impedia o magistrado de se pronunciar sobre as normas do Código em termos gerais, como se a substituir o legislador, revelando patente intuito de restringir qualquer atividade interpretativa do magistrado: "Il est défendu aux juges de se prononcer par voie de disposition générale et réglem entaire sur les causes qui leur sont soumises." Disponível em: <http://www.justice.gov.bf>. Acesso em: 01 jul. 2015.

Imperava a "**vontade da lei**", a qual representava a "**vontade do legislador**" (MAXIMILIANO, 1996, p. 18) e esta, por sua vez, representava a "**vontade do povo**" e, consequentemente, da própria "**justiça**", afinal, o que o povo poderia aspirar senão a "justiça"? Ao juiz, por certo, **não poderia ser delegada** a prerrogativa ou função de interpretar essa vontade, porque isso implicaria **discricionariedade**, e a "**vontade da lei era indubitável**". O juiz a aplicava. E pronto.

O modelo acima descrito era **essencialmente francês** e seu auge coincide com a **crença** oitocentista no poder da **razão** e esta agora estava a serviço dos homens, de sua organização política democrática, sua economia liberal e seu sistema jurídico que, apesar de constitucional,[8] era **centralizado nos códigos**. A lei é do povo e o povo a desenha com justiça através dos legisladores. No artigo 6.º da Declaração de Direitos do Homem e do Cidadão estava escrito: "La Loi est l'expression de la **volonté générale**". E os primeiros comentadores do Código de Napoleão, de 1804, por isso mesmo, pregavam: "quand la loi **est claire**, il faut la suivre"

Quando, de maneira gral, no entanto, as leis vão **envelhecendo** ou a democracia[9] se **enfraquecendo**, começam a surgir motivos para duvidar acerca da coincidência entre essas três vontades (lei, legislador e povo), de modo que começa a surgir a **necessidade da interpretação judicial** e suas perguntas pelo conteúdo, sentido, conclusões e justiça da norma jurídica.

---

8. No século XIX, a França teria sua primeira Constituição democrática em 1848, a décima, desde a primeira Constituição, de 1791. Entre a Constituição de 1793, a da primeira República, até a Constituição de 1848, a da segunda república, a França passou por impérios e monarquias. Assim, apesar do constitucionalismo, o certo é que o centro do sistema jurídico, a partir de 1804, foi o Código de Napoleão, que vigorou em seu formato original durante todo século XIX e parte do século XX, tendo sofrido muitas modificação durante a terceira república (1870 – 1940).

9. Apesar de a Constituição francesa de 1804 ser imperial, o imperador havia sido aclamado pelo povo francês, em plebiscito no qual obteve cerca de 60% de aprova, plebiscito este, aliás, expressamente previsto no artigo primeiro da constituição de 1802: "Le peuple français sera consulté sur cette question: *Napoléon Bonaparte sera-t-il Consul à vie?"*

A "Escola Histórica" põe em **contraposição** a "vontade da lei" e a "vontade do legislador" e a "Escola do Direito Livre",[10] a seu turno, **contrapõe** a "vontade do legislador" e a "vontade do povo". O próprio "jusnaturalismo" volta à cena e **entremeia** esse debate.

A hermenêutica jurídica, agora, passa a ter papel relevante, e seu uso se volta para cumprir um papel questionador. Se as "três vontades" não mais são coincidentes, uma ou duas delas estariam **corrompidas** e as leis já não seriam mais a **expressão da justiça**. E se o caminho político para realinhá-las é o **protesto** e até a **revolução**, como os franceses bem sabiam, o caminho jurídico seria pelo Judiciário, via **hermenêutica jurídica**.

Então, a "**vontade da lei**" começou a ser posta em **xeque** pelo método histórico, o qual era guiado pela saudade do tempo em que os interesses da burguesia e os do povo eram coincidentes, e a "**vontade do legislador**", por sua vez, foi questionada pelo método teleológico, cuja finalidade se encontrava na necessidade do povo de "**justiça social**". Tanto em um, quanto no outro caso, a hermenêutica trabalhava com a **correção da norma jurídica pela norma ética**, aqui entendida como a norma social não jurídica, seja de que origem for: político-ideológica, religiosa, econômica. **Essa foi a marca da hermenêutica nessas escolas.**

Nesse contexto, interpretar consistia em **extrair** do texto da norma o seu conteúdo, o sentido, as suas conclusões e a sua justiça, o que poderia ser feito mediante o **emprego ilimitado** da carga ideológica que representasse, para o intérprete, "a vontade do legislador" ou a "vontade do povo". O resultado da interpretação seria a **correta** "vontade da lei". Na prática, havia uma **livre combinação** entre o comando presente no **texto da norma jurídica em sentido amplo** e os diversos comandos presentes nas variadas **normas éticas** utilizadas no processo

---

10. No Brasil, nos anos 1980, entre o fim da ditadura e o alvorecer da democracia, floresceu o Direito Alternativo e o movimento do "Direito Achado na Rua", como uma reação à discrepância entre a lei e a vontade do povo.

hermenêutico. Não era rara a **prevalência de uma norma ética** sobre uma norma jurídica (WARAT, 1997, p. 80).

A compreensão de que interpretar é **extrair** o sentido da norma revela o **marco filosófico** predominante nessa forma de pensar. Era a **filosofia da consciência**, a qual acreditava na autonomia da razão individual e atribuía ao subjetivismo do intérprete capacidade para, por si só, conhecer e compreender o objeto da interpretação (FERRARA, 1978, p. 112). O ato de **extrair**, então, implicava o poder da consciência não de **revelar** a verdade do mundo, como na "metafísica do objeto", mas de **descobri-la** a partir dele e segundo **parâmetros subjetivos**. Da condição de "**boca da lei**", o juiz passa ser "**a própria lei**": "o juiz é a '**viva vox juris**'". (FERRARA, 1978, p. 111)

Em meio a este movimento corretivo pela norma ética (LARENZ, 1997, p. 70), a norma jurídica, que representa o critério supremo da decisão judicial, fica sob o risco de se **dissolver** em meio às **normas não jurídicas** de variadas origens: religiosa, moral, econômica. Dissolvida a norma jurídica válida, o direito se **desfigura** e perde sua **autonomia**.

Aqui, a **discricionariedade** judicial parece não ter limites. Diante desse quadro, surge a necessidade de se **separar**, de forma **radical**, a norma ética da norma jurídica, **redefinindo o conceito de norma jurídica válida**.

O **neopositivismo** – tanto o **lógico**, com Kelsen, quanto o **sociológico**, com Hart – representa um esforço para resgatar a ideia de "norma jurídica válida" e, portanto, a **autonomia** do direito. Em ambos, a **separação** entre a norma ética e a norma jurídica é um preceito **fundante**.

Como consequência, a atividade **discricionária** do juiz volta a ser **limitada** (BETTI, 2007, p. 78). Contudo, agora, não mais se acredita que ela seja inexistente, como no "positivismo legalista" dos **primeiros comentadores** do Código de Napoleão, mas apenas limitada aos casos em que o texto da norma possuísse "**textura aberta**" (HART, 2009, p. 326), em razão da presença de termos ou expressões ambíguas, vagas ou porosas, o que conferia discricionariedade ao juiz para escolher um dentre dois ou mais sentidos possíveis para elas. O juiz não seria **livre**, mas **limitado**, podendo exercer sua **discricionariedade** dentro da "**moldura da norma**", sendo que esta era representada pelo quanto de sentido indubitável que a norma necessariamente possuía (KELSEN, 2012, p. 390).

O neopositivismo é inspirado pela "filosofia da linguagem" e pela "filosofia analítica" do início do século XX. A marca dessas filosofias é acreditar que a linguagem, quando operacionalizada dentro de certo **rigor lógico**, funciona como "espelho público do mundo", podendo **descrever** e **explicar** tanto os fenômenos naturais, quanto culturais.

O neopositivismo lógico kelseniano, ao fazer a separação radical entre a norma jurídica e a norma ética, aponta para o sentido de que o direito, em sua essência, é um fenômeno cultural composto por normas cujo **critério de validade** deve ser apurado pela pergunta sobre sua **origem** e esta estaria nas instituições de Estado. Como a origem das normas éticas não é esta, elas deveriam ser **expurgadas do direito**.

A decisão judicial, cujo **fundamento maior** é a norma jurídica, agora, **não prescindiria** do processo interpretativo. A discricionariedade judicial **não** é **eliminada**, porém passa a ser possível de maneira muito **limitada** no interior da "moldura da norma" jurídica. As perguntas hermenêuticas sobre o conteúdo, o sentido, a conclusão e o comando da norma permanecem, porém como respondê-las?

Como a norma jurídica e a norma ética são tidas como provenientes de **origens diversas** e não podem **coexistir** dentro do sistema jurídico, a hermenêutica continuou a trabalhar com os métodos que se desenvolvem na fase de transição entre o "positivismo legalista" e o "positivismo lógico" ou "neopositivismo", quais sejam, o método **gramatical**, **lógico**, **filológico**, **histórico**, **teleológico**.

A diferença é que, agora, sob os influxos da "filosofia da linguagem" e da "filosofia analítica", a hermenêutica, aos poucos, fazia seu "**giro linguístico**" para abandonar o **subjetivismo** da **filosofia da consciência**.[11] A própria ideia de **sistema**, realçada no neopositivismo, enfatiza o **método sistemático** como sendo **obrigatório** e **subjacente** a todos os demais, de maneira a pôr a própria organização lógica do sistema, fundada na "**hierarquia das normas**", na "**separação entre norma jurídica e norma ética**" e no "**rigor terminológico dos textos normativos**", como critério para que o intérprete respondesse às perguntas hermenêuticas.

A norma jurídica havia recuperado um critério de validade **seguro**, a norma extrajurídica havia sido **separada** dela, a hermenêutica havia **mantido** os métodos[12] iniciais do "positivismo legalista", quais sejam, os métodos gramatical, lógico, filológico e sistemático, havia **incorporado** o método do "historicismo" e também do "sociologismo" e, por fim, havia **desenvolvido** o método sistemático no marco da contemporânea filosofia analítica. O **equilíbrio** entre a autonomia do direito e a discricionariedade jurídica parecia bem calibrado.[13]

Todavia, **pressões** de fora para dentro, iriam novamente questionar se a norma jurídica tida como válida atenderia aos anseios de seus destinatários. Se, no século XIX, a pergunta era relacionada à **congruência** entre a "vontade da lei", a "vontade do legislador" e a "vontade do povo", agora a pergunta passa a ser no sentido de se a norma jurídica válida estaria **conforme a Constituição Federal**, especialmente, aos **direitos fundamentais** nela previstos.

---

11. A tentativa de objetivar a construção interpretativa já está presente na doutrina de François Gèny, em "Méthode d'"interprétation", quando ele prega que a "livre investigação científica" não deve ser confundida com a livre construção do direito e a prevalência dos valores subjetivos do juiz.

12. Em verdade, não se trata, sequer, de métodos interpretativos, mas, sobretudo, argumentativos.

13. Em sua obra *Teoria pura do direito*, Hans Kelsen critica os métodos ou técnicas de interpretação, afirmando que "do ponto de vista orientado para o Direito positivo, não há qualquer critério com base no qual uma das possibilidades inscritas na moldura do Direito a aplicar possa ser preferida à outra".

Como as normas constitucionais são escritas através de textos com **termos** e **expressões** com acentuado grau de **indeterminação**, o professor Ronald Dworkin, criticando o "**modelo de regras**" do neopositivismo, propõe um novo modelo, desta vez composto por **regras** e **princípios**, no qual estes fariam a abertura do direito para as normas éticas, que dele havia sido **expurgadas** (2011, p. 23/72). Nessa volta das normas éticas, a grande diferença é que agora elas não têm **função corretiva** do direito, posto que são consideradas **cooriginárias** das normas jurídicas, ou seja, não são provenientes de **origem diversa**, superando o antigo sistema "two-system Picture" (2011, p. 73/125 e p. 211). A hermenêutica que se desenvolve agora ganha elementos mais **sofisticados**, como a ideia de "**horizonte interpretativo**" e "**círculo hermenêutico**". (GRAU, 2013, p. 68/72).

Desenvolvendo-se no marco da "filosofia da linguagem", essa nova fase, para alguns chamada de "pós-positivismo", justamente pelo **entrelaçamento** ("tree picture") originário entre **norma jurídica** e **norma ética**, critério que vem a definir a nova ideia de norma jurídica válida, o trabalho do hermeneuta agora consiste **não na extração** de sentido do texto da norma jurídica, mas **na sua construção** (DWORKIN, 2014, p. 612/646).

Aparentemente, esse novo modelo representaria o retorno da **discricionariedade** judicial de maneira **ampla** e **praticamente irrestrita**. Afinal, qual intérprete pode definir o conteúdo, o sentido, o alcance e a conclusão de normas jurídicas constitucionais, que contenham termos ou expressões **política** e **culturalmente instáveis, sujeitos à diversidade, além de semântica e pragmaticamente de difícil compreensão e definição**, como igualdade, legalidade, bem comum, vontade geral, capacidade contributiva, dignidade da pessoa humana, sem recorrer à discricionariedade? Como sustentar que o magistrado, diante de normas como esta, não possua um, dois ou mais caminhos a seguir, mas que existe **sempre uma**, e somente uma, resposta **adequada** ou **correta**?

O professor Ronald Dworkin, em "O império do Direito", **sustentou** e, com base nas ideias de **coerência** e **integridade**, defendeu a **construção histórica** da norma jurídica, a partir do seu **entrelaçamento** com as normas éticas, posto que **cooriginárias**, tudo a partir da ideia de que a linguagem seria a **matéria-prima** a partir da qual é construído o passado e, portanto, também o presente do mundo em que vivemos. Com mais razão ainda, as **decisões judiciais**, as quais seriam como capítulos de um **grande romance** que vem sendo escrito pela **tradição** jurídico-política de determinado povo, cujo **fio condutor** deve guiar o intérprete, o qual, de maneira **coerente** e mediante o respeito à **integridade** dos **valores** nele presentes, deve construir a norma jurídica válida. Respeito, advirta-se, não significa necessário conservadorismo, mas a assunção da **responsabilidade** de justificar, no próprio **contexto** e **tradição**, eventual mudança de rumo no enredo.

No Brasil, essa postura é adotada com **profundidade** e **rigor científico** pelo Professor Lenio Luiz Streck, o qual fundado na "filosofia hermenêutica" de Heidegger, na "hermenêutica filosófica" de Gadamer e nas ideias de norma e hermenêutica jurídicas de Dworkin, desenvolve uma "hermenêutica crítica" direcionada à **prática** e à **dogmática** brasileiras.

Porém, é no "construtivismo lógico-semântico" que é **desenvolvida** uma "analítica da interpretação" do texto normativo, descrevendo-se todo o **processo construtivo** a ser percorrido pelo juiz para se chegar à norma jurídica, critério **maior** para a construção da **decisão judicial**.

O professor Paulo de Barros Carvalho, **sem adentrar** na discussão acerca **cooriginariedade** entre norma jurídica e norma ética, porém consciente do seu **entrelaçamento**, como decorrência da própria ideia fundamental do CLS, qual seja do direito como **texto**, do texto como **fato** e **expressão** da linguagem e da linguagem como **construtora** factual da **realidade** jurídica, prega a **impossibilidade** de se defender a existência de único sentido correto para a construção da norma jurídica em sentido estrito e, consequentemente, de **única norma de decisão correta ou adequada**.

Todavia, no âmbito do CLS, o professor Paulo de Barros Carvalho, a partir de sua **analítica semiótica** e da compreensão do direito como fruto de um **processo comunicacional**, que permite a **construção** do seu sentido pela **hermenêutica**, defende o processo interpretativo do "enunciado normativo" como uma **operação** complexa, na qual o juiz considera simultaneamente a linguagem desses fatos e encontra seu **veredicto**, com maior ou menor precisão metodológica, com maior ou menor rigor na sua apreciação.

O que importa enfatizar é que, deveras, há uma linguagem **constituidora** da **realidade** dos fatos componentes da lide, uma linguagem constituidora dos **fatos juridicizados** pela norma jurídica e uma linguagem constituidora da decisão judicial, esta composta através da **correlação** estabelecida entre as duas primeiras, ou seja, entre a generalidade e abstração dos fatos da norma e a especificidade e concretude dos fatos postos a julgamento.

Em cada um desses **planos**, o professor Paulo de Barros Carvalho sugere a análise da atividade mental do intérprete em quatro etapas, as quais compõem um "percurso gerador de sentido",[14] que ele chama de S1, S2, S3, e S4. Em cada uma dessas etapas, o intérprete, partindo dos **enunciados** ou informações de pura linguagem vai avançando na **construção** da realidade e isso ocorre, porque, à medida que vai interpretando-a e dando vida a essa linguagem, vai considerando toda a **riqueza** cultural nela encerrada. Essa espiral de construção da realidade é possível em função do perpasso pelos aspectos **sintático, semântico** e **pragmático** dos **termos, palavras, expressões, orações, períodos** e **frases**, e, consequentemente, pela **atribuição**,

---

14. LINS, Robson Maia. Considerações sobre o conceito de norma jurídica e a pragmática da comunicação na decisão judicial na jurisprudência do Supremo Tribunal Federal. *In:* CARVALHO, Paulo de Barros, Coordenador. *Constructivismo lógico-semântico*, Vol. 1. São Paulo: Noeses, 2014, p. 184/189.

pelo intérprete, de sentido à linguagem, sentido este que vem **carregado** de **valores, crenças, ideologias**, e que analisa os objetos em sua **individualidade**, mas também em suas **relações** com os demais objetos envolvidos. Ao final, surge a realidade completa dos **fatos sob julgamento**, dos **fatos considerados pela norma** e do **fatos sob julgamento modalizados pela norma** e que compõem o resultado da decisão judicial.

O plano S1 é o plano dos **enunciados**, do exame dos textos pelo intérprete, podendo ser o texto de uma **petição inicial**, que narra os fatos concretos e de forma individualizada, como o texto das **normas**, que descreve ou alude a fatos de maneira geral e abstrata, como ainda os textos de **decisões judiciais anteriores**, os quais também podem constituir referência. Os enunciados são compostos por linguagem e esta é formada por símbolos que estão à espera de decodificação pelo magistrado. Os enunciados podem ser analisados sob os pontos de vista **sintático, semântico** e **pragmático** e, depois que o intérprete os **considera, compreende** e **interpreta**, começa a criar a realidade, dentro de si, que aqueles textos procuram exprimir. Essa atividade gera as **proposições**.

O plano S2 é o plano das **proposições**. Aqui, o intérprete deu vida à linguagem dos enunciados, atribuiu sentido aos seus termos e, como dito, criou a realidade a que eles, os enunciados, procuraram remetê-lo. O intérprete cria a realidade que lhe foi **possível** criar, pois esta depende de seu "**horizonte cultural**" e de sua **capacidade**, ou **disponibilidade**, de considerar os enunciados segundo os seus aspectos sintático, semântico e pragmático. Como dito em outra passagem deste artigo, a realidade é complexa, porque formada por valores, crenças, preconceitos e ideologias. Todos esses aspectos brotam na realidade criada pelo intérprete, a partir dos **enunciados**. Estão todos eles presentes nas **proposições**.

No plano S3, o intérprete põe as proposições segundo a **função** da linguagem com que foram escritos os enunciados. No caso da narrativa dos fatos concretos e individualizados, as proposições se apresentam descritivas e, portanto, sujeitas a **juízos apofânticos** de **verdade** ou **falsidade**. No caso da descrição normativa dos fatos gerais e abstratos, as proposições se apresentam na forma **deôntica** ou **prescritiva**, sujeitas a juízos de validade ou invalidade.

Por fim, no plano S4, o intérprete **sistematiza** a realidade criada através de sua interpretação, fazendo uma série de **correlações** lógicas entre os fatos concretos narrados e os demais fatos que é capaz de inferir a partir de outros enunciados ou informações colhidos ou observáveis dentro ou fora do processo judicial. O juiz realiza seu juízo de **verdade** ou **falsidade** em toda a extensão que lhe é possível. Da mesma forma, as proposições deônticas são sistematizadas no âmbito da complexidade do ordenamento jurídico, bem como **postas em relação com a realidade** do fato concreto apresentado a julgamento. É nessa fase que o magistrado vai produzir sua **norma de decisão**, condicionando os fatos concretos segundo as normas jurídicas produzidas a partir do texto normativo. Também é nessa fase, ao produzir sua **norma de decisão**, que o magistrado faz seus juízos de **justiça**, e isso com base nos valores que pode apurar ao criar a realidade através de suas proposições em S2. Ao fim, o juiz pode alterar suas proposições normativas, **destacando** ou **suavizando** determinado aspecto sintático, semântico ou pragmático do enunciado normativo, com a finalidade de produzir uma proposição normativa que ele entenda deva ser mais aproximada do **valor justiça** que ele compreende estar abarcado pelo ordenamento jurídico em que está operando.

Na sua atividade interpretativa, portanto, o magistrado dá **vida** aos textos e, como resultado, **cria novo texto**, no qual fixa a realidade dos fatos, a realidade da norma, a realidade da norma de decisão e a realidade, enfim, do caso como um todo. A atividade interpretativa, portanto, consiste em um grande **diálogo** entre os textos descritivos apresentados pelas partes, a linguagem das provas produzidas e os textos prescritivos das normas invocadas e daquelas efetivamente consideradas pelo magistrado. O resultado é a sentença judicial, a qual se apresenta como a **síntese** produzida a partir dessa **intertextualidade**.[15] Nesse ponto, o que releva notar é que o **fato concreto**, apresentado pela linguagem descritiva constante das petições e provas, agora passa a ser o fato concreto construído pelo **texto do magistrado**, bem como que o **texto da norma jurídica** é diferente da **norma** que o **texto do juiz, a partir dele construiu**,[16] porquanto, como vimos, o juiz cria a realidade com a sua linguagem, não se limitando a reproduzir a realidade criada nos textos que lhe são apresentados.

Assim, partindo dos enunciados descritivos, que entende **provados**, dos enunciados prescritivos, que entende **válidos**, chega, o magistrado, à sua **norma de decisão**, a partir da atribuição de sentido a cada termo deles e da consequente criação da realidade factual e jurídica do caso.

Todavia, uma vez que a **linguagem** que o magistrado utiliza é **compartilhada** por sua cultura, uma vez que respeite os textos normativos, porém sem se violentar por não considerar o valor justiça, nos limites que o direito positivo o permitir, seguir a teoria do Professor Paulo de Barros Carvalho oferece itinerário **seguro** para uma teoria da **interpretação** e da **decisão judicial**, a guiar magistrados durante sua solitária navegação pelos mares dos **eventos**, **objetos**, **valores** e **realidade**: "esclarecemos, porém, que adotar a postura de serem as normas jurídicas construção do intérprete, não importa situar o direito no plano das subjetividades (intrassujeito) e nem limitá-lo à vontade do intérprete. Adotamos uma posição culturalista perante o direito ao concebê-lo como instrumento linguístico suscetível de valoração e utilizado para implementar certos valores, mas ao mesmo tempo, positivista ao considerar que tais valores objetivam-se no texto positivado e que todas as valorações do sujeito interpretante estão restritas a ele".[17]

---

15. BEZERRA NETO, Bianor Arruda. *O que define um julgamento e quais os limites do juiz?* São Paulo: Noeses, 2018, p. 169/242.

16. *Idem, Ibidem.*

17. CARVALHO, Aurora Tomazini de. *Curso de teoria geral do direito:* o constructivismo

Lembro-me que, em um de nossos encontros, perguntei ao Professor Paulo de Barros Carvalho sobre sua **visão de justiça**. Ele, honestamente, disse que esta não era a pergunta principal a ser feita, pois, desde que não haja único modelo de justiça, cada juiz que encontre, a partir de seu **critério de verdade** e nos **limites do direito posto**, o seu modelo de justiça.

A justiça é **guia** da norma, mas a norma é quem dita as **possibilidades** da justiça. Para o professor, a justiça **está fora** do direito e ela nele ingressa através da interpretação dos textos e da realidade que lhe é subjacente e, sendo ela um valor, desde que se parta do pressuposto de que não existem **essências** e **verdades eternas**, os valores componentes da justiça são compatíveis com as **verdades possíveis** dentro de certo sistema ético ou certa tradição compartilhada por certa comunidade, em certo tempo.

Em tempos de pluralismo ético, político e moral, parece mais honesto trabalhar com o **pluralismo das visões de justiça** e, desde que esta é valor, e desde que o ato de interpretar jamais será imune a ele, fico com a lição do Constructivismo Lógico-Semântico – CLS, no sentido de que não há a decisão judicial **única** para cada caso, mas, certamente, uma vez que a interpretação tem **limites** no próprio **objeto da interpretação**, na linguagem **compartilhada**, na **tradição** e no **contexto** do objeto interpretado, é **possível**, mas não sempre, dizer-se que determinada interpretação seja correta ou mais adequada que outra.

E aqui está a beleza do direito, bem como a **complexidade** da atividade jurisdicional. Finalizo este tópico, citando as palavras do Professor Celso Campilongo: "A democracia é o pressuposto para a manutenção da complexidade, visto que continuamente reproduz as possibilidades de escolha, garante a reversibilidade das decisões e está sempre aberta à renovação de temas. [...] Governar a complexidade significa selecionar e escolher entre alternativas. Isso produz decepções".[18]

---

lógico-semântico. São Paulo: Noeses, p. 234/235.
18. CAMPILONGO, Celso Fernandes. *Política, sistema jurídico e decisão judicial.*

Há, contudo, sempre a esperança de que o "ouriço" e a "raposa"[19] possam, respeitando-se, dialogar e, sobretudo, aprender um com o outro.

A contribuição hermenêutica que o CLS entrega ao cientista, ao filósofo, ao advogado e ao juiz, em meio a toda complexidade do fenômeno social e jurídico, apresenta-se como um **modelo de racionalização** seguro e eficaz, livre, tanto quanto isso seja possível, do **voluntarismo** e da **arbitrariedade**, para identificar, demarcar, compreender e utilizar esse **produto cultural multifacetado**, ao qual damos o nome de direito.

5. Argumentação jurídica

Diante da norma jurídica válida, agora devidamente compreendida, contextualizada e interpretada, a decisão judicial já está **tomada** na mente do magistrado.

Todavia, o magistrado necessita **justificá-la** textualmente, e é isso que faz com que tenha que materializar sua decisão através de um texto que representa a **conclusão** da sua atividade jurisdicional. Nesse texto, ele terá que: a) descrever a **demanda** apresentada em juízo, a respectiva **causa de pedir**, o **pedido** e as **provas** apresentadas para tanto; b) descrever os **pontos de resistência** alusivos aos pedidos formulados, à causa de pedir apresentada e às provas produzidas; c) descrever como foi conduzida a **instrução processual**, enfatizando quais **provas** foram produzidas e quais foram negadas; d) expor qual foi a fonte da **norma jurídica válida** utilizada como critério de sua decisão; e) justificar como foi **construída** a norma jurídica utilizada como critério de decisão; f) descrever quais **fatos** foram tidos como provados e quais não o foram; g) descrever como foi feita a **qualificação jurídica** dos fatos a partir da norma jurídica válida; h) expor os **precedentes** utilizados

---

São Paulo: Max Limonad, 2002, p. 73.

19. BERLIN, Isaiah. *The fox and the hedgehog:* an essay on Tolstoy's view of history. New Jersey: Princeton Press, 2013, p. 1/2.

e justificar-se caso os tenha rejeitado; i) por fim, apresentar a **norma de decisão** do caso concreto e o resultado da demanda: procedente/improcedente.

Todos esses pontos precisam ser expostos em forma textual de maneira clara e **devidamente justificada**, estando tal exigência agora disposta expressamente em lei, o que demanda **responsabilidade** muito maior dos magistrados brasileiros. No marco do **art. 489** do novo **Código de Processo Civil**, aliás, esta exigência agora está posta de maneira detalhada. Além da previsão acerca dos elementos básicos, previstos nos incisos I, II e III da cabeça do artigo, o § 1º do mesmo dispositivo estatuiu que não se considera **fundamentada** qualquer decisão judicial que: **(i)** se limitar à indicação, à reprodução ou à paráfrase de ato normativo, sem explicar sua relação com a causa ou a questão decidida; **(ii)** empregar conceitos jurídicos indeterminados, sem explicar o motivo concreto de sua incidência no caso; **(iii)** invocar motivos que se prestariam a justificar qualquer outra decisão; **(iv)** não enfrentar todos os argumentos deduzidos no processo capazes de, em tese, infirmar a conclusão adotada pelo julgador; **(v)** se limitar a invocar precedente ou enunciado de súmula, sem identificar seus fundamentos determinantes nem demonstrar que o caso sob julgamento se ajusta àqueles fundamentos; **(vi)** deixar de seguir enunciado de súmula, jurisprudência ou precedente invocado pela parte, sem demonstrar a existência de distinção no caso em julgamento ou a superação do entendimento.

A **justificação** é feita no texto através de **argumentos** e é em torno deles, portanto, que se elaboram as diversas **teorias da argumentação**. Argumentar, assim, nada mais é do que **justificar as premissas** de uma conclusão, quando outra ou outras são **possíveis**, ao menos em tese (ATIENZA, 2014, p. 2). **Não há** decisão sem argumentação. Portanto, a teoria da argumentação **não é** uma teoria sobre a validade da norma, **não é** uma teoria sobre a interpretação da norma, **muito menos é** uma teoria sobre provas e procedimentos judiciais, mas uma teoria sobre a **validade de um ou mais argumentos**

utilizados para justificar determinada conclusão. Para este trabalho, a teoria da argumentação importa nas conclusões que são tomadas no âmbito de uma **decisão judicial.**

As teorias da argumentação trabalham com enfoques diversos (FETERIS, 2007, loc. 394), ora privilegiando o aspecto **lógico** dos argumentos de justificação, ora os aspectos **retóricos**, ora os aspectos **dialógicos**. Todos eles, contudo, têm como objetivo demonstrar ou construir a **validade do argumento** para justificar uma **conclusão.**

O enfoque na **lógica** é utilizado para dar validade formal ao discurso e a teoria que operará a partir dela o faz através do emprego dos diversos tipos de lógica aplicados ao discurso: **silogismo, lógica das proposições, lógica dos predicados** e **lógica deôntica**. O critério lógico é relevante para garantir que as decisões judiciais sejam fundadas em argumentos e critérios **gerais** e **universais**, promovendo a **coerência** do julgador para as próximas decisões a serem tomadas em casos semelhantes.

Através do enfoque **retórico**, por sua vez, o objetivo é garantir que a decisão judicial tenha **aceitação** entre aqueles para os quais ela é dirigida. Quem trabalha com o enfoque retórico **não dispensa**, necessariamente, o critério lógico, porém entende que este é **insuficiente** para justificar uma decisão judicial mais complexa, especialmente no que diz respeito à justificativa acerca da **interpretação** da norma jurídica válida. O enfoque do critério retórico é no **conteúdo** dos argumentos e na sua **aceitação** pelos jurisdicionados. Trabalham com esse enfoque Stephen Toulmin, com seu "modelo de argumentação", Theodor Viehweg e seu "enfoque temático", e Chaim Perelman e sua "nova retórica".

Segundo o critério **dialógico**, o importante é que sejam fixadas regras para que se possa desenvolver um **diálogo racional** entre o juiz e as partes, de modo que, daí, possa resultar uma decisão **aceita** por todos. Trata-se de enfoque **procedimental legitimador** das conclusões de um debate. São representantes destacados de teorias da argumentação que trabalham sob esse enfoque: Jürgen Habermas, Robert Alexy, Aulis Aarnio e Aleksander Peczenik. Na linha de Habermas, entendem que a argumentação jurídica é uma forma de **comunicação racional** que tem como objetivo chegar a um **consenso** racional por meio da **dialética** (debate e discussão). Tais autores, portanto, trabalharão regras que deverão **presidir** a dialética e que também deverão presidir a argumentação necessária para justificar as conclusões **suficientes** para a construção de uma decisão judicial.

Sob esses três enfoques ou critérios, quais sejam, **lógico**, **retórico** e **dialógico**, as diversas teorias da argumentação, na sua missão de justificar as conclusões às que chegou o magistrado a respeito **(i)** da norma jurídica válida, **(ii)** da construção interpretativa da norma jurídica válida, **(iii)** dos fatos tidos como provados, **(iv)** da qualificação jurídica realizada e **(v)** da norma de decisão, utiliza-se de cinco **componentes** ou métodos de abordagem para criar as regras necessárias para responder à pergunta sobre o que seria um **argumento válido**. Os cinco componentes são os seguintes (FETERIS, 2007, loc. 545): (a) filosófico, (b) teórico, (c) de reconstrução, (d) empírico e (e) prático.

Através do componente **filosófico**, a teoria da argumentação jurídica consegue avaliar argumentos jurídicos que apresentam evidente fundamento filosófico, como a justificação apresentada para encontrar a norma jurídica válida ou para a construção interpretativa da norma jurídica válida, seja no marco do "positivismo legalista", do "neopositivismo lógico", do "neopositivismo sociológico" ou do "pós-positivismo".

Por meio do componente **teórico**, a teoria da argumentação formula seus próprios **modelos teóricos** acerca do que seja um argumento válido e também aceitável, seja do ponto de vista **lógico**, **retórico** ou **dialógico**. Através desses modelos, em linguagem de **terceiro nível**, a teoria da argumentação é capaz de julgar os argumentos jurídicos lançados para justificar as opções e conclusões dos magistrados acerca da norma jurídica válida, da sua construção interpretativa, dos fatos provados, da qualificação jurídica dos fatos provados e da norma jurídica de decisão.

O componente da **reconstrução** é um dos mais interessantes. Através dele, a teoria da argumentação utiliza o **método analítico** para **desconstruir** e **reconstruir** o argumento, aclarando as etapas do raciocínio jurídico empregado na construção do argumento. Através deste processo, inclusive, é possível demonstrar a existência de argumentos **implícitos** e de **imprecisões** de base filosófica e teórica de maneira geral, sejam imprecisões de ordem lógica, retórica ou dialógica, conforme seja o enfoque da teoria da argumentação. Da mesma forma como ocorre com o emprego do componente filosófico, através deste componente ou método de abordagem, é possível uma **avaliação** detalhada da justificação empregada, especialmente, para encontrar a norma jurídica válida e a respectiva construção interpretativa.

Através do componente **empírico**, a teoria da argumentação avalia os **argumentos** e as **estratégias** argumentativas predominantes em determinado tribunal ou grupo de magistrados, tentando identificar um **padrão**. Também podem ser investigadas as **reações argumentativas** de juízes a determinados argumentos lançados por advogados ou o comportamento de jurados, em determinada região do país, frente a argumentos machistas, por exemplo, lançados pela defesa em casos de homicídios dolosos tendo mulheres como vítimas.

Por fim, através do componente **prático**,[20] a teoria da argumentação, seja através do enfoque lógico, retórico ou dialógico, utiliza, no ensino, as **boas práticas** observadas através da avaliação dos argumentos feita por meio dos componentes filosófico, teórico, analítico e empírico, com a finalidade de multiplicá-las e aperfeiçoá-las. Assim, através dessa componente, pode-se tentar melhorar: **(i)** as decisões judiciais por meio do respeito e do correto uso dos precedentes, **(ii)** as formas de

---

20. Para um estudo da realidade brasileiro com foco neste componente, cf.: RODRIGUEZ, José Rodrigo. *Como decidem as cortes?* Rio de Janeiro: FGV, 2013.

integração do direito por meio da analogia, dos costumes e dos princípios gerais do direito, **(iii)** a solução para os casos de conflito entre princípios constitucionais, **(iv)** o emprego dos princípios da razoabilidade e proporcionalidade, **(v)** a identificação de falácias; **(vi)** o uso dos argumentos "a contrario", "a simili" ou "a pari", "a fortiori", "a maiori", "ad hominen", "ad absurdum", "ad exemplum", "ad ignorantia", "ab autoritatae", "ratione legis stricta", "contra legem", "de lege lata", "de lege ferenda", "petitio principii", "pás de nullité sans grief", "ne reformatio in pejus", "humana dignitate", "ipso facto", "in re ipsa", "propter rem", "sedes materiae", "a rubrica".

***

O CLS, como visto acima, é uma **postura filosófica** diante do **fenômeno jurídico**. Depois do quanto exposto neste estudo, pode-se dizer com mais propriedade que o CLS operando a partir da (a) "filosofia analítica", com enfoque na lógica, (b) da "filosofia da linguagem", com enfoque na semiótica e na teoria da comunicação, bem como que, (c) partindo da noção de direito como linguagem, elabora conceitos centrais (i) para a teoria do direito, como os conceitos de sistema e ordenamento jurídico, fato, ato e norma jurídica, relação e obrigação jurídica, oferece uma rica contribuição (ii) para a hermenêutica jurídica, descrevendo, de forma analítica e com base filosófica, o processo de construção do sentido da norma e, finalmente, oferece, em terceiro nível de linguagem, uma excelente ferramenta (iii) para a teoria da argumentação jurídica focada na decisão judicial, o que faz por meio da engenhosa e precisa construção da **regra- matriz de incidência tributária**.

A teoria da regra-matriz de incidência tributária consiste em uma **analítica** da norma veiculadora da **hipótese de incidência** tributária. A técnica empregada é a **desconstrução** da norma tributária de incidência em sentido amplo, primeiro em seu **antecedente** e **consequente**, depois em seus aspectos **material**, espacial, temporal, presente no antecedente, e nos seus aspectos **pessoal** e **quantitativo**, presentes no consequente.

Essa teoria tem o grande objetivo de ajudar o aplicador da norma tributária a formular a **justificativa** acerca da norma jurídica válida, da construção interpretativa feita sobre essa norma jurídica válida, da qualificação dos fatos provados e da norma de decisão.

O enfoque da teoria é tanto **lógico**, quanto **retórico**, não alcançando o enfoque dialógico.

É **predominantemente** lógico, na medida em que opera a partir de uma analítica do ordenamento, da norma e da relação jurídica, mediante o emprego do rigor silogístico, da lógica das proposições, da lógica dos predicados e da lógica deôntica, uma vez que todas elas estão na base do CLS, o qual propugna que a linguagem textual, que é aquela através da qual o direito opera por excelência, somente é possível de ser trabalhada através do rigor **lógico** e **terminológico**, sob pena da **falácia** e da **ininteligibilidade**. O próprio relacionamento dos enunciados jurídicos no interior do ordenamento e das normas jurídicas no interior do sistema deve ser feito com rigor lógico. Esse enfoque dota essa teoria de **clareza**, **universalidade** e, sobretudo, de **condições de controle e verificação** de sua validade.

O enfoque também é **retórico**, na linha da "nova retórica" pregada por Chaim Perelman, na medida em que, através do CLS, o modelo argumentativo utilizado para construir e justificar a RMIT opera a partir do **estruturalismo semiótico** com origem em Saussure e da **estrutura da linguagem** nos níveis sintático, semântico e pragmático, o que o conduz a partir de bases ou "pontos de partida" amplamente aceitos pela comunidade jurídica a que é dirigido o modelo, especialmente em razão da consideração do nível **semântico** e, sobretudo, **pragmático**.

Na linguagem de Chaim Perelman, esses "pontos de partida" são **fatos, verdades, presunções, valores, hierarquia de valores** e **ideologia** (PERELMAN, 2005, p. 73/96), sendo que este último representa um conjunto de valores que o professor Perelman chamou de "**loci**". Assim, mesmo tendo enfoque lógico predominante, a RMIT e o próprio CLS são tão bem estruturados linguística, sistêmica e pragmaticamente, que seus "pontos de partida", segundo as categorias da "nova retórica", apresentam-se como poderosa ferramenta para o **reconhecimento** e a **aceitação** da teoria. O espaço não permite maior desenvolvimento do tema. Porém, como exemplo desses pontos de partida cita-se algumas "verdades", como a ideia de que o direito é um instrumento manipulado pelo Estado para atingir seus fins, que, por sua vez, seriam limitados pela Constituição, sendo, especificamente o Direito Tributário, um microssistema constitucional aferrado pela marca da "**exaustão**" do seu desenho, pouco, ou nada, tendo sido deixado ao legislador infraconstitucional, e pela marca da "**rigidez**", a qual sinaliza no sentido do caráter estrito que deve presidir a construção do sentido das normas. E dessas "verdades" defluiriam valores como a "**estrita legalidade**", a **irretroatividade** e a **igualdade**, criando um "**loci**" ou uma **ideologia** do Direito Tributário. Todos esses recursos retóricos estão presentes na RMIT, que os invoca e os desenvolve a partir do desenho de sua estrutura, contribuindo para sua imensa aceitação teórica e prática. Na leitura argumentativa de Theodor Viehweg, esses pontos de partidas seriam os "lugares comuns" ou "topoi".

Utilizando as categorias de Stephen Toulmin (2006, p. 135/207), também se pode caracterizar a RMIT como retórica.[21] Toulmin, partindo da ideia de que a utilização da lógica formal **não é suficiente** para construir um argumento sólido, bem como da ideia de que este somente é alcançado a partir do emprego de um modelo de argumentação **estrutural** e **universal** de solidez, baseado em níveis representados pelos conceitos de **pretensão, razão, garantia** e **respaldo**, e complementado

---

21. Em sentido contrário, entendendo tratar-se de uma técnica hermenêutica, cf.: OLEINIK, Rosana. Teoria da norma jurídica e a regra-matriz de incidência como técnica de interpretação do direito. *In*: CARVALHO, Paulo de Barros. *Constructivismo lógico-semântico*, Vol. 1. São Paulo: Noeses, 2014.

por **critérios específicos** a cada campo do saber, elaborou uma estrutura de argumentação jurídica que opera considerando níveis de justificação. Apesar do rigor lógico, a RMIT cumpre de maneira perfeita os níveis de justificação descritos por Toulmin, desde a razão fundada no próprio modelo desenhado pela RMIT, passando pela razão, composta por regras e princípios jurídicos, até o respaldo, composto pelos pontos de partida acima apresentados segundo as categorias de Perelman, bem como pelas demais normas fundamentais e específicas a cada campo do conhecimento.

6. Decisão judicial

De acordo com o quanto se expôs linhas atrás, para construir a decisão judicial, o magistrado necessita: **(i)** um enunciado normativo válido que funcionará como o critério maior de suas conclusões; **(ii)** um processo de construção interpretativo da norma jurídica válida a partir do enunciado mencionado no item anterior; **(iii)** um processo de reconstrução dos fatos a partir das provas constantes dos autos; **(iv)** um procedimento dialético que assegure a participação das partes em conflito; **(v)** a qualificação jurídica dos fatos com base na norma jurídica construída e nos fatos tidos como provados; **(vi)** a elaboração da norma jurídica de decisão; **(vii)** um texto argumentativo válido capaz de justificar todas as conclusões parciais condutoras da conclusão final da decisão judicial.

Não é fácil, na teoria, nem na prática, fazer a separação entre o estudo sobre a teoria da norma válida, a cargo da Teoria do Direito, o estudo da construção interpretativa dos enunciados normativos, a cargo da hermenêutica, e o estudo a respeito das maneiras de se justificar o resultado da interpretação e da solução da controvérsia apresentada pelo juiz, a cargo da Teoria da Argumentação.

Todavia, entende-se aqui que esta maneira separada de abordar o problema da decisão judicial é importante, pois permite, por parte do magistrado, maior consciência acerca das etapas e escolhas envolvidas no ato de decidir, bem como permite aos destinatários da decisão e aos estudiosos do direito saber como o magistrado pensa o direito e como ele pensou caso, proporcionando que a crítica, a revisão e o controle da decisão judicial sejam possíveis de maneira mais efetiva.

Em suma, a decisão judicial é um ato complexo que se constrói em etapas de raciocínio e opera, a partir da atividade valorativa, com os aspectos jurídicos, políticos, éticos e morais, econômicos, tendo o CLS, com sua postura filosófica própria perante o fenômeno jurídico, muito a contribuir em direção à sua melhor compreensão.

Referências bibliográficas

ALEXY, Robert. *Conceito e validade do direito*. São Paulo: Martins Fontes, 2009.

_____. *Teoria discursiva do direito*. Rio de Janeiro: Forense Universitária, 2014.

ALEXY, Robert. *Teoria da argumentação jurídica*. São Paulo: Landy, 2005.

ATIENZA, Manuel. *Curso de argumentación jurídica*. Madrid: Editorial Trotta, 2013.

_____. As razões do direito. Rio de Janeiro: Forense Universitária, 2014.

BATISTA, Francisco de Paula. *Compêndio de hermenêutica jurídica*. São Paulo: Saraiva, 1984.

BEZERRA NETO, Bianor Arruda. Hermenêutica jurídica e teoria da decisão judicial na obra do professor Paulo de Barros Carvalho. *In* CARVALHO, Paulo de Barros e MAIA, Robson (Organizadores). *Ensaios sobre jurisdição federal*. São Paulo: Noeses, 2014.

BEZERRA NETO, Bianor Arruda. *O que define um julgamento e quais os limites do juiz?* São Paulo: Noeses, 2018.

BETTI, Emilio. *Interpretação da lei e dos atos jurídicos.* São Paulo: Martins Fontes, 2007.

BOBBIO, Norberto. *O positivismo jurídico:* lições de filosofia do direito. São Paulo: Ícone, 2006.

BRITTO, Lucas Galvão. *O lugar e o tributo.* São Paulo: Noeses, 2014.

CAMPILONGO, Celso Fernandes. *Política, sistema jurídico e decisão judicial.* São Paulo: Max Limonad, 2002.

CARVALHO, Aurora Tomazini. *Curso de teoria geral do direito:* o construtivismo lógico-semântico. São Paulo: Noeses, 2014.

CARVALHO, Paulo de Barros. *Direito tributário:* linguagem e método. São Paulo: Noeses, 2013.

_____. *Direito tributário:* fundamentos jurídicos da incidência. São Paulo: Saraiva, 2014.

_____. (Organizador). *Construtivismo lógico-semântico*, Vol. 1. São Paulo: Noeses, 2014.

CARVALHO, Cristiano. *Teoria da decisão tributária.* São Paulo: Saraiva, 2013.

DWORKIN, Ronald. *O império do direito.* São Paulo: Martins Fontes, 2014.

_____. *Levando os direitos a sério.* São Paulo: Martins Fontes, 2011.

_____. *A raposa e o porco-espinho.* São Paulo: Martins Fontes, 2014.

FETERIS, Eveline. *Fundamentos de la argumentación jurídica*. Revisión de las teorías sobre la justificación de las decisiones judiciales. Bogotá: Universidad, Externado de Colombia, 2007.

HART, Herbert Lionel Adolphus. *O conceito de direito*. São Paulo: Martins Fontes, 2009.

GUASTINI, Riccardo. *Distinguiendo:* estudios e teoría y metateoría del derecho. Barcelona: Gedisa, 1999.

_____. São Paulo: Quartier Latin, 2005.

GRAU, Eros Roberto. *Por que tenho medo dos juízes*. São Paulo: Malheiros, 2013.

KELSEN, Hans. *Teoria pura do direito*. São Paulo: Martins Fontes, 2012.

LINS, Robson Maia. Considerações sobre o conceito de norma jurídica e a pragmática da comunicação na decisão judicial na jurisprudência do Supremo Tribunal Federal. *In*: CARVALHO, Paulo de Barros, Organizador. *Construtivismo lógico-semântico*, Vol. 1. São Paulo: Noeses, 2014._____. O problema da justiça. São Paulo: Martins Fontes, 2011.

PERELMAN, Chaim. *Teoria da argumentação*. São Paulo: Martins Fontes, 2005.

_____. *Lógica jurídica*. São Paulo: Martins Fontes, 2004.

RODRIGUEZ, José Rodrigo. *Como decidem as cortes?* Rio de Janeiro: FGV, 2013.

STRECK, Lenio Luiz. *Verdade e consenso*. São Paulo: Saraiva: 2012.

_____. *Hermenêutica jurídica em crise*: uma exploração hermenêutica da construção do Direito. Porto Alegre: Livraria do Advogado, 2009.

TOMÉ, Fabiana Del Padre. *A prova no direito tributário*. São Paulo: Noeses, 2011.

TOULMIN, Stephen E. *Os usos do argumento*. São Paulo: Martins Fontes, 2006.

HIERARQUIA E SISTEMA JURÍDICO

Charles William McNaughton[1]

Sumário: 1. Introdução – 2. Hierarquia: existe? 2.1 Concepção ingênua da hierarquia; 2.2 Dificuldades à concepção ingênua de hierarquia a partir do constructivismo lógico-semântico; 2.3 Reconstrução da ideia de hierarquia de normas a partir de preceitos do constructivismo lógico-semântico.

1. Introdução

Sempre tive o tema da hierarquia como desafiador. A existência, mesma, dessa característica do sistema jurídico é contestada por muitos. Entre os que a aceitam, há muitas disputas sobre a presença de relação hierárquica entre os diversos veículos normativos, gerando controvérsias significativas no plano pragmático. Apesar disso, há poucos trabalhos que examinam o tema como foco principal de investigação, o que abre espaço para novas especulações.

---

[1]. Doutor em Direito Tributário pela Faculdade de Direito da Pontifícia Universidade Católica de São Paulo (PUC-SP); mestre em Direito Tributário pela Faculdade de Direito da Pontifícia Universidade Católica de São Paulo (PUC-SP); especialista em Direito Tributário pela Faculdade de Direito da Pontifícia Universidade Católica de São Paulo (PUC-SP/COGEAE) e graduado em Direito pela Faculdade de Direito da Pontifícia Universidade Católica de São Paulo (PUC-SP), professor do curso de especialização em Direito Tributário da Pontifícia Universidade Católica de São Paulo (PUC-SP/COGEAE), do curso de especialização do Instituto Brasileiro de Estudos Tributários (IBET).

Minha proposta é enfrentar o tema a partir de coordenadas do chamado "constructivismo lógico-semântico", tendo como objetivo a resposta a um questionamento fundamental: é possível se pensar em hierarquia de normas na perspectiva do constructivismo lógico-semântico?

2. Hierarquia: existe?

Para discutir a existência da hierarquia no direito, passarei a expor o que poderia ser tida como uma "concepção ingênua de hierarquia". Buscarei indicar que essa concepção ingênua de hierarquia é oriunda de nossa tradição jurídica, ainda impregnada em nosso ordenamento.

Em seguida, ilustrarei dificuldades que o constructivismo lógico-semântico acaba apresentado a uma aceitação sem reservas da concepção ingênua de hierarquia de normas. Será um esforço de "desconstrução" daquela ideia mais inocente de um sistema estruturado de forma hierárquica, mas com problemas sérios decorrentes dessa nova postura, como a dúvida cética que exsurge quanto a princípios como "segurança jurídica" e "certeza do direito" que são nucleares para o sistema jurídico.

Finalmente, mesmo acatando os principais fundamentos do constructivismo lógico-semântico, buscarei resgatar a ideia de hierarquia, enquadrando-a como uma espécie de estratégia retórica da pragmática da comunicação jurídica.

Meu objetivo ao final será convencer que ainda é possível se pensar, se bem que em dose modesta, em segurança jurídica e certeza do direito, mesmo com a "morte" da "concepção ingênua de hierarquia".

2.1 Concepção ingênua da hieraquia

Isso que chamo de "concepção ingênua da hierarquia" convive com noções importantes da conversação do direito como os conceitos "estrita legalidade", "segurança jurídica", "certeza do direito" e, principalmente, "democracia". Ela parte da noção de que certas normas resultam da aplicação de outras que condicionam seu conteúdo e, acima de tudo, que essas normas existem previamente ao ato de aplicação.

Tomemos alguns eventos significativos para contextualizar essa concepção da hierarquia em sua dimensão histórica. Como se sabe, a partir da Revolução Francesa, especialmente com o advento do Código Napoleônico, buscou-se consolidar-se a ideia de "separação dos poderes". Norberto Bobbio explica esse fenômeno da seguinte forma:

> Uma terceira causa, que pode ser considerada como a justificação jurídico-filosófica da fidelidade ao Código, é representada pela doutrina da *separação dos poderes, que* constitui o fundamento ideológico da estrutura do Estado Moderno (fundada na distribuição de competências, portanto, na atribuição das três funções fundamentais do Estado – a legislativa, a executiva e a judiciária – a três órgãos constitucionais distintos). Com base nesta teoria, o juiz não podia criar o direito, caso contrário invadiria a esfera do poder legislativo, mas devia, de acordo com a imagem de Montesquieu, ser somente a boca através da qual fala a lei [...].[2]

A concepção ideológica, acima mencionada, foi fundamentada pela chamada escola exegética, que floresceu no século XIX. Para a escola exegética, direito é puramente direito estatal, oriundo da lei, prevalecendo o princípio da onipotência do legislador.[3] Por isso, como ensina Norberto Bobbio surgiu uma "identificação do direito com a lei escrita", acarretando o seguinte:

> [...] culto do texto da lei, pelo qual o intérprete deve ser rigorosamente – e podemos dizer, bem, religiosamente – subordinado às disposições do artigo do Código.[4]

---

2. BOBBIO, Noberto. O positivismo jurídico. *Lições de filosofia do direito.* São Paulo: Ícone, 2006. Tradução Márcio Pugliese, p. 78.

3. Ibidem, p. 86.

4. Ibidem, p. 88.

A "concepção ingênua de hierarquia" parte justamente dessa *subordinação do intérprete ao texto*. O juiz, a autoridade administrativa ou o aplicador em geral, não cria lei, mas simplesmente a aplica. Não quero, aqui, examinar a fundo a evolução histórica das escolas que se detiveram sobre a interpretação jurídica, mas apenas deixar registrado que a escola exegética deixou suas marcas entre nós. Como diz João Maurício Adeodato,

> O conceito de norma é identificado com o de lei. Esse sentido está na escola Exegética francesa e permanece até hoje no uso comum da língua quando se diz que o contrato faz "lei" entre as partes ou que a decisão do magistrado é lei.[5]

Um exemplo que ilustra essa permanência da ideologia exegética nos dias de hoje é o princípio da certeza do direito que é inerente a tal movimento.[6] Pelo princípio da certeza do direito, "os associados podem ter do direito um critério seguro de conduta somente conhecendo antecipadamente, com exatidão, as consequências de seus comportamentos".[7] Ora, o princípio da certeza do direito é tão importante, que o Professor Paulo de Barros Carvalho o coloca como sobreprincípio que está "acima de outros primados e regendo toda e qualquer porção da ordem jurídica".[8]

Outro elemento também marcante do século XIX é a ideia de subsunção[9], ainda viva e de difícil superação. Tal noção exprime que o direito convive com uma premissa maior – a regra jurídica – uma premissa menor – o fato jurídico – e a conclusão.

---

5. ADEODATO, João Maurício. *Uma Teoria retórica da norma jurídica e do direito subjetivo*. São Paulo: 2014, p. 172.

6. Ibidem, p. 79.

7. Ibidem, p. 80.

8. CARVALHO, Paulo de Barros. *Direito tributário, linguagem e método*. 6ª ed. São Paulo: Noeses, 2015, p. 291.

9. FERRAZ Jr. Tercio Sampaio. *A ciência do direito*. 2ª ed. São Paulo: Atlas 1980, p. 34.

Ora, o que é a conclusão, senão uma nova norma derivada da aplicação de outra, ou seja, hierarquicamente inferior a essa? Esta relação em que uma norma N é a premissa maior, o fato F, a premissa menor, e a norma N' a conclusão, se combinada com aquela noção de que o "intérprete deve se submeter ao texto de lei" esclarece, com exatidão, a concepção ingênua de hierarquia que pretendemos exprimir, como se a positivação do direito pudesse ser prevista a partir de silogismos, de tal sorte que, bastando conhecer a regra geral e o fato, qualquer intérprete, com meros cálculos lógicos, poderia prever o desfecho jurídico aplicável.

No campo do direito positivo, a concepção ingênua da hierarquia transparece em diversos dispositivos, indicando que o princípio da certeza do direito é um valor jurídico prestigiado. Tomemos, por exemplo, o artigo 3º do Código Tributário Nacional:

> Art. 3º Tributo é toda prestação pecuniária compulsória, em moeda ou cujo valor nela se possa exprimir, que não constitua sanção de ato ilícito, instituída em lei e cobrada mediante atividade administrativa plenamente vinculada.

Como podemos perceber, no art. 3º do CTN, é claro que tributo é toda prestação pecuniária compulsória que, entre outros atributos, é cobrada mediante atividade plenamente vinculada. O que seria essa previsão de "atividade plenamente vinculada" senão a previsão jurídica de que a autoridade administrativa deve se submeter ao império da lei, sem qualquer campo de interpretação?

Outro exemplo marcante é a previsão do inciso I do art. 35 da Lei Complementar nº 35 de 14 de março de 1979, a chamada Lei Orgânica da Magistratura. A redação é a seguinte:

> Art. 35. São deveres do magistrado:
>
> I – Cumprir e fazer cumprir, com independência, serenidade e exatidão, as disposições legais e os atos de ofício;

Prevê o dispositivo que deve o juiz cumprir com "exatidão" as disposições legais e os atos de ofício, como se a interpretação normativa pudesse ser exata.

Mas, não apenas nesses exemplos acima citados. A ideia da "lei" como norte do direito é tendência em diversos países da família romano-germânica como ensina o Professor René Davi:

> Primado atual da lei. Nas condições do mundo moderno e também por razões de ordem filosófica e política, considera-se hoje, de um modo geral, nos países de família romano-germânica, que a melhor maneira de chegar às soluções de justiça que o direito impõe, consiste, para os juristas, em procurar apoio nas disposições de lei. Esta tendência obteve um sucesso decisivo no século XIX, quando a quase totalidade dos Estados membros da família romano-germânica publicou seus códigos e se muniu de constituições escritas. Na nossa época, ela se encontra ainda reforçada com o triunfo das ideias dirigistas e o alargamento em todos os domínios do papel do Estado. Trabalhar para o progresso e para o primado do direito continua a ser tarefa ingente da coletividade dos juristas, mas nesta tarefa de todos, o papel do legislador, no mundo atual, é preponderante.[10]

Explicado esse panorama, pretendo exprimir a concepção ingênua da hierarquia a partir de duas assertivas:

i. Existe a confusão entre norma jurídica e texto de lei. O conteúdo da norma é apreendido do texto da lei, texto, este, que submete o aplicador do direito, dando-se eficácia ao primado da legalidade.

ii. O princípio da certeza do direito não é apenas um valor a ser realizado, mas uma característica jurídica que existe a partir da existência da legislação. Quem conhece os textos da lei e conhece os fatos pode prever quais serão os efeitos jurídicos decorrentes de tais fatos.

---

10. DAVID, René. *Os grandes sistemas do direito contemporâneo*. São Paulo: Martins Fontes, 2002. Tradução Hermínio A. Carvalho, p. 119.

CONSTRUCTIVISMO LÓGICO-SEMÂNTICO

2.2 Dificuldades à concepção ingênua de hierarquia a partir do constructivismo lógico-semântico

Diversas vertentes poderiam ser utilizadas para ilustrar as dificuldades da concepção ingênua de hierarquia. Mas, por ser esse um livro dedicado ao constructivismo lógico-semântico, gostaria de colocar algumas noções dessa corrente jurídica que poderiam gerar sérios problemas à concepção ingênua de hierarquia mencionada no item anterior.

Passo, para isso, a resgatar a própria noção de norma jurídica e de interpretação do constructivismo, especialmente, a distinção entre "texto jurídico" e "norma jurídica". O professor Paulo de Barros Carvalho exprime de forma muito clara essa distinção da seguinte forma:

> A norma jurídica é a significação que obtemos a partir da leitura dos textos do direito positivo. Trata-se de algo que se produz em nossa mente, como resultado da percepção do mundo exterior captada pelos sentidos.[11]

Se a norma não se confunde com o texto, mas a significação que surge em nossa mente, avistamos uma espécie de "sinal amarelo" àquela noção ingênua da hierarquia a qual vimos explicando: a norma surge na mente daquela mesma autoridade que irá aplicá-la. Esse registro cria um problema considerável à ideia (ingênua) de hierarquia porque a autoridade deixa de aplicar a norma previamente instituída pelo parlamento para criar, ela mesma, em sua mente, a norma jurídica aplicável.

Esse risco que corre a ideia de hierarquia poderia ser claramente contornado se existissem métodos seguros para interpretação das normas jurídicas. Com a existência desses métodos, ainda que a norma surgisse na mente do intérprete, a ideia de hierarquia ainda resistiria porque, de certa forma, aquela "submissão" ao texto de lei, mencionada por Norberto

---

11. CARVALHO, Paulo de Barros. *Curso de direito tributário*. 19 ed. São Paulo: Saraiva, 2007, p. 8.

Bobbio persistiria, ainda que mediada pela aplicação de um método interpretativo adequadamente escolhido.

Mas, a fragilidade da noção ingênua de hierarquia se torna dramática quando deixa de existir um "limite à interpretação" e, mais do que isso, quando o texto jurídico deixa de carregar, por si mesmo, um conteúdo. Essa ausência de limite é claramente percebida pelo constructivismo lógico-semântico, quando trata da teoria da interpretação. Aurora Tomazini de Carvalho explica com exatidão:

> O intérprete constrói o conteúdo textual. O texto (em sentido estrito) é significativo, mas não contém, em si mesmo, significações (seu conteúdo). Ele serve de estímulos para a produção de sentido. As significações são construídas na mente daquele que interpreta o suporte físico, por este motivo, requerem, indispensavelmente, a presença do homem. Assim sendo, podemos dizer que não existe texto sem conteúdo, mas também não existe conteúdo sem o ser humano. O conteúdo está no homem, apenas é atribuído ao texto.
>
> Transportando estas considerações para a especificidade dos textos jurídicos, vale a crítica de Paulo de Barros Carvalho sobre a afirmação segundo a qual "dos textos do direito positivo extraímos normas jurídicas". Tal assertiva pressupõe ser possível retirar, de entidades meramente físicas, conteúdos significativos, da mesma forma que se extrai água de um pano molhado, ou mel de uma colmeia, como se as significações estivessem impregnadas no suporte físico e todo o esforço do intérprete se voltasse para arrancá-los de dentro dos enunciados.
>
> O plano do conteúdo do direito positivo (normas jurídicas) não é extraído do substrato material do texto, como se nele estivesse imerso, esperando por alguém que o encontre. Ele é construído como juízo, na forma de significação, na mente daquele que se propõe a interpretar seu substrato material. O suporte físico do direito posto é apenas o ponto de partida na construção das significações normativas, que não existem senão na mente humana.

E arremata:

> [...] Podemos até fazer uma análise do plano da expressão, da forma como o direito se manifesta materialmente: verificar a tinta utilizada, a fonte das letras, a formatação etc. Mas o

conhecimento do conteúdo jurídico só se atinge mediante um ato de valoração do intérprete.[12]

Se assim é, o conteúdo jurídico não está na lei: está no intérprete. No intérprete: esse ser que constrói a norma mediante sua *valoração pessoal*, conforme sua formação cultural, conforme seus anseios e história de vida e, mais grave, conforme sua intuição emocional.

Se o intérprete constrói a norma jurídica a partir de suas próprias características, a ideia de "hierarquia do texto que submete o aplicador" deixa de fazer qualquer sentido e, com ela, há o risco de que noções como "segurança jurídica" e, acima de tudo, "certeza do direito" sejam apenas ilusões que confortam o jurisconsulto e permitem uma comunicação jurídica teatral e simulada.

Mas, embora a concepção ingênua da hierarquia não possa mais prevalecer, penso ser imperiosa uma reconstrução consciente da noção de hierarquia, ainda que modesta, capaz de resgatar um mínimo de certeza do direito.

Caso contrário, imperaria uma espécie de esquizofrenia jurídica, em que nós, estudiosos e aplicadores do direito, ao mesmo tempo em que negamos instrumentos que permitam distinguir uma decisão arbitrária de outra bem fundamentada, continuamos falar em nome da legalidade, da segurança jurídica, da justiça e assim por diante. Como falar em nome de algo que não se acredita? E pior: como se falar em nome de algo que ninguém acredita?

Daí o motivo por que acredito que a "morte da hierarquia" é retoricamente contraproducente, ou até impossível. Em outras palavras, o jurista depende da hierarquia para convencer e ser convencido.

---

12. CARVALHO, Aurora Tomazini de. *Curso de teoria geral do direito*. São Paulo: Noeses, 2014, p. 228.

Aliás, em conclusão semelhante, o Professor Paulo de Barros Carvalho coloca a hierarquia como um axioma, um princípio ontológico do direito,[13] a tal ponto que sem hierarquia, não há direito.

Buscando solucionar o impasse entre a necessidade (ontológica) da hierarquia no direito e as dificuldades que certas premissas do constructivismo podem gerar, advirto que estaria traindo minha consciência se não apontasse que acredito que a ideia de hierarquia normativa pode ser amplamente sustentada em um contexto do constructivismo lógico-semântico. Essa reconstrução da hierarquia é o esforço que passo a fazer no próximo item.

2.3 Reconstrução da ideia de hierarquia de normas a partir de preceitos do constructivismo lógico-semântico

Partimos, no constructivismo lógico-semântico, da noção de que direito é linguagem.[14] Dizemos: há uma linguagem jurídica. Nesse sentido, a expressão "direito é linguagem" não se reduz ao fato de que esse objeto é constituído por palavras e enunciados que comunicam comandos. Ela predica a autonomia desse corpo de linguagem, ou seja, enuncia que "direito" é uma linguagem, uma linguagem determinada.

Pois bem. Não há linguagem sem código e não há signo sem linguagem. Nesse sentido, se o direito é composto por uma linguagem própria, diremos: direito tem seu próprio código, ou em termos mais soltos, existe uma língua do direito.

---

13. CARVALHO, Paulo de Barros. *Direito tributário, linguagem e método*. São Paulo: Editora Noeses, 2009, 3ª edição, p. 219.

14. "O Direito é linguagem no sentido de que sua forma de expressão consubstancial é a linguagem verbalizada suscetível de ser escrita". (MORCHÓN, Gregorio Robles. *O direito como texto*. Quatro estudos de teoria comunicacional do direito. Barueri, SP: Manole Editora, 2005, p. 2).

CONSTRUCTIVISMO LÓGICO-SEMÂNTICO

Quando aplicamos uma língua para nos comunicar, assim o fazemos para que sejamos *compreendidos*.[15] A possibilidade de comunicar reside na semelhança. A necessidade, na diferença.

Segundo os linguistas, partilhamos um sistema de signos depositado em nosso intelecto, denominado língua.[16] Ao fazer emprego desses signos, a partir das regras que o sistema institui, constituímos uma "codificação" criadora de uma mensagem. Língua é uma instituição social, dizemos.

Agora, também, *aplicamos* o direito, porque precisamos ser *compreendidos*, e de uma maneira bem peculiar, que é a maneira jurídica. Quando pretendemos exprimir que alguém deve fazer algo, sob pena de sofrer uma sanção, temos de selecionar signos aptos a propagar essa mensagem. Se nosso intuito é que o destinatário tenha claro que esta sanção será aplicada por um órgão do Poder Judiciário, devemos escolher signos que "falem" a língua do direito.

Não pretendo ingressar, aqui, em polêmicas, se o aprendizado e uso de uma língua é algo passivo ou ativo. Adotarei, sem maiores questionamentos, a acepção de MIKHAIL BAKHTIN, de que não é o caso de que a língua se transmite, passivamente. Ela dura enquanto usada. Não há, assim, um ato de receber/usufruir, mas de tomar consciência nela, enquanto empregada. É por meio da língua que há um primeiro despertar da consciência.[17]

---

15. "El emisor de un mensaje que quiera ser comprendido por receptores de una determinada comunidad lingüística debe codificarlo a través de la lengua que esta corresponda." (GUIBOURG, Ricardo; GIULIANI, Alejandro M.; GUARINONI, Ricardo. *Introducción al conocimiento científico*. Buenos Aires: EUDEBA, 1985, p. 24).

16. Saussure enuncia que "a língua existe na coletividade sob a forma duma soma de sinais depositados em cada cérebro, mais ou menos como um dicionário cujos exemplares, todos idênticos, foram repartidos entre os indivíduos". (SAUSSURE, Ferdinand de. *Curso de linguística geral*. Trad. Antônio Chelini, José Paulo Paes e Izidoro Blikstein. 3ª ed. São Paulo: Editora Cultrix, 1971, p. 18).

17. "Na verdade, a língua não se transmite. Ela dura e perdura sob a forma de um processo evolutivo contínuo. Os indivíduos não recebem a língua pronta para ser usada; eles penetram na corrente da comunicação verbal". (BAKHTIN, Mikhail. *Marxismo e filosofia da linguagem*. 13. ed. São Paulo: Editora Hucitec, 2007, p. 111).

Os enunciados, por sua vez, surgem mediante o ato de enunciação. A enunciação é motivada por suas condições reais, por seu contexto. *A palavra, assim, dirige-se a um interlocutor e varia conforme as situações sociais de cada um deles.*

Nesse contexto, o indivíduo está enquadrado, na pronúncia do enunciado, pelas fronteiras de sua classe e época. Isso significa que a palavra (o enunciado) comporta duas faces: serve de expressão de um para o outro e é um território comum entre locutor e interlocutor.

Agora, a interação verbal, realizada por meio de enunciações, é o que constitui a língua. Ela pode ser realizada por diálogos; pelas respostas inerentes a todo texto, confirmando, refutando ou antecipando futuras respostas. Eis a noção, hodiernamente denominada de dialogia ou interdiscursividade.

Nesse contexto, a aplicação da língua do direito torna-se uma conduta ativa. O aplicador não é um passivo que recebe a herança da língua – como uma concepção ingênua de hierarquia poderia transmitir – mas alguém que dialoga com ela, por meio de respostas a outros enunciados.

Concebemos a língua do direito, por esse viés, como um diálogo vivo e ininterrupto, em que certos enunciados exigem uma resposta concreta a ser fornecida por outros, em um fluxo denominado "processo de positivação".

Nesse sentido, se não há cabida para a ideia de legado no direito enquanto passividade, afirmamos que existe enquanto diálogo. O sujeito *aplica* a língua do direito à medida que dialoga, de uma forma muito peculiar, que é a jurídica, com outros enunciados que foram expressos nessa língua. Sucede que essa resposta, também, travará diálogos com possíveis enunciados do futuro.

Por conta desse diálogo que se trava entre o passado e futuro, a língua do direito requer do enunciador um esforço de *motivação*, intrinsecamente ligado à noção de hierarquia. Tenhamos por motivação, nesse contexto, o esforço de se responder ao passado, tendo por intuito uma aceitabilidade no futuro.

Esclarecidos esses pontos, acrescentaríamos: quando se aplica a língua do direito, responde-se a certos enunciados do passado para que se obtenha aceitação no futuro. Essa aceitação só pode ser aquela que "reconheça" um enunciado como jurídico e que admita sua "correção" frente a uma língua do direito – em suma, que reconheça que esse enunciado tenha fornecido a enunciados do passado um determinado tipo de resposta que seria reconhecível como uma "resposta jurídica".

Assim, poderíamos conceber o seguinte: 1) enunciados jurídicos EJ em um momento M; 2) respostas a esses enunciados, em um momento M', por possíveis EJ'; 3) reconhecimento, por outros enunciados EJs", que EJs' pertençam ao mundo jurídico e/ou tenham sido adequadamente produzidos.

Agora, na medida em que um enunciador qualquer "fala a língua do direito", havemos de admitir que ele sabe como deve responder aos enunciados existentes para produzir prescrições jurídicas. E se ele aguarda respostas futuras, como todo enunciado aguarda, diremos que o enunciado jurídico busca sua aceitação no mundo do direito.

Mas, o que significa "ser aceito no mundo do direito"? Essa aceitação significa justamente aquilo que a dogmática jurídica designa de "validade". Ou seja, se o enunciado é tido como válido é porque é reconhecido como provido de força jurídica.

O que pretendo assinalar é que os enunciados jurídicos *aplicam* outros enunciados para que sejam aceitos no futuro. Esse ato de aplicação é justamente a condição pragmática para que possam fazer parte da conversação jurídica, porque sem tal ato de aplicação não se torna possível a criação daquilo que o constructivismo lógico-semântico designa de "veículos introdutores de normas".

CONSTRUCTIVISMO LÓGICO-SEMÂNTICO

De fato, segundo Paulo de Barros Carvalho, os veículos introdutores de normas são os meios pelos quais o direito faz inserir normas no sistema jurídico. Seus ensinamentos são os seguintes:

> O significado da expressão *fontes do direito* implica refletirmos sobre a circunstância de que regra jurídica alguma ingressa no sistema do direito sem que seja introduzida por outra norma, que chamaremos doravante de "veículo introdutor de norma".[18]

Ora, não se produz um veículo introdutor de normas sem um mínimo de respeito a outras regras jurídicas (de superior hierarquia). Por exemplo, um Juiz não pode criar uma lei complementar e o plenário do Congresso Nacional não emite um Decreto Presidencial. Um Juiz criando uma lei complementar seria um ruído tão grande, em nosso sistema, que a norma, segundo penso, teria dificuldades imensas de ser reconhecida como integrante do sistema jurídico.

Por esse prisma, a hierarquia normativa é um instrumento retórico de legitimação de comunicações jurídicas, isto é, o criador de norma N aplica norma N', para que N possa ser reconhecida como um enunciado transmissor de mensagens jurídicas por outros enunciados que o tomem como objeto.

Tomemos um exemplo. Se pretendo me comunicar com a língua portuguesa, observo certas regras de sintaxe, semântica etc. É possível que eu seja compreendido mesmo desrespeitando uma ou outra regra. Agora, sem um mínimo de observância a tais regras, certamente não serei compreendido.

Em termos normativos, segundo penso, opera-se o mesmo. Sem um mínimo de respeito a determinado conjunto de regras, uma comunicação jurídica qualquer não ingressa no sistema jurídico. Por mais esdrúxulas que sejam as violações a entidades normativas, um mínimo de observância é requisito *sine qua non* para a inserção da norma no sistema jurídico.

---

18. CARVALHO, Paulo de Barros. *Direito tributário, linguagem e método*. São Paulo: 3ª ed., 2009, p. 415.

E não infirma tal ideia a noção de que texto de lei e norma estejam diferenciados, como o constructivismo lógico-semântico nos ensina. Não importa, aqui, tampouco, que a norma jurídica seja construída pelo intérprete. O que importa ao aplicador do direito é que suas normas sejam *reconhecidas*, no futuro, por outros aplicadores de direito como pertencentes ao mundo jurídico.

É daí que a hierarquia, em minha concepção, ganha alguma força, algum sentido concreto. Se o enunciado está à espera da aceitação de enunciados futuros, como Bakhtin nos convence, o aplicador do direito espera que a norma por ele produzida seja aceita em comunicações jurídicas futuras.

Assim, ainda que seja a interpretação normativa um processo de construção, a teoria do enunciado nos faz crer que haja um esforço, no ato de aplicação do direito, de se conseguir que o processo construtivo, conduzido pelo intérprete, das normas por ele aplicadas, seja acatado em comunicações futuras, atestando-se a legitimidade das normas criadas.

Dou, aqui, exemplos. Um magistrado que elabora uma sentença busca motivá-la e tem a pretensão de que a sentença seja acatada pelo Tribunal. Nesse sentido, motivará sua decisão a partir de normas reconhecidas como de maior hierarquia – estampadas nas leis, na Constituição etc. – como estratégia de fundamentação de sua decisão.

O tribunal por sua vez expedirá um acórdão. Ora, esse acórdão é composto por votos apresentados por desembargadores. Por essa linha, cada desembargador buscará, a partir do texto do direito positivo, argumentos que convençam os demais integrantes da Câmara ou Turma de que sua interpretação deve prevalecer segundo as regras aplicáveis para a solução do caso.

Uma Emenda Constitucional é promulgada pela mesa do Senado e da Câmara, "nos termos do § 3º do art. 60 da Constituição Federal", demonstrando a força normativa de tal prescrição. Já um ato administrativo é efetivado com fundamento na lei tal ou qual.

Pois bem. Quando digo que há hierarquia no direito estou enunciando que em uma decisão, como um acórdão, o aplicador "fala em nome de normas de maior hierarquia" para fundamentar a adequação de sua decisão. Não importa, nesse sentido, qual o conteúdo dessas normas. Não importa, nem mesmo, se essas normas existem previamente, ao ato de decisão, ou se são criadas pelo intérprete. O que importa é que seus pares – os demais desembargadores – sejam convencidos de que esse conteúdo foi atendido no voto vencedor do acórdão.

Reforçando a ideia: a hierarquia se dá quando uma determinada autoridade jurídica criadora de norma N esteja, segundo as regras pragmáticas daquele sistema jurídico, compelida a falar em nome de certo conjunto C de normas para que sua decisão jurídica seja acatada. Entre as normas pertencentes a C e N, haverá justamente, aquela relação hierárquica.

Mas, poder-se-ia perguntar: como fica a segurança jurídica, a certeza do direito, nessa visão relativamente cética do sistema jurídico?

De fato, se a relação hierárquica é um mero "falar em nome de outras normas" não se trata de algo com força meramente "simbólica" – no sentido pejorativo do termo – sem qualquer eficácia mais representativa?

Minha resposta é a seguinte: na medida em que essa necessidade de acatamento do enunciado jurídico exige um esforço de persuasão da validade da norma, o aplicador do direito, de forma mais ou menos fidedigna, visa a compatibilizar sua decisão jurídica com aquilo que espera que outros aplicadores do direito aceitarão, em termos de conteúdo da norma por ele criada.

Em outras palavras: não se fala em nome de certas normas jurídicas (de maior hierarquia) sem um mínimo de força retórica apta a convencer os demais de que essas normas foram aplicadas. Esse esforço retórico exige o acatamento de convenções, ora mais ora menos partilhadas, para que haja um repertório comum entre aplicador do direito e o destinatário de sua mensagem, possibilitando a comunicação e a positivação do direito.

E as convenções são tão relevantes ao sistema jurídico, que há um esforço do legislador de reforçá-las: o Novo Código de Processo Civil, ao reforçar a importância dos precedentes e da consolidação de entendimentos jurisprudenciais é exemplo incisivo nesse sentido.

Claro que essas convenções não garantem uma previsibilidade necessária às decisões jurídicas: já não conseguimos aceitar, passivamente, a concepção ingênua da hierarquia.

Por outro lado, elas (as convenções) nos encorajam a tomar algumas suposições sobre o desenrolar do processo de positivação que está porvir, suposições, essas, com alguma chance de serem confirmadas, justamente porque partilhamos, afinal, uma língua do direito.

Se aceitarmos a assertiva acima, então, podemos reconhecer alguma segurança jurídica e alguma certeza do direito, podemos, em suma, não desprezar, completamente, a ideia de legalidade. Talvez, não a ponto de nos satisfazer com aquele conforto que a escola exegética possibilitava. Mas, quem sabe, não seja o momento de revermos nossas expectativas.

VARIAÇÕES SOBRE A ESTRUTURA DA NORMA DE COMPETÊNCIA TRIBUTÁRIA

Tácio Lacerda Gama[1]

Sumário: 1. Introdução – 2. Enunciados, proposições, normas em sentido amplo, normas em sentido estrito e normas em sentido completo – 3. O verbo como núcleo de uma norma e seus âmbitos de vigência: pessoal, temporal e territorial – 4. Uma primeira aproximação do conceito de competência tributária e de norma de competência para os fins da análise estrutural – 5. Descrição hipotética do fato produtor de normas (Hj): 5.1 Sobre quem pode criar normas jurídicas (S); 5.2 Sobre como deve ser a criação de normas [p(p1.p2.p3...)]; 5.3 Sobre onde as normas devem ser produzidas (e); 5.4 Sobre quando as normas podem ser produzidas (t); 5.5 Síntese da hipótese que descreve os fatos produtores de normas – 6. O vínculo entre forma e conteúdo (→) – 7. Relação jurídica de competência (Rj): 7.1 O sujeito ativo da relação de competência (s); 7.2 O sujeito passivo da relação de competência (sp): 7.2.1 Sujeição passiva e outros esclarecimentos – isomorfismos com o direito de propriedade e os direitos potestativos; 7.3 Permissão, faculdade ou obrigação?; 7.4 O aspecto material da outorga de competência m(s.e.t.c.) – 8. Njcom = H{[s.p(p1,p2,p3...)] . (e.t)} → R [S(s.sp) . m(s.e.t.c)] – 9. Sobre a programação dos âmbitos de validade da norma inferior – 10. Algumas conclusões sobre os papéis da estrutura da norma de competência – Referências bibliográficas.

---

1. Professor dos cursos de graduação e pós-graduação *stricto sensu* da PUC-SP e do IBET. Presidente do Instituto de Aplicação do Tributo – IAT e advogado.

1. Introdução

Nas próximas páginas, responderemos à pergunta sobre se é possível e útil construir uma norma de competência tributária.[2] Após elucidarmos as acepções adotadas para os termos "norma" e "competência", ficará claro que a proposta é oferecer um modelo lógico-sintático de representação das normas[3] que prescreva como outras normas devam ser feitas. Para definir o que deve estar contido nesta representação, retomaremos algumas premissas já expostas noutros trabalhos. A primeira delas é a de que a unidade do signo é dada pela relação entre significante e significado. Com as devidas alterações, a unidade da norma de competência deve disciplinar, integralmente, a conduta de criar outras normas. Outra premissa relevante é a seguinte: os elementos do sistema de direito positivo não são dotados de heterogeneidade semântica e pragmática, mas de homogeneidade sintática, pois se organizam segundo a mesma forma.[4] Por fim, relacionaremos sete elementos que precisam ser, direta ou indiretamente, disciplinados pela norma de competência, sob pena de essa não prescrever o mínimo e irredutível de manifestação do deôntico.[5]

---

2. Este tema já foi tratado por nós em outras oportunidades, quando sustentamos a possibilidade de reunir, numa única estrutura normativa, todos os elementos necessários à regulação da conduta de criar uma norma (Cf. GAMA, Tácio Lacerda. *Contribuição de intervenção no domínio econômico*. São Paulo: Quartier Latin, 2003.). Não mudamos de ideia. Pelo contrário, a experiência adquirida nos últimos anos com a intensa utilização deste instrumento nos evidenciou a sua utilidade e operacionalidade.

3. A possibilidade de representação formal da mensagem normativa foi preconizada, no direito tributário brasileiro, por Paulo de Barros Carvalho (*Curso de direito tributário*, p. 245-350), com a concepção da regra matriz de incidência tributária.

4. É precisa a lição de Paulo de Barros Carvalho no sentido de que: "Há homogeneidade, mas homogeneidade sob o ângulo puramente sintático, uma vez que nos planos semântico e pragmático o que se dá é um forte grau de heterogeneidade, único meio de que dispõe o legislador para cobrir a imensa e variável gama de situações sobre que deve incidir a regulação do direito, na pluralidade extensiva e intensiva do real-social." O direito positivo como sistema homogêneo de enunciados deônticos, p. 35-36.

5. Sobre o tema da competência tributária, há importantes obras doutrinárias a serem destacadas. Citamos as seguintes: MENDONÇA, Cristiane. *Competência tributária*. São Paulo: Editora Quartier Latin do Brasil, 2004; SCHMILL, Ulisses. La

Fundados nestes pontos de partida, vejamos como construir uma estrutura lógica para a norma de competência tributária.

2. Enunciados, proposições, normas em sentido amplo, normas em sentido estrito e normas em sentido completo

Enunciados são porções de texto a partir das quais se constrói um sentido. Como define Paulo de Barros Carvalho, os "enunciados" aparecem como "um conjunto de fonemas ou de grafemas que, obedecendo a regras gramaticais de determinado idioma, consubstanciam a mensagem expedida pelo sujeito emissor para ser recebida pelo destinatário, no contexto da comunicação."[6] Enunciados prescritivos, por sua vez, são fragmentos do direito positivo, a partir dos quais se constrói o sentido das mensagens normativas.

Quando deixamos a objetividade dos textos e passamos à subjetividade do intérprete que constrói a mensagem, transitamos do plano dos enunciados ao das proposições. Se os enunciados eram jurídicos, as proposições construídas a partir deles serão prescritivas de conduta. Numa definição: a proposição prescritiva é o sentido construído a partir dos enunciados prescritivos.[7]

Nem sempre, porém, podemos equiparar o conceito de "proposição prescitiva" com o conceito de "norma jurídica".

---

derogación y la anulación como modalidades del ámbito temporal de validez de las normas jurídicas. *Doxa (Publicaciones periódicas)*. Alicante: Biblioteca Virtual Miguel de Cervantes, 1996; PEIXOTO, Daniel Monteiro. *Competência administrativa na aplicação do direito tributário*. São Paulo: Quartier Latin, 2006; SPAAK, Torben. *Norms that confer competence. Ratio Juris*. Oxford: Blackwell Publishing, 1 (16): 89-104, 2003.

6. *Direito Tributário* – fundamentos jurídicos da incidência, p. 20.

7. Já as "proposições" são os conteúdos, as significações, que o contato com os enunciados provoca no sujeito da comunicação. Como salienta Paulo de Barros Carvalho, um único enunciado pode provocar a construção de diversas proposições, da mesma forma que uma proposição pode ser construída a partir de enunciados diversos. *Direito Tributário* – fundamentos jurídicos da incidência, p. 20.

Isso porque "norma jurídica" é conceito polissêmico, que, por isso mesmo, pode ser aplicado em diversas circunstâncias, com diferentes acepções.

Fixemos, para os fins deste trabalho, três acepções fundamentais: norma em sentido amplo, norma em sentido estrito e norma em sentido completo.

Norma jurídica em sentido amplo é sinônimo de proposição prescritiva. A simples indicação de uma alíquota, a qualificação de um sujeito passivo ou ativo, a prescrição de uma imunidade, de um princípio são, todos elas, exemplos de proposições ou normas jurídicas em sentido amplo.

Muito embora esteja próxima do senso comum, essa ideia de "norma" é vaga e, por isso, enseja imprecisão. Vejamos, por exemplo, uma norma em sentido amplo que estabeleça "a alíquota do tributo é de 10%". De imediato se questionaria: que tributo? Deve ser aplicada sobre que base de cálculo? O que torna o tributo devido? Onde e quando esse fato pode ocorrer? Quem deve pagar e quem deve receber? Entre outras questões igualmente possíveis. Toda essa sorte de dúvidas evidencia a necessidade de um conceito mais preciso que agregue os elementos numa estrutura com sentido jurídico.

É justamente a isso que se propõem a "norma jurídica em sentido estrito": aglutinar os elementos necessários à expressão do mínimo e irredutível de manifestação do deôntico. Como ensina KARL ENGISH, é necessário "reconduzir a um todo unitário os elementos ou partes de um pensamento jurídico-normativo completo que, por razões 'técnicas' encontram-se dispersas – para não dizer violentamente separadas".[8] Com efeito, as proposições prescritivas devem ser reunidas, uma a uma, num juízo condicional que vincula um acontecimento a uma consequência jurídica. O acontecimento é um fato. A consequência, uma relação.[9] O vínculo entre

---

8. *Introdução ao pensamento jurídico*, p. 116.

9. Como explica Paulo de Barros Carvalho: a estrutura básica de uma norma seria

antecedente e consequente é a expressão da vontade competente para criar a norma, é o dever ser.

O antecedente da norma jurídica pode mencionar um fato passado, sendo, nesses casos, concreta a norma.[10] Mas pode conotar atributos para um fato de futura ocorrência. Nestas situações, o antecedente da norma assume feição abstrata.[11] No antecedente abstrato, ou hipótese, descrevem-se características, notas, que possibilitam a identificação de acontecimentos juridicamente relevantes.[12] O antecedente concreto da norma, por seu turno, volta-se para o passado, trazendo para o mundo jurídico um fato que já ocorreu no espaço e no tempo.

Não é relevante para o direito positivo o acontecimento social, todo ele, mas apenas aquele conjunto de características previstas na hipótese como sendo relevantes. Explica Pontes de Miranda: "o fato jurídico provém do mundo fático, porém,

---

"um juízo hipotético em que o legislador (sentido amplo) imputa, ao acontecimento de um fato prescrito no antecedente, uma relação deôntica entre dois ou mais sujeitos, como consequência". CARVALHO, Paulo de Barros. *Sobre os princípios constitucionais tributários*, p. 147.

10. "Não há fato jurídico, em sentido técnico, sem norma jurídica", diz Lourival Vilanova, e, noutro ponto, mais adiante, completa: "O constituírem-se ou desconstituírem-se fatos jurídicos depende de regras de formação do sistema." VILANOVA, Lourival, *Causalidade e relação no direito*, p. 55. Noutras palavras, os fatos que não são constituídos segundo as regras do sistema não deveriam ter ingressado no sistema de direito positivo.

11. Acaso previssem fatos impossíveis ou necessários, as normas nunca ou sempre incidiriam, representando um sem sentido jurídico, daí porque Lourival Vilanova (*Causalidade e relação no direito*, p.11) insiste: "Se o dever-ser do normativo não conta com o poder ser da realidade, defronta-se com o impossível-de-ser ou com o necessário-de-ser, o sistema normativo é supérfluo. Descabe querer impor uma causalidade normativa contrária à causalidade natural, ou contra a causalidade social."

12. "A abertura por onde entram os fatos são as hipóteses fácticas; e suas consequências em fatos se transformam pela realização dos efeitos." VILANOVA, Lourival. *Causalidade e relação no direito*, p. 55. Diferentemente dos fatos naturais, cuja relação de causa e efeito é fundamentada pela observação, os fatos jurídicos são vinculados aos seus efeitos por atos de vontade. O efectual do processo legislativo, que é um fato jurídico complexo, é a criação da lei. A vinculação entre causa e efeito, entre realizar o processo e instituir a lei, é fruto do ato de vontade estabelecido nas regras de organização do sistema, denominadas aqui de "normas de competência". [Nota do editorial: transcrição mantida conforme grafia do original.].

nem tudo que o compunha entra, sempre no mundo jurídico (...)". Mais adiante, conclui:

> No dizer o que é que cabe no suporte fáctico da regra jurídica, ou, melhor, no que recebe a sua impressão, a sua incidência, a regra jurídica discrimina o que há de entrar e, pois, por omissão, o que não pode entrar.[13]

Esse aspecto seletor de propriedades[14] da hipótese normativa demarca os contornos que separam o fato jurídico dos demais fatos sociais.[15]

Vejamos, em ordem, o que acabamos de expor: *i*) o sujeito competente prescreve uma hipótese normativa; *ii*) a hipótese veicula uma escolha por certas características de um acontecimento futuro e incerto; *iii*) esse acontecimento sucede no mundo social; *iv*) ingressa, no mundo jurídico, não aquilo que ocorre no meio social (evento), mas a tradução de elementos deste fato social para a linguagem prescritiva das normas (fato jurídico), conforme a escolha programada normativamente pela hipótese.

Observemos, agora, o que falamos na forma de um exemplo: *i*) a União elegeu uma série de hipóteses para o Imposto sobre a Renda; *ii*) numa delas, previu circunstância de um contribuinte brasileiro, num determinado lapso de tempo, perceber renda ou provento de qualquer natureza; *iii*) Pedro, residente e domiciliado no país, percebe uma série de rendimentos no exercício financeiro de 2007; em face disso, *iv*) ele

---

13. MIRANDA, Francisco Cavalcanti Pontes de. *Tratado de direito privado*. Parte Geral, Tomo 2. Rio de Janeiro: Borsoi, 1954, p. 183.

14. Segundo Paulo de Barros Carvalho, "ao conceituar o fato que dará ensejo ao nascimento da relação jurídica do tributo, o legislador também seleciona as propriedades que julgou importantes para caracterizá-lo". *Fundamentos jurídicos da incidência*, p. 82.

15. Mas a hipótese, em relação ao fato que a verifica [...] não o regra, não o preceitua, dizendo que existe ou não existe porque deve existir ou deve não existir. Se existe, se se dá o fato F: assim diz a hipótese. A hipótese da norma jurídica funciona como descritor. E o descritor assenta no modo ontológico da possibilidade." (VILANOVA, Lourival. *Estruturas lógicas e o sistema de direito positivo*, p. 83).

descreve os ganhos percebidos e suas respectivas origens, na forma prevista pela lei.

Essa circunstância, passada ou futura, prevista no antecedente da norma, deve ser contingente, ou seja, possível e não necessária. Fatos impossíveis não ocorrem no espaço e no tempo, por isso não se subsumem à hipótese das normas jurídicas. Fatos de ocorrência necessária independem da vontade e, portanto, seguem as leis da natureza e não do direito. Nos dois casos, não faria senso cogitar de regulação jurídica.[16]

O antecedente das normas jurídicas relata fato, de modo concreto ou abstrato, cuja ocorrência enseja a imputação de efeitos jurídicos individuais ou gerais. É abstrata a menção de acontecimento futuro contingente, ou seja, de ocorrência incerta, mas provável.

Vejamos mais: para regular a conduta, a norma prevê ou relata um fato e imputa efeitos que são, necessariamente, relações jurídicas. É uma relação jurídica o vínculo estabelecido entre dois sujeitos, na qual um deles pode exigir um comportamento do outro, sendo o primeiro denominado de sujeito ativo e o outro, passivo. Paulo de Barros Carvalho define relação jurídica como sendo "vínculo abstrato segundo o qual, por força da imputação normativa, uma pessoa, chamada sujeito ativo, tem o direito subjetivo de exigir de outra, denominada de sujeito passivo, o cumprimento de uma determinada prestação".[17] No mesmo sentido, são as palavras de Karl Engisch:[18] "as consequências jurídicas, que nas regras de Direito aparecem ligadas às hipóteses legais, são constituídas por direitos e deveres". É, também, ele quem ensina:

---

16. "Mas a hipótese, em relação ao fato que a verifica [...] não o regra, não o preceitua, dizendo que existe ou não existe porque deve existir ou deve não existir. Se existe, se se dá o fato F: assim diz a hipótese. A hipótese da norma jurídica funciona como descritor. E o descritor assenta no modo ontológico da possibilidade." VILANOVA, Lourival. *Estruturas lógicas e o sistema de direito positivo*. São Paulo: Noeses, 2005, p. 83

17. *Curso de direito tributário*, p. 278.

18. ENGISCH, Karl, *Introdução ao pensamento jurídico*, p. 35.

> Ser-nos-á permitido pensar aqui em direitos e deveres positivos — se bem que eventualmente possamos ainda pensar naqueles direitos e deveres que são algo negativo, um *non facere* ou omissão. Eles representam a própria substância do Direito. Em face deles as negações (slc. efeitos jurídicos) apresentam-se tão só como limitações, como algo secundário. O centro gravitacional do Direito reside nisto: em ele positivamente conferir direitos e impor deveres.[19]

O vínculo efetivo, com sujeitos individualizados e prestação igualmente determinada, se chama relação jurídica individual. Empregaremos, também, o termo "relação jurídica" para nomear aquelas previsões normativas em que os sujeitos não estão individualizados. Neste caso, todavia, a relação é geral.

O direito de inserir novas normas no sistema de direito positivo bem como o dever de cumpri-las de forma coercitiva surgem no seio de vínculos jurídicos mantidos entre sujeitos de direito.[20]

Combinando os atributos do antecedente e do consequente, poderemos falar em normas gerais e abstratas, individuais e concretas, gerais e concretas e individuais e abstratas. Neste artigo, comentaremos as normas de competências gerais e abstratas. Descreveremos os elementos que integram o seu antecedente e o seu consequente, assim como a relação desses com a norma de inferior hierarquia.

As ideias que desenvolvemos acima deixam evidente o atributo da norma jurídica em sentido estrito de aglutinar, numa única estrutura, as referências ao fato jurídico e às suas consequências: a relação jurídica.

Esse modelo, porém, ainda não é suficiente para definir a unidade do sistema jurídico. De fato, toda e qualquer norma (i.e., ética, profissional, religiosa) é formada pela estrutura condicional do tipo "se A então B". Entretanto, só a norma jurídica tem uma sanção coercitiva para assegurar uma reação

---

19. ENGISCH, Karl, *Introdução ao pensamento jurídico*, p. 35.

20. Idem, p. 32-33.

ao seu descumprimento. Só a norma jurídica é aplicada pelo aparato jurisdicional do Estado, mesmo contra a vontade dos seus destinatários. Daí porque as normas jurídicas em sentido completo, além de um antecedente e de um consequente, devem prever seu próprio descumprimento, imputando uma consequência negativa àquele que infringir seus preceitos.[21]

Para que se possa falar numa norma jurídica em sentido completo é necessário que existam duas estruturas condicionais, sendo uma, aquela que prescreve um fato e vincula uma relação jurídica e a outra, que prescreve o fato do descumprimento e imputa a ele uma sanção. Hans Kelsen, a esse respeito, é enfático: "[...] se se pressupõe que cada norma jurídica geral seja a ligação de duas normas, das quais uma estabelece como devida uma certa conduta e a outra põe como devida a fixação de um condicional ato de coação por parte de um órgão judicial para o caso de violação desta norma."[22] Eis o que expõe Lourival Vilanova a este respeito: "Abstratamente, se ocorre o fato G (não observância do dever), então A exigirá de B a sanção pelo não cumprimento, chegando até o limite do exercício da coação judicial para o cumprimento do devido."[23] Nesta acepção estrita, a sanção será a norma que anula o ato violador da norma primária, prescrevendo a sua aplicação coercitiva. Isso, por sua vez, é levado a efeito pelos órgãos que desempenham competências jurisdicionais.

---

21. HANS KELSEN, por exemplo, distingue o Direito da Moral afirmando que "a reação do Direito consiste em uma medida de coerção decretada pela ordem e socialmente organizada, ao passo que a reação moral contra a conduta imoral não é nem estabelecida pela moral, nem é, quando estabelecida, socialmente organizada". *Teoria geral do direito e do Estado*, p. 28.

22. KELSEN, Hans. *Teoria geral das normas*. Porto Alegre: Sergio Antonio Fabris Editor, 1986, p. 68.

23. VILANOVA, Lourival. *Causalidade e relação no direito*. 4ª ed. São Paulo: Ed. RT, 2000, p. 175.

3. O verbo como núcleo de uma norma e seus âmbitos de vigência: pessoal, temporal e territorial

Um fato de possível ocorrência tem como núcleo de sua previsão o relato de um verbo. O dever que constitui o objeto de uma relação jurídica é, também, um verbo. Podemos afirmar, na linha do que propõe Ulisses Schmill,[24] que todo fato ou dever previsto, seja como causa ou como um dever, tem, sempre, um verbo como núcleo.

Vejamos alguns exemplos: "auferir renda" deve ser "pagar imposto sobre a renda"; "matar alguém" deve ser "submeter-se a pena de reclusão de 6 a 20 anos"; "não votar numa eleição para vereador" dever ser "o pagamento de multa de X reais". Com isso, percebemos que há um verbo, que é o núcleo do antecedente de uma norma, assim como um verbo, como núcleo de seu consequente.

As ações previstas normativamente, cujo núcleo é um verbo, têm quatro âmbitos de vigência. Esses âmbitos correspondem aos sujeitos e predicados da ação, assim como aos condicionantes de espaço e de tempo. Daí falarmos em: âmbito subjetivo, material em sentido estrito, espacial e temporal da ação. O âmbito subjetivo é representado pelos sujeitos que realizam ou sofrem a ação. Os âmbitos espaciais e temporais têm que ver com as circunstâncias de espaço e de tempo na qual a conduta descrita pelo verbo pode ser realizada. O critério material em sentido estrito é o comportamento mesmo (i.e., auferir, matar, pagar) previsto pela norma jurídica.

Toda ação prevista por uma norma jurídica sujeita-se a esses âmbitos de vigência. Quando as normas jurídicas vinculam duas ações, sendo uma no antecedente e a outra no consequente, cada uma destas ações pode, com maior ou menor precisão, ser identificada.

Nem sempre, porém, esses âmbitos de vigência são delimitados com precisão. Na maior parte dos casos, os limites

---

24. Cf. *La derogación y la anulación como modalidades del ámbito temporal de validez de las normas jurídicas*, p. 229.

são inferidos a partir de proposições como a promulgação da norma, a competência legislativa ou territorial do sujeito competente, e assim sucessivamente.

Poderíamos, inclusive, fixar uma regra segundo a qual: quanto mais geral e abstrata a norma, mais indeterminados são os seus âmbitos de vigência. Como salienta Ulisses Schmill,[25] positivar o direito, criando normas mais objetivas a partir de normas superiores mais vagas consiste, justamente, em aumentar a precisão com que se prescreve cada um dos âmbitos de validade de uma norma.[26]

Na base do ordenamento estão aquelas normas mais objetivas e que mais de perto chegam à conduta, pela circunstância de terem seus âmbitos de vigência subjetiva, material em sentido estrito ou comportamental, espacial e temporal determinados com a máxima precisão.

4. Uma primeira aproximação do conceito de competência tributária e de norma de competência para os fins da análise estrutural

Antes de entrar, propriamente, no tema das normas de competência tributária, cabe fixar algumas das noções com as quais trabalhamos. São elas:

---

25. Cf. *La derogación y la anulación como modalidades del ámbito temporal de validez de las normas jurídicas*, p. 230

26. Sobre o processo de positivação das normas ressalva MARCELO NEVES que: "o processo concretizador não deve suscitar, de maneira nenhuma, a ilusão de plena correspondência do abstrato e do concreto, mas sim, como problema, a ser resolvido através de uma forma de não identidade integrada entre o abstrato e o concreto". *A constitucionalização simbólica*, p. 46 e FRIEDRICH MÜLLER comenta o processo de criação de normas inferiores a partir da concretização das normas de superior hierarquia: "as competências *estricto sensu*, repartidas pelo ordenamento constitucional e jurídico entre os poderes Legislativo, Executivo e Judiciário não são competências para a "explicação" ["Auslegung", "Interpretation"], "recapitulação" ["Nachvollzug"] de textos de normas, mas competências para a concretização jurídica e a decisão do caso com caráter de obrigatoriedade". *Métodos de trabalho do direito constitucional*, p. 67 Embora não se exija identidade entre a norma produzida e a que lhe serve de fundamento, não poderá haver incompatibilidade entre ambas, sob pena de restar comprometida a validade da norma editada.

i. por competência tributária entendemos ser a aptidão para criar normas jurídicas que, direta ou indiretamente, disponham sobre a instituição, arrecadação ou fiscalização de tributos;

ii. norma de competência em sentido amplo engloba toda e qualquer proposição que concorra para programar esta aptidão;

iii. norma de competência em sentido estrito é o juízo hipotético condicional que prescreve, no seu antecedente, os elementos necessários à enunciação válida e, no seu consequente, uma relação jurídica que tem como objeto a validade do texto que verse sobre determinada matéria ou comportamento;

iv. a formação da norma de competência em sentido completo pressupõe reunir, além da norma de competência em sentido estrito, uma norma jurídica que prescreva a sanção pelo exercício ilegítimo daquela, ou seja, a reação do sistema pela criação de norma jurídica sem fundamento de validade.

Uma pergunta, porém, deve ser ultrapassada: como traduzir a linguagem do direito positivo, notadamente vaga e ambígua, para o plano das fórmulas lógicas? Já vimos ser possível chegar à estrutura da competência tributária mediante a realização dos seguintes passos: *i.* partiremos da estrutura básica prevista para toda e qualquer norma jurídica, segundo a qual (F $\rightarrow$ Rj) v (-Rj $\rightarrow$ Rj'), ou seja, dado um fato, deve ser a instauração de uma relação jurídica e, não cumprida a relação jurídica, deve ser uma nova relação de cunho sancionatório coercitivo; *ii.* com fundamento nas ideias expostas sobre competência jurídica, promoveremos sucessivos enriquecimentos semânticos, saturando de sentido as variáveis da fórmula que acabamos de enunciar; *iii.* evidenciadas as peculiaridades da hipótese da norma de competência e da respectiva relação jurídica, ofereceremos nova estrutura simbólica, a qual chamaremos de norma de competência; assim, *iv.* deixaremos evidentes as relações mantidas entre os enunciados de direito positivo na regulação da conduta de criar outras normas.

Faremos isso, porém, sem perder de vista o propósito que anima a construção deste artigo: identificar um ponto de partida unitário para a compreensão dos dispositivos que concorrem para regulação das formas de se produzir normas jurídicas sobre tributos.

Este esquema representativo da estrutura lógica da norma jurídica é estratégia para uma intensa redução de complexidade. Oferece, em reescritura simplificada, aquilo que no direito positivo está posto em termos complexos e dispersos. Fazemos isso por estarmos convictos de que somente as normas completas podem ser consideradas elementos do sistema de direito positivo. Observadas, isoladamente, as proposições prescritivas simples não regulam a conduta humana; não oferecem critérios para serem separadas de outros enunciados normativos próprios da religião, da ética ou da moral; não são coercitivas, pois não têm sanção ligada ao seu descumprimento; e sequer indicam critérios que definam onde e quando podem ser aplicadas. É por isso que acatamos a premissa segundo a qual só a norma completa regula condutas.[27]

Esse conjunto de ideias sobre a competência sugere um roteiro para generalizações no campo do direito tributário positivo. Em meio à diversidade de textos jurídicos, mas orientados pela estrutura lógica que será apresentada, construiremos noções gerais sobre: quem pode criar normas no direito

---

27. As constantes e variáveis desta estrutura já foram, de certa forma, apontadas pelas obras dos autores estudados no capítulo precedente. As ideias de Hans Kelsen, Herbert Hart, Alf Ross, Ricardo Guastini, Alchourrón e Bulygin, Norberto Bobbio (BOBBIO, Norberto. *Teoria do ordenamento jurídico*. 10. ed. Brasília: Editora Universidade de Brasília, 1999. p. 33-34) Lourival Vilanova, Paulo de Barros Carvalho e Tercio Sampaio Ferraz Junior (FERRAZ JÚNIOR, Tercio Sampaio. Competência tributária municipal. *Revista de Direito Tributário*, São Paulo: Malheiros, ano 14, n. 54, p.158-159, out./dez. 1990) ainda que divergentes, indicam os aspectos que devem ser regulados pelas normas que outorgam competência. A seu modo, cada um desses autores põe ênfase em aspectos distintos, mas complementares, do interessante processo de autorregulação previsto pelo direito positivo.

tributário, de que forma, em que circunstâncias de espaço e de tempo e acerca do que podem versar tais normas.

As proposições construídas pela abstração formalizadora oferecem ideias essenciais para a compreensão do tema. Apresentam, por conseguinte, meios de imprimir intensa redução de complexidades para esta matéria – competência tributária – que já vimos ser ampla e multifacetada. Esses benefícios, porém, não afastam a circunstância de que suas proposições são construídas com termos vagos e ambíguos.

5. Descrição hipotética do fato produtor de normas (Hj)

Quais fatos ensejam a criação de novos textos de direito positivo? Quais elementos desse evento social costumam ser destacados pela hipótese normativa para dar forma ao fato jurídico? Ao responder a primeira questão, passamos pelo problema das fontes do direito. Na segunda, investigamos a atribuição de direitos e deveres por meio da qual o sistema regula a sua própria criação.

Desta forma, se o direito positivo surge, expande-se, transforma-se, propaga-se e extingue-se na forma de textos, somos levados à conclusão de que criar direito é criar texto.[28] O sentido primeiro da atividade criadora de enunciados é a enunciação.[29] Acontecimento este que é fugaz, ocorre e se

---

28. Aqui, aplicamos ao direito positivo e à ciência que o coloca como objeto de suas considerações as ideias de Vilém Flusser (*Língua e realidade*, passim), segundo as quais a linguagem seria, formaria, criaria e propagaria a realidade.

29. "Enunciação: é a instância de mediação entre as estruturas narrativas e discursivas que, pressuposta no discurso, pode ser reconstruída a partir das pistas que nele espalha; é também mediadora entre o discurso e o contexto sócio-histórico e, nesse caso, deixa-se apreender graças às relações intertextuais. Enunciado: é o objeto-textual resultante de uma enunciação." BARROS, Diana Luz Pessoa de. *Teoria semiótica do texto*. 4ª ed. São Paulo: Ática, 2003, p.86. No mesmo sentido, José Luiz Fiorin expõe: "O primeiro sentido de enunciação é o de ato produtor do enunciado." FIORIN, José Luiz. *As astúcias da enunciação*: as categorias de pessoa, espaço e tempo. 2ª ed. São Paulo: Ática, 2005, p. 31.

exaure, deixando, no produto da sua criação, apenas marcas de autoria, tempo e local da criação.[30]

A validade de novos textos jurídicos vincula-se ao cumprimento de certos requisitos formais de enunciação, sem cuja presença não se pode falar de enunciados jurídicos prescritivos.

São desta natureza as referências de autoria, modo, local e tempo de criação dos textos. É de se esperar, pois, que a hipótese da norma de competência prescreva, ainda que indiretamente, esses quatro elementos. É a partir da análise destes requisitos que verificaremos a programação formal da norma de competência. Façamos outros enriquecimentos semânticos, dando forma à estrutura da norma de competência tributária.

5.1 Sobre quem pode criar normas jurídicas (S)

É competente para criar normas o sujeito S que, mediante a prática de um ato ou conjunto de atos P, introduza uma norma jurídica válida N no sistema de direito positivo SP. Para Torben Spaak é competente o sujeito que tem possibilidade de alterar, por ato próprio, o sistema de direito positivo.[31] Jordí Ferrer Beltrán acrescenta que as normas de competência constituem esse sujeito da mesma forma que as demais normas qualificam um sujeito como capaz de realizar uma conduta qualquer.[32]

---

30. Sobre a individualização das normas Cf. RAZ, Joseph. *The concept of legal system* – an introduction to the Theory of Legal System, 2ª ed., Oxford, Clarendon Press, 1997 e VILANOVA, Lourival. *Estruturas lógicas e o sistema de direito positivo*. São Paulo: Noeses, 2005.

31. "(...) one who has competence is thus in a legal position and has as well the possibility of changing legal positions." SPAAK, Torben, *The concept of legal competence*: an essay in conceptual analysis, p. 77.

32. A identificação do sujeito competente é fundamental para o estudo da competência, na medida que é este sujeito que será encarregado de desempenhar a enunciação, criando normas jurídicas. JORDI FERRER BELTRÁN destaca a identificação do sujeito pela norma de competência: "Las normas de competencia constituyen al sujeto de las mismas en competente para realizar un determinado acto jurídico sobre una determinada materia". *Las normas de competencia* – un aspecto de la dinámica jurídica, p. 147.

Essa função nomogenética – produtora de normas – encontra-se dividida entre vários sujeitos de direito que podem, mediante a prática de diferentes atos, inserir comandos normativos que veiculem as mais variadas mensagens.[33]

Torben Spaak,[34] com a precisão analítica que caracteriza o seu pensamento, chama atenção para a diferença entre os requisitos que alguém deve preencher para ser sujeito competente e o sentido de ser titular de alguma competência. Para ser competente, o sujeito deve atender aos requisitos da norma.[35] A primeira análise põe ênfase no que "deve ser feito para ser competente", já a segunda, no "que se pode fazer sendo competente". É competente o sujeito que atende aos requisitos previstos pelo direito positivo para ser qualificado como tal. Só assim esses sujeitos podem ser agentes da enunciação de novos textos de direito positivo.

No Sistema Tributário Brasileiro, há várias classes de sujeitos competentes, aptos, portanto, a criar normas com diferentes graus de abstração e generalidade, com conteúdos variados e voltados ao cumprimento de funções igualmente diversas. Vejamos, por exemplo, alguns dos sujeitos competentes para editar normas na cadeia de positivação do Imposto sobre Serviços — ISS:

---

33. Lourival Vilanova (*Causalidade e relação no direito*, p. 265) entende que o Estado, repartido em funções para o exercício de atividades estatais (legislar, executar e julgar), divide-se em órgãos, atribuídos de competência: "Com a repartição de funções, instituição de órgãos específicos para funções específicas, cada órgão é o centro parcial de imputação, como o Estado é o centro total de imputação, de criação e de aplicação do direito. Cada órgão é um plexo de atribuições, de faculdades, de poderes e de deveres: é um feixe de competência".

34. Em suas palavras: "[...] we must distinguish between (i) the question as what the conditions are that must be fulfilled for a person to have competence and for a legal norm to be valid and (ii) the question of what it means that a person has competence and that a legal norm is valid". SPAAK, Torben, *The concept of legal competence*: an essay in conceptual analysis, p. 65.

35. Esse aspecto atributivo da faculdade de criar normas é destacado por Daniel Mendonca, quando defende que: "[...] las normas de competencia tienen por función atribuir poder a una autoridad para ejecutar determinados actos de derecho sobre ciertas materias y de conformidad con ciertos procedimientos". MENDONCA, Daniel. *Las claves del derecho*. Barcelona: Gedisa, 2000, p. 134.

i) A Assembleia Constituinte outorgou aos Municípios e ao Distrito Federal a competência para instituir o ISS, segundo as regras da Lei Complementar (art. 156, III, da CR);

ii) A União, agindo em nome da Federação, editou a Lei Complementar n° 116/2003, que inseriu a lista de serviços e veiculou outras prescrições;

iii) O Município de Belmonte instituiu a Lei n° 3.227/2005, prescrevendo as regras-matrizes de incidência tributária do ISS, além de instituir uma série de deveres instrumentais;

iv) O Prefeito de Belmonte editou o Decreto n° 5.114/2005 para dispor analiticamente sobre temas que foram tratados sinteticamente pela lei.

v) O Secretário de Finanças Municipal estabeleceu ato normativo prescrevendo outros pormenores para que fosse cumprida a obrigação tributária, tais como a indicação do código de recolhimento municipal, o formato do documento de arrecadação, entre outros;

vi) Mévio, prestador de serviços em caráter oneroso na circunscrição da citada municipalidade, apresentou declaração, relatando o fato de ter prestado serviço e se vinculando ao pagamento do ISS no valor de R$ 6.000,00 (seis mil reais) ao citado Município. Efetuou, porém, o pagamento em dia posterior ao previsto;

vii) O agente fiscal do Município, no dia seguinte ao do pagamento, constatando a sua irregularidade, lavrou auto de infração e imposição de multa;

viii) Reconhecendo a procedência da autuação, Mévio efetuou o pagamento da quantia exigida no auto, documentando-o na guia de arrecadação municipal.

Nos exemplos simples que acabamos de expor, houve criação de, pelo menos, sete normas jurídicas, com seis sujeitos competentes distintos. A Assembleia Constituinte, a União, o Município de Belmonte, o seu Prefeito, o Secretário de Finanças, Mévio e o Fiscal do Município foram os sujeitos da enunciação de cada uma destas normas. Sem que eles cuidassem de promover a sua criação, nenhum novo texto haveria surgido de forma válida.

Com efeito, na descrição abstrata do fato que enseja a produção de normas, o primeiro elemento a ser prescrito é a qualificação do sujeito, que poderá criar novos textos de direito positivo.

5.2 Sobre como deve ser a criação de normas [p(p1.p2.p3...)]

O segundo enriquecimento semântico que realizaremos será sobre a forma de exercer a competência. Sim, pois uma coisa é ser sujeito competente. Outra, bem distinta, é exercer a competência de que se é titular. Para ser competente, é necessário ser qualificado, adjetivado pelo direito positivo como tal. Para exercer a competência, é necessário realizar ato, ou conjunto de atos, previstos pelo direito positivo para legitimar a enunciação de novos textos jurídicos. Nesse campo do exercício da competência, estão compreendidos todos os elementos envolvidos na enunciação dos textos de direito positivo.

De fato, ao prescrever a ação de criar outras normas, a hipótese da norma de competência toca no principal ponto da atividade enunciadora de textos: ela indica o verbo. Esse é o elemento central, tanto da hipótese como do consequente das normas jurídicas.

No antecedente, o verbo descreve a conduta que precisa ser realizada para a inserção de novas normas no sistema de direito positivo.[36]

---

36. A enunciação seria produtora do enunciado, que consistiria, segundo Paulo de Barros Carvalho, no: "[...] produto da atividade psicofísica de enunciação. Apresenta-se como um conjunto de fonemas ou de grafemas que, obedecendo a regras gramaticais de determinado idioma, consubstancia a mensagem expedida pelo sujeito emissor para ser recebida pelo destinatário, no contexto da comunicação." Formalização da linguagem. Proposições e fórmulas. *Revista do Programa de Pós-Graduação em Direito da PUC/SP*. v. 1. São Paulo: Max Limonad, 1995, p. 143.

Já no consequente, está a conduta atribuída como efeito da realização do fato hipoteticamente descrito. Vincula-se à realização da conduta prevista na hipótese normativa outra conduta, que surge como direito ou dever de um sujeito A perante um sujeito B.

No campo da competência tributária, o verbo descrito na hipótese normativa faz referência à atividade enunciadora de textos. Assim, quando falamos no antecedente, esse verbo constitui o seu núcleo significativo. Isso porque todos os demais critérios se vinculam a este verbo.

O critério pessoal, que citamos no item anterior, se refere ao sujeito do verbo, aquele que desempenha a conduta de enunciar, o sujeito competente.

O critério espacial é o local onde o sujeito pode realizar o verbo enunciar.

O critério temporal estabelece as circunstâncias de tempo no qual o verbo pode ser enunciado.

E não poderíamos deixar de citar, por sua absoluta pertinência ao tema, o critério procedimental, que é a referência ao modo de realização do verbo enunciar. Essa referência, por sua vez, pode ter duas espécies: ser um ato ou um procedimento, conforme prescreva o direito positivo.

Tomemos como critério o tipo de enunciação que enseja a criação da norma. Esse tipo de enunciação a que nos referimos não é mais o acontecimento social, mas a sua versão em linguagem jurídica, aquilo que o direito positivo capta do processo de enunciação, ou seja, a enunciação-enunciada. Os elementos desse fato jurídico são positivados no antecedente dos instrumentos introdutores de normas jurídicas e podem ser classificados em: primários e secundários.[37]

Os primários inserem normas jurídicas gerais e abstratas que podem inovar a ordem jurídica, dispondo sobre novos

---

37. Cf. Carvalho, Paulo de Barros. *Curso de direito tributário*, p. 58 a 77.

direitos e deveres. Já os instrumentos secundários inserem disposições tendentes a aplicar aquilo que se encontra previsto pelos instrumentos primários. Podem fazer isso mediante a publicação de atos infralegais gerais e abstratos, como decretos, regulamentos, instruções normativas. E podem, também, inserir normas individuais e concretas. Essas, por sua vez, podem ser produzidas por sujeitos competentes.

Vejamos o que acabamos de expor com o auxílio do exemplo dado no item anterior. Nas situações *i, ii, iii* e *vii*, temos a produção de texto constitucional, de textos de leis complementar e municipal, além da constituição de norma individual e concreta, a partir da qual se instaurou processo administrativo contra Mévio e a constituição da norma jurídica que positiva – documenta – o pagamento efetuado.

Os três primeiros têm a sua forma disciplinada sob o nome de processo legislativo,[38] no qual se pode perceber um iter procedimental, composto por uma série de atos legislativos. No último, há, também, atos que se encadeiam no tempo, iniciando com a intimação de Mévio, abertura de prazo para pagamento ou defesa, além de outros que se sucederão até o fim do processo administrativo. Não há razão para ignorar o ato de pagamento que, de forma idêntica aos demais, é um modo de produzir enunciados normativos. Em todos esses casos, o que se percebe é a possibilidade de realizar o verbo "enunciar" de diferentes modos, seja na forma de um ato isolado ou de um processo, sendo o resultado sempre o mesmo: produção de enunciados prescritivos.

Os termos "Constituição da República", "Emenda Constitucional", "Lei Complementar", "Lei Ordinária", "Lançamento de Ofício", "Norma de Pagamento" e outros tantos utilizados para denotar o "instrumento introdutor de normas", são apenas locuções diferentes para a mesma conduta. São formas de

---

38. Cf. FERREIRA FILHO, Manoel Gonçalves. *Do processo legislativo*. 5ª ed. São Paulo: Saraiva, 2002. *passim* e SAMPAIO, Nelson de Sousa. *O processo legislativo*. São Paulo: Saraiva, 1968. *passim*.

legitimar a criação de normas jurídicas, atendendo às próprias escolhas positivadas pelo Sistema Constitucional Tributário.

O modo de realizar a enunciação é, pois, um elemento fundamental na compostura interna da hipótese das normas de competência tributária. Ignorado qualquer dos seus aspectos, ou seja, feita a enunciação dos textos de direito positivo sem atenção a qualquer dos elementos previstos no modo de enunciação, o texto não terá sido enunciado da forma correta. O fato enunciação não terá ocorrido de acordo com o sistema. Logo, a norma jurídica inserida por este instrumento será inválida.

Daí a relevância de se pôr em destaque os elementos essenciais da enunciação. Por isso, além do sujeito competente e do modo de se realizar a enunciação, destacaremos as referências de espaço e de tempo.

5.3 Sobre onde as normas devem ser produzidas (e)

Todo verbo descreve ação ou estado que se dá no espaço e no tempo. Isso ocorre de tal forma que seria possível e até intuitivo afirmar que os indicadores de espaço e de tempo são pressupostos à enunciação de qualquer ato. A referência de tempo delimita o lapso temporal em que a conduta pode ser realizada. Já a referência de espaço indica onde a enunciação deve ocorrer. Vejamos esse último aspecto – o espacial – para, em seguida, nos dedicarmos às referências de tempo.

Vimos que a separação de faculdades impositivas proporciona intensa variedade de sujeitos, de procedimentos e, por conseguinte, de locais para exercício da competência.[39] Podemos, contudo, analisar o direito positivo e propor critérios para a sistematização de regras que tornem possível indicar, com alguma previsibilidade, os lugares onde normas jurídicas podem ser confeccionadas. Em qualquer dos casos, a prática de ato fora da circunscrição enseja problemas.

---

39. Cf. IVO, Gabriel. *Norma jurídica*: produção e controle. São Paulo: Noeses, 2006, p. 71.

Os atos infralegais individuais e concretos podem ser praticados por agentes públicos (e.g., lavratura de autos de infração e lançamento de ofício) e por particulares (e.g., apresentação de declaração de ajuste anual). No caso dos agentes públicos, a competência é atribuída em razão do local ou da atividade que desenvolve. Já os particulares podem praticar atos com maior liberdade, embora tenham que indicar um domicílio fiscal, que equivale, juridicamente, ao local de prática de todos os atos tributários do contribuinte.

5.4 Sobre quando as normas podem ser produzidas (t)

Já adiantamos acima que a referência de tempo serve para indicar o marco temporal, aquele lapso de tempo em que a norma deve ser produzida para ser válida no sistema de direito positivo. Neste ponto, estamos falando dos condicionantes de tempo da enunciação, quando ela deve ser concluída para ser válida.[40] Vejamos o aspecto temporal do verbo "enunciar", previsto na hipótese de toda e qualquer norma de competência, com a ajuda de exemplos.

Na competência legislativa, o caso das medidas provisórias é bastante eloquente. Desde que foi promulgada a Constituição de 1988, o Presidente da República dispõe da prerrogativa de editar medidas provisórias com força de lei para tratar de certos temas, em casos que se configurem como urgentes e relevantes. Publicado o ato normativo, deve ser imediatamente convertido em projeto de lei para apreciação do Congresso Nacional, que deverá fazê-lo no prazo de sessenta dias, prorrogáveis por uma única vez. Não realizada a enunciação no prazo devido, o ato perderá sua eficácia desde a sua publicação, ressalvadas as exceções dos § 11º e § 12º do art. 62 da Constituição. O exercício fora de prazo da enunciação cria obstáculo intransponível à validade do ato normativo.

---

40. Cf. IVO, Gabriel. *Norma jurídica*: produção e controle, p. 73.

Muitos outros exemplos podem ser relacionados para ilustrar a relevância do aspecto temporal das normas. Os prazos processuais em que se opera a figura da preclusão, por exemplo, são casos típicos em que a validade de um ato normativo está vinculada à sua criação num determinado espaço de tempo.

Com mais esses esclarecimentos delineamos a última das variáveis em que a ação de enunciar enunciados prescritivos deve ser exercida.

5.5 Síntese da hipótese que descreve os fatos produtores de normas

Programar a enunciação de novos textos de direito positivo é a principal função da hipótese das normas de competência tributária. Para isso, há indicação de um verbo pessoal – enunciar –, transitivo direto ou indireto. Quem enuncia (s), enuncia algo (m), de certa maneira [p(p1.p2.p3...)], em determinado lugar (e) e tempo (t), para alguém que é o destinatário da enunciação. Com isso, significamos que a enunciação prevista pela norma de competência deve ser desempenhada por um sujeito competente, por meio de certo procedimento, em condições de espaço e de tempo. A positivação desta hipótese faz surgir o fato jurídico de exercício da competência, que coincide com o que a doutrina vem chamando de instrumento introdutor de norma.

Em termos de análise do discurso, poderíamos falar de enunciação-enunciada, pois é a parte dos enunciados em que se projetam as marcas da enunciação, ou seja, as informações sobre a forma de produção dos textos de direito positivo.[41] A hipótese da norma de competência seleciona propriedades da enunciação-enunciada que devem estar presentes, sob pena

---

41. Como explica Tárek Moysés Moussallem (*Fontes do direito tributário*, p. 139): "Não podemos denominar o fato enunciação de fato jurídico, pois jurídico é aquele fato que sofreu incidência normativa, que, como dissemos, só sobrevém com o ato de aplicação do direito, transfigurado no seio de uma norma concreta."

de não ocorrer a subsunção do fato à norma. Noutras palavras, a enunciação que não corresponde à hipótese da norma de competência conflita com o próprio sistema e enseja a invalidade formal do texto.[42]

Pois bem, o antecedente da norma de competência indica, hipoteticamente, quem, onde, quando e como a norma deve ser produzida. Essas indicações, porém, só assumem sentido jurídico quando vinculadas a uma matéria.

6. O vínculo entre forma e conteúdo (→)

Uma norma jurídica em sentido estrito descreve em sua hipótese um fato a cuja ocorrência o direito positivo vincula certas consequências. Karl Engish, a esse respeito, ensina:

> Refiro-me à questão de saber qual a relação em que se encontram entre si a hipótese legal e a conseqüência jurídica. Até aqui limitamo-nos a caracterizar esta relação como uma relação de condicionalidade: a hipótese legal, como elemento constitutivo abstracto da regra jurídica, define conceitualmente os pressupostos sob os quais a estatuição da conseqüência jurídica intervém, a conseqüência jurídica é desencadeada.[43]

O fato descrito pela norma de competência é a enunciação. É o antecedente da norma de competência que prescreve que fatos (sujeito, procedimento, espaço e tempo) devem concorrer para que se tenha a produção de uma norma válida. O consequente da norma de competência é a matéria sobre a qual a norma poderá versar.

Fundamentamos essas ideias afirmando que o aspecto

---

42. A primeira vez que defendemos esta ideia foi em *A norma de competência tributária para a instituição de contribuições interventivas* (cf. nota 1), dissertação de mestrado defendida em 18 de agosto de 2002. Embora utilizando signos distintos, a ideia subjacente permanece inalterada.

43. ENGISCH, Karl. *Introdução ao pensamento jurídico*, p. 58. [Nota do editorial: transcrição mantida conforme o texto original consultado, portanto, sem aplicação do acordo ortográfico].

formal de uma norma só existe em função de uma matéria. Conforme ensina Lourival Vilanova: "o que uma norma de direito positivo enuncia é que, dado um fato, seguir-se-á uma relação jurídica, entre sujeitos de direito, cabendo, a cada um, posição ativa ou passiva."[44] Não há sentido jurídico na prescrição de um tipo de ato ou processo que não seja para poder criar normas com o fito de disciplinar certos comportamentos, tratar de certa matéria.

A forma, já vimos, é descrita pela hipótese da norma de competência; a matéria, por seu turno, encontra-se delineada no objeto da relação jurídica. O vínculo entre ambas, então, só pode ser estabelecido pelo conectivo deôntico neutro (→), aquele que vincula o acontecimento A à consequência B. Destarte, o encontro entre forma e matéria é sintetizado pelo "*dever-ser*" que vincula a previsão hipotética do fato – enunciação da norma – à relação jurídica entre sujeito competente e os demais que integram a sociedade, tendo como objeto a possibilidade de inserir texto jurídico versando sobre certa matéria. E esse conectivo interproposicional sintetiza a decisão, positivada na norma de competência, de submeter determinada matéria à enunciação de certo tipo.

Posto em termos formais o que acabamos de expor, teríamos:

$$C = E \cdot M$$

onde se lê: competência (C) é o vínculo jurídico que se estabelece entre a programação de um tipo de enunciação (E) para disciplinar certa matéria (M). Livre da matéria, toda enunciação é possível.

De forma idêntica, todo matéria contingente (i.e., possível e não necessária) é suscetível de regulação jurídica. Os desajustes que projetam efeitos relativos à validade das normas jurídicas surgem, justamente, do descompasso entre forma e

---

44. *Causalidade e relação no direito*, p. 102.

conteúdo. Isso de tal sorte que não se pode cogitar de um sem o outro. Assim, já tendo superado a exposição da forma, vejamos como se dá a programação da matéria.

7. Relação jurídica de competência (Rj)

Breve distinção: uma coisa é a relação jurídica geral, prevista para todo aquele que realizar o fato jurídico, outra é a individual, com sujeitos e objeto bem definidos.

Fazendo uma simples inferência: se o antecedente da norma programa o exercício da competência – a enunciação – o consequente define os contornos da norma que vai ser criada – os enunciados-enunciados.

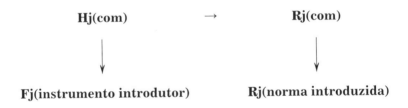

Por isso, os contornos materiais da norma criada devem ser compatíveis com o conteúdo dos dispositivos que integram o consequente da norma de competência. Ocorrendo o contrário, e sendo esta incompatibilidade reconhecida por quem de direito,[45] a norma será nula.

7.1 O sujeito ativo da relação de competência (s)

Na estrutura da norma de competência, o sujeito competente desempenha dois papéis fundamentais: é o agente da

---

45. Neste ponto, reiteramos que a incidência da norma de competência, como ocorre com as demais, pressupõe decisão do sujeito competente de captar o fato social, traduzindo-o para a linguagem jurídica e imputando a ele a instauração de relações jurídicas. Assim, a incidência da norma confunde-se com a sua aplicação e, também, com a criação de mais normas para o sistema de direito positivo. CARVALHO, Paulo de Barros. *Direito Tributário:* fundamentos jurídicos da incidência, p. 9.

enunciação e é, também, quem pode dispor sobre certa matéria. O sujeito competente ocupa a posição de sujeito ativo de uma relação jurídica. Por conta disso, é o titular de um direito subjetivo: criar norma jurídica para versar sobre determinado tema.

A contraface deste direito é a responsabilidade pela norma criada. Sempre que se pretenda obstar a produção dos efeitos prescritivos de uma norma jurídica, abre-se oportunidade ao agente enunciador – sujeito ativo da competência – para se manifestar, argumentando em favor da compatibilidade da norma com o sistema jurídico e, em especial, com a norma que lhe serve de fundamento de validade. Sempre que se argumente pela invalidade – o gênero –, o agente enunciador poderá ser chamado a se manifestar. É, portanto, decorrência da competência outorgada o direito do sujeito enunciador o direito de argumentar pela manutenção do texto de direito positivo por ele criado.

Explicaremos melhor com auxílio de algumas das circunstâncias previstas no exemplo de Mévio, um contribuinte de ISS do Município de Belmonte:

i) Proposta ação para reconhecimento, em controle difuso, da inconstitucionalidade parcial da Lei nº 3.227/2005, pelo argumento de que uma da regras-matrizes descreve em sua hipótese fato que não se ajusta à definição do conceito de serviço, a Procuradoria Municipal, ou quem lhe faça às vezes, cuidará, neste caso, de oferecer defesa em nome do Município, buscando preservar a manutenção da Lei no sistema jurídico.

ii) Ocorrerá o mesmo, porém, em controle de legalidade, caso o Decreto nº 5.114/2005, editado pelo Prefeito de Belmonte, contenha disposições contrárias aos termos da lei.

iii) É, também, a procuradoria do Município, o órgão encarregado de atuar em juízo, oferecendo razões para preservar a integralidade de atos normativos proferidos pelo Secretário de Finanças, na hipótese de a validade destes atos ser questionada na esfera judicial.

iv) Mévio, caso discorde do auto de infração lavrado pela autoridade municipal, será sujeito competente, assim como foi para editar o ato normativo da declaração, para apresentar defesa administrativa, expondo razões no sentido de ter sido correta a norma que lavrou para constituir a obrigação – declaração – e extingui-la – guia de arrecadação municipal.

Nestes exemplos, e em outros que se possam relacionar sobre a atividade criadora de normas, há alguns pontos em comum que merecem destaque:

i) há distinção entre ser qualificado como sujeito competente, exercer a competência e ter direito a ver o produto da enunciação produzindo seus efeitos prescritivos. Em regra, é o sujeito competente para editar a norma quem é chamado para sustentar a validade do texto jurídico produzido e sua compatibilidade com o sistema de direito positivo, o que pode ser feito diretamente ou por meio de órgão que o represente;

ii) cada tipo de instrumento introdutor de norma pode ter um foro competente para análise da sua validade;

iii) o direito do sujeito competente de realizar a enunciação e preservar a validade da norma que criou tem como contrapartida o dever dos sujeitos passivos de aceitarem o texto criado licitamente, ou seja, de acordo com os condicionantes formais e materiais do próprio sistema.

Antes, porém, de passar à figura do sujeito passivo da relação jurídica de competência, é pertinente insistir num ponto: essa relação é atributiva de direitos e deveres.[46] Cabe,

---

46. "Assim como os juízos hipotéticos no sentido lógico são constituídos por conceitos, de igual modo, o são a prótase e a apódose de um imperativo jurídico condicional. Por isso, a 'hipótese legal' e a 'conseqüência jurídica' (estatuição), como elementos constitutivos da regra jurídica, não devem ser confundidas com a concreta situação da vida e com a conseqüência jurídica concreta, tal como esta é proferida ou ditada com base naquela regra. Para maior clareza chamamos por isso 'situação de fato' ou 'concreta situação de vida' à hipótese legal concretizada. Infelizmente, porém, existe qualquer designação para a conseqüência jurídica concreta." ENGISCH, Karl, *Introdução ao pensamento jurídico*, p. 57. [Nota do editorial: transcrição mantida conforme o texto original consultado, portanto, sem aplicação do acordo ortográfico.].

porém, ressaltar que a sujeição ativa na relação de competência envolve o próprio ato de criação do direito positivo. É a posição do sujeito que edita o texto e se responsabiliza pelo produto da sua criação.

A especificidade deste lugar está na prerrogativa de exigir a juridicidade da norma criada – que é sinônimo de defender a sua validade – e não qualquer pretensão veiculada no seu texto.

Tomamos um exemplo para facilitar a compreensão: de um lado está o direito de defender a validade e aplicação da norma que instituiu o alargamento da base de cálculo da Cofins, do outro está o direito do sujeito ativo da relação jurídica tributária de perceber a majoração do tributo a ser pago em face da ampliação da base de cálculo.

Ser sujeito ativo de qualquer outra norma, que não a de competência, diz respeito ao direito ou dever de exigir uma conduta que não seja nomogenética.

Voltemos nossas atenções para o outro termo da relação de competência, aquele ocupado pelos que devem suportar o seu exercício, nos estritos limites previstos pela norma.

7.2 O sujeito passivo da relação de competência (sp)

Define-se como sujeito passivo aquele que pode ser chamado ao cumprimento de um dever.[47] Este dever é correlato ao direito do sujeito competente de criar a norma jurídica. Desta feita, a imposição ao sujeito ativo da relação de competência é de respeitar o direito atribuído ao sujeito passivo, ou seja, não ser tributado além dos limites previstos pelo

---

47. "Tenha-se em conta o seguinte: toda relação tem termos e tem sua relação conversa (recíproca). Se A é comprador diante de B, B é vendedor em face de A. A relação jurídica conversa de comprar é vender, e a de vender é comprar. Fundado nessa estrutura relacional é que cada termo da relação A e B tem correlativamente direito subjetivo e dever jurídico. Quando A tem dever jurídico, B tem, correlatamente, direito subjetivo. Direito subjetivo e dever jurídico são direitos correlatos: só existem na relação, não fora ou acima de relações jurídicas." VILANOVA, Lourival, *Causalidade e relação no direito*, p. 186.

ordenamento. Há duas modalidades fundamentais para esse respeito a que acabamos de nos referir: não criar obstáculos ao exercício da competência, nem exercer a competência de outrem. Realizando esses dois deveres, que se completam sob a ideia de respeito ao direito do sujeito ativo, aquele que ocupa a posição passiva cumpre seu encargo jurídico.

Ocorre que o dever de suportar a criação de normas projeta efeitos distintos entre os sujeitos que integram a sujeição passiva. Para alguns, a criação de novos textos jurídicos é irrelevante. Sendo Mévio, por exemplo, um prestador de serviços do Município de Belmonte, pouco importam as alíquotas deste tributo vigentes nos Municípios de Chuí. Ressalvada alguma circunstância não prevista no exemplo, como uma viagem ou um cliente que resida nesses municípios, Mévio não será afetado por essas prescrições. E essa sujeição fraca que pintamos com cores fortes, em benefício da didática, ocorre a todo momento, num sem número de situações em que pouco ou nada vale saber de uma norma que ingressou ou não no sistema de direito positivo.

Outros, no entanto, têm no exercício de certas competências alheias o risco de sofrer lesões ou ameaças em seus direitos. Aqui, sim, a sujeição passiva é cheia de significado jurídico, pois os sujeitos passivos são, também, agentes legitimados a questionar, via ação judicial ou defesa administrativa, eventuais lesões ou ameaças que possam vir a sofrer. Esse é, por exemplo, o caso de Mévio naquelas situações em que a legislação do Município de Belmonte – legislação em sentido amplo – é alterada pela inserção de novos enunciados prescritivos. Aqui, sim, Mévio pode acionar os meios que o sistema jurídico põe à sua disposição para não sofrer qualquer lesão ou ameaça a direitos que a ordem jurídica lhe assegura.

Como, então, superar a ambiguidade na sujeição passiva da competência tributária, tendo em vista a citada diferença entre o conjunto de sujeitos passivos?

Propomos, então, dividir a classe dos sujeitos passivos em: sujeição passiva fraca e sujeição passiva forte. A sujeição passiva fraca engloba todos os que simplesmente devem "saber" da existência da norma, sujeitando-se aos seus comandos. Já a sujeição passiva forte é composta apenas por aqueles que, estando no âmbito de incidência da norma criada, têm legitimidade para acionar o Judiciário, suspendendo ou afastando a juridicidade da norma criada de forma ilícita.

O critério fundamental para esta subdivisão na classe dos sujeitos passivos é a legitimidade ativa para requerer seja reconhecida a incompatibilidade da norma inferior com aquela que lhe serve de fundamento de validade ou, tão somente, a aplicação da norma sancionadora de (in)competência. Essa posição surge do fato de o exercício da competência poder causar alguma lesão ou ameaça a direitos. Sim, pois, nestes casos, é o próprio sistema constitucional que assegura a inafastabilidade de apreciação do Poder Judiciário de qualquer ato que possa causar lesão ou ameaça desta natureza (art. 5º da CR).

Com isso, a legitimidade ativa para requerer ao Judiciário a invalidade de uma norma é outorgada conforme exista, no caso concreto, lesão ou ameaça de lesão a direito. Esse é, pois, o caso dos tributos inconstitucionais.

O conjunto de indivíduos obrigados ao recolhimento do tributo compreende o que chamamos de sujeição forte.

Os demais integram a chamada sujeição fraca, pois embora obrigados a conhecer e respeitar a norma jurídica, não podem questionar a sua validade.

7.2.1 Sujeição passiva e outros esclarecimentos – isomorfismos com o direito de propriedade e os direitos potestativos

Para reduzir as ambiguidades e vaguidades do termo "sujeição passiva", é importante deixar clara outra distinção: o sujeito passivo da relação jurídica de competência não se confunde com aquele que ocupa a sujeição passiva numa relação jurídica tributária, seja nas relações que veiculem deveres instrumentais ou a própria obrigação tributária. Nestas, o sujeito passivo obriga-se ao cumprimento de certas e determinadas condutas.

A sujeição passiva na relação jurídica de competência,[48] por sua vez, obriga a um dever específico, que não se confunde com os demais, e está relacionado à atividade de subordinar-se ao conteúdo da norma que venha a ser criada, e não impedir a sua criação e nem exercer competência própria de outrem. Como se pode notar, estruturalmente, as posições são idênticas, ambas são sujeição passiva, porém com conteúdos que não se confundem.

Para facilitar a exposição do modo como compreendemos a relação jurídica de competência, poderíamos estabelecer um paralelo com dois tipos de relação jurídica: a do direito de propriedade e a do direito potestativo.[49]

Este último caso – relação jurídica de direito potestativo – ocorre quando alguém, sujeito ativo, possui alguma prerrogativa, cujo exercício deve ser suportado por todos, sem que

---

48. Roque Antonio Carrazza utiliza a expressão "estado genérico de sujeição" para se referir ao que se chama aqui de sujeição passiva da competência. Eis a sua lição: "a competência tributária, quando adequadamente exercida [...], faz nascer para os virtuais contribuintes, um *estado genérico de sujeição*, consistente na impossibilidade de se subtraírem à sua esfera de influência." *Curso de direito constitucional tributário*, p. 307.

49. Sobre o paralelo entre norma de competência e direito potestativo: "[...] el derecho posee ciertas normas o reglas relativas a la validez de un acto para producir ciertos efectos o consecuencias jurídicas (a veces llamada vigencia) que, apreciadas desde el punto de vista de su destinatario, le otorgan una potestad (a veces llamada facultad y, con menor alcance, capacidad o competencia). [...]. Yo prefiero llamar estas reglas normas potestativas, precisamente por la función que cumplen, pues no se limitan a establecer quién es el órgano público encargado o apto para cumplir cierta actividad (concepto clásico de competencia en lenguaje jurídico) o el sujeto de derecho privado idóneo jurídicamente para llevar a cabo cierta acción (concepto clásico de capacidad en lenguaje jurídico), sino que su función se extiende a disciplinar quién, cómo y hasta con qué limitaciones de contenido puede realizar una acción que produzca consecuencias jurídicas." MAIER, Julio B. J. Reflexiones acerca de la vigencia del derecho. In: BULYGIN, Eugenio (Coord.). *El lenguaje del derecho*: homenaje a Genaro R. Carrió. Buenos Aires: Abeledo-Perrot, 1983, p. 241-243.

alguém possa impor qualquer obstáculo. É justamente isso o que expõe Lourival Vilanova quando afirma que:

> O titular passivo na relação de direito potestativo não tem dever a prestar, pois fica reduzido à posição de sujeição. Suporta os efeitos jurídicos do exercício de poderes do seu titular, que por ato unilateral, só por si, é capaz de provocar constituição, modificação ou desconstituição de relações jurídicas.[50]

O direito subjetivo imputado ao sujeito competente tem esta feição de alterar relações jurídicas por ato unilateral. Há, em contrapartida, o dever jurídico de respeito a essa modificação, imputado a todos os demais sujeitos da sociedade.

Algo semelhante se passa com o direito de propriedade. O proprietário pode opor seu direito de uso, gozo, perseguição e disposição do bem contra a totalidade remanescente da sociedade. No entanto, especialmente nos âmbitos dos direitos reais, o uso e gozo devem ser exercidos segundo padrões sociais de bom uso, atendendo, sempre que for o caso, a uma função social. Essa característica, antes de comprometer a analogia que propomos, serve para reforçá-la, pois a competência jurídica deve, também, ser exercida segundo limites formais e materiais. Assim, os limites ao exercício do direito de propriedade contribuem para reforçar o paralelo estabelecido com as normas de competência.

As observações que desenvolvemos acima nos permitem afirmar que o traço comum entre o direito potestativo, o direito de propriedade e a competência jurídica está no fato de essas normas estabelecerem relações jurídicas absolutas, ou seja, disporem sobre direitos oponíveis a toda sociedade.[51] A

---

50. VILANOVA, Lourival, *Causalidade e relação no direito*, p. 231.

51. Acerca de relações absolutas e relativas, Hermes Lima expõe que: "A relação jurídica, conforme acentuou FERRARA, é sempre relação entre pessoas, porque se ela implica um poder jurídico, aquele poder não pode dirigir-se contra matéria inerte, insensível, mas sim contra seres sensíveis, sobre os quais unicamente pode agir, visto no direito só existir um meio de proceder: ordens às pessoas e não às coisas. A dificuldade para aceitação desse ponto de vista estaria na natureza dos

precisa caracterização dos direitos subjetivos absolutos foi posta nos seguintes termos por Lourival Vilanova:

> Direitos subjetivos absolutos são relacionais. Têm-se direitos subjetivos absolutos em relação a outros titulares de deveres subjetivos — os sujeitos-de-direitos passivos totais, ou a universalidade dos sujeitos-de-direito dos quais se exige o dever de respeito. [...] Mesmo, não há prestação a cumprir para com os titulares ativos. Há o dever jurídico negativo de abster-se de interferir na esfera de licitude do direito subjetivo absoluto.[52]

Noutras palavras, e com a mesma precisão, esse autor sintetiza a ideia que pretendemos expor: "Nos direitos subjetivos absolutos (pessoais ou reais), não tendo por correlato o dever de prestar de nenhum sujeito passivo, exercita-se o direito exigindo-se o simples omitir-se do sujeito passivo."[53] Essa omissão, que percebemos nos direitos potestativos e de propriedade, é dever comum de todo sujeito que ocupe a posição de sujeito passivo da competência.

Cabendo ressalvar aqui a distinção entre aqueles que estão legitimados a questionar o produto do livre exercício da competência – norma jurídica –, em face de eventuais ilícitos nomogenéticos, dos demais da sociedade que se sujeitam a observar esse exercício, pura e simplesmente.

---

direitos reais. Mas o direito real, esclarece FERRARA, só é direito enquanto exprime relação do titular com outros sujeitos, a começar pelo respeito que os demais devem ao objeto da posse: "aquilo que no direito real se considera conteúdo – a possibilidade física de dispor, gozar ou destruir a coisa – não é direito, porém simples atividade material e econômica que o direito tende a garantir. O direito protege esta esfera de poder com uma muralha, arma-se como se fora praça forte, mas a fortaleza não é o país fortificado"! Depois dessa crítica, FERRARA propõe a seguinte classificação: relações jurídicas relativas e absolutas; as primeiras só são exigíveis para determinadas pessoas, as segundas o são *erga omnes*. Relativas são as relações de família, as coorporativas, as obrigacionais; absolutas são as relações de personalidade (direito ao nome, à integridade física, à liberdade) e as relações reais". *Introdução à ciência do direito*. 18. ed. Rio de Janeiro: Freitas Bastos, 1968, p. 56-57.

52. VILANOVA, Lourival. *Causalidade e relação no direito*, p. 219-220.

53. Idem.

7.3 Permissão, faculdade ou obrigação?

Na compostura interna da norma jurídica, o conectivo deôntico desempenha, pelo menos, duas funções: liga o antecedente normativo ao consequente, de forma neutra, e vincula sujeitos de uma relação jurídica, de forma modalizada em: permitido, proibido ou obrigatório.[54] No primeiro caso, atua como functor deôntico;[55] no segundo, como functor de functor, determinando, na condição de variável relacional, como deve ser cumprida a obrigação que é o objeto da relação jurídica.[56]

Para melhor compreensão, vejamos as duas funções dos modais num exemplo: uma coisa é o estabelecimento de que, ao prestar um serviço, em caráter oneroso, um sujeito deve se sujeitar ao pagamento de uma quantia X ao Município de Belmonte a título de ISS. Essa forma de vinculação entre antecedente e consequente é neutra, invariável, trata-se de uma constante relacional. Outra coisa é a forma de vincular sujeitos perante uma obrigação determinada. Aqui não se discute mais que fato enseja o dever de pagar, mas o modo de prescrição deste dever.

---

54. Numa síntese, Lourival Vilanova (*Causalidade e relação no direito*, p.45) propõe: "A hipótese descreve um fato de possível ocorrência (fato natural ou conduta). Depois, liga uma consequência que ordinariamente tem como referente a conduta humana. A consequência é prescritiva: proíbe, permite, obriga, faculta — o que só é possível sobre a conduta".

55. Entende-se por modal deôntico o conectivo que vincula duas proposições prescritivas, formando um juízo condicional normativo. Numa norma jurídica, é possível identificar, pelo menos, duas espécies de modais deônticos. Numa delas, chamada de modal interproposicional (functor), fica estabelecido o vínculo entre a proposição antecedente de uma norma e a proposição consequente. Essa modalização é invariável. Diversamente do que ocorre com o modal intraproposicional (functor de functor), que conecta os sujeitos ativo e passivo de uma relação jurídica. Essa conexão, sim, pode variar entre permitida, proibida ou obrigatória. Daí se falar em variável relacional, pois se trata de um modo de se vincular dois sujeitos de direito.

56. "Na proposição normativa ou deôntica, o dever-ser (que se triparte nas modalidades O, P, V, obrigatório, permitido e proibido) é constitutivo da estrutura formal, é o operador específico que conduz à proposição deôntica. Faltando, desfaz-se a estrutura, como se desfaz aquela outra estrutura se suprimimos o conectivo apofântico é." VILANOVA, Lourival. *Estruturas lógicas e o sistema de direito positivo*. São Paulo: Noeses, 2005, p. 70.

Neste particular, o que se busca responder é o seguinte: a Mévio é obrigatório, permitido ou proibido entregar ao Município a quantia em dinheiro? Sendo uma relação tributária em sentido estrito, sabemos que é obrigação. Porém, em se tratando de uma relação jurídica de competência, que tem por objeto a inserção de uma norma no sistema de direito positivo, qual deve ou pode ser a modalização da conduta?

Refletindo sobre este tema, Torben Spaak[57] sustenta que "a competência pode ser reduzida a uma obrigação ou permissão". A mesma relação jurídica, conforme o ponto de vista, poderá ser tida ora como obrigação, ora como permissão. Aquilo que é dever para o agente competente é direito dos demais sujeitos passivos; inversamente, o que for dever dos sujeitos passivos é direito dos sujeitos competentes. É como o verso e anverso da mesma moeda.[58]

Conquanto existam dúvidas sobre a possibilidade de se construir uma norma de competência, o tema da modalização da relação de competência não enseja grandes discussões.

Há praticamente consenso acerca de ser esta uma relação jurídica modalizada pelo conectivo deôntico permitido. Georg Henrik von Wright, por exemplo, pondera que, muito embora em meio às chamadas normas de primeira ordem sejam predominantes as relações modalizadas em proibido e permitido, as normas superiores são predominantemente permissivas:

> Un permiso de orden superior se da para que una determinada autoridad pueda dar normas de un determinado contenido. Es, podríamos decir, una norma que concierne a la competencia de una determinada autoridad de normas. Llamará a las normas permisivas de orden superior, normas de competencia.[59]

---

57. "[...] competence can be reduced to duty or permission." SPAAK, Torben, *The concept of legal competence*: an essay in conceptual analysis, p. 78.

58. "Quando A tem dever jurídico, B tem, correlatamente, direito subjetivo. Direito subjetivo e dever jurídico são direitos correlatos: só existem na relação, não fora ou acima de relações jurídicas." VILANOVA, Lourival, *Causalidade e relação no direito*, p. 186.

59. WRIGHT, Georg Henrik von. *Norma y acción*: una investigación lógica. Madrid:

No mesmo sentido, Paulo de Barros Carvalho[60] e Tercio Sampaio Ferraz Júnior[61] defendem ser as normas de competência do tipo permissivas. Este último autor, porém, faz uma ressalva ao inserir a distinção entre permissão forte e fraca: "(...) normas de competência têm a estrutura de normas permissivas, isto é, seu dever-ser é expresso por meio de conjuntores do tipo: 'é autorizado, é facultado, pode, cabe', que constituem as chamadas permissões fortes."[62]

Essa distinção entre espécies da modalidade "permitido" serve ao propósito de separar aquelas situações não expressamente reguladas, e por isso permitidas, daquelas em que há autorização expressa. As normas de competência estão inseridas naquelas situações em que é expressamente permitido ao sujeito realizar uma conduta.

Analisando diversas manifestações da norma de competência, é possível perceber casos em que o exercício é obrigatório. A competência jurisdicional, a competência administrativa para lavrar lançamentos de ofício, a competência do particular para apresentar declaração de tributos são exemplos de competência modalizada em obrigatório. Poderíamos, inclusive, afirmar que aquelas competências qualificadas como vinculadas, todas elas, têm o atributo de serem de exercício obrigatório, sempre que estejam presentes certos requisitos. Já as competências discricionárias seriam modalizadas em facultado. O seu exercício é uma permissão posta à disposição do sujeito competente.

Como separar então as competências modalizadas em obrigatório daquelas que são simples faculdades? A resposta é dada por Ulisses Schmill,[63] que afirma serem de exercício

---

Tecnos, 1970, p. 198.

60. CARVALHO, Paulo de Barros, *Curso de direito tributário*, p. 221.

61. FERRAZ JÚNIOR, Tercio Sampaio, Competência tributária municipal, p. 159.

62. Idem.

63. SCHMILL, Ulisses. La derogación y la anulación como modalidades del ámbito

facultativo as competências não condicionadas e de exercício obrigatório as competências cujo exercício está sujeito ao preenchimento de certas condições. As competências vinculadas, ou de exercício obrigatório, são do tipo condicionadas, ou seja, há certos requisitos que, uma vez presentes, a competência deve ser exercida.

As demais competências modalizadas em permitido, ou de exercício discricionário, não têm como pressuposto de seu exercício o preenchimento destes requisitos.

7.4 O aspecto material da outorga de competência m(s.e.t.c.)

Ao tratarmos da hipótese da norma de competência, falamos sobre quem pode exercer a competência, como, onde e quando. Vimos que o núcleo da hipótese normativa é um verbo, pessoal, transitivo direto ou indireto, voltado para o futuro. Percebemos, também, que o modal deôntico neutro vincula uma espécie de enunciação a uma conduta, prevista no núcleo de uma relação jurídica. Essa conduta, modalizada em toda e qualquer norma de competência, é a criação de novas normas, ou melhor, o direito de exigir a validade de textos jurídicos criados para dispor sobre determinado tema. Esse "tema" é o que a doutrina costuma chamar de matéria ou materialidade da norma.

Analisemos isso que acabamos de dizer por outra perspectiva: o objeto de toda e qualquer relação jurídica é uma conduta, modalizada em permitido, proibido ou obrigatório, que pode ser exigida pelo sujeito ativo do sujeito passivo. Há, então, três elementos fundamentais: os sujeitos, a modalização e a conduta. No caso das normas de competência tributária, o objeto desta relação é a possibilidade de obrigar alguém a realizar conduta X, Y ou Z, ou melhor, é a possibilidade de

---

temporal de validez de las normas jurídicas. *Doxa (Publicaciones periódicas)*. Alicante: Biblioteca Virtual Miguel de Cervantes, 1996, 19: 229-258, p. 237.

produzir textos jurídicos que obriguem outros sujeitos de direito a realizar condutas relativas à tributação.

Numa breve síntese: se o sujeito competente S cria um texto jurídico atendendo a todos os requisitos da enunciação (modo, espaço e tempo), pode exigir que seus textos regulem coercitivamente – sejam válidos juridicamente – a conduta de uma classe determinável de sujeitos Sp.

Genericamente, as normas jurídicas indicam situações – fatos – e atribuem efeitos a essas situações – relação. Esse modo de organizar os elementos da experiência jurídica acaba por prescrever que um sujeito (s) desempenhe um comportamento (c) em certas circunstâncias de espaço (e) e de tempo (t). O cerne desta prescrição é, pois, o comportamento, a ação (c) do sujeito. É sempre um verbo transitivo pessoal que prescreve a conduta a ser realizada. As ações referidas pelos verbos (c) ocorrem no espaço (e), no tempo (t) e são realizadas por sujeitos de direito (s). Eis o porquê de serem esses aspectos que, direta ou indiretamente, devem estar presentes nas normas que disciplinam como outras normas devem ser produzidas.

Ocorre que as normas de competência não disciplinam senão condutas de criar outras normas no sistema, sem referência direta à conduta humana propriamente dita. Na forma concebida por Alf Ross, as "normas de competência são normas de conduta indiretamente formuladas."[64] Isso porque o objeto da relação de competência é, justamente, o conjunto de condicionantes materiais aos quais a norma de inferior hierarquia deve-se ajustar, para ser materialmente válida. Por isso, sob a perspectiva de quem constrói a norma de competência, não há enunciados que digam respeito ao titular de uma relação jurídica constituída no consequente da norma fundada, mas, sim, ao sujeito titular da competência.

---

64. ROSS, Alf. *Direito e justiça*, p. 76.

Fixemos uma ideia importante: o consequente da norma de competência estabelece os condicionantes materiais da norma de inferior hierarquia.

Que compõe a matéria? A matéria é composta por um ou mais verbos que descrevem uma conduta. Assim, toda referência à materialidade é sempre uma referência a verbos e seus respectivos complementos. Por isso, quando falamos de condicionantes materiais, estamos falando de enunciados que programam – delimitam – a matéria da norma que será criada. Vejamos como pode ocorrer essa programação em casos concretos.

Retomemos o caso do ISS, já utilizado em algumas passagens. O texto constitucional optou por não especificar o verbo que expressa a conduta, apenas indicando o complemento verbal "serviço". A Lei Complementar nº 116/2003, em seu art. 1º, cumprindo o papel atribuído pelo art. 156, I, da Constituição da República, cuidou de especificar o verbo previsto para desencadear a incidência desse tributo:

> O Imposto sobre Serviços de Qualquer Natureza, de competência dos Municípios e do Distrito Federal, tem como fato gerador a **prestação** de serviços constantes na lista de serviços anexa, ainda que não se constituam como atividades preponderantes do prestador. (grifamos)

Com isso, as variáveis de comportamento começam a ser delineadas. Há que se considerar os serviços constantes da lista e, além deles, o que dispõem princípios, imunidades e outros enunciados constitucionais que condicionam a validade da norma no espaço e no tempo.

A reunião de todos esses dispositivos, na conformação do aspecto material da competência, atua programando como deve ser a criação da norma de inferior hierarquia. Noutras palavras, esses dispositivos prescrevem a conduta, o sujeito desta conduta e os respectivos condicionantes de espaço e de tempo. Disso podemos extrair mais uma conclusão: no conteúdo da relação jurídica de competência está a disciplina da validade das normas de inferior hierarquia naquilo que diz respeito aos seus limites subjetivos (s), espaciais (e), temporais (t) e materiais em sentido estrito (c). Esses critérios são constantes na prescrição de qualquer norma de competência tributária. Retomaremos, com outros pormenores, ao tema da prescrição material das normas de competência quando formos analisá-lo sob a perspectiva do sentido e da função.

8. **Njcom = H{[s.p(p1,p2,p3...)] . (e.t)} → R [S(s.sp) . m(s.e.t.c)]**

Abstraindo-se os conteúdos de significação das normas de competência, para identificar apenas os seus aspectos formais, é possível construir a seguinte estrutura lógica:

Njcom = H{[s.p(p1,p2,p3...)] . (e.t)} → R [S(s.sp) . m(s.e.t.c)]

onde se lê: norma jurídica de competência **Njcom** é igual ao vínculo que se estabelece entre um tipo de enunciação: {[s.p(p1,p2,p3...)] . (e.t)} onde estão prescritos o sujeito, o procedimento, as referências de espaço e de tempo. Outro ponto relevante, o vínculo entre antecedente e consequente, expressa decisão de ligar certa matéria a determinado tipo de enunciação. A programação sobre a matéria é feita por dispositivos que determinam um sujeito e uma conduta, indicando o espaço e o tempo de sua realização. Além disso, essa programação de matéria é feita no interior de uma relação jurídica, onde dois ou mais sujeitos se vinculam pelo dever de editar enunciados de forma obrigatória ou permitida.

9. Sobre a programação dos âmbitos de validade da norma inferior

As normas jurídicas completas regulam a conduta humana determinando, direta ou indiretamente, seus quatro âmbitos de vigência: o pessoal, o espacial, o temporal e o material. Alguns desses âmbitos são determinados diretamente. Nesses casos, há indicação expressa da conduta que deve ser cumprida, além dos sujeitos ativo e passivo dessas prescrições, bem como, os condicionantes de espaço e tempo.

Nem sempre, porém, a indeterminação de um ou mais dos âmbitos de vigência compromete a efetiva regulação de condutas. Essas indeterminações são próprias da abstração das normas jurídicas: quanto mais abstrata é a norma, mais indeterminados são os seus critérios de validade. A contrassenso, poderíamos imaginar o processo de positivação das normas jurídicas, o fluxo incessante de produzir novas normas com base no que estabelecem as normas superiores, como um processo de determinação dos âmbitos de vigência. Neste sentido, aponta o pensamento de Ulisses Schmill quando afirma que:

> [...] todo orden normativo tiende a completar la totalidad de sus ámbitos de validez y esto lo hace por medio del estabelecimiento positivo de los mismos, desde la generalidad hasta la individualidad. La positividad del orden jurídico es la complementación hasta la individualidad de los ámbitos de validez de las normas que lo integran.[65]

Com isso, percebemos que quanto mais concreta é a norma, mais determinados são os seus âmbitos de vigência. Interessa para a compreensão do tema da revogação, o âmbito de vigência temporal das normas jurídicas. A esse respeito, Ulisses Schmill[66] destaca a existência de *proposições normativas* com os seguintes conteúdos: *i.* data inicial da vigência; *ii.* data final de vigência, que coincide com o fim da força normativa de uma proposição; *iii.* prazo de vigência que é o lapso em que a norma foi vigente; *iv.* determinação completa do prazo de vigência, quando o texto normativo traz informações sobre o início e o fim da vigência da norma.

---

65. SCHMILL, Ulisses. La derogación y la anulación como modalidades del ámbito temporal de validez de las normas jurídicas. *Doxa (Publicaciones periódicas)*. Alicante: Biblioteca Virtual Miguel de Cervantes, 1996, 19: 229-258, p. 236.

66. Idem, p. 232.

10. Algumas conclusões sobre os papéis da estrutura da norma de competência

Tudo o que fizemos ao longo deste artigo foi sintetizar, numa estrutura lógico-simbólica de representação, os elementos que devem ser reunidos para que se tenha a regulação da conduta de criar normas jurídicas. Partimos do modelo de norma preconizado por Hans Kelsen, refinado pelas contribuições de Lourival Vilanova e Paulo de Barros Carvalho, denominado norma jurídica completa. Esse modelo é composto por dois juízos condicionais, chamados de normas primária e secundária. Na norma de competência primária, fica estabelecido o procedimento [p(p1.p2.p3...)], que deve ser desempenhado pelo sujeito competente (s), no espaço (e) e no tempo (t) para criar um texto normativo versando sobre certa matéria [m(s.v.e.t)], sem que os sujeitos destinatários da norma (sp) possam obstá-lo de exigir esta norma como válida. Desta forma, demonstra-se como a estrutura de uma norma jurídica pode, após serem realizadas sucessivas internalizações semânticas, resumir os elementos necessários à regulação da conduta de criar normas.

Noutra síntese, de ordem pragmática, relacionamos os papéis da norma de competência segundo a perspectiva de quem é competente e sob a perspectiva daqueles que devem suportar o exercício da competência. Para esses, a estrutura lógica proposta oferece: *i)* regras para a identificação do direito válido num sistema de direito positivo qualquer; *ii)* um roteiro para a organização dos enunciados que fundamentam a validade de uma norma – regime jurídico –; e *iii)* um caminho para a identificação dos enunciados que condicionam a forma de interpretar uma norma de inferior hierarquia. De forma complementar, os sujeitos competentes podem valer-se dessa estrutura para: *i)* delimitar os condicionantes formais e materiais de exercício da sua competência; *ii)* identificar como podem criar, transformar e extinguir a validade de normas jurídicas; e *iii)* perceber que sanções podem ser imputadas ao exercício indevido da sua competência.

Outro ponto fundamental: a estrutura da norma de competência tributária, na forma que propomos, evidencia o tipo de conexão que se estabelece entre os mais diversos enunciados prescritivos na regulação de como o direito deve ser produzido. Hipóteses normativas, relações jurídicas, princípios, imunidades, fato jurídico, enunciados complementares entre muitos outros conceitos acabariam por ser reconduzidos à norma de competência. Por isso mesmo, sob essa perspectiva, a norma de competência tributária pode ser entendida como mínimo denominador comum de conceitos filosóficos, fundamentais e dogmáticos que se mostram soltos e dispersos, sem nenhum vínculo aparente.

Referências bibliográficas

BARROS, Diana Luz Pessoa de. *Teoria semiótica do texto*. 4ª ed. São Paulo: Ática, 2003.

BELTRÁN, Jordi Ferrer. *Las normas de competencia*: un aspecto de la dinámica jurídica. Madrid: CEPC, 2000.

BOBBIO, Norberto. *Teoria da norma jurídica*. 2ª ed. São Paulo: Edipro, 2001.

CARRAZZA, Roque Antonio. *Curso de direito constitucional tributário*. 11. ed. São Paulo: Malheiros, 2003.

CARVALHO, Paulo de Barros. *Curso de direito tributário*. 19. ed. São Paulo: Saraiva, 2007.

_____. *Direito tributário*: fundamentos jurídicos da incidência. 5ª ed. São Paulo: Saraiva, 2006.

_____. Formalização da linguagem. Proposições e fórmulas. *Revista do Programa de Pós-Graduação em Direito da PUC/SP*. v. 1. São Paulo: Max Limonad, 1995.

_____. Sobre os princípios constitucionais tributários. *Revista de Direito Tributário*. São Paulo: Ed. RT, n. 55.

ENGISCH, Karl. *Introdução ao pensamento jurídico*. 9ª ed. Lisboa: Fundação Calouste Gulbenkian, 2004.

FERRAZ JÚNIOR, Tercio Sampaio. Competência tributária municipal. *Revista de Direito Tributário*, São Paulo: Malheiros, ano 14, n. 54, p.158-159, out./dez. 1990.

FERREIRA FILHO, Manoel Gonçalves. *Do processo legislativo*. 5ª ed. São Paulo: Saraiva, 2002.

FIORIN, José Luiz. *As astúcias da enunciação*: as categorias de pessoa, espaço e tempo. 2ª ed. São Paulo: Ática, 1999.

FLUSSER, Vilém. *Língua e realidade*. 2ª ed. São Paulo: Annablume, 2004.

GAMA, Tácio Lacerda. *Contribuição de intervenção no domínio econômico*. São Paulo: Quartier Latin, 2003.

GUASTINI, Riccardo. *Das fontes às normas*. Trad. Edson Bini. São Paulo: Quartier Latin, 2005.

HART, Herbert L. A. *O conceito de direito*. 3ª ed. Lisboa: Fundação Calouste Gulbenkian, 2001.

HERMES, Lima. *Introdução à ciência do direito*. 18. ed. Rio de Janeiro: Freitas Bastos, 1968.

IVO, Gabriel. *Norma jurídica*: produção e controle. São Paulo: Noeses, 2006.

KELSEN, Hans. *Teoria geral das normas*. Porto Alegre: Fabris, 1986.

_____. *Teoria geral do direito e do estado*. 3ª ed. São Paulo: Martins Fontes, 2000.

MAIER, Julio B. J. Reflexiones acerca de la vigencia del derecho. In: Bulygin, Eugenio (Coord.). *El lenguaje del derecho:* homenaje a Genaro R. Carrió. Buenos Aires: Abeledo-Perrot, 1983.

MENDONCA, Daniel. *Las claves del derecho.* Barcelona: Gedisa, 2000.

MENDONÇA, Cristiane. *Competência tributária.* São Paulo: Quartier Latin do Brasil, 2004.

MIRANDA, Francisco Cavalcanti Pontes de. *Tratado de direito privado.* Parte Geral, Tomo 2. Rio de Janeiro: Borsoi, 1954.

MOUSSALLEM, Tárek Moysés. *Fontes do direito tributário.* 2ª ed. São Paulo: Noeses, 2006.

MÜLLER, Friedrich. *Métodos de trabalho do direito constitucional.* 2ª ed. São Paulo: Max Limonad, 2000.

NEVES, Marcelo. *A constitucionalização simbólica.* São Paulo: Acadêmica, 1994.

PEIXOTO, Daniel Monteiro. *Competência administrativa na aplicação do direito tributário.* São Paulo: Quartier Latin, 2006.

RAZ, Joseph. *The concept of legal system* – an introduction to the Theory of Legal System, 2ª ed., Oxford, Clarendon Press, 1997.

ROSS, Alf. *Direito e justiça.* Trad. Edson Bini. São Paulo: Edipro, 2000.

SCHMILL, Ulisses. La derogación y la anulación como modalidades del ámbito temporal de validez de las normas jurídicas. *Doxa (Publicaciones periódicas).* Alicante: Biblioteca Virtual Miguel de Cervantes, 1996, 19: 229-258.

SPAAK, Torben. *Norms that confer competence. Ratio Juris.* Oxford: Blackwell Publishing, 1 (16): 89-104, 2003.

VILANOVA, Lourival. *Causalidade e relação no direito.* 4ª ed. São Paulo: Revista dos Tribunais, 2000.

_____. *Estruturas lógicas e o sistema de direito positivo.* São Paulo: Noeses, 2005.

WRIGHT, Georg Henrik von. *Norma y acción*: una investigación lógica. Madrid: Tecnos, 1970.